多賀城創建

歴史的意義を問う

熊谷公男・吉野 武 編

高志書院

目次

第Ⅱ部　創建と歴史的展開

序

神亀元年(七二四)、多賀城は按察使兼鎮守将軍大野東人によって置かれた。この由緒を記す多賀城碑は江戸時代の発見以来の「壺のいしぶみ」への比定や偽作説を経て、昭和三十八年(一九六三)に始まる多賀城跡の考古学的発掘調査と、その後の多方面からの検証によって信憑性が確保され、昭和四十一年に特別史跡に指定された史跡に続き、平成十年(一九九八)に国の重要文化財に指定、創建一三〇〇年を迎えた令和六年(二〇二四)に国宝に昇格した。

多賀城碑(由緒部分)
(東北歴史博物館提供)

東北古代史の研究において陸奥国府兼鎮守府の多賀城は不可欠の城柵であり、古くから多くの研究者に論及され、発掘調査と併せて現在も研究が盛んに進められている。本論集も創建一三〇〇年を機会として東北古代史に係わる研究者がつどい、それぞれの見地から多賀城の創建やその前後の展開などを論じ、多賀城創建の歴史的意義を問う一書とするものである。構成は二部構成をとり、主に第Ⅰ部には多賀城の成立過程に係わる論稿六篇、第Ⅱ部には創建前後の歴史的展開を内容とする論考五篇を収録した。

各論考の紹介に先立ち、まず近年の多賀城創建期（第Ⅰ期）の発掘調査成果等について素描しておきたい。多賀城跡の調査は昭和四十四年以後は宮城県多賀城跡調査研究所が実施し、創建一三〇〇年の令和六年度には奇遇にも第一〇〇次を数える。これもまた節目となる次数であり、積み重ねられた調査で多くのことが判明している。とりわけ新世紀に入った二〇〇四年度からは、初期の調査成果のもとに史跡整備された政庁跡の老朽化による再整備と創建一三〇〇年を見据えた政庁南面地区の整備に先立ち、再調査を含む政庁および政庁南面地区が集中的に調査され、従来の姿を一新するほどの成果が顕れている。藤原朝獦が完成させた第Ⅱ期に関するものが目立つが、創建期の第Ⅰ期でも重要な成果が多い。特に注目されるのは、外郭南門と南辺が第Ⅱ期以降よりも約一二〇㍍北側にあり、その区画施設も材木塀と築地塀の混在が判明したことで、第Ⅱ期に南門を南の小丘に移し、南辺全体を移転してすべてを築地塀にしたことが明らかになった。この移転と築地塀への統一、南門・南辺の礎石式瓦葺き化によって壮麗で威容のある外観が備わるが、逆に第Ⅰ期はやや格式が低く、荒々しい相貌だったのが知られる。また、全体の平面プランも第Ⅰ期についても従来とは別に考えられるようになった。

一方、再調査された政庁跡では、第Ⅰ期正殿の梁間が変更され、桁行五間、梁間四間の南廂付建物であること、基壇が地山削出しの壇の南側に盛土を加えたもので、南側に化粧を施していた可能性があることが明らかになっている。

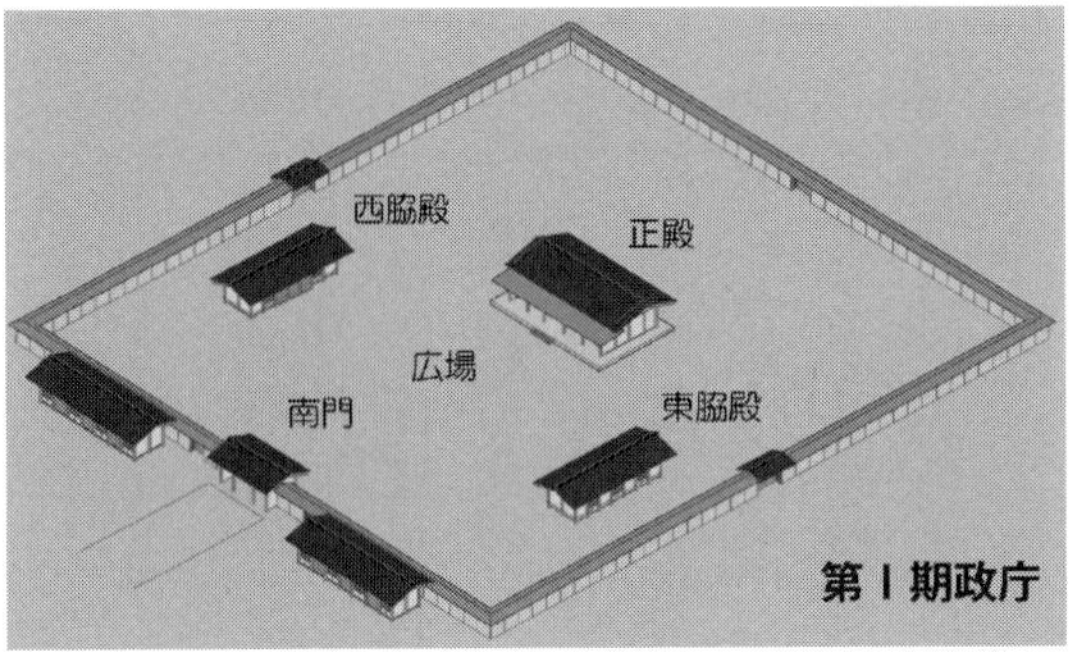
西脇殿
正殿
広場
南門
東脇殿
第Ⅰ期政庁

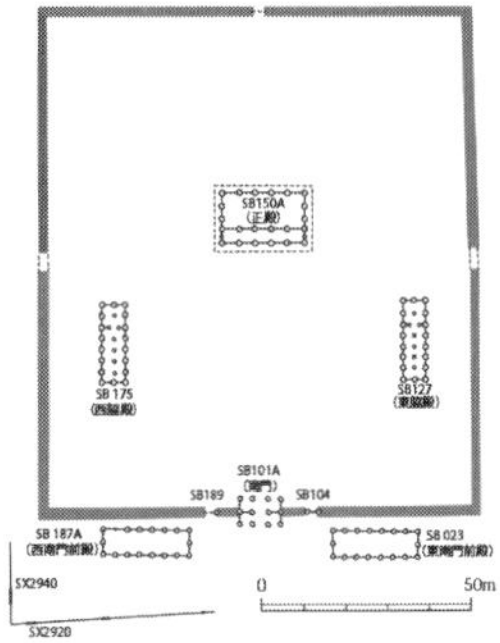
SB150A
(正殿)
SB 175
(西脇殿)
SB127
(東脇殿)
SB101A
(南門)
SB189
SB104
SX2940
SX2920
0
50m

W360
0
E360
N720
N360
S360
N
Ⅰ期
Ⅱ期以降
調査区(数字は調査次数)
0
100
200
300
400
500m

多賀城跡と第Ⅰ期政庁

また、政庁造成時の第一次整地層の南・西端を押さえる石垣が見つかり、政庁域(造成範囲)の南・西辺の位置が確定した。これによって政庁および政庁域のプラン・規模を考えることができる。ほかに、地形に沿って東に湾曲するとされていた政庁南大路が外郭南門外を含めて直線道路であることや、外郭北辺で第Ⅰ期に遡る可能性のある築地塀の存在などが判明している。

これらの成果に関する報告書はすでに刊行されたが、併行して木簡、施釉陶磁器の資料集も刊行されている。特に木簡の資料集では、創建時の城外南道路の暗渠裏込めから出土した多量の木簡の年代が、神亀元年四月派遣の征討使の記載から神亀元年頃、道路の着工が神亀元年四月~同二年末頃とされた。創建時の道路造成土と一連の裏込めでの出土と多賀城碑にみえる創建年代がほぼ一致することは重要な意味を持つ。なお、これら木簡と漆紙文書、施釉陶器をはじめとした多賀城跡出土重要考古遺物は、令和四~六年度にそれぞれ国の重要文化財に指定された。

ところで、多賀城跡調査研究所では多賀城と関連する遺跡の発掘調査も進めており、平成十四年度(二〇〇二)から創建瓦を焼成した大崎地方の窯跡群が調査されている。東日本大震災の復興調査支援で十年ほど休止を挟んだが、木戸窯跡群、日の出山窯跡群、大吉山瓦窯跡の様相と創建期の瓦生産の実態が明らかになってきた。ごく最近の大吉山瓦窯跡の調査では福島県浜通り北半の製鉄遺跡群のものと類似する木炭窯や、瓦窯から木炭窯への転用例が確認されており、城柵造営時の生産体制や後方支援のあり方をみるうえで貴重な成果が得られている。以上のような発掘調査と報告書・資料集の刊行は貴重な資料の蓄積であり、本書の論稿にも影響をあたえている。

さて、これとは別に近年の多賀城創建に係わる研究は、二十一世紀初め前後に提起された養老四年の蝦夷の反乱後における陸奥国の再編、新しい支配体制の構築のなかで捉える見方を潮流として詳細が深められ、その前史として囲郭施設を持つ集落を視野に入れた城柵の成立を考える研究も盛んになっている。では、各論稿の紹介に移ろう。

第Ⅰ部、藤沢敦「郡山遺跡・囲郭集落体制と多賀城・城柵体制」は、六世紀末以降における東北地方の地域社会の動向を丹念に跡づけながら、七世紀半ば以降の郡山遺跡・囲郭集落から多賀城および諸城柵の出現にいたる変化の歴史的意義を論じる。律令国家の形成期にあたる七世紀後半から多賀城が造営される八世紀前葉にかけて、北の周縁地域で郡山遺跡と囲郭集落が造られるのは、移民の居住区を囲い込んで蝦夷との境界を創出するためであったとする。それが養老四年の蝦夷の反乱によって支配体制の行き詰まりが顕在化して多賀城が造営されるとともに、囲郭集落は城柵に転換して、多賀城・城柵体制が成立するという。氏自身の境界論の立場から斬新な問題提起をおこなった論稿といえよう。

永田英明「多賀城創建と辺境政策実施体制の広域的再編—交通関係の視点から—」は、多賀城創建の歴史的意義を、新たな辺境支配体制の構築の中に位置づけようとする。まず石城・石背両国の短期間での再併合が多賀城の創建と連動した政策であることを指摘し、さらに出羽国の東山道移管とそれにともなったとみられる陸奥・出羽間の駅路開設が養老五年八月の陸奥按察使による出羽国の管轄と連動した政策であることを推定し、この時期の基本政策が、復活した広域陸奥国と東山道に移管された出羽国との連携を深めながら辺境政策の基盤としてその国力を強化しようとするものであり、またこの時期を境に陸奥・出羽両国の軍事的基盤が坂東諸国に限定されるようになることとの関連を指摘する。交通史研究の新たな可能性を感じさせる論稿といえよう。

藤木海「考古学からみた石城・石背分国と再併合—陸奥国と坂東の官衙・寺院造営から—」は、石城・石背両国の分国と再併合に代表される、養老四年の蝦夷の反乱にともなう陸奥国の支配体制の転換が、国府・郡衙等の官衙や寺院等にどのように反映しているかを、郡山遺跡Ⅰ期官衙および同Ⅱ期官衙段階、多賀城創建段階に分けて検討した論考。陸奥国内の郡庁は、郡山遺跡Ⅰ期官衙・Ⅱ期官衙から多賀城に至る造営プランの変遷の影響を受け、それらと軌を一にして変遷すること、同様に官衙・寺院等の所用瓦においても、郡山遺跡・多賀城等の拠点的な官衙でのあり方をモデルとして造営が進められたと考えられることを指摘する。さらに多賀城創建前後の変化として、瓦倉と下野薬師寺の官寺化を取り上げる。瓦倉が陸奥国にやや遅れて多賀城創建後に坂東に広がることも、下野薬師寺の官寺化が養老六年(七二二)ごろとみられることも、近年の研究で指摘されているように、坂東の蝦夷政策の後方支援基地化に関連するという見方を示す。石城・石背両国の分国・再併合にかかわる考古学、および文献史学の研究を丹念に紹介、検討しながら、現段階の研究成果を総括した貴重な論稿である。

鈴木拓也「多賀城と鎮守府」は、養老四年(七二〇)の陸奥の蝦夷の反乱を契機として多方面から蝦夷支配の強化策がとられ、その一環として多賀城が創建され、同時に他国兵からなる鎮兵制も創始されて、その統轄機関として鎮守府が置かれたとする。さらに平安初期にいたる鎮守府官制の変遷をたどり、それが鎮兵数の増減と完全に対応することを改めて指摘して、鎮守府が鎮兵の統率機関であることを明確にする。また多賀城跡城前地区出土の木簡や書陵部所蔵『節度使将軍補任例』などの新出資史料から知られる新事実も紹介する。最後に、近年の日唐律令の比較研究に基づく研究を取り上げ、大宝律令制定当時は西海道を中心とする国土防衛体制が重視され、蝦夷に対しては通常の軍団兵士制で対処できると考えられていたが、養老四年の蝦夷の反乱によって大きく認識が変わり、唐の鎮・戍の制を意識して鎮守府・鎮兵体制がしかれたとする見解を紹介する。鎮守府・鎮兵研究を推進してきた当事者が研究の現段階を総括した論稿である。

吉田歓「唐代鎮・戍制から見た多賀城の成立」は、大高広和氏の研究を継承しながら、多賀城の成立によって刷新された蝦夷支配に唐の鎮・戍制がどのような影響を及ぼしたかを検討する。大高氏は、大宝令制では、唐制の鎮・戍制が西海道に、都護府制が東北地方・越後方面に受け継がれていたが、養老四年の蝦夷の反乱によって、唐の鎮・戍制を意識して鎮守将軍以下の鎮官・鎮兵が置かれるとした。吉田氏は、この見方を大筋で認めながら、養老四年の反乱後は防御面の強化が求められて、鎮・戍制を念頭において鎮官・鎮兵が置かれたが、当初は国司が鎮官を兼務したので、その運営は国郡制の枠組みのなかでおこなわれたという点に日本の独自性が表われているとする。養老四年の反乱によって、大宝令制当初の制度設計が変更されて鎮官・鎮兵制が置かれたとする点は興味深い指摘であろう。

堀裕「多賀城廃寺―その創建期と郡山廃寺を中心に―」は多賀城廃寺・郡山廃寺の研究を整理しつつ変遷や伽藍配置、宗教的意義を中心に検討と課題の抽出をおこなう。多賀城廃寺では政庁との基壇の相違から景観重視の創建を指摘、意見が分かれる改修は政庁第Ⅳ期との対応に蓋然性をみ、伽藍配置関連では「最東」の両廃寺の塔に倭国・日本国の建築技術や文明の高さ、国府の所在を示す景観上の意義を捉える。また、阿弥陀如来像安置の国家政策上の意味や講堂の尊像構成の課題を整理したうえで、両寺の宗教的な意義をまずは政府による祖先祭祀の振興と尊像への誓願、次に藤原宮遷都時の諸国正月金光明会との連動性を郡山Ⅱ期官衙・廃寺に指摘し、その後の政策維持を担った国師の活動と居所の問題も提起する。通念的な理解に対し丁寧に問題を掘り起こすとともに、景観や国家政策の観点から新風を吹き込む。

次に第Ⅱ部、熊谷公男「多賀城の創建と「辺郡」支配体制の再編」は養老四年の蝦夷の反乱後における陸奥国の支配体制の再編を示し、現在の研究の潮流を生んだ同氏の論稿を、近年の研究成果を加えて再論する。養老四年の反乱をあらためて空前の規模とみたうえで大崎地方における新たな支配体制の構築の本格的な開始を神亀元年以降とし、黒川以北十郡が神亀末年ごろまでに成立、城柵の整備と付属寺院の造営はその後に本格化し、一部は奥羽連絡路開削の時期にかかる場合もあったとする。多賀城の創建については、柵戸の大量導入による支配強化策に反発した蝦夷の蜂起と社会的混乱に端を発する新国府の造営で、奥羽両国の連携を強めた蝦夷支配の構築とともに大崎・牡鹿地方の郡・城柵の整備による体制強化を図ったとみる。研究の潮流を生み、その後の成果を加えた内容は現在の研究の到達点を示す。

髙橋誠明「玉造柵・城・塞について—黒川以北十郡域の拠点城柵の再検討—」は、文献史料から玉造柵・城を同一、玉造塞を別の施設とみたうえで、名生館官衙遺跡を中心に大崎地方西部の城柵官衙遺跡の概要と変遷・性質を整理検討。名生館Ⅲ期と南小林遺跡Ⅱ期を丹取郡家、それを養老四年の反乱後に再編した名生館Ⅳ期と小寺・杉の下遺跡を玉造柵・城とし、名生館Ⅲ・Ⅳ期を郡家や郡家兼柵の中枢、南小林Ⅱ期ほかをそれらの正倉別院とみる。また、桓武朝の征夷の兵站基地として名生館Ⅳ期の機能を移した宮沢遺跡を玉造塞とし、補給拠点は引き続き小寺・杉の下遺跡が担ったとする。これら以外の遺跡の位置付けにも言及し、一定の理解のもとに同地方の様子を見渡せる論稿。

佐藤敏幸「多賀城と陸奥海道の支配」は多賀城以北の海道地域で調査が進展した赤井官衙遺跡について、在地集落から牡鹿柵・郡家の形成過程を整理するとともに、三陸沿岸地域の湖西産須恵器、高脚スカシ付高杯、関東系土師器の分布、赤井官衙遺跡における東北北部の土器の出土様相から蝦夷との交流の一端を捉える。また、同遺跡と名生館官衙遺跡を相似た成立・形成過程をもつ海道・山道の拠点と指摘。規模や出土瓦の様相から国家は黒川以北十郡の城柵の中でも山道の拠点を重視したとしつつも、ともに養老・神亀の反乱後の多賀城創建を期に面的支配貫徹のため堅固で荘厳な城柵として強化維持されたとする。従来の調査研究の成果を着実に積み上げた好論。

菅原祥夫「多賀城創建と陸奥南部の製鉄」は、多賀城創建期に陸奥国曰理・宇多・行方郡など福島県浜通り北部から宮城県にかけた東日本最大級の製鉄コンビナートで増産傾向がみえない事象を検討。製鉄技術の系譜と画期を整理のうえ、多賀城創建瓦窯における瓦・須恵器生産の一体性、宇多郡須恵器工人の近江派遣による製鉄技術の移植、行方郡の製鉄と創建瓦窯の工人組織での「今」を標識とする渡来系技術者集団の存在などを指摘し、さらに製鉄遺跡群と創建瓦窯の大吉山窯跡との木炭窯の類似から浜通り北部の製鉄工人の創建瓦窯への派遣を捉える。造瓦活動への異分野の工人派遣・参画を明らかにするとともに、多様かつ地域的な事情による負担を示唆し、蝦夷政策における後方支援のあり方を考えるうえで視野を広げる珠玉の論稿。

吉野武「「城」表記の成立―多賀城と宮城郡―」は、律令、公的な名称における城・柵の表記法の検討をふまえながら、多賀城・宮城郡の名称の成り立ちを考える。律令では「柵」を「城」の概念に含ませることを原則としたが、両者の区別が必要な箇所では「柵」を用いたこと、また公的な名称としては、当初は「柵」であったのが、天平宝字年間を境に「城」へと変化するが、それは城柵の外郭施設が、多賀城の創建を境に柵(柵木列)から築地へ急速に転換して、「城」の実態が備わったことを反映したとする。また宮城郡の郡名については、それを城柵・官衙にちなむ地名と考える立場から、多賀城以前の官衙遺跡である燕沢遺跡やその南の宮城野にちなむミヤキ(宮木)という地名がもともとあって、それが国府多賀城の創建にともなって「宮城」と表記されて郡名に格上げされたと考える。現在の県名でもある「宮城」の起源を重層的、段階的に考えた注目すべき論稿である。

収録した論稿の紹介は以上である。各論稿の内容は多岐にわたり、また各論点において見解や位置づけが異なる場合もなお多く見受けられる。しかしながら、本書がそれらの共有の場となり、研究がさらに進展・深化すれば幸いである。

二〇二五年正月八日

熊谷 公男
吉野　武

第Ⅰ部　多賀城の成立過程

郡山遺跡・囲郭集落体制と多賀城・城柵体制

藤沢　敦

はじめに

日本の古代国家である律令国家は、その北の周縁地域である領域外の東北地方の人びとを蝦夷と呼び、城柵を築いて特別の支配を行った。特に太平洋側では、飛鳥時代の七世紀中頃から、中央政権による支配体制の構築がなされていたことが明らかとなりつつある。それを裏付ける考古資料が、宮城県仙台市の郡山遺跡と、宮城県中部から北部に分布する囲郭集落と呼ばれる材木塀で囲われた遺跡である。これらは、八世紀前葉に成立する多賀城をはじめとする城柵遺跡の前身として、律令国家の形成過程における、中央政権の対蝦夷政策を示すものとして重要である。

これらの遺跡は、城柵官衙遺跡検討会や宮城県考古学会、二〇二三年の日本考古学協会宮城大会でも、多くの論者によって特徴が整理され、多方面から検討が進められている。特に近年は、郡山遺跡や囲郭集落の前段階の集落遺跡の様相、窯業生産や製鉄などの手工業生産の動向なども含めて検討が行われてきている。

本論では、これらの遺跡が造られた地域の様相を、居住域、生産域、墳墓域の関係を検討することを通じて、囲郭集落やそれを統括したと考えられる郡山遺跡の性格について、あらためて検討してみたい。そのことを踏まえて、郡山遺跡から多賀城へ移り変わることの意味することを、主に考古資料の検討から考えてみたい。

日本海側についても、文献記録に見える渟足柵、磐舟柵の設置記事にあるように、大きくは一連の動向の中でとらえて検討する必要がある。しかし日本海側では、七世紀段階の遺跡の実態が、あまり明らかとなっていないこともあるため、本稿では東北地方の太平洋側を中心とした考察となる。

なお、考古学的な検討を行うにあたって、考古資料が存在することを証明するのは可能であるが、存在しないことを証明するのは原理的に不可能である。遺跡が発見されていないことが、存在しないことを示すわけではない。調査がなされていないため発見されていない場合もあれば、存在したが後世に破壊されてしまった場合もある。開発に伴う発掘調査が圧倒的多数を占める日本においては、発掘調査の粗密は、開発事業の多寡によって左右される。そのため、開発に伴う発掘調査の進展によって、認識が大きく変化することが度々あった。本論で問題となる宮城県北部の囲郭集落の多くは、一九九〇年代から二〇〇〇年代にかけて行われた、圃場整備事業に伴う発掘調査で、初めて認識されるようになった。考古資料が発見されていないことが、存在しないことを示すのか、未発見を示すのか、両方の可能性を考慮しつつ検討し、より蓋然性の高い推定を示していく必要がある。例えば、集落遺跡が確認されていない場合でも、古墳墓が築造されている場合は、集落遺跡が未発見である蓋然性が高くなる。そのため本論の記述では、煩瑣な表現となることが多いことを、あらかじめご了解いただきたい。

1　地域区分と蝦夷の領域

(1) 考古資料による地域区分

本論の主要な検討対象となる太平洋側のうち、宮城県域の地域区分を図1に示した。六世紀から八世紀にかけての、各種考古資料の分布状況を根拠とした区分で、どちらの地域に帰属するか不明確な場合もあるが、基本的な区分としては、論者の意見はおおむね一致している。具体的な様相は以下の記述で示すが、七世紀の囲郭集落は、宮城県中部の仙台平野とその周辺の2A区、宮城県北部の江合川・鳴瀬川流域の大崎平野とそ

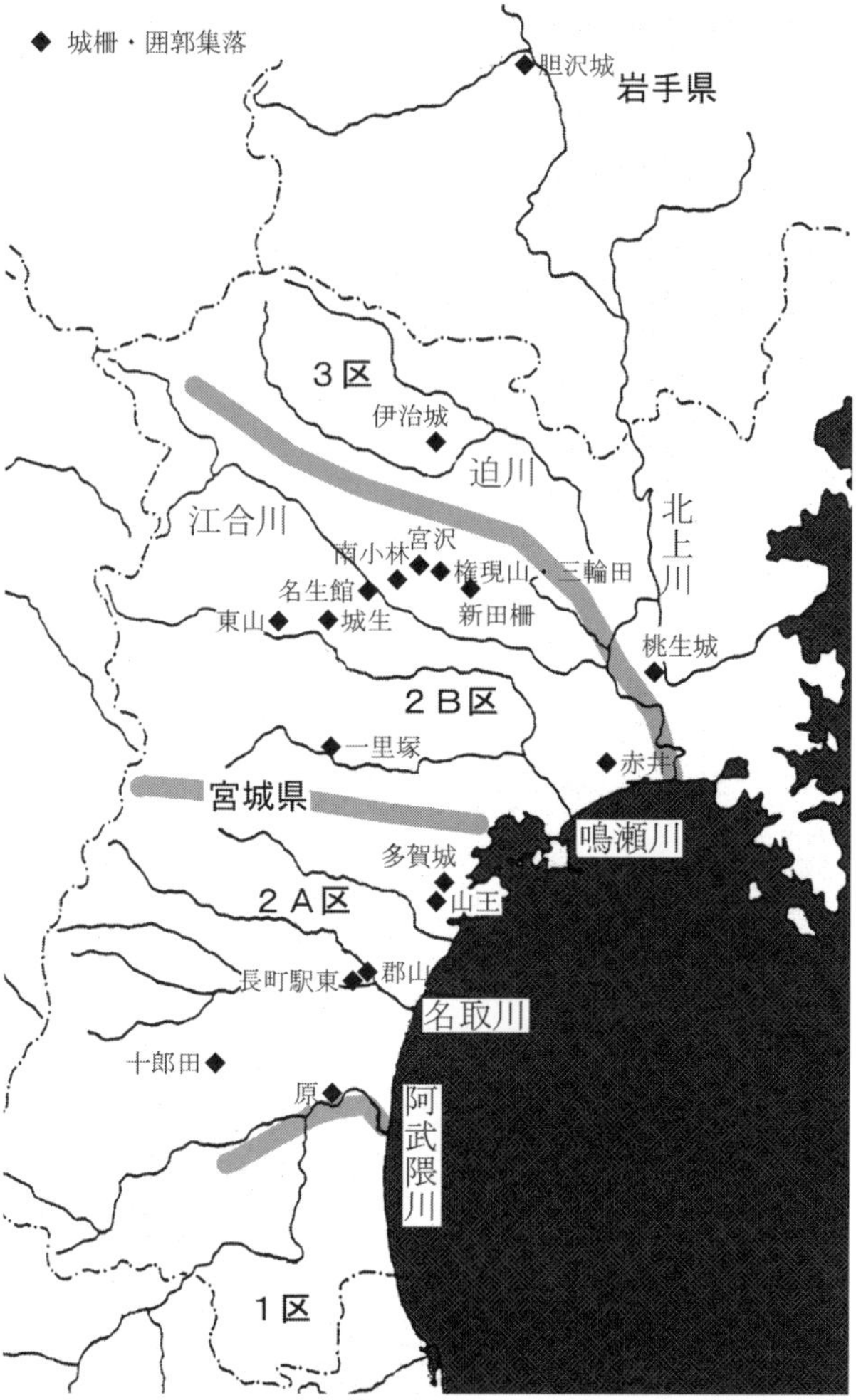

図1　遺跡の位置と地域区分

の周辺の2B区に分布している。2A区は、七世紀前半に集落や墳墓が多数営まれるが、2B区では七世紀前半の集落や墳墓は少ないという違いがある。

2区より北の、宮城県最北部にあたる北上川下流域、迫川流域とその周辺の栗原・登米・本吉地域を3区とする。この地域では、囲郭集落は確認されておらず、八世紀以降に、一般的な城柵遺跡が営まれるようになる。七世紀には、東北北部の土師器の分布域に含まれるようになるが、古墳時代前期から中期にかけての時期は、基本的に古墳文化に含まれていた地域である。七世紀から八世紀にかけて、古墳文化に由来する横穴墓が分布するが、東北北部に広がる末期古墳と呼ばれる小規模円墳群も、八世紀には築造されるようになる。

さらに北の岩手・青森・秋田県域は、まとめて東北地方北部と呼称する。古墳時代には、北海道の続縄文文化が広がっていた地域である。ただし、東北地方北部でも、点的に古墳文化に伴う遺跡が分布する場合もある。七世紀以降は、東北北部にも土師器が広がり、末期古墳が築造される。

一方、宮城県南部から福島県にかけての阿武隈川流域と沿岸部は1区とする。六世紀に、古墳の築造が続く地域である。仙台平野以北では、六世紀には古墳築造は著しく衰退するのに対して、1区では古墳築造が継続し集落も営まれ続けていく点で、大きく異なっている。

(2) 蝦夷の領域

律令国家にいたる中央政権は、東北地方のかなりの範囲の人びとを、自らの支配に従わない蝦夷とみなした。どの地域の人びとが蝦夷とされたかが問題となるが、中央政権側の認識の問題であり、考古資料から明らかにすることは難しい。文献資料をもとにした検討が重要になる。今泉隆雄氏や熊谷公男氏が検討しており、両者の根拠は異なる部分もあり、細部では違いもあるが、結論はおおむね一致している。すなわち、国造が置かれた範囲の外側が蝦夷の領域と認識されたと考えられ、太平洋側では宮城県中部の仙台平野より北の地域、日本海側では新潟県東半部から北の地域が相当する［今泉 一九九九、熊谷 二〇〇四］。これら蝦夷の領域とされた地域には、城柵が設置されていく。

国造が置かれた地域は、六世紀後半に前方後円墳が築造される範囲とおおむね対応する。その外側の地域に、城柵遺跡が分布する。このような考古資料との整合性もあり、文献資料の検討から導かれた蝦夷の領域の認識は、多くの考古学研究者から支持されてきた。上記の地域区分では、2区から北の地域が「蝦夷の領域」と認識されたことになる。

2　七世紀の東北地方——地域社会の動向をさぐる——

(1) 古墳時代後期

七世紀の東北地方における地域社会の動向を、近年の研究成果を参照して概観するが、最初に、前段階の六世紀までの様相について、簡単にまとめておくこととする。

古墳時代の東北地方は、福島・宮城・山形の南部三県には、おおむね古墳文化が前期から広がっていた。それに対して青森・岩手・秋田の北部三県には、古墳文化の資料は断片的で、弥生時代終末期以降、北海道の続縄文文化が広がっていた。宮城県の中部から北部にかけての地域では、古墳文化と続縄文文化は入り組んだ分布状況を示し、広い境界領域を形成していたことがわかっている［藤沢 二〇〇七］。

古墳文化の分布範囲は、時期によって変化を見せる。特に中期中頃には、東北南部での古墳築造の活発化と軌を一にして、太平洋側では岩手県南部の奥州市に角塚古墳が築造され、古墳文化は岩手県南部まで広がっていく。また点的な分布に留まるが、青森県八戸市や岩手県久慈市でも、土師器を伴う方形竪穴住居が発見されている。日本海側でも、中期には秋田県由利本荘市や横手市で、土師器を伴う方形竪穴住居が発見されている。このような古墳文化の拡大と同時に、続縄文文化に伴う遺物の出土も増加しており、相互の関係が強まっていったと考えられる。

しかし東北地方の古墳文化は、六世紀になって大きく変化していく。福島県域の沿岸部である浜通り地方、阿武隈川流域の中通り地方、それらにつながる宮城県南部では、古墳築造が継続し集落遺跡も営まれている。本論の区分の1区である。ところが、これら以外の宮城県中部の仙台平野以北、福島県会津地方、山形県域では、古墳築造は衰退し、集落遺跡も減少する。この傾向は、2A区の仙台平野周辺と比べると、より北の地域で顕著になり、2B区と3区にあたる宮城県の北部では、六世紀の古墳文化の集落遺跡や墳墓が、ほとんど確認できない状況になってしまう。

一方、東北地方北部では、続縄文文化に伴う墓は造られ続けるが、そこに副葬される土器は、土師器・須恵器が大多数を占めるようになり、続縄文土器の出土は大きく減少する。続縄文土器の顕著な減少から、北海道からの動きも弱まっていったと想定され、古墳文化と続縄文文化の双方が衰退していった可能性がある。

六世紀の宮城県域などでの古墳文化の衰退の原因としては、気候の変化など環境の不安定化が想定されることが多くなっている。環境変化が社会変化につながる可能性は充分あるが、広範囲での環境変化の動向と、その中での地域独自の影響と対応を、整理しながら検討していくことが必要である。

(2) 六世紀末から七世紀前半

地域や遺跡によって若干の遅速があるが、おおむね六世紀末ごろを境として、東北地方では大きな変化が生じてくる。東北地方南部の土師器では、栗囲式の成立する前後の時期となる。

1区では、前段階から引き続き集落や墳墓が営まれていく。それらの中でも福島県中通り地方では、河川に沿った大規模な拠点集落が出現し、後の地域支配の中心へとつながっていく。これらの拠点集落は、集落の外側が大規模な溝で区画されるという特徴があるが、材木塀は造られていない。また関東系土師器が出土することが多いことから、関東地方から移住してきた住民も、これらの拠点集落で生活していたと考えられている[菅原 二〇一五]。横穴式石室を内部主体とする古墳や横穴墓が多数築造され、1区全体を通して、七世紀前半に古墳墓の築造は盛んになっていく。この1区をはじめ東北地方南部では、七世紀の古墳墓は、横穴式石室墳や横穴墓という横穴系埋葬施設に統一される。横穴系埋葬施設は、早い地域では六世紀末には出現し、七世紀になると東北地方南部の各所に広がっていく。

六世紀に集落や墳墓が衰退した2区においても、六世紀末から七世紀初頭には、新たな動きが生じている。

2A区の中でも仙台平野においては、六世紀末を前後する時期から、集落遺跡が再び営まれるようになる。それらの中には、大規模な拠点集落が存在する。後に郡山遺跡が造営される近くにあたる仙台市の郡山遺跡・西台畑遺跡・長町駅東遺跡では、大規模な集落が営まれるようになる。ここでは、関東系土師器や関東系の短煙道のカマドを有する竪穴建物が見られ、それらは半数前後を占めている。また、後に多賀城が造られる丘陵の南側にあたる多賀城市の山王・市川橋遺跡でも、大規模な集落が営まれる。周囲を材木塀で囲っていることから、次段階で出現する囲郭集落との関係が問題となるが、内部には竪穴建物が多数造られる。関東系土師器が含まれるが、数量は少ない。東北北部系の土師器なども出土しており、さまざまな地域との関係がうかがえる。なお岩沼市の原遺跡でも、材木塀と溝の区画が発見されており、七世紀前半にさかのぼる可能性もあるが、調査範囲があまり広くないことから、年代決定は慎重に検討する必要が指摘されている。

2A区では、横穴系埋葬施設の墳墓が六世紀末には出現し、七世紀にかけて横穴式石室墳や横穴墓が盛行していく。

仙台市法領塚古墳は、直径約三二㍍の上段墳丘に、幅広いテラスを伴う下段が伴い、下段裾の直径は約五五㍍に達する大型円墳である。また装飾付大刀が出土した古墳墓は2A区では多く存在し、各地に有力者が存在したことがわかる。

2B区の大崎・牡鹿地方では、七世紀前半代の集落遺跡は、現段階ではあまり明確でない。しかし墳墓を見ると、七世紀前半にさかのぼる刀類の出土は、数は多くないものの存在する。東松島市矢本横穴墓群や大崎市朽木橋横穴墓群など、2B区の各所の墳墓から、七世紀前半にさかのぼる刀類が出土している。加美町色麻古墳群は、川原石積みの横穴式石室の類例や関東系土師器が多数出土することから、七世紀後半の移民との関係が指摘されてきた。古墳群の築造のピークは七世紀後半ではあるが、その初現は七世紀前半にさかのぼると考えられる［草野 二〇一九］。このような墳墓の様相から、2B区においては、数は限られるものの一定の集落が営まれていたと考えるべきであろう。

3区の栗原・登米・本吉地域でも、七世紀前半の集落遺跡は明確でない。この3区には、横穴墓が分布するが、確実に七世紀前半にさかのぼる遺物は知られていない。2B区と比べると、横穴墓の築造の開始は、一段階遅れるものが多いと推定される。また3区では、栗原市鳥矢崎古墳群など、東北地方北部で展開する末期古墳も分布している。末期古墳は長期間同一場所で築造が続く場合があり、一部の調査のみで古墳群の初現と終末を確定することは難しいという点には注意が必要であるが、これまでに知られている資料では、当地域の末期古墳は八世紀代以降に下る。

東北地方北部においても、七世紀前半は大きな転換期であった。一部は六世紀にさかのぼるが、七世紀に入ると、古墳文化に由来する土師器を伴う方形竪穴住居からなる集落が出現する［八木 二〇一〇、宇部 二〇一五］。土師器は、東北地方南部のものと類似点も多いが、独自の様相を維持し続ける。ほぼ同時に、末期古墳と呼ばれる小規模円墳群の築造が開始される［藤沢 二〇〇四］。それらの多くは、造り付けの木棺に埋葬する竪穴系埋葬施設である。七世紀前半に築造開始がさかのぼる末期古墳は、岩手県北上市岩崎台地遺跡群、青森県八戸市鹿島沢古墳群、同おいらせ町阿光坊古墳群などがあげられるが、次の七世紀後半と比べると数は限られる。

(3) 七世紀後半から八世紀初頭

七世紀中頃から後半にかけて、2区には、材木塀で囲われた施設が各所に構築されていく。仙台市郡山遺跡と、各所で発見されている囲郭集落である。それ以前とは全く異なる様相を有した遺跡であり、文献資料に記された、大化の改新を契機とした中央集権的国家への変化が、東北地方にも本格的に及んだことを反映すると考えられてきた。

仙台市郡山遺跡では、材木塀をめぐらす遺構群がⅡ時期にわたって変遷していることが判明し、Ⅰ期官衙、Ⅱ期官衙と呼ばれている[仙台市教委 二〇〇五]。Ⅰ期官衙は東西約三〇〇メートル、南北約六〇〇メートルの規模で、真北より東に三〇～四〇度傾いて造られている。材木塀や板塀で方形に囲われた複数のブロックが、隣接してつながっている。ブロックには、掘立柱建物が並ぶ中枢部、総柱建物による倉庫群や掘立柱建物と竪穴建物が併存する雑舎群、竪穴建物が集中する区画がある。七世紀中頃から後半にかけて存続したと考えられている。Ⅱ期官衙は、Ⅰ期官衙を取り壊して同じ場所に造られる。真北に合わせて造られ、およそ四町(四二八メートル)四方に直径三〇センチ程のクリ材を立て並べた材木列と、外側に大溝、さらに大溝から五〇メートル外側に外溝をめぐらせている。内部は中央やや南寄りに中枢部(政庁)が置かれているが、中枢部を囲う区画がない単郭構造となる。Ⅱ期官衙の南には郡山廃寺があり、それ以外にも建物群が検出されており、関連する施設があったと考えられる。Ⅱ期官衙は七世紀末から八世紀初めにかけて存続した。

囲郭集落は、郡山遺跡と同様に材木塀で方形に囲われていることが特徴であるが、内部には竪穴建物と小規模な掘立柱建物が混在する場合が多い。関東系土師器が出土し、関東系の短煙道カマドの竪穴建物が含まれることから、関東地方からの移民が居住していたと考えられるが、竪穴建物の在地系と関東系の比率は、遺跡によって違いがある。

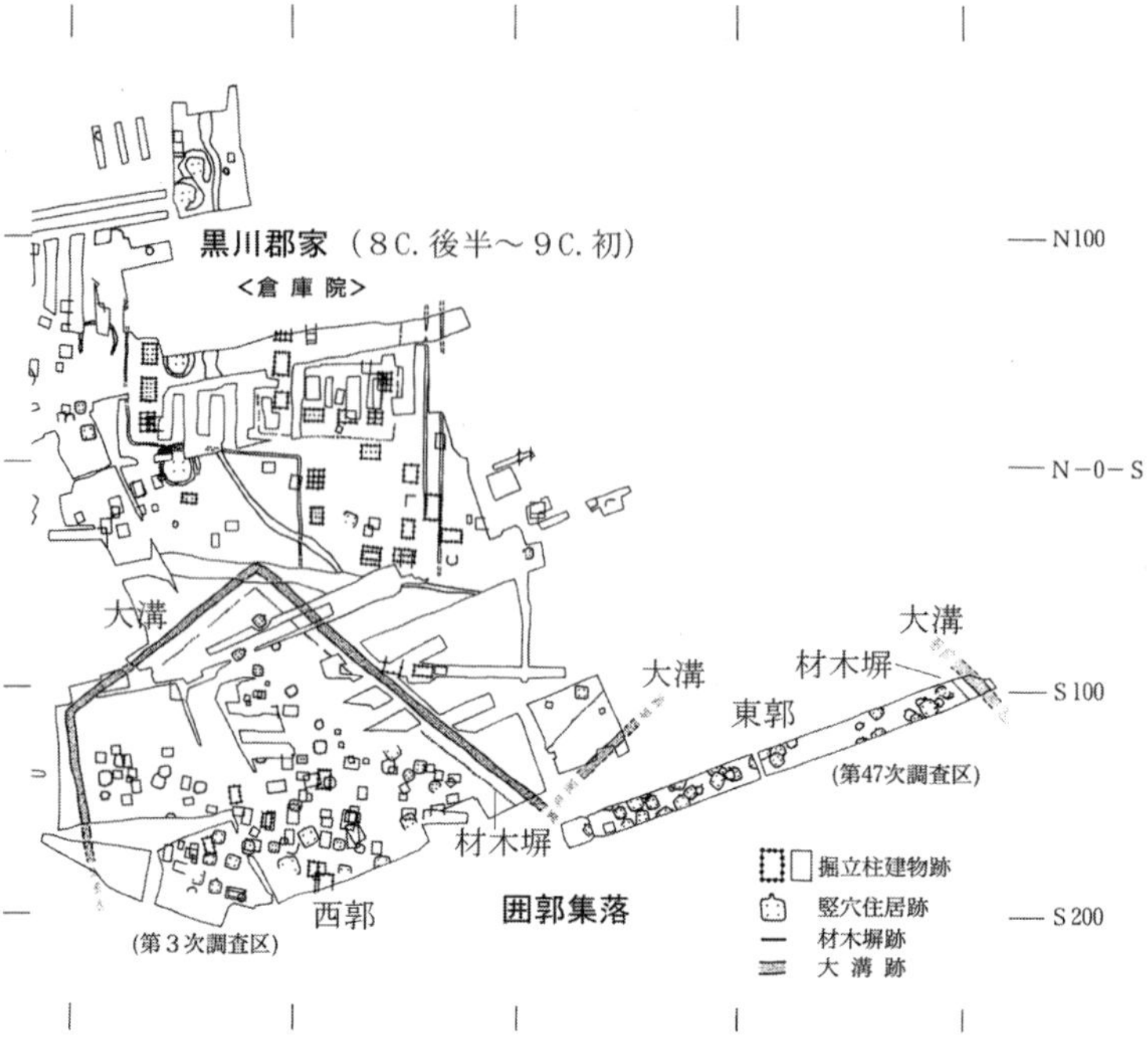

図2　一里塚遺跡遺構配置図（村田2000より）

一つの方形区画から構成されるものとしては、刈田郡蔵王町十郎田遺跡、仙台市長町駅東遺跡・西台畑遺跡、多賀城市山王・市川橋遺跡、黒川郡大和町一里塚遺跡（図2）、東松島市赤井遺跡Ⅱ—2期、大崎市名生館遺跡天望地区、大崎市南小林遺跡Ⅰ期が知られている。このうち、長町駅東遺跡・西台畑遺跡は、郡山遺跡に隣接する囲郭集落である。

複数の方形区画が連なるものは、仙台市郡山遺跡Ⅰ期官衙に加えて、東松島市赤井遺跡Ⅲ期、大崎市権現山・三輪田遺跡、大崎市南小林遺跡Ⅱ期が知られている。赤井遺跡と南小林遺跡では、一つの方形区画から、複数の方形区画が連なるものへ、七世紀末頃に変化していった。この複数の方形区画が連なるものを、村田晃一氏はブロックA類として、一つの方形区画からなるブロックB類と大別している［村田二〇一五］。ただし、複数の方形区画が連なるものの中でも、郡山遺跡Ⅰ期官衙は、掘立柱建物で占められる中枢部を中心に、いくつかの目的にそったブロックが連接する充実した構成を取る点で、他のものとは一線を画する規模と内容を有していたと見るべきであろう。

一方、仙台市郡山遺跡Ⅱ期官衙は、大規模な方形区画で全体を囲う単郭構造の城柵とされている。八世紀前葉以降に一般化する城柵遺跡は、政庁と呼ばれる中心施設が築地塀などで囲われ、二重構造となることと異なっている点は、両者の性格の違いを考える上で重要と思われる。

2A区では、七世紀前半に営まれた集落が、七世紀後半の囲郭集落の出現とともに廃絶する事例があることから、居住域が再編成された可能性が指摘されている[村田 二〇一六]。2B区では、囲郭集落以外の集落遺跡は、明確なものは確認されていない。その一方で、囲郭集落には多数の竪穴建物が造られていることから、当地域全体で見た場合、人口は急速に増加したと考えられる。

2A区、2B区ともに、七世紀後半には、横穴式石室墳、横穴墓が盛んに築造される。その中には、加美町色麻古墳群など、きわめて数が多い古墳群や横穴墓群が存在する。関東系土師器が出土する古墳群や横穴墓群も多く、被葬者が関東地方からの移住者であった可能性も指摘されてきた。

3区では、七世紀末から、栗原市御駒堂遺跡で移民を伴う集落が確認されている。周囲を囲う施設は確認されていない。これ以外の集落遺跡は明確ではないが、横穴墓群が七世紀後半には営まれていることから、一定の集落が存在したと考えるべきであろう。ただし、2B区と比べると、横穴墓の築造数は少ない。

東北地方北部では、土師器を伴う方形竪穴住居からなる集落遺跡が増加していく。末期古墳が築造される地域も拡大し、築造数も増加する。太平洋側の三陸沿岸地方や日本海側では、集落や末期古墳の出現は遅れるが、北上川流域や馬淵川流域では、ほぼ全ての地域で七世紀の内に集落遺跡と末期古墳が成立していったと考えられる。

一方1区では、地方官衙や寺院が営まれるようになり、律令国家の地方支配体制整備への動きに組み込まれていったと考えられる。その中で、福島県の海岸沿い北部を中心に、大規模な製鉄遺跡群が営まれるようになっていく。

3　囲郭集落構築開始時の蝦夷社会の実態

(1) 七世紀の人口増加

前節に示した対象地域の様相を、人口の変化という観点からまとめてみたい。数量的な把握ができているわけではないので、多分にイメージに過ぎないが、おおよその傾向は示せるものと考えられる。

六世紀には、1区以外では、人口が減少していったと考えられる。なかでも2B区より北の地域では、人口は極めて少なくなっていた可能性がある。六世紀末以降は、一転して人口が増加していく過程ととらえることができる。人口増加は、南の地域ほど早い傾向があり、2A区では七世紀前半までに、関東地方からの移住者を含め、急速な人口増加が見られる。2B区より北では、七世紀前半に人口増加が始まったが、2A区と比べると限定的であり、後半になって本格的に人口が増加していったと考えられる。2B区と3区、さらには東北地方北部での人口増加は、どちらかが先に進行したというより、大きくは同時に進行していったと見ることができるであろう。

このような人口動態を踏まえて、蝦夷の領域とされる地域の住民について検討してみたい。その際、土師器の分布域に応じて、2区と3区から北の地域に二大別して考えたい。

(2) 2区の住民の実態

1区から2A区・2B区にかけての地域は、六世紀末に成立する栗囲式土器が分布する地域である。文献資料から推定された蝦夷の領域は、2区より北の地域と考えられることから、同じ土器分布域の中に、蝦夷の領域との境界が設定されていることとなる。土器分布域が何を反映するかという問題はあるが、日常的に使用する土師器について、製作者の中で情報が共有されていたことは間違いない。そのような情報が共有されるつながりがあったことは、少なくとも認めて良いであろう。

六世紀末から七世紀前半にかけて、1区の中通り地方では、関東系土師器を伴う大規模な拠点集落が形成されており、2A区の動向は、これと基本的に軌を一にするものと考えられる。2B区は一段階遅れるが、同じ栗囲式土器が分布することから、1区と2区との間には、人びとの交流が存在したことは確実である。七世紀前半に、1区と2区の間で、人びとの交流を妨げる障壁が存在したとは考え難い。そのように考えると、2A区と2B区においては、この区域にもともと暮らしていた住民と、1区から移住してきた住民、直接関東地方から移住してきた住民、1区に関東地方から移住してさらに2区に移住してきた住民が、混在していたと考えるのが妥当である。続縄文文化の系譜を引く人びとが、2区に暮らしていた可能性もある。

このように、七世紀中頃に本格的な対蝦夷政策が始められる時点では、およそ半世紀間を経て進行してきた、多様な出自の住民が混在する状況が、2区では現出していたのが実態と考えられる。その中で、出自を基準に蝦夷とそれ以外の移住者として住民を区分することは、本人の自己認識以外には、ほとんど不可能であったと考えるべきである。

移住などで異なる文化の中に参入した際、世代を越えてもともとの物質文化を維持することは、きわめて少なかった可能性が高い。古墳時代には、多数の渡来人が日本列島に移動してきており、各地で渡来人の居住した痕跡が、考古資料から検討されてきた。渡来系の考古資料のあり方を検討してきた亀田修一氏は、渡来人の存在が考古資料に反映されない場合もあることを指摘するとともに、特殊な住居形態や軟質土器などの日常生活に関わる物質文化が、代替わりを経て維持されていないことを指摘している［亀田 二〇〇三］。渡来人の保持した物質文化はたやすく変容する一方、古墳時代から飛鳥時代に渡来した人びとの多くは、その出自系譜を奈良・平安時代まで保持していたことは、氏族名称などで明らかであろう。このように、物質文化とアイデンティティの認識とは、別次元の問題である。

(3) 東北地方北部の住民をめぐって

3区より北側の東北北部では、土師器を有する方形竪穴住居からなる集落が七世紀になって成立していくが、東北地方南部の栗囲式とは異なる、北部の独自の様相を八世紀以降も維持し続ける。七世紀には小規模円墳群の末期古墳が築造されるようになり、倭国域の終末期古墳の影響を受けつつも、独自の様相を維持し続ける。東北地方北部では、弥生時代終末期から、北海道の続縄文文化が広がっていた。それと対比すると、七世紀には、古墳文化に由来する文化へと転換していったと言うこともできるが、そのことが人間集団の入れ替わりを直ちに意味するものではない。

七世紀になっても、続縄文文化からの要素が、完全に姿を消すわけではない。東北地方北部の土師器を伴う住居からは、七世紀にも黒曜石の剝片が出土する場合があるなど、続縄文文化の要素が完全に払拭されたわけではない［宇部 二〇一五］。そもそも、七世紀以降に東北地方北部に広がる土師器の祖型は、続縄文土器の要素を取り入れて、六世紀後半には出現していたことが指摘されている［宇部 二〇〇七］。古墳時代を通じて維持されてきた古墳文化と続縄文文化の相互関係が、七世紀以降の東北地方北部の文化の基盤に存在したと考えるべきであろう。

その一方で、七世紀以降も、東北地方南部と北部の人びとの間では、さまざまな交流が継続していたと考えられる。東北地方南部の栗囲式土器が分布する2A区や2B区では、東北北部の土師器が出土する事例が存在する。また七世紀前半から、鉄刀や鉄鏃が東北地方北部の末期古墳などから出土するが、ほとんどは東北地方南部を経由してもたらされたと考えられる。その中で、東北地方南部や他の地域から、東北地方北部へ移住していった人びとが存在した可能性も想定しておくことも必要である。

(4) 倭人と蝦夷の境界

中央政権による直接的な対蝦夷政策が始まる七世紀中葉段階の、蝦夷の領域とされた地域社会の居住者の実態は、さまざまな出自を背景に持った人びとによって構成されていたと考えることができるであろう。そのような人びとの中に、蝦夷との境界が創出されていく。

以前から指摘しているように、中央政権が公民と見なした倭人と蝦夷の境界は、古墳時代以来のさまざまな考古学資料の分布とは、ほとんど合致しない〔藤沢 二〇〇七〕。対応するのは、六世紀後半の前方後円墳の分布と、七世紀以降の城柵遺跡の分布だけである。このことは、中央政権による蝦夷という認識が、六世紀後半の政治的関係をもとに形成された可能性を示しており、蝦夷を政治的概念と考える見方には一定の妥当性がある。しかし中央政権の蝦夷概念には、異なった人びとという認識が伴う。七世紀以降、中央集権的な国家形成に向かった中央政権は、自らが支配する領域を明示し、その正当性を示す必要があったと考えられる。その際、倭あるいは日本としてまとまる文化的同一性は存在していない。蝦夷との境界を見ても、文化的に倭人と蝦夷を分離できているわけではない。その中で、他者を「蝦夷」と認識し、「彼ら」とは異なるという形で「われわれ」を示したと考える。中央政権による「蝦夷」という名付けは、境界創出のための他者認識であったと考えることができる〔藤沢 二〇一三〕。

4　囲郭集落の性格

(1) 囲郭集落と生産域・墓域

囲郭集落の内部には、竪穴建物が存在する。竪穴建物の数や密度は、遺跡による変移も大きいが、囲郭集落が居住域として機能したことには異論はないであろう。囲郭集落の外側にも竪穴建物が発見される場合もあり、囲郭集落以外の通常の集落も存在した可能性は残っているが、かなりの割合の住民は、囲郭集落に居住していたと考えられる。仙台市長町駅東遺跡・西台畑遺跡では、隣接する郡山遺跡Ⅰ期官衙の造営と維持に、住民が動員された可能性が指摘されている。郡山遺跡や、囲郭集落を取り囲む材木塀の構築には、かなりの労働力が投下されたことは確実である。囲郭集落の住民が、このような工事や施設の維持に動員された蓋然性は高いものの、彼等が農業生産をまったく行っていなかったと想定することは難しい。食糧を自給できなければ、他地域から大量に運搬し続ける必要が生じるが、そのような状況を想定することは難しいだろう。囲郭集落の住民は自らの消費する食糧をまかなうために、農業生産にも関わっていたと考えることが妥当であろう。囲郭集落の内部の遺構配置を見ると、ごく小規模で特段の灌漑施設が不要な、小規模な畑であれば営むことはできる可能性が残る。しかし、灌漑施設を伴う水田など、本格的な農業生産の場所を、囲郭集落の内部に想定することは難しい。囲郭集落の外部に、主要な農業生産域が存在したと考えるべきであろう。その際、居住の場所である囲郭集落と、水田をはじめとする農業生産域を、できるだけ近距離に保つ必要があったと推測される。あまりに離れていると、移動に時間を要することから、日常的な農耕作業は非効率となってしまうからである。大崎平野北部の囲郭集落が、比較的近接した位置関係で築かれていることには、このような事情が影響していると思われる。２Ｂ区には、後に「黒川以北十郡」が置かれ、郡が小規模かつ均一であることが指摘されてきたが、七世紀後半の囲郭集落の特質が遠因となっていると考えることもできるであろう。

つぎに墓域を見てみたい。図３に、仙台平野における七世紀の墳墓の分布を示した。横穴墓が主体を占めることから、丘陵沿いに多く、沖積平野に分布するものは少ないという片寄りはあるが、平野全体にまんべんなく分布していると見ることができる。古墳時代の他の時期と比べても、さほど不自然な分布状況とは考え難い。七世紀前半と後半で、墓域が大きく変化する様相も見出し難い。七世紀前半に築造が開始された古墳群や横穴墓群は、後半にも継続する。七世紀前半だけで途切れる事例は見出せない。

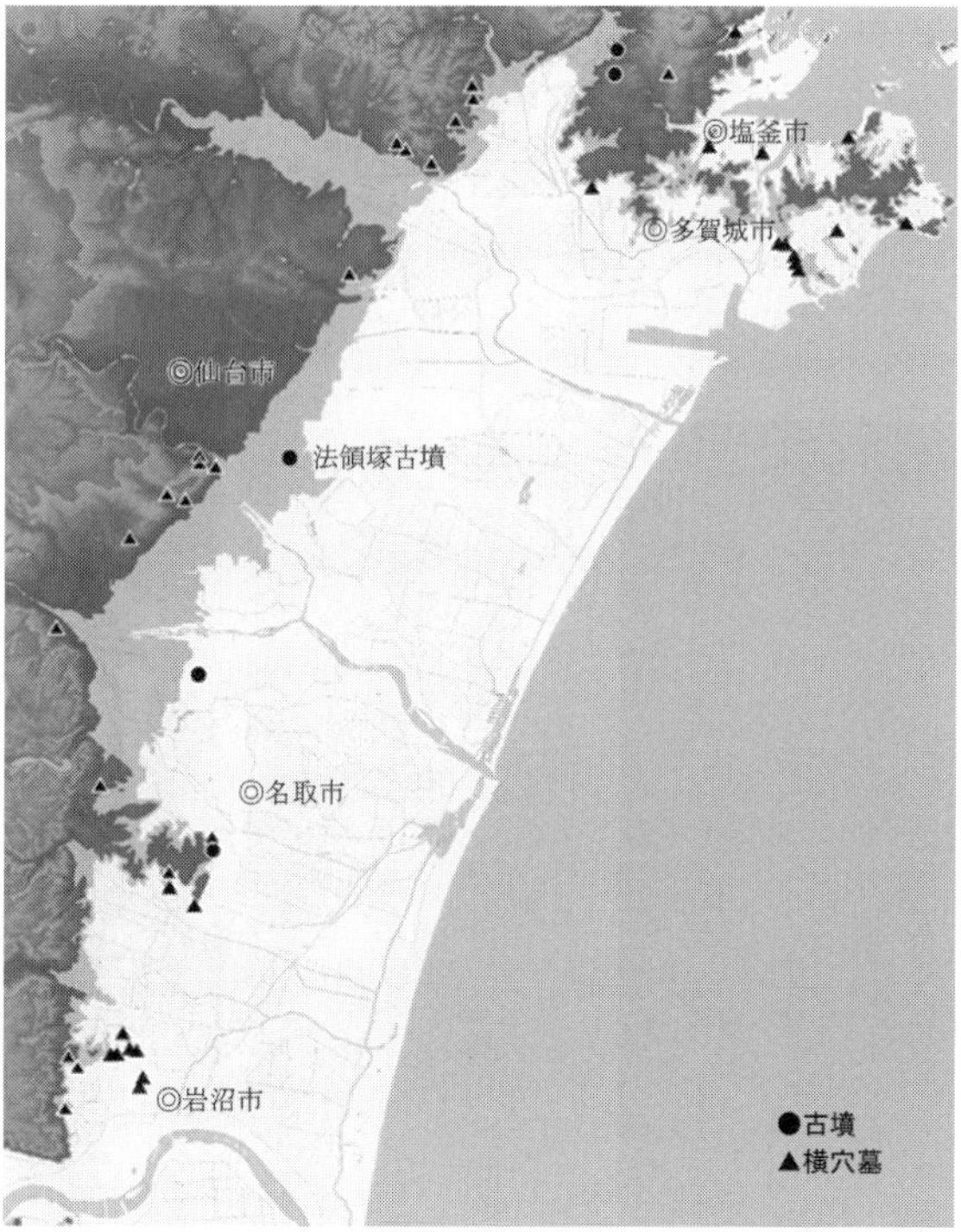

図３　仙台平野における７世紀の墳墓の分布

阿武隈川の支流沿いの蔵王盆地には、十郎田遺跡で囲郭集落が発見されている。同遺跡の住居跡では、約半数に関東系のカマドが伴っており、多数の移民が含まれると考えられている。ところが、この囲郭集落に対応する墳墓は、蔵王盆地内には確認できない。近隣に諏訪館横穴墓群があるが、実態が不明で、少なくとも規模の大きな横穴墓群と考えることは無理である。隣の村田町と柴田町にまたがる丘陵上に所在する、大規模群集墳の上野山古墳が候補となる可能性があるが、かなり距離が離れる。一方、蔵王盆地以外の柴田郡域（大河原町、村田町、柴田町）では、横穴墓群が多数築造される。これらに対応する集落遺跡の実態は判明していないが、地域集団の墓域のあり方として、特に他と異なるところはない。十郎田遺跡の存続期間は短く、七世紀末には隣接する遺跡へと中心が移っていくことが関係した可能性もあり判断が難しいが、居住域である囲郭集落と墳墓は、少なくとも隣接した位置には造営されていない［鈴木 二〇一六］。囲郭集落への集住にも関わらず、それに対応するような墳墓は、近接地には営まれていない。

2B区の墳墓についても、各地域にひろく分布しており、他の時代の墳墓の分布と、大きく変わる点は見出し難い。造営開始が七世紀前半にさかのぼる墳墓群も存在するものの、後半になって立地が大きく変わる事例はない。囲郭集落の出現による集落の再編成や、関東からの住民の大規模移入にも関わらず、墳墓の分布には大きな変化は見出し難いのが実態である。

このように、囲郭集落によって居住域は大きく変化したが、農業生産域は新たに開拓された場合も想定できるし、従来の生産域をそのまま利用した場合も存在したと推定される。墓域は、地域社会のなかでの伝統的な位置関係を維持したのが多いと考えて良いだろう。地域社会の結合原理は維持されたまま、生活の場だけが材木塀に囲い込まれたのが、囲郭集落の実態であったと考えられる。

⑵ 七世紀の移住者の実態

近年の考古学的調査が明らかにした重要な点は、七世紀前半に、関東地方からの移住が始まっていたことである。この七世紀前半に見られる移住を、中央政権の政策的移民と見なすことは可能であろうか。この点を考えるにあたっては、上記した、囲郭集落の出現にも関わらず、墳墓域が変化しないという点に注目したい。

移民の墓として評価されることが多い色麻古墳群についての、草野潤平氏による横穴式石室の分析は、この課題を考える上で重要である［草野 二〇一九］。草野氏は玄門の構造に着目し、「立柱石をもつ石室」と「玄門多段積み石室」に大別できることを指摘し、それぞれの年代や系譜を検討した。それによると、色麻古墳群は、七世紀前半の立柱石をもつ石室の構築から始まるが、その築造数は限られていた。七世紀中頃以降に、玄門多段積み石室が導入され、築造数が急激に増加し、多数を占めるようになった。両者とも、起源は群馬県南西部が想定されている。七世紀前半の関係を基盤に、七世紀中頃以降、同じ地域からの移住者が増加し、築造数が急激に増加したことを示している。東松島市の矢本横穴墓群でも同様に、七世紀前半にすでに関東地方との関係が見られ、七世紀中葉以降に移住者が増加し、横穴墓の築造数が急増したと考えられる。

これらの事例は、七世紀前半代に存在した広域の関係を利用する形で、七世紀中葉以降に、多数の住民が移住させられていったことを示している。七世紀前半段階の移住者の数は、２Ａ区では多数にのぼっていたと考えられるが、２Ｂ区では限定されていたと見られる。中央政権による政策的移民が七世紀前半から始まっていたとすると、その数が２Ｂ区では少数に留まる理由を説明することが難しくなる。むしろ、七世紀前半の地域独自の関係を、そのまま利用する形で、中央政権が移民政策を進めたと考えた方が、墳墓の動向と整合的と考えられる。

古墳時代の社会は、鉄器をはじめとする必需物資を獲得するために、広域での物資流通が不可欠な社会であった。それを支えた関係は、首長層間の関係として形成されていたと考えられる。近畿地方の政治的中心を担った勢力と、東北地方の首長層が直接関係を取り持った可能性もあるが、隣接する関東地方の勢力を介して、全国的な首長層間の関係に参入した場合が多いと推定される。地域社会が衰退し維持が難しくなった場合、地域を越えた首長層間の関係をたよりに、人びとが避難していった可能性も考えるべきであろう。そのような歴史経緯を踏まえ、子孫が故地へ帰還しようとする場合も想定しておくことも必要であろう。

古墳時代の地方の首長層同士の地域間関係を、中央政権が全て制御できていたと考えることは難しい。七世紀前半でも、状況は大きく変わっていないであろう。前方後円墳を頂点とした墳形と規模で首長層間の階層的関係を表現するシステムは、七世紀には崩壊している。それに代わる中心性を示す考古資料が七世紀前半には見出せないことからも、七世紀前半における関東地方からの移住に、中央政権の直接的関与を想定することは難しい［藤沢二〇一〇］。

(3) 材木塀による囲繞の目的

囲郭集落の第一の特徴は、材木塀で囲繞することである。以前に材木塀などの遮蔽施設について検討したが［藤沢二〇一二］、古墳時代には多様な目的で、さまざまな遮蔽施設が用いられており、その一類型として材木塀があった。材木塀の用途も、特定の目的に特化したものではなかったと推定される。七世紀後半の城柵遺跡や囲郭集落では、古墳時代の多様な遮蔽施設の中から材木塀が採用される。囲郭集落から郡山遺跡I期官衙、さらに郡山遺跡II期官衙の順に、櫓が整い、材木塀に用いられる材木が太くなり、隙間が少なくなっていく傾向がある。時間的には併存するものもあるが、材木塀は城柵に用いられる中で櫓と組み合わさり、次第に防御機能が明確となり、その目的に特化していくと把握することができるであろう。このように考えることができるなら、囲郭集落を取り囲む材木塀に、軍事的防御施設という機能が期待された可能性も残るが、その目的だけに特化していたと考えることは難しい。

囲郭集落の材木塀が防御を目的にしていたと考えた場合、どのような敵対勢力を想定した防御であったのかが問題となる。七世紀前半に形成された地域社会の実態を、先に3節で検討したが、蝦夷とされた人びとが中央政権側にとっての軍事的脅威となったことは想定し難い。2B区より北の地域では、人口が増加に転じた時点であり、本格的な人口増加は七世紀後半を待たねばならなかった。2A区でも、増加した人口のかなりの割合は、関東地方からの移住者が占めていたと考えられる。そもそも、蝦夷という他者認識自体が、地域社会の実態を反映していない可能性が高く、蝦夷とされた人びとのまとまりも明確にはなっていなかったと思われる。そのような中で、偶発的な軋轢を除くと、蝦夷からの軍事的脅威が、深刻な問題となっていたとは考え難い。この点からも、囲郭集落の材木塀に外敵から防御するという機能は少ないとみるべきであろう。村田晃一氏が、「外からの脅威に備えたものではなく、収容した蝦夷や柵戸を囲い込み、管理するためのもの」と指摘していることは正鵠を得ていると考える［村田 二〇一九］。このような目的に加えて、あえて区画することによって、囲郭集落の外側が異なる外部の世界であることを示し、蝦夷という他者認識を視覚化するという役割を果たした可能性も考えて良いであろう［藤沢 二〇二一］。

⑷ 囲郭集落の性格

以上の検討を踏まえて、囲郭集落の性格をあらためて考えてみたい。

七世紀中頃の仙台市郡山遺跡Ⅰ期官衙の造営以降、2A区と2B区には、囲郭集落が各地に営まれるようになる。これらの遺跡は、中央政権による政策的意図を持った施設と考えることができる。文献記録から推定される六四五年を転換点とする、中央集権的国家形成の動きの重要な一環としての辺境政策が背景にあることは間違いない。

七世紀中頃、中央政権は領域支配を目指したと考えられるが、この専制的な中央権力が支配を及ぼすべき、あるいは支配する正当性を有していると見なした領域と、外部との境界を創出する必要性があったと考えられる。中央政権は、それまでに国造が存在した範囲を領域内とした。倭あるいは日本としてまとまる同一性を明示できない中で、六世紀後半の政治的関係に依拠する以外に、自らが支配する領域を示すことができなかったことを示している。そのために、国造設置範囲の外側の住民を他者として認識し「蝦夷」と名付けることで、「われわれ」の領域を示すことになった。領域支配の正当性の明示と、他者認識が表裏一体のものであったと考えることができるであろう。

そのために、領域の外側に、他者と見なした蝦夷を従えた辺境域を設置することで、支配領域の外縁を実体化することを目指したと考えられる。自己の領域と考えた外側で、なおかつ七世紀前半代に関東地方との関係で移住が始まっており、足掛かりがあった2Ａ区・2Ｂ区を辺境域としたのであろう。囲郭集落は、そのための囲い込み施設として造られたと考える。当該地域に居住していた住民と、七世紀前半に地域間関係を有した関東地方からの移住者を囲い込み、拓地殖民の拠点とすることによって、辺境域を創出したものと考える。郡山遺跡Ⅰ期官衙は、このような拓殖拠点である囲郭集落を統括し支える施設として、造営されたと考えることができるであろう。

5　郡山遺跡・囲郭集落体制と多賀城・城柵体制

(1) 郡山遺跡・囲郭集落体制

七世紀中頃から始まる、郡山遺跡Ⅰ期官衙と囲郭集落による辺境域の設置という上記の理解からすると、2Ａ区、2Ｂ区で評(郡)を設置することが目的であったかどうかは改めて考えてみる必要がある。囲郭集落は郡家型城柵へ転換していくものが多いが、それは結果であって、当初からの目的であったかどうかは別の問題である。2Ａ区、2Ｂ区の囲郭集落は、七世紀末に、構造が変化していくものがある。東松島市赤井遺跡と大崎市南小林遺跡では、一つの方形区画から、複数の方形区画が連なるものへ変化し、倉庫や官衙の可能性がある建物群が出現する。大崎市名生館遺跡では、七世紀末に官衙域と考えられる区画が出現し、八世紀初頭には政庁域と考えられる施設が造られる。これらの遺跡が郡家的性格へ変化していった可能性が指摘されてきた。このように、同じ遺跡での性格の変化は認められるが、囲繞施設を伴う新たな施設は造営されていかない。特に重視したいのは、七世紀後半に囲郭集落が造営される2A区、2B区より外側に、囲郭集落や城柵など、新たな囲われた施設は造営されていかないことである。この地域に新たな城柵が造営されていくのは、八世紀前葉に多賀城が造営されて、体制が一新されるまで待たねばならなかった。このことは、七世紀中頃から始まる、郡山遺跡と囲郭集落による辺境域の設置という性格が、基本的には変わっていないことを示すものと考えられる。3区では、栗原市御駒堂遺跡が七世紀末から営まれるようになり、八世紀初頭には多数の関東地方からの移民を含む集落が営まれるようになるが、外郭施設は設けられておらず、2A区、2B区の囲郭集落とは性格が異なっていた可能性がある。

七世紀末に、郡山遺跡は郡山Ⅱ期官衙へと変遷するが、対蝦夷政策の拠点として施設が整備されたものと考えられる。中心施設に隣接する、石敷広場と池は蝦夷の服属儀礼や饗応に用いられたと考えられている。この七世紀末頃から、3区以北へ鉄製品が大量に流通するようになる。東北地方北部を経由して、北海道の道央地域にも多数の鉄製品がもたらされている。この点から、郡山Ⅱ期官衙は、3区より北側の蝦夷にも対処したものと考えられる。2A区、2B区の囲郭集落からなる辺境域を統括するという、Ⅰ期官衙からの役割に加えて、3区以北の蝦夷集団へ対応する役割が加わっていったものと考えることができるであろう。

(2) 多賀城・城柵体制

八世紀前葉、多賀城市に多賀城が造営されると、郡山遺跡は廃絶する。ほぼ同時に、2B区の各地に城柵が成立していく。囲郭集落が城柵へ転換していった場合もあるが、大崎市新田柵跡、加美町城生柵跡、同東山遺跡など、この段階で新たに造営される城柵も存在する。これらの城柵は、郡家としての性格を持ち、郡家型城柵と呼ばれてきた。多賀城は、これら郡家型城柵を統括する陸奥国府であるとともに、3区より北側の蝦夷に対処する拠点として再定立されたものと考えることができるであろう。やがて、それまで城柵が設置されていなかった3区やそれより北側に城柵が設置されていくようになるが、2B区に設けられた囲郭集落のように、一定範囲に複数が設置されることはなく、拠点的に設置される形へ変わっていく。

多賀城の成立にあたっては、七二〇年の蝦夷反乱を受けた支配体制の再編成であることが指摘されてきた〔熊谷二〇〇〇〕。本論での検討を踏まえれば、この蝦夷反乱を契機として、郡山遺跡・囲郭集落体制の行き詰まりが顕在化し、支配体制を根本的に再編成する必要性に迫られたことが、多賀城・城柵体制への転換をもたらしたと言うことができるであろう。具体的には、郡山遺跡の放棄と多賀城の建設、囲郭集落の終焉と郡家型城柵への転換という形で進められるが、それを通じて、2A区と2B区を辺境域とするための拓殖政策の放棄と郡家による支配体制への組み込み、3区より北側の蝦夷へ対応する政策の整備が進められたと考えられる。

おわりに

東北地方の古代遺跡の研究は、多賀城跡や城柵遺跡の研究から始まった。郡山遺跡や囲郭集落が多数発見されるなかで、八世紀の多賀城や城柵遺跡からさかのぼる形で、これらの遺跡の検討が進められてきたことは、ある意味では当然な研究の進み方であったと思う。囲郭集落が八世紀に郡家型城柵に転換する事例があることから、一連の動向として、これらの遺跡を理解する傾向も強かったと言えるだろう。しかし、七世紀から八世紀にかけての対蝦夷政策を、同じ一連の展開過程として把握できるかどうかは、別の問題である。

前方後円墳の終焉によって、墳形と規模で格差を表現する古墳時代の政治秩序は、七世紀初頭には崩れていたと考えられる。七世紀の中央政権は、中央集権的な国家形成を目指したと考えられるが、その過程は平坦ではなかった。六四五年の改新のクーデターと蘇我本宗家の滅亡以後、中央集権国家形成の動きは本格化するものの、律令国家の枠組みが形成されるまでには、なお半世紀近くの歳月が必要で、その過程では壬申の乱を経ることとなった。このような七世紀の政治過程は、政策の違いが主導権争いとして噴出したと考えるべきであろう。

東北地方では、領域国家の基本に関わる、外縁を明確化するという政治目的から、中央政権の直接的関与が七世紀中頃から始まる。この七世紀中頃の対蝦夷政策の開始、郡山遺跡など初期の城柵や囲郭集落の建設開始時点で、数十年を経て到達すべき、将来のありえるべき城柵支配体制が構想されていたと考えることには無理がある。この時点での、中央政権の辺境政策が何を志向したのか、あらためて考え直してみることが必要である。

本論では、主に考古資料から、周辺異民族を組み込んだ辺境域を創出するために、拓地殖民政策を進めるものとして、郡山遺跡・囲郭集落体制を想定した。論証が不足している部分も多いと思われるが、新たな検討の踏み台になればと思う。なお本論には、文部科学省・科学研究費補助金新学術領域研究(研究領域提案型)「出ユーラシアの統合的人類史学：文明創出メカニズムの解明」A03班(JP19H05734)による研究成果の一部が含まれている。

参考・引用文献

阿部義平　二〇〇六「古代城柵の研究(二)」『国立歴史民俗博物館研究報告』第一三三集
阿部義平　二〇一五『日本古代都城制と城柵の研究』吉川弘文館

今泉隆雄　一九九九「律令国家と蝦夷」『宮城県の歴史』山川出版社
宇部則保　二〇〇七「ix．青森県南部～岩手県北部」『古代東北・北海道におけるモノ・ヒト・文化交流の研究―平成15～18年度科研費報告書』東北学院大学
宇部則保　二〇一五「北縁の蝦夷社会」『東北の古代史3蝦夷と城柵の時代』吉川弘文館
亀田修一　二〇〇三「渡来人の考古学」『七隈史学』第四号　七隈史学会
草野潤平　二〇一九「東北地方における大型終末期群集墳の成立―横穴式石室の分析を通して―」『古墳分布北縁地域における地域間交流解明のための実証的研究(科研費研究成果報告書)』福島大学行政政策学類
熊谷公男　二〇〇〇「養老四年の蝦夷の反乱と多賀城の創建」『国立歴史民俗博物館研究報告』第八四集
熊谷公男　二〇〇四『古代の蝦夷と城柵』吉川弘文館
熊谷公男　二〇〇九「城柵論の復権」『宮城考古学』第一一号　宮城県考古学会
熊谷公男編　二〇一五『東北の古代史3蝦夷と城柵の時代』吉川弘文館
鈴木　雅　二〇一六「律令国家形成期の陸奥国柴田・刈田地方―蔵王町円田盆地の遺跡群の検討を中心に―」『宮城考古学』第一八号　宮城県考古学会
佐藤敏幸　二〇〇九「陸奥の城柵の構造」『宮城考古学』第一一号　宮城県考古学会
菅原祥夫　二〇一五「律令国家形成期の移民と集落」『東北の古代史3蝦夷と城柵の時代』吉川弘文館
日本考古学協会二〇二三年度宮城大会実行委員会編　二〇二三「第三分科会　東辺地域の境界と律令国家の形成―古代城柵多賀城完成まで―」『災害と境界の考古学』研究発表資料集
藤沢　敦　二〇〇四「倭の「古墳」と東北北部の「末期古墳」」『古墳時代の政治構造』青木書店
藤沢　敦　二〇〇七「倭と蝦夷と律令国家」『史林』第九〇巻第一号　史学研究会
藤沢　敦　二〇一〇「第二部各地域における前方後円墳の終焉　東北」『前方後円墳の終焉』雄山閣
藤沢　敦　二〇一三「古墳時代から飛鳥・奈良時代にかけての東北地方日本海側の様相」『国立歴史民俗博物館研究報告』第一七九集
藤沢敦編　二〇一五『東北の古代史2倭国の形成と東北』吉川弘文館
藤沢　敦　二〇一八「弥生時代後期から古墳時代の北海道・東北地方における考古学的文化の分布」『国立歴史民俗博物館研究報告』第二一一集

藤沢　敦　二〇二一「倭国北縁における材木塀」『年報人類学研究』第一一号　南山大学人類学研究所
村田晃一　二〇〇〇「飛鳥・奈良時代の陸奥北辺―移民の時代―」『宮城考古学』第二号　宮城県考古学会
村田晃一　二〇〇二「7世紀集落研究の視点(1)」『宮城考古学』第四号　宮城県考古学会
村田晃一　二〇一〇「古代奥羽城柵の囲繞施設」『宮城考古学』第一二号　宮城県考古学会
村田晃一　二〇一四「日本古代城柵の検討(2)―郡山Ⅰ期官衙から多賀城第Ⅰ期へ―」『宮城考古学』第一六号　宮城県考古学会
村田晃一　二〇一五「飛鳥時代の城柵―律令国家形成期の城柵構造―」『考古学ジャーナル』No.669　ニューサイエンス社
村田晃一　二〇一六「日本古代城柵の検討(3)―飛鳥時代の城柵―」『日本古代考古学論集』同成社
村田晃一　二〇一九「土器・家・ムラからみたエミシと柵戸」『特別展蝦夷―古代エミシと律令国家―』東北歴史博物館
八木光則　二〇一〇『古代蝦夷社会の成立』同成社
柳澤和明　二〇一〇「多賀城市山王・市川橋遺跡における住社式～栗囲式期集落の様相」『宮城考古学』第一二号　宮城県考古学会
横須賀倫達　二〇〇七「集落を囲む溝―陸奥南部における大化前代の一様相―」『日中交流の考古学』同成社
仙台市教委　二〇〇五『郡山遺跡発掘調査報告書総括編(1)』
東松島市教委　二〇一〇『矢本横穴墓群Ⅱ』

多賀城創建と辺境政策実施体制の広域的再編
——交通関係の視点から——

永田 英明

はじめに

多賀城跡の発掘調査が継続的に行われるようになって以後蓄積されてきた考古学的知見と、それをふまえて進められてきた文献史料の再検討によって、多賀城成立史の研究が進展する中、大きな課題となってきたのが、多賀城創建の歴史的意味を古代国家の辺境政策の展開過程の中にどのように位置づけ捉え直すか、という問題である。その中で近年特に重視されるようになったのが、養老四年(七二〇)九月の蝦夷の反乱を契機とした、新しい支配体制構築という流れの中に多賀城創建を位置づける視点であった[工藤 一九九八、熊谷 二〇〇〇・二〇〇七、鈴木 一九九八、今泉 二〇一五a・bなど]。本稿では、そうした近年の成果を踏まえつつ、この「新しい支配体制」を陸奥国と隣接諸国・隣接地域との関係という観点から考えてみたいと思う。多賀城はいうまでもなく陸奥国の国府であり、その創建についても、基本的には陸奥国の支配体制の問題として捉えられる。しかし一方で律令国家の辺境政策に陸奥国以外にも複数の国・地域が関わり、その枠組み、関係性が多賀城創建の前後で大きく変化していることも事実であり、これらが当該時期の律令国家の辺境政策、「新体制」を考える上で重要な素材であることも確かである。先行研究でももちろんこの点は様々な形で論じられ、筆者も陸奥と出羽の関係を中心に検討したことがあるが〔永田 二〇一五〕、本稿では、この前稿をも含めた形で再検討を行い、多賀城創建の意義をより広域的な視点から考える手がかりを得たいと思う。

1　狭域陸奥国と石城・石背国

(1) 石城・石背の分置

多賀城創建にかかる諸問題の中で古くから議論されてきた問題に、石城・石背両国の分置と再併合の問題がある。このうち多賀城創建に直結する大きな問題として近年改めて注目されているのが、両国の再併合の時期をめぐる問題である〔佐々木 二〇一〇、今泉 二〇一七、吉野 二〇一六〕。しかしその意義は、その前段となる両国の分置体制をどう考えるかという問題とあわせて考える必要があろう。結果として石城・石背両国は、極めて短期間しか存在しなかったわけだが、その分置はもちろん明確な政策的意図を持って行われたはずであり、その点について理解を深めることも重要である。

〔史料1〕『続日本紀』養老二年(七一八)五月乙未条

陸奥国の石城・標葉・行方・宇太・曰理、常陸国の菊多の六郡を割きて石城国を置き、白河・石背・会津・安積・信夫五郡を割きて石背国を置く。常陸国多珂郡の郷二百一十烟を割きて名づけて菊多郡と曰い、石城国に属《つ》ける。

石城・石背国の分置については、かつて両国の分立を記すこの『続日本紀』記事の史料的性格をめぐる議論が存在したが〔喜田 一九八二a・b、髙橋 一九一三など〕、土田直鎮氏が、紅葉山文庫本『令義解』戸令新附条の紙背書き入れに引用された、「養老二年、陸奥国を分けて三国と為す、云々。」という「古格」の記述によって『続日本紀』記事の信憑性を補強し、現在では『続日本紀』の記載どおり養老二年の分置を認める理解が定着している〔土田 一九九二〕。陸奥国は七世紀半ばの孝徳朝に「道奥国」として設置されたと考えられるが〔今泉 一九八八、荒井 一九九四〕、以後この養老二年まで現在の福島県から仙台平野、さらには大崎・牡鹿地方〔和銅五年〔七一二〕ないし霊亀元年〔七一五〕まではさらに最上・置賜盆地も〕にまたがる広大な領域を有していた。両国の分置は能登・安房国の分置と同時に行われているので必ずしも陸奥特有の政策とはいえないが、それでも陸奥国が「饗給〔撫慰〕・征討・斥候」という特有の任務を帯び、陸奥国の領域の広大さがこの辺境政策と不可分の関係にあると考えられることからすれば、その分割の意味もまた辺境政策と切り離して考えることはできないだろう。

先行研究でももちろんこの点はたびたび言及されてきた。いちはやくこの問題を論じられた工藤雅樹氏〔工藤 一九九八〕は、両国分置の目的を、蝦夷と境を接する特別な地域を別個の国として独立させることで石城・石背地域が負う蝦夷政策に関わる物的・人的な負担責任を緩和するという点に求め、同時に、これにあわせて石城・石背の両国をも含む「東国諸国」が全体として陸奥国・出羽国両国を支えるという「新しい別個の支援体制」が作られたとされた。また今泉隆雄氏〔今泉 二〇一五a〕は、「大局的に見ると、和銅〜養老年間に政府が、地域の実情に即して地方支配を強化するために全国的に進めた分国政策の一環である」とする一方で、陸奥国固有の事情として、国造制・評制支配の伝統を持つ石城・石背地域と、移民によって新たに評・郡を設置した狭域陸奥国の地域を分離することで「地域の実情に即した」支配強化を図った措置だと説明した。また石城・石背地域を切り離すことによって、陸奥国府がその行政の負担を軽くして、辺境経営に力を集中することができると判断したのではないかともされている。

いずれも説得的な議論だが、もう少し具体的に考えてみよう。今泉氏のいう「行政負担」の軽減、「地域の実情に即した」支配の強化という説明は、当時の国司の地域支配にかかる業務の中で占める、出挙収納や調庸催領、その他実に多様な業務による頻繁な国内諸郡への巡行（および四度使等としての上京）を念頭に入れるとわかりやすい［本庄二〇二二］。両国の分置は、広大な巡行地域を三つの国府が分担して巡行するようになることを意味するから、「陸奥国」にとっては巡行地域の大幅な削減を意味するし、石城・石背両地域における出挙収納や調庸催領などの業務は、陸奥国とは別に新たに任命された石城・石背両国の国司たちが行うことになる。両国の分置によって陸奥国の定員に変化があったか不明だが、いま仮に分置後の三国を石城（六郡）＝中国、石背（五郡）＝中国、（狭域）陸奥国＝上国と推定して国司（四等官及び史生）数を算出すると、石城・石背＝各六、陸奥＝七、合計一九人となり、分国前の陸奥を大国だと仮定した際の人数九人と比べても、倍以上となる。控えめに見ても、旧陸奥国全域で見れば、国司の総人数は増加しているはずであり、当該地域に対するきめ細やかな支配という点で言えば、石城・石背の分立は、陸奥も含めた三国全体でみても明らかな支配強化策ということができる。

一方で工藤氏や今泉氏が指摘しているのが、石城・石背が分国されることによって、両国地域の住民が陸奥国の辺境支配の直接的な基盤としての役割を外されることの問題である。特に今泉氏は、軍団数や郷数の計算から、この分割によって「陸奥国」が辺境支配に動員できる直接的な資源が半減したとの試算を提示している。たしかに、両地域が別々の国に編成されている以上、石城・石背両国の住民が、たとえば陸奥国内への城柵への兵士として上番のような形で経常的に軍事基盤として役割を果たすことは困難になったに違いない。それでもあえて律令国家が両国の分置に踏み切った前提として氏が注目しているのが「霊亀元年の大量移民による領域の拡大」である。今泉氏のいう霊亀元年（七一五）の大量移民とは『続日本紀』霊亀元年五月甲戌条に見える、相摸・上総・常陸・上野・武蔵・下野六国の富民一〇〇〇戸を陸奥に移住させたという記事で、その移配先は大崎・牡鹿地方が主であったとみられるが、この地域における支配の充実によって、石城・石背両国の資源に依存せずとも辺境支配が可能だとの見通しを政府が得たのではないかとの理解である。霊亀元年の移民を「領域の拡大」を伴うものとみる点については議論が必要だが〔熊谷二〇〇七〕、霊亀の大量移民を両国分割の前提条件とする説明自体はやはり説得的であり、筆者も基本的にはこの理解に随いたい。

(2) 分国後の陸奥国と石城・石背

その上であえて検討したいのが、分立後の石城・石背両国の位置づけ、陸奥国との関係性という問題である。前述のように工藤氏は分立後の両国について、坂東も含む「東国諸国」として陸奥国を支援することとなったとしている。今泉氏もまた、両国が「辺境経営の基盤としては陸奥国内ではなくなって、坂東諸国と同じような位置づけになったということを示しているのだろう」と述べられている。しかし両国の位置づけを単純に「坂東諸国と同じ」と説明するだけでよいのだろうか。まず取り上げたいのが次の史料である。

〔史料2〕『類聚国史』巻八十三　養老四年十一月甲戌条

勅すらく。陸奥・石背・石城三国の調・庸并びに租、これを減□す。唯し遠江・常陸・美濃・武蔵・越前・出羽六国は、征卒及び廝・馬従等の調・庸并びに房戸の租を免す。

これは先に述べた養老四年(七二〇)の陸奥蝦夷の反乱に対する征討が終了した後の免税・減税を指示した勅であるが、ここでは、遠江・常陸以下の六国を対象に実際の従軍者(征卒＝兵士・廝・馬従)の調庸とその房戸の租を免除しているのに対し、陸奥・石背・石城に対しては全域的に調・庸・田租を免除している。これは、この征討において、石城・石背の住民には陸奥の住民に対するものと同様の負担が課されたことを示唆する。それは遠江以下の六国のような特定戸からの「征卒」の徴発・派遣にとどまらない、より広範な人々を対象にしていたと見るべきであろう。

それは養老四年の蝦夷反乱が予想以上に大規模であったため狭域陸奥国一国では対応できなかった「結果」と見る向きもあるかもしれない。しかしこうした両国の扱いは、実は養老令にも窺うことができる。まず養老戸令14新附条である。この条文では、新たに戸籍へ附貫する際に、もともとの本貫地に関係なく現在の居住国に附貫するべき国々として「大宰部内及三越・陸奥・石城・石背等国」が挙げられている。軍事的な要地などでの人口確保を目的とした条文と考えられるが、そこに陸奥と石城・石背が入っている。つまり分置後の石城・石背もまた陸奥同様に優先的に人口を確保するべき国であった。

同様のことは、軍防令48帳内条でも指摘できる。同条では帳内・資人を国内から採用してはならない国を「三関・大宰部内・陸奥・石城・石背・越中・越後国人」と並べている。これもまた軍事的重要国における人的資源の確保を目的とした条文であり、石城・石背が陸奥と同様の扱いを受けていることが注意される。これらの条文における石城・石背は、養老二年の両国分置を受けて養老令編纂に際し書き加えられた語句と推測されるが、わざわざ書き加えられているのは、分置後の石城・石背両国が、人的資源を優先的に確保するべき国として陸奥国と同様に意識されていたことを意味している。ここにも、両国が分置後も征夷の軍事的基盤として位置づけられていることがうかがえる。

(3) 石城・石背が所属する「道」と駅路

さて、前項で触れた三つの史料からは、さらに関連する別の情報を引き出せる。それは両国(特に石城国)の「道」の所属、あるいは坂東との関係という問題である。

周知の通り、律令体制下において、畿内を除く諸国は東海道・東山道などいずれかの「道」に所属した。この「道」

は巡察使など中央から全国に派遣される朝使の派遣単位や公文書の作成・逓送単位として運用された［鐘江 二〇二三］。周知の通り公文書等で複数の国名を配列する際には、まず道ごとに都から近い順に国が並べられ、東海道を起点に各道を反時計回りに配列するというルールが守られていた。この点を踏まえた時に注目されるのは、前述の養老戸令14新附条で、新たに戸籍に附貫する際、現在の住処に附貫するべき国々が「三越・陸奥・石城・石背等国」と並べられ、また軍防令48帳内条で帳内を国内から採用してはならない国が「三関・大宰部内・陸奥・石城・石背・越中・越後国人」と並べられている点である。しかもそれは前掲した養老四年十一月甲戌条（史料2）でも同じである。先に述べたルールに従うならば、石背は陸奥より都に近いので陸奥の前に来るはずだし、石城も同様に東海道の延長としてさらに前に来てもおかしくない。しかし現実にはそうなっていない。国史や法制史料における国名順がほぼ例外なく先のルールに従っていることを踏まえるならば、こうした記載順は異例だが、これは石城・石背がともにあくまで「陸奥国」に連なる国として位置づけられていたことを示すと考えるべきであろう。ここから読み取れることで重要なのは、石城や石背を陸奥国と切り離して、坂東諸国（常陸や下野）の延長にこれらを位置づけるという発想が、当時なかった、ということである。

駅路の問題についてもあわせて考えてみよう。養老三年七月、石城国に駅家一十処が新設された（『続日本紀』養老三年閏七月丁丑条）。この時に設けられた十駅は、弘仁二年（八一一）四月に廃止された「陸奥国海道十駅」に該当すると考えられる。実際にもこの駅路は、狭域陸奥国に属した名取郡の南端で阿武隈川北岸に所在したとみられる玉前駅家から分岐して石城国に入ったとみられるが、厩牧令置駅条には三十里（約一六キロメートル）ごとに駅家を設置するとあるから、この玉前駅を起点に十駅分の駅路（約一六〇キロメートル）を計るとおおむね石城（陸奥）と常陸の国境付近まで達し、この駅路はおそらくは同時期に設置されたであろう常陸国の東海道駅路に接続したと見られる。(1)

図1　養老〜神亀頃の陸奥・石城・石背・出羽

　東海道・東山道諸国の朝集使はもともと大宝令条文で、坂東・山東以遠(相模・上野以遠)からの上京に駅馬を利用することが定められており、養老四年九月にはさらにそれ以外の税帳使・大帳使などにも駅馬利用が許可されているから[永田二〇〇四、荒井二〇一二]、石城国から上京する使者用として南に向かう駅路が整備されるのは当然であった。しかし重要なのはそれが陸奥国にも連なっていることである。石城国の国府は同名郡の石城郡に設置されたと考えられるから、石城国内十駅のほとんどは石城国府—陸奥国府間の駅家ということができる(図1)。石城にとっては上京用の駅家は常陸ルートのみを整備すれば良いし、陸奥国にとっても既存の東山道の駅家を使えば上京できるわけだから、両国分置の一年後に設置されたというタイミングを合わせ考えても、この石城国の駅家群は、明らかに陸奥国と石城国の連絡用という役割を期待されている〔今泉二〇一五b〕。ここでも明らかに陸奥国と石城・石背の連携が重視されている。当たり前のようにも思えることだが、この点をあらためて認識しておきたい。

(4) 石城・石背両国と陸奥・坂東

以上のような両国と陸奥の関係性を見ると、養老二年の分国は、両国を陸奥国とは異なる独立の「国」としてその外側に区別しながらも、一方で行政上の扱いとしては、両国は陸奥国に強く結びつく国としても扱われていることがうかがえる。このように見てくるとき、あらためてクローズ・アップされてくるのが、陸奥按察使の存在である。按察使は養老三年(七一七)七月に、特定国の国守に兼務させる形で設置された(『続日本紀』養老三年七月庚子条)。この記事に陸奥按察使はみられないものの、養老四年九月に陸奥国が、蝦夷の反乱で「按察使正五位上上毛野朝臣広人」が殺害されたことを奏言(飛駅奏によるか)している(『続日本紀』養老四年九月丁丑条)ことからみて、全国的な按察使設置にそう大きく遅れずに陸奥国に駐在する按察使が置かれていたと考えて支障ない。しかし陸奥按察使の出羽管轄は養老五年八月に始まることなので、だとすればそれ以前の管轄国の候補となるのは石城・石背しかありえない。按察使の設置は全国的な施策なので、これを辺境政策という視点から評価することについては疑問視する声もあるかもしれない。しかし先に述べてきたような、征夷や辺境政策における陸奥・石城・石背三国の一括的な扱いを踏まえるならば、陸奥按察使による両国管轄において、蝦夷政策における連携が意識されていた可能性はやはり高いのではないだろうか。このような政策を先に指摘した事柄とあわせて考えるなら、石城・石背両国の分置は、必ずしも両国を陸奥国の辺境政策から全く切り離したというわけではなく、陸奥按察使による管轄や陸奥国府との連絡駅路の整備といった、両国と陸奥国の連携体制を通じて、後方支援的な軍事基盤としての役割を果たすことも期待されていたとみるべきであろう。

そしてこの点を踏まえた上で触れておきたいのが、両国と坂東との関係である。工藤氏や今泉氏は、石城・石背が大化以前から国造制支配に組み込まれていた地域であることをふまえ、両地域と狭域陸奥国との差異を強調する視点から、石城・石背を坂東に準じる地域として位置づけている。もちろん筆者も両氏が指摘するような歴史的背景・基盤の相違が石城・石背と狭域陸奥国との間にあることに全く異論はないし、それが三国分立の基本的前提となっていることもその通りだと考える。しかし、陸奥の蝦夷政策に対する後方支援基地といわれる「坂東」が征夷の軍事的基盤として明確に位置づけられるのは神亀元年(七二四)頃からであることが指摘されている[北一九八七、川尻二〇〇三]。次節で述べるとおりそれはむしろ石城・石背両国が陸奥国に再併合された後のことであるから、両国分置段階での両国の役割を「坂東」との同質化という表現で説明してしまうことは必ずしも適切とは言えないのではないか。むしろ律令国家の辺境政策における両国の独自の位置づけ・役割を、狭域陸奥国とも、また坂東とも区別しながら考えていく必要があるように思われる。それによって、両国再併合の捉え方も、微妙に変わってくるように思われる。

2　多賀城創建と陸奥・出羽関係

(1) 石城・石背の再併合時期

養老二年(七一八)に分置された石城・石背両国は、その後の政策転換によって、極めて短期間のうちに陸奥国に再併合された。この再併合については、早く土田直鎮氏が養老五年頃とする見解を示されていたが〔土田 一九九二〕、近年の佐々木茂楨氏による次の史料の分析と、それをふまえた今泉隆雄氏の研究で、その時期がさらに絞り込まれることとなった〔佐々木 二〇一一、今泉 二〇一七〕。

〔史料3〕『続日本紀』延暦四年(七八五)四月辛未条

中納言従三位兼春宮大夫陸奥按察使鎮守将軍大伴宿祢家持等言す。「①名取以南十四郡は、山海に僻在し、塞を去ること懸《はるか》に遠し。徴発有るに属《あた》りて機急に会わず。是に由りて、権《かり》に多賀・階上二郡を置きて百姓を募集し、人兵を国府に足らしめて防禦を東西に設く。誠にこれ、預め不虞に備え鋒を万里に推《すす》むなればなり。②但し以《おもん》るに、徒に開設の名有りて未だ統領の人を任ぜず。百姓の願い望むに、心を係くるところ無し。望み請うらくは、建てて真郡となし、官員を備え置かん。然れば則ち、民は統摂の帰を知り、賊は窺窬《きゆ》の望みを絶たん。」これを許す。

家持の言上は、①多賀・階上二郡の設置事情を説明した前半部分と、②両郡に「統領の人」すなわち郡司を置いて「真郡」とすることを提案する後半部分からなる。家持が主張したいのはもちろん後半の②の部分であるが、佐々木氏は、「権」の郡としての両郡の設置時期という関心から、①の部分に「名取以南十四郡」とあることに注目された。陸奥国の名取以南の「十四郡」は、陸奥国に併合され石城・石背両国の諸郡(合計十一郡)と、狭域陸奥国南端の名取・伊具・柴田の三郡を指すとみられる。養老五年(七二一)十月に柴田郡から苅田郡が分置されてしまうので、「十四郡」である期間は石城・石背再併合から養老五年十月までの間にしかない。佐々木氏はこのことから「名取以南十四郡」の語を延暦四年当時ではなく二郡が置かれたこの時期に使われた文言ととらえたのであるが、重要なのは、この理解によって、石城・石背両国が陸奥国へ再併合された時期の下限が養老五年十月となったことである。佐々木氏はその上限については前掲史料3（『続日本紀』養老四年十一月甲戌条）、下限を養老五年（七二一）十月とされたが、今泉隆雄氏はこの佐々木説を評価した上で、養老五年八月に陸奥按察使が出羽を管轄するまでは石城・石背が陸奥按察使の管下に国として存続していたはずとする土田直鎮説をもとに上限を養老五年八月に修正し、同年八月から十月までの二ヶ月の間に両国再併合と多賀・階上二郡の設置が相次いで行われたとされた。

この議論は非常に説得的であり、全面的に従いたいと思うが、さらに重要なのは、多賀城創建との関係性である。多賀郡・階上郡は『和名抄』にみられる宮城郡多賀郷・階上郷に対応し多賀城に近接した郡と考えられるから、当然この史料にいう「国府」も多賀城（多賀柵）のこととみるべきである。そしてこの二郡設置の前提となる石城・石背両国の再併合も同じくこの二ヶ月間に収まることからすれば、少なくとも政策立案ということでいえば、基本的には同時並行的に行われた政策ということになる［吉野 二〇一六］。

(2) 出羽国の東山道移管と駅路

両国の併合と多賀・階上二郡の設置が養老五年八月から十月の期間に限定されることは、別の意味でも重要である。石城・石背の再併合は、その上限である養老五年八月に行われた陸奥按察使の出羽所管と早ければ同じ、遅くともその二ヶ月以内に実行されたことになり、やはり多賀城の造営と一体的に立案されたとみられるからである。

別稿で明らかにしたように、陸奥按察使の出羽所管は、さらに出羽国の道の所属替えや陸奥出羽間の連絡駅路の整備とも連動していると考えられる［永田 二〇一五］。出羽国は、越後国の北端に設置された出羽郡に、陸奥国から移管された最上・置賜二郡をあわせる形で建国されたという経緯から、和銅五年（七一二）の建国当初は北陸道に所属していた。それが陸奥と同じ東山道に移管された時期については、上限は前掲史料2の国名配列（越後の後に出羽を配列）

から養老四年十一月以降とみることが従来から指摘されていた。一方、下限については天平十一年頃まで降る可能性も指摘されている[中村 二〇二〇]。しかし養老職員令大国条で守の職掌のうち「饗給・征討・斥候」を担当する国が「陸奥・出羽・越後」の順で並べられていることから、養老令編さんの過程ですでに出羽を東山道所属とする認識が存在していたことを指摘できる。養老律令編さんの実質的な打ち切りが養老五年後半から六年初め頃と推定されている[野村 一九六八]ことをふまえれば、出羽国の東山道移管の下限も養老五年後半から六年はじめ頃と考えられ、同五年八月の按察使による出羽管轄とほぼ同じ時期に行われたとみることができるのである。

陸奥按察使の出羽管轄もまた、長門・美濃・越前・出雲・備後など各地の按察使管国の所管換えとともに行われたもので、必ずしも奥羽だけの政策とはいえない。しかし按察使の管国設定が複数の道にまたがっていても、それを同じ道に統合するようなことは行われないのが普通で、わざわざ所属道の編成替えをセットで行っているのは陸奥按察使だけである。それは、この措置が単に按察使の責任範囲の調整だけでなく、日常的な行政において、出羽を越後から切り離して陸奥とセットとなる国として位置づけようとしたことを示唆する。

この推測をさらに補うのが、駅路の問題である。石城国の分立(東山道に所属)が陸奥—石城国府間の駅家群の設置を伴ったように、出羽の東山道への移管もまた、陸奥・出羽国府間の駅家群の設置を伴った可能性が高い。このことを考える手がかりが、天平九年(七三七)に着手されながら中途で挫折した、いわゆる「奥羽連絡路開通事業」の記事(『続日本紀』天平九年四月戊午条)において、按察使鎮守将軍大野東人が率いる陸奥側からの軍と出羽守田辺難波が率いる出羽国軍の合流場所として見える「出羽国大室駅」である。天平九年のこの事業は、陸奥国賀美郡から奥羽山脈を越えて出羽国最上郡玉野に至り、さらに北上して新庄盆地から横手盆地の「雄勝村」に至る道路を開く計画である。実際、雄勝村に入る直前の比羅保許山までは陸奥・出羽からの官軍が到達したわけだが、このルートに実際に駅家が配置され「駅路」となったのは、雄勝城が造営された天平宝字三年(七五九)のことであり(『続日本紀』天平宝字三年九月己丑条)、よって「大室駅」は天平九年以前から存在していた既存の駅路上の駅家と考えられる。駅家は基本的には国府間を結ぶ幹線道上に設置されるから、それはさらに陸奥・出羽国府間を結ぶ駅路自体が天平九年以前から存在したことを意味する。そのルートはおそらくは『延喜式』制に継承されている、陸奥国小野駅から笹谷峠を越えて最上郡に入り、最上川沿いに下って庄内地方へと向かうルートであろう。

この駅路が成立した時期を正確に求めることはできないが、少なくとも出羽国の東山道移管は、この両国間駅路の存在を前提とする。なぜなら、出羽国が東山道に所属するとすれば、朝集使や税帳・大帳使などの公文進上使も東山道ルートで上京することになるが、東山道諸国の朝集使はもともと大宝令条文で坂東以遠からの上京に駅馬を利用することが定められていたし、前年の養老四年九月には、朝集使以外の使者を含めて信濃以遠の国からの上京に駅馬を利用することとなったからである[永田 二〇〇四、荒井 二〇一二]。よって少なくとも出羽の東山道移管にはこの駅路の開設が必要であり、筆者はやはりこの駅路が養老五年の措置に連動したかたちで整備された可能性が高いと考える。養老五年の措置は出羽を東山道の末端に位置づけるとともに、按察使管下で陸奥・出羽間での連絡体制を強化するシステムとしても、重要な意味を持ったのである。養老五年八月の陸奥按察使による出羽所管は、この時期に行われた陸奥・出羽両国間の関係強化・連絡体制強化という辺境政策の一環をなすものと理解できるのである。

(3) 養老六年官奏と陸奥按察使

ほぼ同時期に行われたとみられる石城・石背の再併合と陸奥按察使による出羽管轄のうち、前者については、すでに多くの先学が指摘するように[工藤 一九九八、今泉 二〇一五aなど]、両地域をふたたび陸奥国司の直接的管轄下に置くことで広域陸奥国のメリットを活かしたダイナミックな人的・物的資源の運用をしやすくするということが最も重要な狙いと考えて良いであろう。前述の多賀・階上二郡の設置もその例であるし、鈴木拓也氏がその意義を解明された〔鈴木 一九九八〕養老六年閏四月太政官奏の大胆な税制・軍制改革も、両国の再併合があって始めて実施できた政策と考えられる〔今泉 二〇一五a〕。

しかしその養老六年太政官奏の第一項は、実は対象が「陸奥按察使管内」とされている。養老四年の蝦夷の反乱後、陸奥を対象とする復除が連年行われているが、養老四・五年が陸奥(及び石城・石背)のみを対象としており、養老四年の反乱・征夷との直接的な対応関係が考えられるのに対し、この養老六年の税制改革ではそれまで含まれなかった出羽をも含めたのである。

〔史料4〕『続日本紀』養老六年閏四月乙丑条(読みは〔鈴木 一九九八〕による)

太政官奏して曰く。酒者《このごろ》、辺郡の人民、暴かに寇賊を被《こうむ》りて遂に東西に適《ゆ》き流離分散す。若し矜恤を加えずば、恐るらくは、後患を貽《のこ》さん。是を以て、聖王制を立て、また務めて辺を実つるは、蓋し中国を安んずるを以てなり。望み請うらくは、**陸奥按察使管内**、百姓の庸調は侵免し、農桑を勧課し射騎を教習し、更に辺を助くるの資を税り、夷に賜うの禄に擬《あ》てしめん。その税は、卒一人毎に布を輸すこと長さ一丈三尺、闊《ひろ》さ一尺八寸、三丁にて端と成せ。その国の授刀・兵衛・衛士及位子・帳内・資人、并びに防閤・仕丁・采女・仕女・此の如きの類、皆悉く放還し各々本色に従はせよ。若し考を得ることあらば、六年を以て叙と為し、一たび叙する以後は自ら外考に依れ。即《も》し他境の人年を経て居住し例に准へて税を徴らむは、見来占附の後一年を以てし、而して後に例に依れ。

(後略)

この太政官奏は、以上に引用した部分(第一項)の後ろにさらに良田百万町の開墾(第二項)、公私出挙の利率を三割とする(第三項)、鎮所へ穀を運ぶものの募集(第四項)、以上の合計四つの内容からなる。この官奏は、律令法の原則を大きく変更して現状に即した新たな支配体制を具体的に提起する、奥羽支配の大きな転換点となったものである[熊谷 二〇〇〇、今泉 二〇一五a]。当然ながらその立案には一定の検討時間が必要だったはずで、前年後半からの前述の一連の政策と同時並行的に検討が進められた成果とみるべきだろう。

本稿で重要なのは第一項の施策の対象が「陸奥按察使管内」とされていることであろう。この部分は鈴木拓也氏がかつて明快に指摘されたように[鈴木 一九九八]、(a)調庸の徴収をやめる代わりに、「夷に賜うの禄」の財源とするために長さ一丈三尺広さ一尺八寸の「税」布を新たに課すこととし、(b)上京し都での職務にあたっている授刀・兵衛・衛士及位子・帳内・資人、并びに防閤・仕丁・采女・仕女をすべてやめさせ帰国させ、(c)他国から移住してきた人に対する課税は移住後一年を経過した後に始める、といった内容として理解できる。この新しい体制は太政官奏という形で定立されたものだが、それはもちろん、辺境経営の行き詰まりに関する現地の危機意識をふまえて立案されたに違いないし、その過程で陸奥・出羽両国間での意思疎通・情報共有が重要であったであろう。おそらくそれをとりまとめる役割を担ったのが、新たに両国を管轄することとなった陸奥按察使ではなかろうか。按察使は一般に、中央政府の意思をもって管国に臨み、国司の監督を行う存在とされるが、一方で管内の国司や百姓の状況を中央に報告し、また時には政策提言を行うこともあり(『令集解』賦役令水旱条所引養老三年格など)、後の事例であるが、前述した天平九年のいわゆる「奥羽連絡路開通事業」もまた、陸奥按察使大野東人らの中央政府への提言によるものである(『続日本紀』天平九年正月丙辰条)。こうした事例をふまえても、養老六年官奏の改革の立案に、前年八月以降出羽をも管轄下に置くに至った陸奥按察使が大きな役割を果たした可能性は高いのではないだろうか。

養老四年九月に蝦夷の反乱で陸奥按察使上毛野広人が殺害されたほぼ一年後のこの措置は、当然広人の後任の存在を前提にしているとみられる。記録が残されておらず不明であるが、これら政策の相互関係、そしてその延長上に多賀城の創建が位置づけられるとするならば、多賀城碑に神亀元年に多賀城を置いた主体と記され、その後天平十一年頃までの長きにわたって按察使と陸奥守・鎮守将軍をつとめ辺境政策を主導した大野東人をこれに充てることはやはり自然な想定であろう［吉野 二〇二一］。

おわりに――多賀城創建と地域関係の再編――

養老五年以降の諸改革の過程で、広域陸奥国の復活に加え出羽との関係性をも強化する形で「辺境政策」の枠組みが再編されたことを、あらためて確認してきた。多賀城創建に象徴される新体制は、養老四年の陸奥国における蝦夷反乱を大きな契機としつつも、その復興・回復を越えた、古代国家の新しい辺境支配体制の構築という意味を持っていることが、陸奥国側だけでなくその周辺国との関係性をも視野に入れて考えることで、より鮮明に見えてくるように思われる。それは、先に見た養老六年官奏の税制改革が、陸奥のみでなく出羽にもまたがる形で施行されたことにもよく現れている。出羽も含めて、辺境政策の基盤となる現地の国力を強化しようというのが、この時の基本政策であった。もちろん出羽には陸奥で整備された鎮兵制もこの段階では導入されなかったし、城柵の数も陸奥の方が圧倒的に多く、この時の改革が陸奥側に大きく関心・比重を置いていたことは疑いようもない。しかしながら一方で、こうした両者の政策的強調と連絡体制強化が進められていることにも留意が必要である。

またこれに関連していま一度触れておきたいのが、坂東との関係という問題である。「坂東」が律令国家の辺境政策の後方支援基地としての性格を持っていることはつとに指摘されることである。そのこと自体は移民の問題などからも十分に首肯できることではあるが、一方で先にも述べたように、特に軍事力の供給という点で、多賀城創建前後に坂東のそのような位置づけがより明確にされたことも指摘されている［川尻 二〇〇三］。このことに関して指摘しておきたいのは、この点は出羽にも当てはまる可能性があるということである。事例が少なく明確には断言できないものの、少なくとも兵力の供給という点では、出羽でも、和銅五年の出羽建国当時には越前・越中・越後といった北陸道諸国から兵員の供給を受け、養老四年の征夷軍派遣でもその越前からの兵員供給を受けた可能性が高い。しかしその後は八・九世紀を通じて出羽への援軍も坂東から派遣されるようになり、北陸からのまとまった兵員供給は確認できなくなる［永田 二〇一六］。これもまた陸奥国と坂東との関係にリンクしているとみることができるだろう。

このような点に着目した場合、養老五年頃から多賀城創建に至る過程で形成された「新体制」は、陸奥国の辺境政策の大きな転換であるとともに、蝦夷政策・辺境政策をめぐる地域関係が大きく再編される画期という評価も可能なのではないだろうか。

石城・石背の分置も、陸奥按察使の出羽所管も、すでに多くの先学が言及し論じてきたテーマであり、多賀城創建をめぐる諸問題の一部の問題であって、それだけを過大に評価するつもりはないが、そのことに光を当てることで、より広域的な視点から多賀城創建を評価することも可能なのではないかと考える。

註

（1）『常陸国風土記』にみられる助川・藻嶋等の駅家は、この常陸国と陸奥国海道諸郡（石城国）を結ぶ駅路上の駅家と考えられる。『常陸国風土記』は、地名表記の多くに「里」表記が使われていることから、郷里制が施行される以前の成立と考えるのが通説であり、喜田貞吉氏はこれを根拠に養老三年（七一九）の石城国海道十駅の設置記事を石城・石背両国の分置記事同様、後世の竄入とした。『続日本紀』の記事の信憑性が確定した現在では喜田説に従うことはできないにしても、『常陸国風土記』の駅家記事については確かに問題が残されており、石城分置後における『風土記』への追記などを想定せざるを得ない。今後の課題としたい。

参考文献

荒井秀規　一九九四「「東国」とアヅマ―ヤマトから見た「東国」―」関和彦編『古代王権と交流2　古代東国の民衆と社会』名著出版
荒井秀規　二〇一二「公式令朝集使条と諸国遠近制」鈴木靖民編『日本古代の地域社会と周縁』吉川弘文館
今泉隆雄　一九八八「陸奥国の建国と郡山遺跡」『図説宮城県の歴史』河出書房新社
今泉隆雄　二〇一五a「多賀城の創建―郡山遺跡から多賀城へ―」『古代国家の東北辺境支配』吉川弘文館（初出二〇〇二年）
今泉隆雄　二〇一五b「古代国家と郡山遺跡」『古代国家の東北辺境支配』吉川弘文館（初出二〇〇五年）
今泉隆雄　二〇一七「古代南奥の地域的性格」『古代国家の地方支配と東北』吉川弘文館
鐘江宏之　二〇二三「「国」制の成立―令制国・七道の成立過程―」『律令制諸国支配の成立と展開』吉川弘文館（初出一九九三年）
川尻秋生　二〇〇三「坂東の成立」『古代東国史の基礎的研究』塙書房（初出一九九九年）
北　啓太　一九八七「征夷軍編成についての一考察」『書陵部紀要』三九
喜田貞吉　一九八二a「石城・石背両国建置沿革考」『喜田貞吉著作集』四　平凡社（初出一九一二年）
喜田貞吉　一九八二b「陸奥海道駅家の廃置を論じて多賀城碑に及ぶ―石城石背両国建置沿革考余論」同上（初出一九一三年）
工藤雅樹　一九九八「石城・石背両国の分置と広域陸奥国の復活」『蝦夷と東北古代史』吉川弘文館（初出一九八九年）
熊谷公男　一九八九「黒川以北十郡の成立」『東北学院大学東北文化研究所紀要』二一
熊谷公男　二〇〇〇「養老四年の蝦夷の反乱と多賀城の創建」『国立歴史民俗博物館研究報告』八四集
熊谷公男　二〇〇七「多賀城創建再考―七世紀中葉以降の陸奥国における領域支配の展開―」『古代東北・北海道におけるモノ・ヒト・文化交流の研究』
佐々木茂楨　二〇一〇「古代陸奥国の「名取以南十四郡」と多賀・階上二郡の建置」『国史談話会雑誌』五〇
鈴木拓也　一九九八「陸奥・出羽の調庸と蝦夷の饗給」『古代東北の支配構造』吉川弘文館（初出一九九六年）
髙橋万次郎　一九一三「喜田博士の『石城石背両国建置沿革考』を読む」『史学雑誌』二四―一
土田直鎮　一九九二「石城石背両国建置沿革余考」『奈良平安時代史研究』吉川弘文館（初出一九五二年）

永田英明　二〇〇四「駅制運用の展開と変質」『古代駅伝馬制度の研究』吉川弘文館（初出一九九六年）
永田英明　二〇一五「出羽国の東山道移管と陸奥按察使」『日本歴史』八一一
永田英明　二〇一六「古代東北の軍事と交通」『日本古代の交通・交流・情報1　制度と実態』吉川弘文館
永田英明　二〇二三「文献から見る7世紀の辺境支配―城柵形成史の視点から」『災害と境界の考古学　日本考古学協会二〇二三年度宮城大会資料集』日本考古学協会
中村太一　二〇二〇「奥羽における駅路体系とその変遷」『日本古代の都城と交通』八木書店（初出二〇〇三年）
野村忠夫　一九六八「養老律令の成立をめぐる問題―養老二年成立否定説の展開」『律令政治の諸様相』塙書房
平川　南　二〇〇三「多賀城の創建年代」『古代地方木簡の研究』吉川弘文館（初出一九九三年）
本庄総子　二〇二二「朝集と巡行」『続日本紀研究』四二八
吉野　武　二〇一六「多賀城創建木簡の再検討」『歴史』一二六
吉野　武　二〇二一「多賀城の創建と大宰府―創建をめぐる人的構図」『歴史』一三七

考古学からみた石城・石背分国と再併合
――陸奥国と坂東の官衙・寺院造営から――

藤木　海

はじめに

養老二年(七一八)五月乙未(二日)に、陸奥国南部の太平洋沿岸地域にあたる石城・標葉・行方・宇太・曰理郡と常陸国多珂郡から割いた菊多郡を合わせた六郡で石城国が、内陸部の白河・石背・会津・安積・信夫郡の五郡で石背国が分国された(『続日本紀』)。これは、前代からの国造制支配が評制に移行し、律令制による支配が確立されている地域と、蝦夷の居住地に移民によって建郡が行われた地域とを切り離して、それぞれの地域的特性に即した支配を行おうとする施策と考えられている[工藤 一九八九]。しかし安定的な公民支配が行われていた南部地域が分離したことにより、辺境国として残された狭域陸奥国は支配を行うための人的・物的基盤の多くを失って弱体化し、養老四年(七二〇)の蝦夷による大規模な反乱を招くこととなる。この反乱を契機に、陸奥国の支配体制は大きく転換し、石城・石背国の再併合をはじめ、多賀城の創建や、これと一体的に進められた黒川以北十郡の成立と諸城柵の整備、鎮兵制の創設など、新たな支配体制が構築されることとなる[熊谷 二〇〇〇]。

本稿の目的は、このような経緯を辿った陸奥国における律令支配が、どのような形で地方官衙に反映されているのかを、陸奥国内と隣接地域の遺跡をみていくことによって、考古学の面から検討することである。

右に述べたように、陸奥国は大化前代に国造制が施行されていた阿武隈川を北限とする南部地域と、前代には大和王権の支配に入っていなかった地域に柵戸を移配して建郡が進められた中・北部に分かれる（前者を1区、後者を2区とする）。1区では「国造本紀」に記載された一〇の国造の支配域を転化した評が成立し、領域支配の拠点として評衙が創設された。ただし、「国造本紀」に対応する国造名の記載がない会津郡や行方郡のように、国造の支配域を反映しない郡も存在した（国造の有無で1区ア地区・同イ地区とする）。一方、2区は関東系土師器を出土する移民集落が形成され、それを基盤として城柵が設置された。

また陸奥国では、律令制成立期の拠点的な官衙である仙台市郡山官衙遺跡Ⅰ期官衙から、初期陸奥国府である同Ⅱ期官衙へ、そして多賀城碑が神亀元年創建と伝える陸奥国府兼鎮守府である多賀城へと至る、国の支配を担った官衙施設の推移が把握されている。そして郡山Ⅱ期官衙には郡山廃寺が、多賀城には多賀城廃寺が付属し、地方官衙と地方官寺がセットになって変遷する。そこで本稿では、陸奥国を統括した官衙・寺院の推移に基づき、郡山Ⅰ期官衙段階（七世紀後半）・同Ⅱ期官衙段階（七世紀末〜八世紀初頭）・多賀城創建段階（八世紀前葉）の時期区分に基づいて叙述する。石城・石背分国と再併合は郡山Ⅱ期官衙段階に当たる。

このように陸奥国では、支配拠点の変遷過程と、前述した新たな支配体制の構築過程との関係が詳しく解明されている［今泉 二〇〇一］。しかし、これまでの研究では蝦夷反乱で被害を受けた2区における官衙・寺院に目が向けられ、石城・石背国に相当する1区を含めて考古学的に検討した研究は多くない(1)。本稿では、国郡制支配の拠点となった郡衙の造営プランや、支配の両輪として精神的支柱となった郡衙周辺寺院の瓦にみられる陸奥国の関与を先の時期区分に従って整理し、石城・石背分国から再併合、そして多賀城創建に至る支配体制の変遷過程とその意義を、考古学の視点から考えてみたい。

1　官衙の造営プランにみる陸奥国府の影響

ここでは、陸奥国における初期の拠点的な官衙である郡山Ⅰ期官衙、初期陸奥国府である郡山Ⅱ期官衙、続く陸奥国府兼鎮守府である多賀城のあり方が、国内各評(郡)の[2]官衙の造営プランに影響を与え、その創設や変遷に関与したとみられる点を見ていく。

⑴　郡山Ⅰ期官衙段階(七世紀後半)

確実に孝徳朝に遡る官衙の実態は判然としない。しかし、いわき市根岸官衙遺跡では、大化以前の七世紀前半から機能した、後に石城評の立評者となった豪族の居宅と考えられる施設がみつかり、この時期には豪族の居宅が官衙の機能も果たした可能性が指摘されている〔山中 二〇〇〇〕。1区において、国造のクニが転化した当初の評＝前期評の段階の官衙は、豪族居宅と未分化であった可能性もある。

一方、七世紀後半における阿武隈川河口以北の2区に、陸奥国最古の城柵・官衙遺跡である郡山Ⅰ期官衙が創設される。その特徴は、①主軸方位が斜方位、②長舎連結型の中枢部(政庁)、③中枢部と倉庫群が近接しブロックに分かれて配置される、④中枢部の規模は一二〇メートル×九〇メートル(一町程度)、⑤材木塀による区画、などの点である。中枢部は、長舎と総柱建物とを塀で連結させたⅠA期から、側柱建物のみを連結したⅠB期へと変遷し、その左右には総柱建物が多数配置されている。

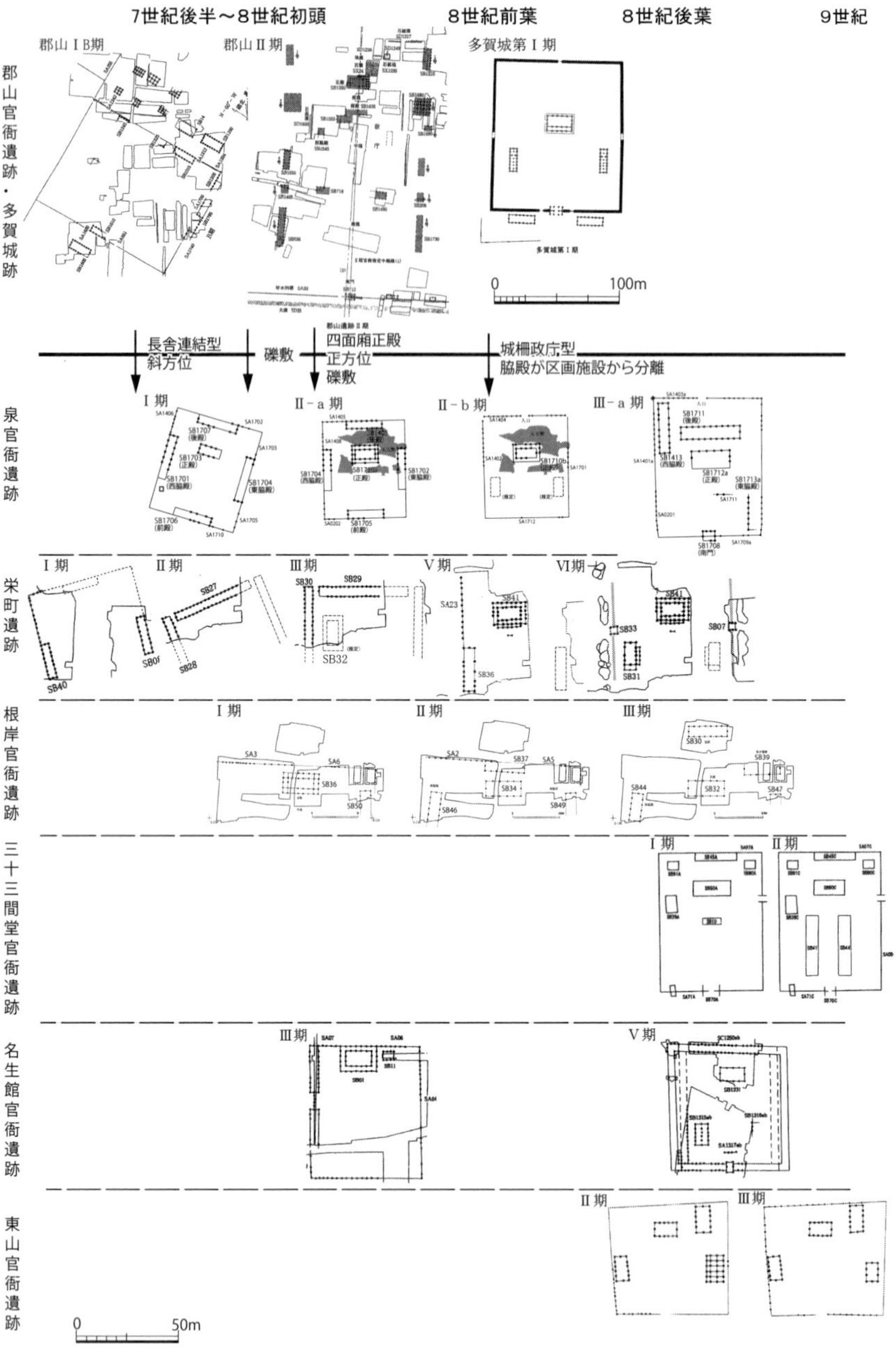

図1　郡庁の造営プランにみる陸奥国府の影響

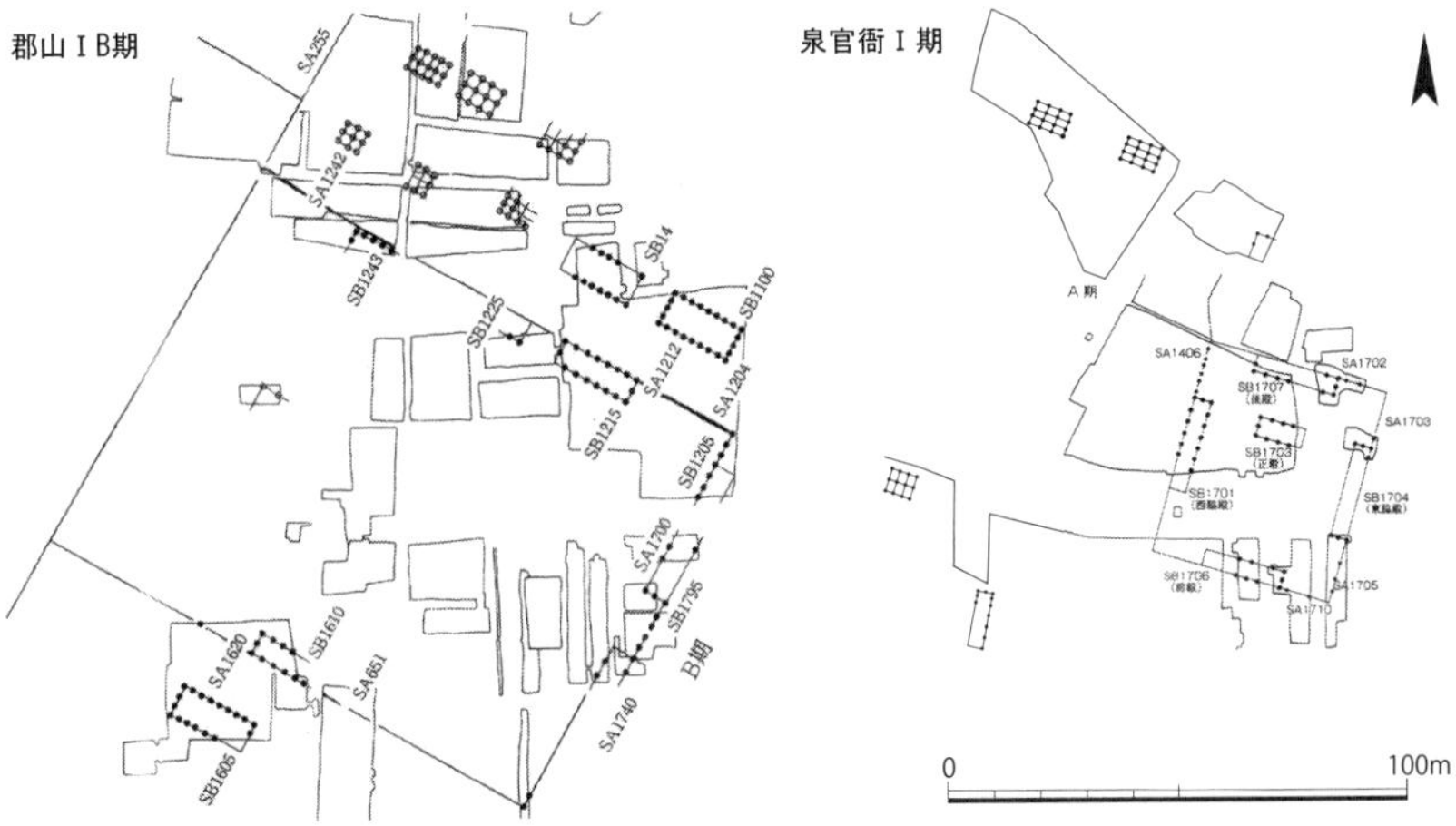

図２　郡山官衙Ⅰ期と泉官衙Ⅰ期の造営プラン

郡山Ⅰ期官衙のこうした特徴は、国内における創設期の官衙施設に影響を与えたと考えられる［大橋 二〇一四］。例えば、陸奥国行方郡衙である泉官衙遺跡は、Ⅰ期の斜方位で長舎連結型の政庁が郡山ⅠB期と類似する（図1）。同様に、石背郡衙である須賀川市栄町遺跡も、創設期のⅠ期に斜方位で長舎連結型の政庁がみられる。安積郡衙である清水台遺跡でも政庁の可能性のある施設が同様の構造と変遷を示す。

このような政庁のプランに加え、政庁域と正倉域が隣接しながらもブロックに分かれて配置される点も、後に確立する郡衙の構造と共通する。行方郡衙である泉官衙遺跡では、Ⅰ期に斜方位で長舎連結型の政庁と倉庫群がブロックに分かれて配置されるあり方が、郡山ⅠB期と類似する（図2）。

(2) 郡山Ⅱ期官衙段階（七世紀末〜八世紀初頭）

郡山Ⅱ期官衙はⅠ期官衙の位置を踏襲しつつ建物の主軸を正方位にとり、藤原宮の造営プランを縮小した構造を採用する［今泉 二〇〇五］。この時に成立した施設は初期陸奥国府であり、Ⅰ期と同様、陸奥国内の官衙にその影響を認めることができる［大橋前掲、藤木 二

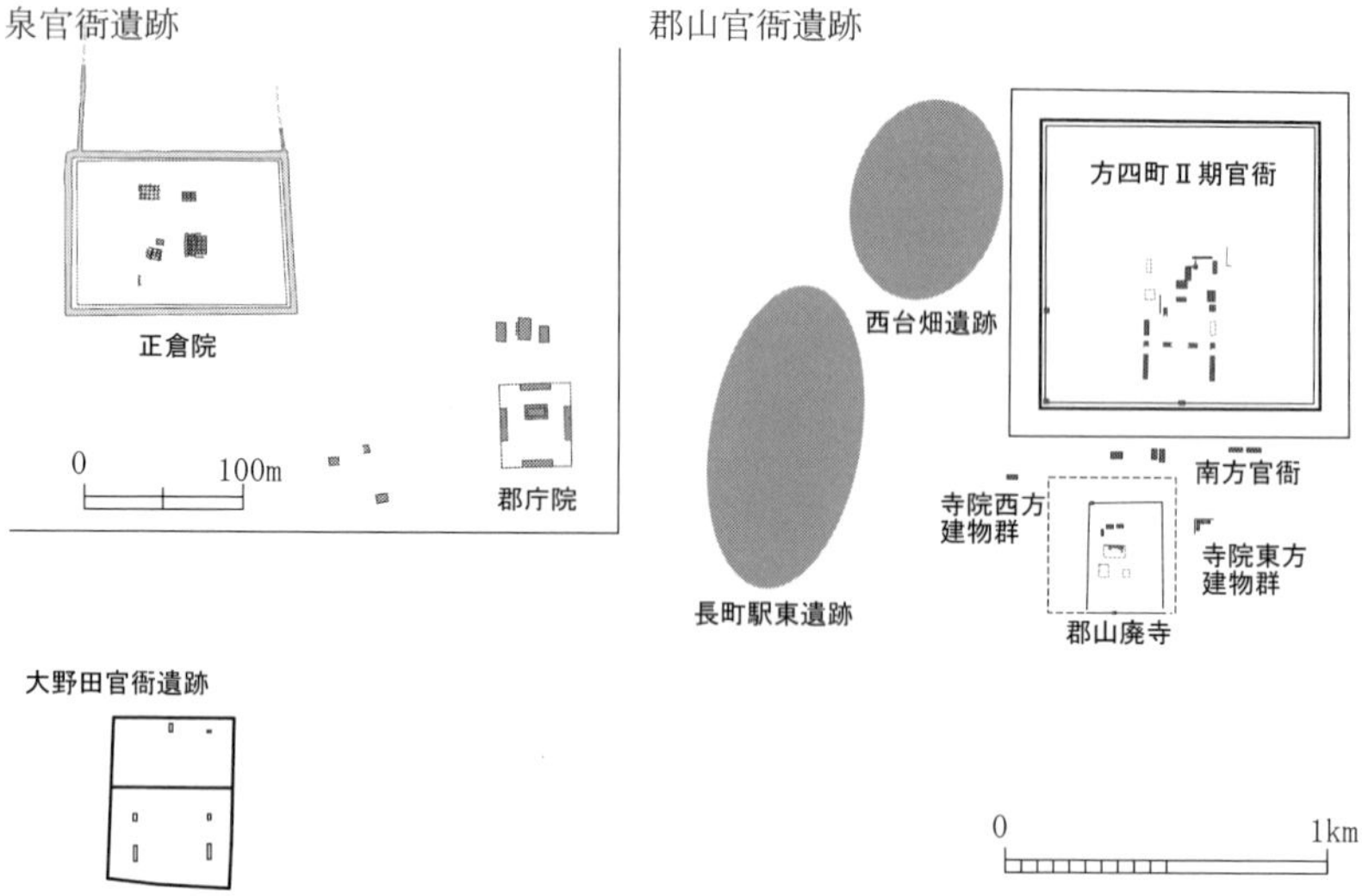

図3　郡山官衙Ⅱ期と泉官衙Ⅱ期の造営プラン

〇一七c］。すなわち、㋐正方位をとり、㋑四面廂付の正殿を採用する点である。例えば泉官衙遺跡では、前述した長舎連結型のⅠ期政庁の造営計画を踏襲した正方位のⅡ―a期政庁がⅠ期に続いて成立し、正殿はⅠ期段階と同規模の身舎の四面に廂を付加した構造となる(3)。

正方位で正殿に四面廂付建物を採用する郡庁の例は、この泉官衙Ⅱ―a期（八世紀初頭）・Ⅱ―b期（八世紀中頃）のほか、根岸官衙Ⅰ期（七世紀末～八世紀初頭）、栄町Ⅲ・Ⅵ期（八世紀前半～九世紀）、名生館官衙Ⅲ期（八世紀初頭～前葉）を挙げることができる。泉・根岸・名生館は八世紀初頭を中心とし、栄町遺跡でも私見では四面廂とみられるSB32がⅢ期（八世紀前半）に伴う可能性が指摘でき［藤木 二〇一七c］、この時期に収まる。また栄町遺跡では長舎連結型で斜方位のⅠ・Ⅱ期から、Ⅱ期の建物配置を踏襲しつつ正方位となるⅢ期へと変遷している点が泉官衙遺跡と共通し、これらの遺跡では七世紀からの伝統を引き継いだ政庁に、郡山Ⅱ期官衙に影響を受けた四面廂付正殿や正方位という新たな要素が付け加えられたと解される。

さて、泉官衙ではⅡ期以降になると、倉庫群が政庁に隣接するⅠ期のあり方と異なり、政庁の北西約一四〇㍍の位置に、南北約一九六㍍×東西約一三五㍍の溝による区画を伴う正倉域が新たに設定されている(図3)。このあり方は倉庫令の「去倉五十丈内。不得置館舎」の規定が反映された可能性が高いとみている。

郡山官衙遺跡では、Ⅱ期官衙段階とみられる正方位の総柱建物が確認されていないことから、中枢部と倉庫群が隣接するⅠ期官衙のあり方がⅡ期官衙には引き継がれていないのは確かである。しかし、Ⅱ期官衙の中枢部の南西約一・五㌔に位置する大野田官衙遺跡では、南北約二四八〜二六一㍍×東西約一九四㍍の溝による区画内に、二棟の総柱建物を含む南北棟の掘立柱建物を配した正方位の官衙施設が見つかっている。大野田官衙遺跡の性格は特定されておらず、郡山官衙遺跡との間に集落を挟み距離が離れることから、別遺跡として評価されている。ただし、両者は同時期に機能し廃絶していることから、連動した消長を示す一連の官衙施設と理解することもできる。大野田官衙遺跡は倉庫を含むことから、官衙の中枢域と倉庫域を離して配置するあり方と捉えることも可能ではなかろうか。とすれば、初期陸奥国府から国内の郡衙に影響を与えた要素の一つとして、㋒政庁域と倉庫域の離隔という点を加えることが可能かもしれない。なお、2区において黒川以北十郡が成立する以前の、広域に及ぶ丹取郡衙に比定される名生館官衙遺跡Ⅲ期の政庁に対応する正倉院として、東約二㌔の地点に位置する南小林遺跡Ⅱ期の倉庫院が想定されていることも[大谷 二〇一九]、類似の例として挙げることができる。白河郡衙である関和久官衙遺跡明地地区や伊具郡衙である角田郡山遺跡の正倉院も、瓦の年代などから、この時期に成立したとみて大過ない。いずれにしても、政庁から独立した正倉域が、郡山Ⅱ期官衙段階に成立したとみられる点を押さえておきたい。

(3) 多賀城創建以降

泉官衙Ⅱ―b期、根岸官衙Ⅲ期、栄町Ⅵ期、名生館官衙Ⅴ期、東山官衙Ⅱ期以降、三十三間堂官衙遺跡など、多くの郡庁例で相対的に新しい時期に脇殿が短舎となる傾向がある（図1参照）。正殿と桁行の短い脇殿による品字型配置は城柵政庁の特色であり［阿部 一九八三］、陸奥国府兼鎮守府である多賀城が創建されると、その政庁の建物配置が、以後につくられる城柵のモデルとなった［進藤 一九八六］。またその全体構造も、政庁の周囲に実務官衙や兵舎が配置され、丘陵地の地形の制約を受けた不整方形の外郭を伴う二重構造城柵として定型化する［村田 二〇〇四］。一方、2区の城柵政庁ほど明確ではないが、1区の郡庁も脇殿の短舎化が認められ、郡山Ⅰ期官衙やⅡ期官衙の建物配置が陸奥国内の郡庁に影響を与えたのと同様、これも国府としての多賀城政庁の影響が表れたものと考えられる。

(4) 小　結

以上のように、陸奥国内の郡庁は、国内の拠点的な官衙の推移と軌を一にし、その影響下で変遷する。これは、七世紀第4四半期に郡衙が創設され、八世紀第1四半期に郡衙施設が整備・拡充されるという、全国的な郡衙遺跡の動向とも一致する［山中 一九九四］。ただし、1区の郡衙では、泉官衙や根岸官衙のように郡山Ⅱ期官衙段階に成立した政庁・正倉の位置や方位が九世紀代まで基本的に踏襲される一般的な郡衙遺跡の流れと一致するのに対し、黒川以北十郡では名生館官衙のようにⅢ期からⅣ期への政庁の移転や、多賀城をモデルとした二重構造城柵への変化、南小林のⅡ期の倉庫院の廃絶など、再編がみられる。

ここでは、1区・2区の官衙が、ともに郡山Ⅱ期官衙段階に、同官衙の影響下で一様に整備される点、以後、1区の官衙は多くが郡山Ⅱ期官衙段階に成立した施設配置を踏襲して安定的に変遷するのに対して(4)、2区の官衙は多賀城創建期に改変を経ている点を確認しておく。

2　瓦にみる官衙・寺院造営への陸奥国府の影響と建郡

東北地方における多賀城創建前後の瓦の製作技法については、それまでの通常の桶巻作り平瓦から、多賀城創建期に桶巻作りした後に一枚作り用の凹型台・凸型台を用いて二次調整する平瓦が出現する。これを桶巻作りから一枚作りへの移行段階として、以後、多賀城第Ⅰ期末には全面的に一枚作りへと転換することが明らかになっている。組み合う丸瓦も多賀城創建期の初期(下伊場野窯段階)以前には粘土板巻作り無段式の丸瓦が製作されるのに対し、以後は一貫して粘土紐巻作り有段式の丸瓦に統一される点で、前後に際立った対比を示す。重弧文軒平瓦も多賀城創建以前の分割前ロクロ型挽きから、多賀城創建期以降に分割後に手描きする重弧文が出現するとする考えが定説となっている［進藤 一九七六、宮城県多賀城跡調査研究所 一九八二・一九九四］。

このように、陸奥国では瓦の技法的な画期が判明していることに加え、官衙と寺院がセットとなり、ともに瓦葺建物が存在する例が多いことから、国内の官衙・寺院の整備過程を瓦の様相から把握できる。以下ではこの点をみていく。

(1) 郡山官衙遺跡における瓦葺建物の造営

郡山官衙遺跡出土の瓦は、出土状況などからⅠ期官衙に伴う一群、Ⅱ期官衙に伴う一群、郡山廃寺所用の一群が存在する(5)(図4)［藤木 二〇一六］。郡山廃寺では単弁八葉蓮華文軒丸瓦が数多く出土するが、官衙地区では出土しない。一方、官衙地区で出土する型挽重弧文軒平瓦は郡山廃寺ではほとんど出土しない。平・丸瓦も官衙地区では格子叩き

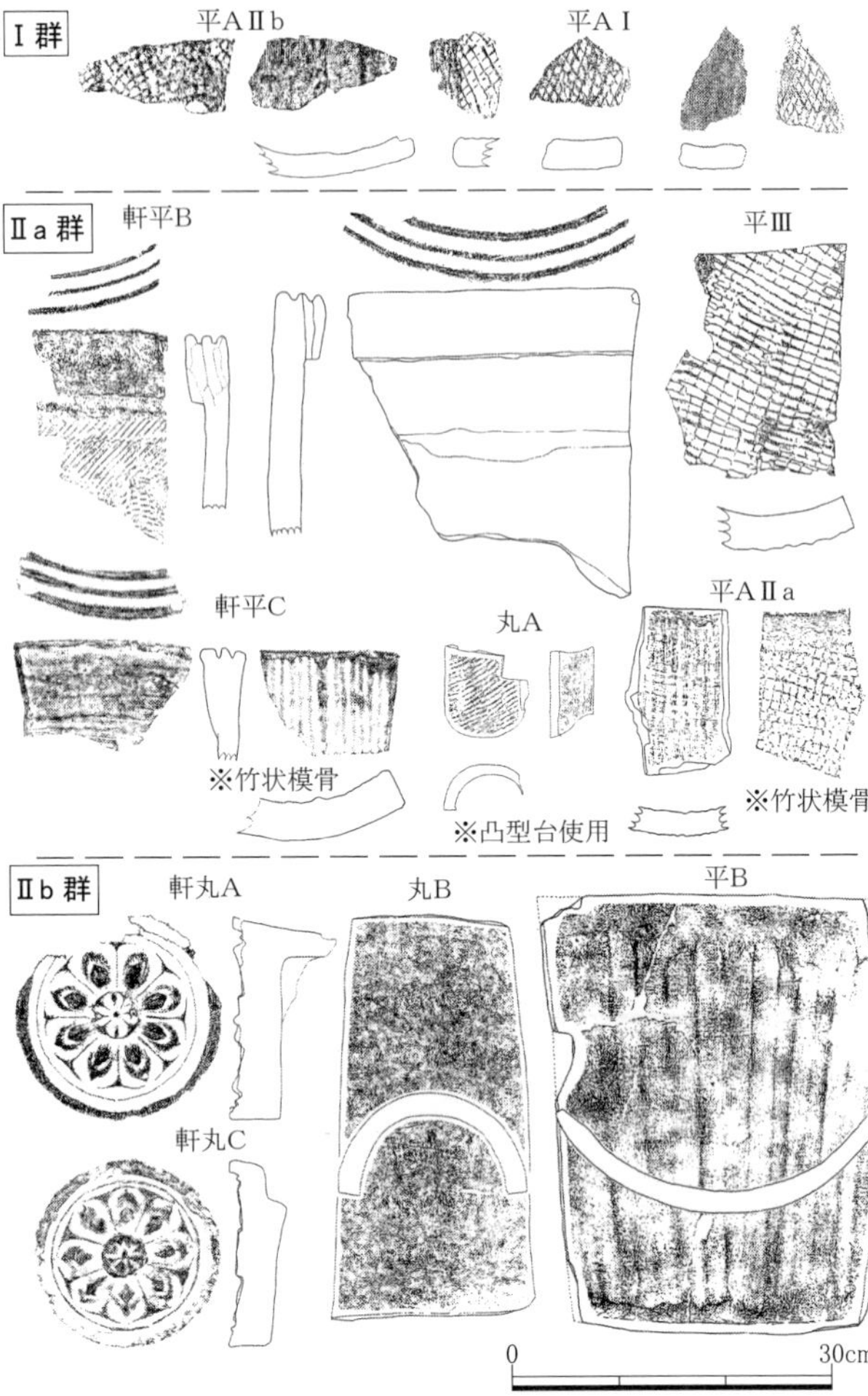

図4　郡山官衙・郡山廃寺出土の瓦（仙台市教委 2005 より）

（A類）や平行叩き（C類）、国内でも類例の少ない竹状模骨を伴う軒平瓦・平瓦などがみられるのに対し、郡山廃寺の平瓦は縄叩き後にナデ・ケズリを施す通常の桶巻作りであるB類に限られる。したがって、官衙地区と郡山廃寺では特徴を異にする瓦が使用されていることになる。また、官衙地区の瓦には、Ⅰ期官衙段階に遡るものがある一方、型挽重弧文軒平瓦は分割後の施文であることから、Ⅱ期官衙段階の七世紀末以降に下るものがある［出浦二〇一二］。すなわちⅠ期官衙・Ⅱ期官衙・郡山廃寺の三者に、それぞれ特徴の異なる瓦群を使用した瓦葺建物が存在したと考えられる。(6)

Ⅰ期官衙内では瓦葺建物が特定されていないが、出土がごく少量であり、官衙への瓦葺の導入を藤原宮以降とみる通説に従えば、Ⅰ期官衙内の瓦葺建物は官衙施設ではなく小規模な仏堂が想定される。Ⅱ期官衙でも瓦葺建物の特定は難しいものの、区画の南東部で集中的に出土しているほか、政庁に関連する地区での出土が目立つ。四面廂付の正殿の後方に位置するSⅠ376では、平行叩きの平瓦C類を伴う重弧文軒平瓦で丹塗り痕の付着したものが出土しており、付近に丹塗り総瓦葺の建物が存在したと考えてよい。その場合、施設の格式からみてⅡ期官衙の政庁の一部が瓦葺きであった可能性は高い。官衙の瓦葺きの嚆矢である藤原宮をモデルとしてⅡ期官衙が設計された点からみれば、その中枢施設への瓦葺きの採用も不自然ではないと思う。また前述したように、造営プランにおいて郡山Ⅱ期官衙をモデルに名生館官衙遺跡Ⅲ期の政庁が造営されたと理解できるならば、名生館官衙Ⅲ期政庁の正殿が瓦葺である以上、より格上の郡山Ⅱ期官衙の正殿への瓦葺の採用は推測できよう。

このように、陸奥国では全国的にみても早い時期に、国家的施設に寺院がセットとなるあり方が成立しており、それが陸奥国内の官衙・寺院にも影響を与えたと考えられる。次項では郡衙周辺寺院に注目して、多賀城創建前後の影響を探ってみたい。

(2) 郡衙周辺寺院の成立

1区では七世紀後半に、信夫評の腰浜廃寺と宇多評の黒木田遺跡で瓦葺の寺院が創建される。1区の北端にあたる二評で陸奥国でも最古級の寺院が建立されたことは、北に広がる2区と対峙する地であることが意識された結果と考えられている(図5)〔佐川二〇一二〕。

黒木田遺跡のこの時期の瓦の出土は少量であることから、仏堂一棟程度の端緒的な建物に葺かれたとみられる。こ

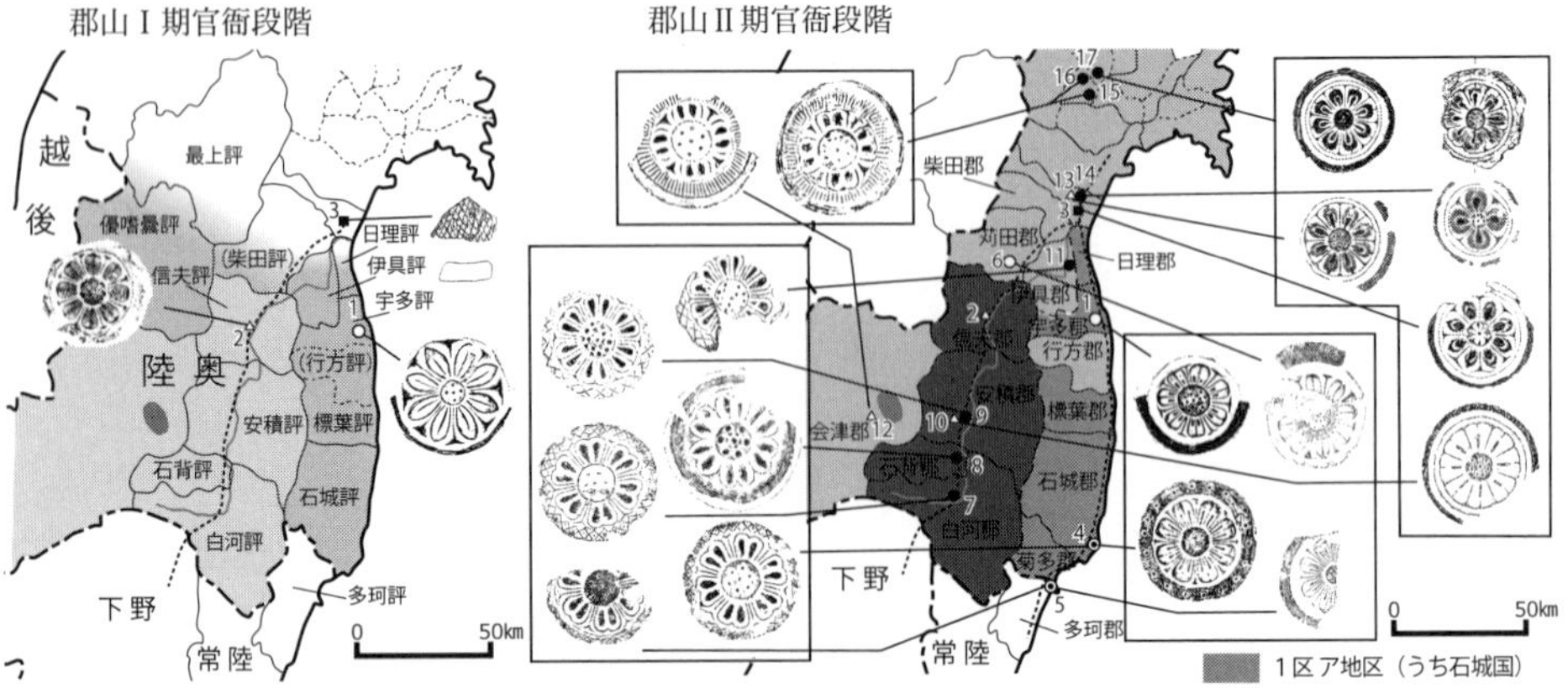

1. 黒木田遺跡　2. 腰浜廃寺跡　3. 郡山官衙遺跡　4. 夏井廃寺（根岸官衙遺跡群）
5. 大津廃寺　6. 大畑遺跡　7. 借宿廃寺（白河郡衙遺跡群）　8. 上人壇廃寺
9. 清水台遺跡　10. 麓山窯跡　11. 角田郡山遺跡　12. 村北窯跡　13. 大蓮寺窯跡
14. 燕沢遺跡　15. 一の関遺跡　16. 菜切谷廃寺跡　17. 名生館官衙遺跡・伏見廃寺

図5　陸奥国における多賀城創建以前の瓦の分布

れに続いて、陸奥国では信夫評・宇多評を含め、多くの評で郡衙や郡衙周辺寺院［山中 二〇〇五］が造営される。七世紀後半には、関東などの郡衙周辺寺院に採用された瓦を祖型とし、同文・同系の文様をもつ軒先瓦が陸奥国内の郡衙周辺寺院に展開してくる［辻 一九九二、眞保 二〇一二］。

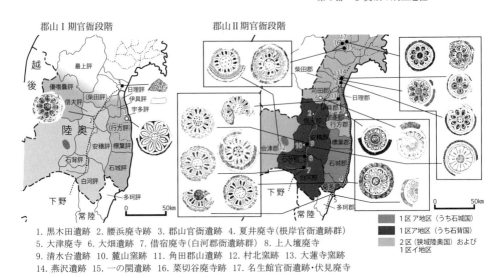

祖型となる瓦をみると、1区のうち太平洋沿岸部に上野山王廃寺系、阿武隈川沿いに大和川原寺系が分布する一方、2区である陸奥中・北部に山田寺系、同じく2区である陸奥北部と、1区内にあって評の前身となる国造のいない会津（1区イ地区）に紀寺系が分布する（図5）。1区イ地区の一つである行方郡の郡衙周辺寺院（泉官衙遺跡舘前地区）は、郡山廃寺の系譜下にある軒丸瓦が出土する。政庁に郡山Ⅱ期官衙からの影響がみられるのと同様、郡衙周辺寺院の瓦当文様にも郡山廃寺からの影響が認められる事例である(7)［藤木 二〇〇九］。その背景については堀裕氏が、常陸国行方郡からの移民を想定する説も踏まえ、辺境政策を担った製鉄拠点など新たな拠点づくりのために立郡された行方郡の重要性を指摘している［堀 二〇二二］。

信夫・宇多評における初期の端緒的な仏堂の創建と、これに続いて各郡で郡衙周辺寺院の伽藍が整備される状況は、郡山Ⅰ期官衙に伴う仏堂から、同Ⅱ期官衙に伴う伽藍を備えた郡山廃寺への推移と軌を一にしており、陸奥国内の寺院造営についても、前述した政庁の造営プランと同様、初期陸奥国府の影響下に進められた可能性が高い(8)。なお、これらの寺院は九世紀段階まで補修を受けて存続する。

(3) 2区における官衙・寺院の造営と建郡

2区では安定的な公民支配が行われた旧国造制施行区域である1区以西の郡庁と変わらない政庁を伴う名生館官衙遺跡に加え、伏見廃寺・一の関遺跡・菜切谷廃寺の三廃寺に多賀城創建以前の瓦が見れることから、この三廃寺の所在する大崎地方まで、多賀城創建以前から律令支配が及んでいたと考えられてきた［進藤 一九八六］。以下では、古くから知られたこれらの遺跡に加え、近年、解明の進んだ2区の官衙・寺院を取り上げ、郡山官衙遺跡の影響をみる（図6）。

名取郡・丹取郡　及川謙作氏は、郡山官衙遺跡の官衙地区から蒲鉾形の二次整形台を使用した丸瓦や、二次叩きを施す手法のみられる平瓦が出土し、それらが大蓮寺窯跡の瓦と共通することを指摘している［及川 二〇二二］。同窯跡の単弁八葉蓮華文軒丸瓦の文様は名生館Ⅲ期政庁の正殿所用瓦と酷似し、平瓦に二次叩きを施す手法も名生館官衙にみられる。郡山官衙遺跡と名生官衙遺跡の所用瓦は、文様・技法において相互に重なる部分があることから、大蓮寺窯跡を介した結び付きがあったと考えられる。

前述のように名生館Ⅲ期の政庁は、郡山Ⅱ期官衙の影響を受けて四面廂で瓦葺の正殿を採用する。この政庁に伏見廃寺が附属して官衙と寺院がセットとなるあり方も同様であろう。そして、この名生館官衙・伏見廃寺・大蓮寺窯など、陸奥国において中・北部の2区に単弁系の文様をもつ瓦群が展開する背景にも、郡山Ⅱ期官衙の影響があった可

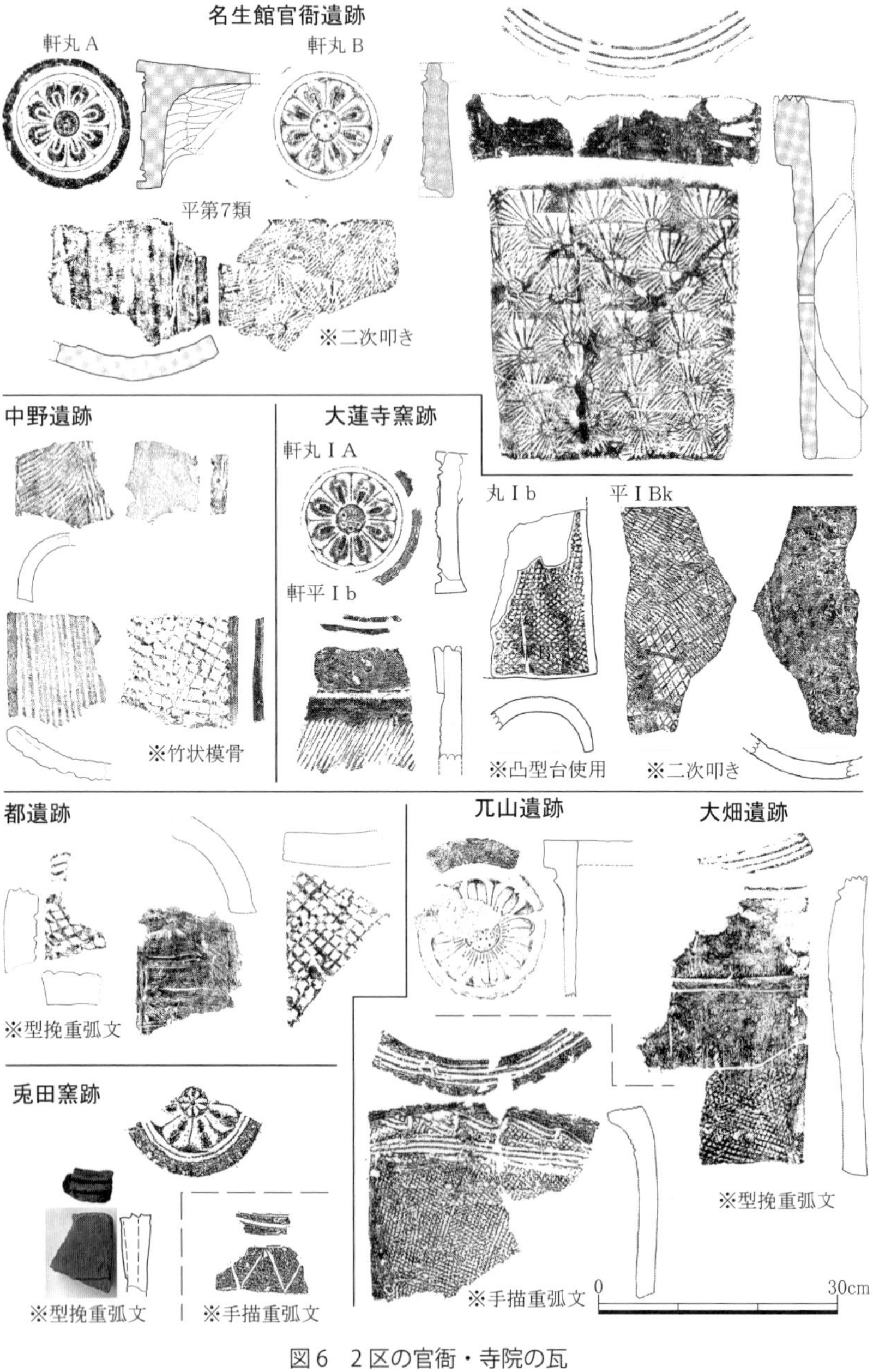

図6　２区の官衙・寺院の瓦
（大谷 2019、鈴木 2016、仙台市教委 1993、藤木 2017a、渡邊 1990 より）

能性がある。(9)

小田郡　小田郡にあたる涌谷町中野遺跡では、竹状模骨を使用した桶巻作り平瓦が出土している[藤木 二〇一七ａ]。最近、涌谷町内の日向館跡でも同様の平瓦が存在することが判明した[相原ほか 二〇二二]。日向館跡では、粘土板巻作りで分割後に蒲鉾形の整形台を用いて二次整形が施された丸瓦も出土している[相原ほか 前掲]。ほかに、粘土紐巻作りで縄叩きの丸瓦、一枚作りで縄叩き・平行叩き・文様叩きを伴う平瓦がある。

竹状模骨の例は、東北では郡山Ⅱ期官衙と山形県オサヤズ窯跡にもあり[水戸部 二〇〇一]、これらの例はいずれも平瓦に用いる点が共通している。小田郡の二例を東北での展開で理解すれば、地理的に近接する郡山Ⅱ期官衙の瓦に直接の系譜が求められる。オサヤズ窯跡の例は分割後に凸型整形台を用いて二次整形を行っており、こうした技法は多賀城創建期と共通する。したがって、郡山Ⅱ期官衙↓日向館跡・中野遺跡↓オサヤズ窯跡↑↓多賀城創建期の展開を想定でき、小田郡の例は多賀城創建以前に遡る可能性が高い。

日向館跡は小田軍団に関わる城柵や小田郡衙に関わる機能を果たした官衙、中野遺跡は小田郡衙に附属する寺院と想定され[相原ほか 前掲]、小田郡では多賀城創建以前に郡山Ⅱ期官衙の系譜を引いた瓦葺の城柵・官衙と寺院が造営されたことを瓦から推測できる。

柴田郡　2区にあって1区と接する位置にあった柴田郡は、古墳の分布から1区に連続する地区と、古墳分布が希薄で移民集落を形成した2区としての性格を有する地区が併存する。郡域北部にあたる円田盆地は後者にあたり、この地区に所在する郡遺跡では、先行する囲郭集落と同じ場所で正方位区画の掘立柱建物群が郡山Ⅱ期官衙段階(七世紀末～八世紀初頭)に成立しており、柴田評から移行した柴田郡の官衙(＝第一次柴田郡衙)と考えられている[鈴木 二〇一六]。この第一次柴田郡衙が八世紀前葉で廃絶した後、郡衙は郡域の西部にあたる白石川低地・村田盆地を中心とする地区に移ったとみられ、この地区に所在する兎田瓦窯跡から瓦の供給を受けた未発見の郡衙遺跡が想定されている(第二次柴田郡衙)。一方、郡域南部の白石盆地に所在する大畑遺跡では、正方位をとる倉庫群が確認されており、瓦の出土から瓦葺の正倉建物が存在したと考えられる。

大畑遺跡の瓦は宇多郡衙周辺寺院である黒木田遺跡、兎田窯跡の瓦は郡山廃寺の系譜を引く。それらにはいずれも型挽重弧文軒平瓦が組むことから、郡山Ⅱ期官衙段階に位置づけられる。一方、大畑・兎田では、それぞれ多賀城創建期の瓦の系譜を引く桶巻作りでヘラ描きによる瓦当文や顎面文をもつ軒平瓦も出土していることから、多賀城創建以降に位置づけられる瓦群も存在する。多賀城創建の前後にまたがる瓦が柴田郡内の三遺跡から検出される要因は、おそらく柴田郡の分郡と関わるのではなかろうか。すなわち、これらの遺跡で出土する瓦が技法的にみて郡山Ⅱ期官衙段階と多賀城創建以降に分かれることは、まず郡山Ⅱ期官衙段階に円田盆地、村田盆地・白石川低地、白石盆地に分かれて官衙が設置され、それぞれに瓦葺建物が造営されていたことを示す。そして、それらが所在する当初の柴田郡から、養老五年(七二一)十月に郡域の南部に当たる白石盆地一帯の二郷を割いて苅田郡が成立する。苅田郡域に所在する大畑遺跡は、当初は柴田郡衙の別院であったが、分郡後は苅田郡衙として機能したのであろう。多賀城の創建を、この分郡の年と同じ養老五年頃に開始されたとする見解〔平川一九九三〕に従えば、これらの遺跡における多賀城創建期の瓦群の出土は、分郡を契機として多賀城創建以降に諸施設の改修が行われたことを示す可能性があろう(10)。多賀城創建期に郡の分割が行われていることは、黒川以北十郡と共通の推移と捉えることもできるのではなかろうか。

(4) 小　結

南奥のⅠ区では、初期の拠点的な官衙である郡山Ⅰ期官衙、初期陸奥国府である郡山Ⅱ期官衙のあり方がモデルとなり、各評(郡)において官衙・寺院の造営が進められたと考えられる。2区でも国府所在郡である名取郡に加え、丹取郡・小田郡・柴田郡で、郡山Ⅱ期官衙や郡山廃寺に系譜をもつ瓦が確認できることから、初期陸奥国府の関与のもとで、多賀城創建以前から官衙・寺院の造営が行われていたと考えられる。なお、1区の寺院では、主に関東に系譜をもつ瓦当文様を採用しているのに対し、1区イ地区にあたる行方郡では、郡衙周辺寺院において第二次柴田郡衙など2区の郡衙と同様、郡山Ⅱ期官衙の系譜下にある軒丸瓦がみられることが注目される。前代からの国造のいない1区イ地区では2区と同様、初期陸奥国府＝郡山Ⅱ期官衙のより直接的な関与のもとで、官衙・寺院の造営が進められる場合があったのであろう。

柴田郡では前述のように、1区に連続する白石盆地、囲郭集落が形成される2区としての性格をもつ円田盆地といったように、地理的歴史的なまとまりをもつ地域ごとに官衙が造営され、多賀城創建に前後する養老五年に苅田郡が分郡されている。丹取郡においても、郡山Ⅱ期官衙段階の和銅六年(七一三)には、広域にわたる丹取郡の建郡に伴って、丹取郡衙として造営された名生館官衙Ⅲ期の政庁に対し、南小林Ⅱ期の正倉が、後の富田郡の領域となる地域に丹取郡衙の正倉別院として置かれていたとみられる。同様に、名生館官衙Ⅲ期政庁の系譜下にある瓦の出土から、三輪田・権現山遺跡にも、後の長岡郡衙となる官衙ないし寺院が多賀城創建前に存在した可能性が指摘されている［大谷二〇一九］。

史料から知られる黒川以北十郡は、『続日本紀』慶雲四年(七〇七)の記事にみえる「信太郡」や、和銅六年(七一三)の「丹取郡」など、この段階で大崎平野を中心とする地域に成立していた母体となる郡を引き継ぎ、これを細分化して小規模な郡の集合として再編したものであると考えられている［工藤 一九七〇］。これは、養老四年の蝦夷反乱の後、陸奥国による同地域の支配強化のために実施されたもので、養老六年の太政官奏による一連の施策の結果、成立した

「神亀元年」体制の所産と考えられる［熊谷 一九八九］。黒川以北十郡に限らず、同じ2区の郡である柴田郡でも、この時期に苅田郡の分郡が行われていることは、一連の施策と位置づけられよう。すなわち、小郡への細分化は領域支配を容易にするための措置であったとされるが、それは柴田郡の例に明確なように、郡の領域内に存在した前代からの在地氏族や移民など系譜の異なる集団ごとに行われたのであろう。

安定的な公民支配が行われた1区以西の郡衙でも、郡内をいくつかに細分した行政区分ごとに郡衙別院を設置したとみられる例が出土文字資料から明らかになっている［平川 二〇一三］。旧国造制施行区域である1区以西の地域では、一つの郡に複数の地方豪族が郡司候補者として並立して郡司層を形成し、郡内の秩序が複数の地方豪族によって担われていた多元的な社会であったと考えられ［須原 一九九六］、その勢力分布に対応して、官衙が郡内に分散的に配置される場合があった［佐藤 二〇〇二］。郡衙周辺寺院は複数の郡司層が結集して郡内秩序を維持するための機能を果たしたと理解されている［山中 二〇〇五、磐下 二〇一六］。

陸奥国の場合も、小郡に細分化される以前の郡山Ⅱ期官衙段階から、各郡内の地域性に対応して官衙施設が分散的に設置されている状況を柴田郡衙や丹取郡衙で確認でき、1区の郡衙周辺寺院は複数の堂宇をもつ伽藍寺院として整備されたものが多い。それらは郡山Ⅱ期官衙に郡山廃寺が付属するあり方をモデルとして、各郡衙とともに造営が進められたと考えられ(11)、とくに1区での郡衙周辺寺院の造営においては、国造氏をはじめとする在地氏族のもつ旧来の社会関係が機能していたと考えている［藤木 二〇一七b］。

一方、2区の寺院については樋口知志氏の興味深い指摘がある。黒川以北十郡にあたる大崎平野に所在する伏見廃寺・一の関遺跡・菜切谷廃寺の三廃寺は、いずれも金堂一宇からなる小寺であることから、複数の堂宇からなる伽藍を備えた1区の郡衙周辺寺院との格差があり、三廃寺の小規模性の背景に、国家側からの規制のほか、移配された住民を基盤とする在地首長の地縁的・族縁的関係の希薄さや支配の脆弱さを樋口氏は想定している［樋口 一九八九］。その後、これらの遺跡では、黒川以北十郡への再編とともに、郡山II期官衙に代わり陸奥国府となった多賀城と一体的に、大崎平野の多賀城創建期瓦窯から瓦の供給を受けて再整備が行われることとなる。しかし細分化された十郡では以後、郡ごとに城柵附属寺院が造営された形跡はない。十郡には東国各地から寄せ集められた移民系住民と蝦夷系住民とが混在し、通常の令制郡と同じ規模の郡域を安定的に支配することが困難であったことから、小郡への細分が行われたもので［永田 二〇一九］、再編後は郡司層の結集の場としての郡衙周辺寺院を造営するだけの資力や、その必要性が低下したため、寺院の新造が行われなかったと理解される。代わって仏教思想面で精神的な支柱となったのは、小郡を上から統括する多賀城の附属寺院として造営された多賀城廃寺であったのであろう。

陸奥国では1区・2区ともに、郡山II期官衙段階までに官衙と寺院がセットで整備された。ただし、1区では複数の堂宇を備えた伽藍寺院が整備されたのに対し、2区の寺院は単堂形式のままとされ、多賀城創建以降に寺院は新造されず、両地域は異なる道を歩む。

3　多賀城創建前後の変化

陸奥国は養老四年の蝦夷反乱を契機とした支配体制の再編により、大きな画期を迎える［熊谷 一九八九・二〇〇〇、今泉 二〇〇一］。すなわち、2区の官衙・寺院は、黒川以北十郡の成立に伴い、多賀城創建期瓦窯から瓦の供給を受けて多賀城の創建と一体的に整備される。この時期には、名生館官衙IV期にみられるように、郡衙は櫓を伴う外郭施設に囲繞された防御性をもつ城柵型郡衙に構造を変える［村田 二〇〇七］。また多賀城廃寺の創建後、郡衙周辺寺院は新造されない。郡山Ⅱ期官衙から多賀城への陸奥国府の移転は、この時期の再編がおもに2区、とりわけ大崎地方における支配の再構築を意図したものであったと考えられ、遺跡のあり方もそのことをよく示している〔進藤 一九八六〕。一方、1区についても、郡山Ⅱ期官衙段階に分国されていた石城・石背両国が再併合され、新たな支配体制の中に組込まれた。考古資料にみられるこの間の変化については、眞保昌弘氏が陸奥南部から常陸国にかけての多賀城系瓦群の採用を、その反映と指摘するものの〔眞保 二〇一五〕、1区の官衙・寺院では、この時期に対応する画期が2区ほど明確には見出せない。以下、陸奥国に加え坂東の官衙から検討する。

(1) 正倉の瓦葺化

陸奥国では瓦葺の正倉(瓦倉)が、郡遺跡・根岸官衙遺跡・関和久官衙遺跡(明地地区)・泉官衙遺跡・大畑遺跡・角田郡山遺跡・南小林遺跡などで確認できる。このうち泉官衙ではⅡ期正倉院の区画溝において、埋め戻しに伴う土層にパックされた最下層より郷里制段階(霊亀三年〔七一七〕～天平十二年〔七四〇〕頃)の木簡と瓦が共伴していることから、瓦の年代は八世紀第1四半期後半～第2四半期前半が下限となる。また関和久官衙や大畑では、瓦倉の創設当初に用いられた瓦に後続して、多賀城創建段階の瓦も出土する。根岸官衙・関和久官衙では、郡衙周辺寺院の創建段階の瓦と同笵のものが瓦倉に用いられるが、型式学的にみて寺院より瓦倉の方が新しい時期の瓦を用いているので、各郡衙・寺院の創建にやや遅れて、正倉建物が瓦葺化したと考えられる〔藤木 二〇一二〕。角田郡山や南小林の瓦も、文様や製作技法から多賀城創建前に遡ると考えてよい。なお、南小林の倉庫群は養老四年の蝦夷反乱で焼失したと考えられている。

以上から、陸奥国においては瓦倉の造営が郡山Ⅱ期官衙段階の八世紀初頭頃に行われた蓋然性が高い。ただし瓦倉の瓦が寺院よりやや新しいことから、一部は多賀城創建段階に降る可能性がある[12]。

すでに指摘されているように、瓦倉は陸奥国と常陸国・下野国に偏在し、他にも上野国や信濃国に例外的に存在する(図7)。陸奥国における正倉の瓦葺化が八世紀初頭頃と考えられるのに対し、坂東の瓦倉は八世紀第2四半期以降、国分寺創建前後までの時期に位置づけられている［大橋 二〇二四］。大橋泰夫氏は、陸奥国と境を接する常陸国・下野国の官道沿いの郡衙に瓦倉が存在することから、それらに東北政策と関わる軍粮の収納機能を想定している。須田勉氏は、そうした事例の一つである台渡里官衙遺跡長者山地区(常陸国那賀郡衙)の瓦倉にみられる文字瓦を用いた瓦生産システムが、多賀城創建期の瓦生産にも用いられたとし、台渡里のほか新治廃寺の製作技法が多賀城へ伝播したと推定した［須田 二〇〇五］。一方、山路直充氏は、那珂郡衙への瓦葺建物の採用に際し、多賀城のシステムが援用されたと理解し［山路 二〇〇五］、多賀城から坂東への伝播を想定する。

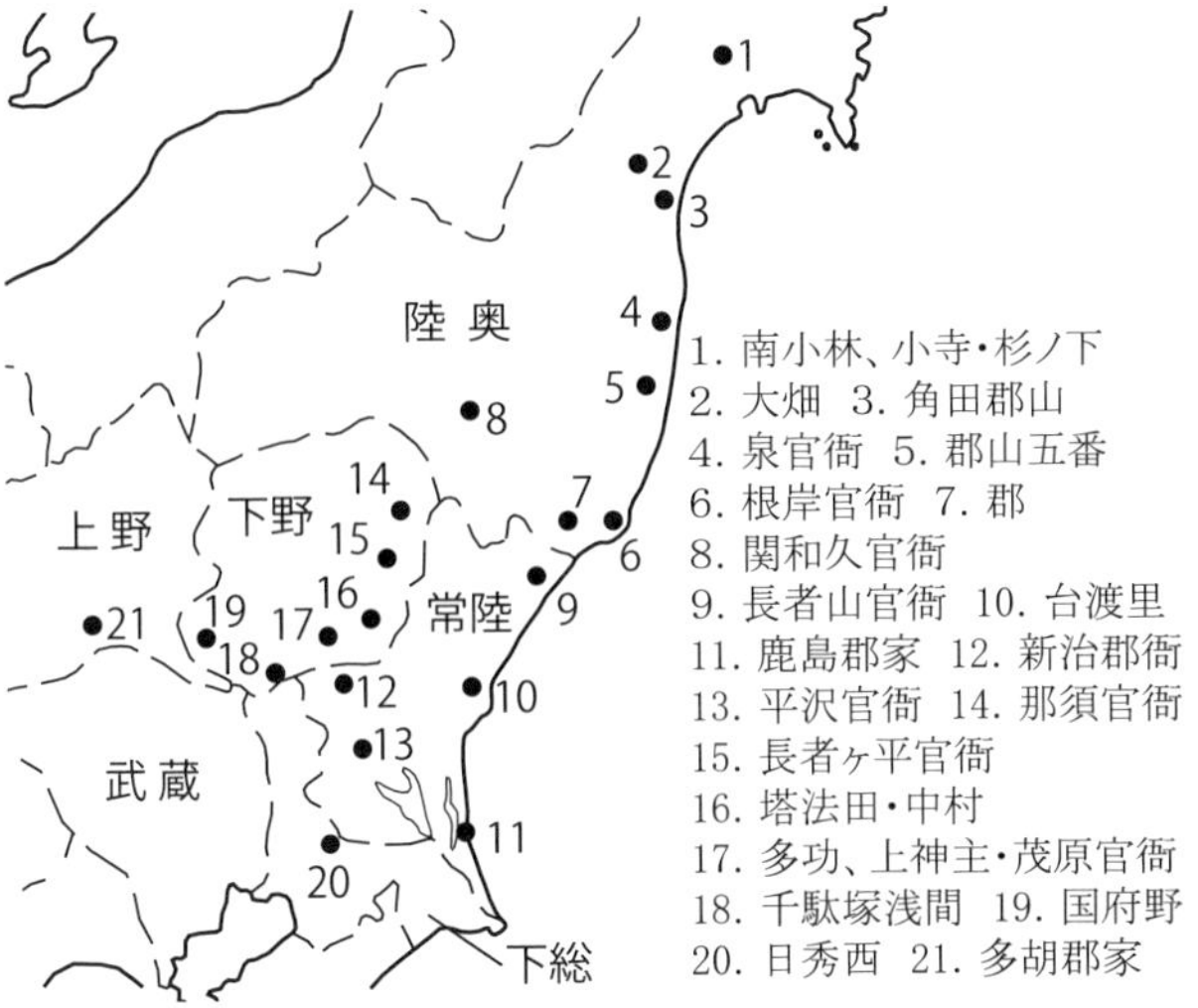

図7　瓦倉の分布

いずれにしても、坂東における瓦倉の造営において、陸奥国との関わりが具体的に想定される事例である。大橋氏が指摘する通り、坂東の郡衙正倉が瓦葺を導入する契機の一つとして、東北政策との関わりを想定する必要があることを示していよう。

ここで注目されるのは、坂東と陸奥における正倉の瓦葺化の若干の年代差である。すなわち郡山Ⅱ期官衙段階においては、瓦倉の設置される範囲が東北政策の後方支援地域として位置付けられていた石城・石背国域までであったが、多賀城創建期以降、八世紀第2四半期には、それが坂東地域の一部まで拡大したと考えられる。このことは、坂東のなかでも陸奥国と境を接する常陸・下野国に、陸奥国の影響が及んだ結果と理解することもできる。しかし、瓦倉に東北政策との関わりが指摘されていることを踏まえ、より積極的に評価するならば、養老四年の蝦夷反乱と、乱を契機として成立した鎮兵制に代表されるような、坂東から人や物資を東北政策に恒常的に動員する新たな体制の成立を背景として、新体制を物的に支えるために、瓦倉が設置される範囲が坂東に拡大されたと理解することが可能ではなかろうか。

須田勉氏は瓦倉の造営が、養老四年(七二〇)の蝦夷の反乱以降の陸奥国や坂東諸国に対するさまざまな政策の一環として実施された可能性を指摘しており、従うべき見解と思われる〔須田 二〇一三〕。すなわち、多賀城創建以前のように、坂東をはじめ北陸や信濃などから臨時的に征夷軍を編成し、その軍粮を私穀の貢納に頼るのではなく、養老六年の太政官奏からの一連の施策によって、蝦夷支配のための専業兵士による常備軍である鎮兵制を創設し、征夷に当たって兵士を徴発する対象地域を坂東に固定化して、恒常的に征夷に備える体制が整えられたと考えられる〔北 一九八八〕。このような人的な体制を支える物的な資源として、直接城柵に軍粮が備蓄される以外に、下野・常陸に陸奥国と同様の瓦倉が整備され、非常の備えとして貯穀が行われたのではなかろうか(13)。下野国・常陸国に加えて一部上野国・信濃国に分布する瓦倉も、多賀城創建以降の蝦夷政策の一端を示すのであろう。

(2) 下野薬師寺の官寺化

須田勉氏は、実年代の厳密な推定の可能な大和興福寺同笵瓦を祖型とする軒先瓦を用いて、下野薬師寺の大規模な改作が行われた年代を養老六年頃と導き、天平年間を下限とする下野薬師寺の官寺に昇格した時期を、この年代に求めた。須田氏は下野薬師寺の官寺化を、外敵の侵攻に直接さらされる脅威からの救済を願った、護国的観音信仰としての性格が強い陸奥観世音寺(多賀城廃寺)や筑紫観世音寺に対し、坂東諸国の民生安穏を重視した仏教政策と評価し、「これまでもっていた陸奥・出羽国に対する背後地としての役割が、さらに強化された政策であった」と指摘した[須田二〇一三]。

本来、国家に対する外敵を調伏する機能は辺境の地方官寺に期待され(14)[藤木二〇一六]、陸奥国ではそれが早くから整備された。その後、養老六年以降の新たな東北政策の下で、とくに負担の大きかった東国一〇ヵ国を救済対象とした下野薬師寺に対して、国家的な寺院として鎮護国家の役割が新たに付与されたと考えられる。

(3) 小結

石城・石背国の再併合は、南奥地域を狭域陸奥国と一体化することによって、人的・物的資源を「当国」において徴発できるように国力の増強を図ったものと考えられる[今泉二〇〇一]。一方、それまで南奥の1区が石城・石背国として担った後方基地としての役割を、新たに下野・常陸国にまで広げて担わせるようになったことが、瓦倉の分布が坂東に拡大した背景にあると想定した。

また、そうした施策には仏教思想面からの政策も不可欠であった。すなわち、南奥地域が蝦夷政策の最前線である2区と一体化することに伴って、辺境と境を接して対峙する地域となった坂東において、代表的な寺院であった下野薬師寺に、新体制における蝦夷政策の安寧を坂東地域の側から祈願する役割が新たに加えられたのであろう。下野薬師寺の官寺化の背景には須田氏が指摘する通り、養老六年以降における坂東という枠組みによる新たな東北経営の開

始があったと評価される。(15)

まとめ

以上みてきたように、陸奥国では初期の拠点的な官衙である郡山Ⅰ期官衙、続く初期陸奥国府である郡山Ⅱ期官衙と付属寺院の郡山廃寺の影響下において、国内の各郡で官衙と寺院の造営が進められたと考えられる。その結果、郡山Ⅱ期官衙段階では1区・2区ともに、国内各郡の官衙・寺院のあり方に大きな違いがないことから、同質の公民支配が一旦は達成されたと考えられる。そのため養老二年には二つの地域を分割する施策が採られたが、それは蝦夷反乱によって挫折する。これを受けて、同質化ではなく異質の地域を一つの国として一体的に支配する方策に切り替えられたことが、多賀城創建以降における1区と2区の官衙・寺院のあり方に反映されていると考えられる。すなわち2区の官衙は、多賀城創建期に黒川以北十郡の成立に伴って多賀城と一体的に整備が進められ、それまでの施設の構造変化や廃絶・移転などの再編を経て、二重構造城柵として定型化する。これに対し、1区の郡衙は同所において安定的に推移しており、この時期の画期と直接結びつけられるような変化は、2区の官衙ほど明確には見出せない。わずか数年という短命に終わった石城・石背国の建国は、遺構・遺物に反映されるほどの変化をもたらさなかったともいえるが、1区においては引き続き安定的な公民支配が行われたことの表れとも言え、養老六年の太政官奏による国力強化策の成果と捉えることもできる。

一方、多賀城創建を画期とする変化は、むしろ坂東地域の官衙・寺院に見出すことが可能である。陸奥国と境を接する常陸・下野両国において、多賀城創建以前の陸奥国と同様に瓦倉を造営するようになったことは、東北政策の背後地としての機能が、石城・石背国域から坂東まで拡大・整備されたことを示すと考えられる。

熊谷公男氏は、多賀城創建後の新たな支配体制を「神亀元年」体制と称し、その意義の一つに、東国への依存を最小限にして陸奥国一国で蝦夷支配の遂行をある程度可能とする点を挙げた［熊谷 一九八九］。令制国の枠組みの中で実施できる施策に関しては、その通りであろう。しかし、有事の際に後背地から人・モノを動員できる体制は、依然として必要であったと考えられ、蝦夷の大規模な反乱を経て、その必要性が以前にも増して認識されたと憶測される(16)。この憶測が当を得ているならば、軍粮を私穀の貢納に頼り、臨時的に征夷軍を編成するこれまでの体制では不十分であり、恒常的に坂東の人々を動員して征夷に備える体制が整えられたと考えられる余地があろう。「神亀元年」体制を坂東地域の立場でみると、坂東地域の郡衙正倉の瓦葺化（瓦倉の造営）は、官衙施設にそうした変化をもたらすほど、同地域に対して蝦夷政策への動員に絶えず備えることが求められたことを示すと理解したい(17)。

須田氏が指摘するように、それは物心両面からの政策であった。蝦夷政策の最前線では多賀城廃寺、新たに後背地となった坂東では下野薬師寺がその役割を担ったのであろう。

律令国家の東北に対する新たな支配体制は、熊谷氏が指摘するように多賀城を中核とした陸奥一国での支配をめざしたものであると同時に、坂東の役割を東北政策のなかに明確に位置づけた点にも、歴史的意義の一つがあったと考えたい。「神亀元年」体制は、坂東諸国にも大きな影響を与えた東北政策と評価できるのではなかろうか。

以上、石城・石背分国から再併合、そして多賀城創建に至る支配体制の変遷過程とその意義が、陸奥国内に加えて坂東の官衙・寺院の遺跡に、その一端を表していると考えた。大方のご叱正を賜りたい。

註

（1）同じ問題意識から、広く東北から関東の寺院・官衙遺跡を取り上げ、陸奥国の官衙・寺院の瓦が「坂東北部系瓦群」から「多賀城系瓦群」へ転換した点に、支配体制の変革を読み取った眞保昌弘氏の研究があり、首肯できる点が多い［眞保二〇一五］。
（2）以下、評制段階に遡る場合も「郡衙」と表記する。
（3）最近の調査で泉官衙Ⅰ期の政庁は礫敷が伴うことが分かり、これは後述する郡山Ⅱ期官衙からの影響と考えられる［藤木二〇二二］。泉官衙Ⅰ期政庁のあり方は、郡山官衙Ⅰ期からⅡ期への過渡的な様相と捉えておく。
（4）例えば泉官衙では、郡山Ⅱ期官衙の影響を受けたⅡ―a期の政庁に後続して、Ⅱ―b期には脇殿を区画施設から分離した短舎として、品字形の城柵政庁型配置をとるようになり、これは多賀城の影響と考えられる。しかし正殿や区画掘立柱塀はⅡ―a期のそれを踏襲し同位置・同規模で建て替えたもので、両者の間に大きな画期があったとは見做し難い。
（5）筆者前稿［藤木二〇一六］では、それぞれ、Ⅰ群、Ⅱa群、Ⅱb群とした。なお、瓦の分類名はとくに断らない限り総括報告書のほか、［長島二〇〇〇、佐川二〇〇三、出浦二〇一二］の呼称に従う。
（6）最近、及川謙作氏がこれまでに出土した瓦を集成し、官衙地区では従前からⅠ期に遡るとみられてきた格子叩きの平瓦A類だけでなく、縄叩きのB類やナデ・ケズリのD類も出土し、縄叩きが主体となること、Ⅱ期官衙でも平瓦D類・B類に加え、A類やC類が一定量含まれることを指摘している［及川二〇二二］。Ⅰ期・Ⅱ期官衙の平瓦については、叩き板の厳密な同定が今後の課題となる。
（7）泉官衙遺跡の郡衙周辺寺院では、創建期の植物文系の文様をもつ瓦群に伴う鬼瓦に、多賀城創建期の鬼瓦にみられる側視した蓮雷文を模した文様がみられることから、多賀城創建期以降にも伽藍の整備は継続していたと考えている。
（8）もっとも、この影響関係が初期国府から各郡への働きかけなのか、在地側からの模倣なのかは判然としない。ただ、最古の寺院が陸奥国の要所を抑えるような位置にあることや、瓦の文様系譜における偏在性が1区と2区にまたがって、広い陸奥国の地域区分に組み込まれるように展開することから、国家側からの積極的な関与を想定しうると思う。
（9）出浦崇氏は、郡山官衙遺跡と大蓮寺窯跡・燕沢遺跡・名生館官衙遺跡・伏見廃寺との間の瓦の文様や技法における特徴の違いから、二つの系統に分かれることを指摘した［出浦二〇一二］。妥当な捉え方と考えるが、この二系統は郡山Ⅱ期官衙と郡山廃寺の違いに対応し、ともに陸奥国府が掌握したと理解しておく。

（10）多賀城の造営が養老五年頃に開始され、多賀城碑に見える神亀元年（七二四）はその完成年とする説が通説的位置を占めてきた［平川一九九三］。しかし近年、多賀城の造営過程に見直しが求められ［吉野二〇一六、大橋二〇一六］、第Ⅰ期の瓦の年代観についても揺らぎが生じている。本来なら避けて通れない重要な課題だが、厳密な実年代の比定は本稿では保留とし、冒頭で述べたとおり考古学的な知見から相対的な推移を把握・整理することに努めたい。郡山Ⅰ期官衙段階・同Ⅱ期官衙段階・多賀城創建段階として、考古資料による時期区分を措定する所以である。

（11）これらの寺院の造営過程、とりわけ中心伽藍の整備が長期にわたったことは言うまでもない。これまで筆者は、1区における山王廃寺系や大和川原寺系の瓦の導入を、七世紀第4四半期と位置づけてきた。これらの遺跡においては、文様・技法とも外来の要素が強く表れた少量の瓦が端緒的に見られ、これを祖型とし比較的独自性の強い文様をもつ瓦が後続して多量に生産され、伽藍が整備されている例が多い。このことから、外来の要素の端緒的導入を七世紀第4四半期に位置づけ、これに続く瓦の大量生産による伽藍整備期を、郡山廃寺と平行する七世紀末〜八世紀初頭頃と見ておく。

（12）眞保昌弘氏は関和久官衙遺跡・借宿廃寺などの創建瓦である川原寺系の一一〇〇のうち笵傷の進んだ一一〇〇ｂを指摘し、それらは調整技法や焼き上がりの特徴から多賀城系の一一二〇と同時期とする［眞保二〇一二］。

（13）養老六年の太政官奏にみえる政府の要請を受けて陸奥鎮所に回漕された軍粮は穀の形で納入され、それと引き換えに行われる叙位においては運穀の量とともに輸送距離の遠近が問題とされている。したがって、坂東のなかでも陸奥国と境を接する近国［山路二〇一四］である常陸・下野両国の役割がとくに重要であったと考えられる。

（14）これについては、災異などに対する天皇や官人の誓願の場と捉える堀裕氏の説もある［堀二〇二二］。

（15）川尻秋生氏は、坂東という地域概念が東北経営の兵站基地として、神亀元年をそれほど遡らない時期に成立したと指摘している［川尻二〇〇九］。

（16）例えば陸奥国に事あらば、国内の兵を動員して救援に赴くべき旨の勅が坂東八国に対して出されている（『続日本紀』天平宝字三年十一月辛未条）。今泉隆雄氏も辺境経営の負担を、恒常的・定量的な負担と臨時的・非定量的な負担の二重構造とし、前者は原則として陸奥国内で、後者を陸奥国とともに坂東が負担したとする［今泉二〇一八］。

(17) ただし、吉野武氏によれば、鎮兵粮は当初は献穀で賄ったが、その後は国衙財政に移行し、また鎮兵制は天平十八年(七四六)に一旦廃止され、十年後の天平宝字元年(七五七)以前に復活している［吉野二〇一七］。しかし、陸奥国の負担はあくまでも平時においてのことと理解され、大規模な征夷事業においては依然として坂東の負担に拠るところが大きかったことを想定しておく。

参考文献

相原淳一・二瓶雅司　二〇二二「宮城県涌谷町日向館跡・中野遺跡の調査」『東北歴史博物館研究紀要』二三

阿部義平　一九八三「古代城柵政庁の基礎的考察」『考古学論叢』Ⅰ

阿部義平　一九八六「国庁の類型について」『国立歴史民俗博物館研究報告』第一〇集

出浦　崇　二〇一二「上野国からみた陸奥国―上植木廃寺出土軒先瓦との対比から―」国士舘大学考古学会編『古代社会と地域間交流Ⅱ―寺院・官衙・瓦からみた関東と東北―』六一書房

今泉隆雄　二〇〇一「多賀城の創建―郡山遺跡から多賀城へ―」『条里制・古代都市研究』通巻一七号

今泉隆雄　二〇〇五「古代国家と郡山遺跡」『宮城県仙台市郡山遺跡発掘調査報告書―総括編―』仙台市教育委員会

今泉隆雄　二〇一八「古代南奥の地域的性格」『古代国家の地方支配と東北』吉川弘文館

磐下　徹　二〇一六『日本古代の郡司と天皇』吉川弘文館

及川謙作　二〇二一「陸奥国府における造瓦技術の受容と変遷(一)―郡山遺跡の瓦を中心に―」『宮城考古学』第二三号

及川謙作　二〇二二「陸奥国府における造瓦技術の受容と変遷(二)―大蓮寺窯跡と東北各地から出土した瓦との比較を中心に―」『宮城考古学』第二四号

大谷　基　二〇一九「七世紀後半から八世紀前半頃にかけての大崎市域の城柵・官衙及び関連遺跡の諸様相」『第四五回古代城柵官衙遺跡検討会―資料集―』

大橋泰夫　二〇一四「長舎と官衙研究の現状と課題」『第一七回古代官衙・集落研究会報告書　長舎と官衙の建物配置』報告編　奈良文化財研究所

大橋泰夫　二〇一六「瓦葺掘立柱建物からみた多賀城政庁」須田勉編『日本古代考古学論集』同成社

大橋泰夫　二〇二四「坂東における倉の特質」『郡衙遺跡からみた地方支配』同成社（初出二〇一二）
川尻秋生　二〇〇九「東国からみた東北との交流」国士舘大学考古学会編『古代社会と地域間交流―土器からみた関東と東北の様相―』
　六一書房
北　啓太　一九八八「征夷軍編成についての一考察」『書陵部紀要』第三九号　宮内庁書陵部
工藤雅樹　一九七〇「多賀城の起源とその性格」『古代の日本』八 東北　角川書店
工藤雅樹　一九八九「石城、石背両国の分置と広域陸奥国の復活」『律令国家の構造』吉川弘文館
熊谷公男　一九八九「黒川以北十郡の成立」『東北学院大学東北文化研究所紀要』二一
熊谷公男　二〇〇〇「養老四年の蝦夷の反乱と多賀城の創建」『国立歴史民俗博物館研究報告』第八四集
古代城柵官衙遺跡検討会五〇周年記念大会実行委員会　二〇二四『古代城柵官衙遺跡検討会五〇周年記念大会資料集　古代東北の城柵・
　官衙遺跡』
佐川正敏　二〇〇三「仙台市郡山廃寺所用瓦の調査報告」『東北学院大学東北文化研究所紀要』第三五号
佐川正敏　二〇一二「寺院と瓦生産からみた律令国家形成期の陸奥国」国士舘大学考古学会編『古代社会と地域間交流―寺院・官衙・瓦
　からみた関東と東北―』六一書房
佐藤　信　二〇〇二「地方官衙と在地の社会」佐藤信編『律令国家と天平文化』日本の時代史四　吉川弘文館
進藤秋輝　一九七六「東北地方の平瓦桶型作り技法について」『東北考古学の諸問題』東北考古学会
進藤秋輝　一九八六「多賀城創建をめぐる諸問題」高橋富雄編『東北古代史の研究』吉川弘文館
眞保昌弘　二〇一二「陸奥国南部を中心とした川原寺系鐙瓦の展開とその意義」『古代社会と地域間交流Ⅱ―寺院・官衙・瓦からみた関東
　と東北―』六一書房
眞保昌弘　二〇一五「出土瓦にみる中央集権的国家形成期の陸奥国支配体制の画期とその側面」『古代国家形成期の東国』同成社（初出二
　〇一四）
鈴木　雅　二〇一六「律令国家形成期の陸奥国柴田・苅田地方―蔵王町円田盆地の遺跡群の検討を中心に―」『宮城考古学』第一八号
須田　勉　二〇〇五「多賀城様式瓦の成立とその意義」『人文学会紀要』第三七号　国士舘大学文学部人文学会
須田　勉　二〇一三「地方寺院の造営と蝦夷政策」『日本古代の寺院・官衙造営―長屋王政権の国家構想―』吉川弘文館
須原祥二　一九九六「八世紀の郡司制度と在地―その運用実態をめぐって―」『史学雑誌』第一〇五編第七号

仙台市教育委員会　二〇〇五『郡山遺跡発掘調査報告書　総括編』
辻　秀人　一九九二「陸奥の古瓦の系譜」『福島県立博物館紀要』第六号
長島榮一　二〇〇〇「仙台市郡山遺跡出土の平瓦をめぐって」『阿部正光君追悼集』阿部正光君追悼集刊行会
長島榮一　二〇〇九『郡山遺跡 飛鳥時代の陸奥国府跡』日本の遺跡三五　同成社
永田英明　二〇一九「陸奥における城柵造営と在地氏族」『第四五回古代城柵官衙遺跡検討会―資料集―』
樋口知志　一九八九「律令制下東北辺境地域における仏教の一様相―城柵下の仏教施設をめぐって―」『国史談話会雑誌』三〇号
平川　南　一九九三「多賀城の創建年代―木簡の検討を中心として―」『国立歴史民俗博物館研究報告』第五〇集
平川　南　二〇一三「古代の郡家と里・郷」『国立歴史民俗博物館研究報告』第一七八集
藤木　海　二〇〇九「陸奥国行方郡衙周辺寺院の陸奥国府系瓦について―郡衙周辺寺院と定額寺との関連をめぐる試論―」『国士舘考古学』第五号
藤木　海　二〇一二「陸奥南部の法倉の特質」『古代日本における法倉の研究』（研究代表者：大橋泰夫）
藤木　海　二〇一六「郡山廃寺」『考古学ジャーナル』№六八〇　ニューサイエンス社
藤木　海　二〇一七a「多賀城創建以前の瓦の生産」『第四三回古代城柵官衙遺跡検討会―資料集―』
藤木　海　二〇一七b「泉官衙遺跡と寺院―官衙と寺院の造営をめぐる生産関係―」佐藤信編『古代東国の地方官衙と寺院』山川出版社
藤木　海　二〇一七c「東北の郡庁の空間構成」『第二〇回古代官衙・集落研究会報告書　郡庁域の空間構成』奈良文化財研究所
藤木　海　二〇二〇「陸奥国柴田・苅田郡（都遺跡・大畑遺跡・兎田窯跡）」『古代日本における国郡制形成に関する考古学的研究』（研究代表者：大橋泰夫）
藤木　海　二〇二一「泉官衙遺跡第三〇次調査」『第四七回古代城柵官衙遺跡検討会―資料集―』
藤本　誠　二〇二三「地方寺院と村堂」吉村武彦ほか編『東国と信越』シリーズ地域の古代日本　角川選書六五七
堀　裕　二〇二二「陸奥の仏教文化」吉村武彦ほか編『陸奥と渡島』シリーズ地域の古代日本　角川選書六五六
水戸部秀樹　二〇〇一「山形市オサヤズ窯跡出土の竹模骨平瓦について」『山形考古』第七巻一号　山形考古学会
宮城県多賀城跡調査研究所　一九八二『多賀城跡　政庁跡 本文編』
宮城県多賀城跡調査研究所　一九九四『下伊場野窯跡群』
村田晃一　二〇〇四「三重構造城柵論―伊治城の基本的な整理を中心として 移民の時代二―」『宮城考古学』第六号

村田晃一　二〇〇七「陸奥北辺の城柵と郡家—黒川以北十郡の城柵からみえてきたもの」『宮城考古学』第九号
山路直充　二〇〇五「文字瓦の生産　七・八世紀の坂東諸国と陸奥国を中心に」平川南ほか編『文字と古代日本』三　流通と文字　吉川弘文館
山路直充　二〇一四「陸奥国への運穀と多賀城の創建」吉村武彦編『日本古代の国家と王権・社会』塙書房
山中敏史　一九九四『古代地方官衙遺跡の研究』塙書房
山中敏史　二〇〇〇「磐城郡衙発掘調査成果における若干の問題」『根岸遺跡　磐城郡衙跡の調査』いわき市教育委員会
山中敏史　二〇〇五「地方官衙と周辺寺院をめぐる諸問題—氏寺論の再検討—」『地方官衙と寺院—郡衙周辺寺院を中心として—』奈良文化財研究所
吉野　武　二〇一六「多賀城創建期の瓦窯跡—日の出山窯跡群を中心に—」『歴史』一二七
吉野　武　二〇一七「第Ⅱ期多賀城改修前後の陸奥国」『多賀城跡 外郭跡Ⅰ—南門地区—』宮城県多賀城跡調査研究所
渡邊泰伸　一九九〇「瓦生産の諸段階—東北地方における瓦生産導入期—」『伊東信雄先生追悼　考古学古代史論攷』

多賀城と鎮守府

鈴木 拓也

はじめに

多賀城は奈良・平安時代の陸奥国府であり、奈良時代には鎮守府も併置されていた。鎮守府とは、陸奥国だけに置かれた令外の官で、その主な任務は、坂東諸国などから派遣される鎮兵という専門兵の統率であった。多賀城は国府兼鎮守府として、多賀城碑(二〇二四年国宝指定)によれば神亀元年(七二四)に大野東人によって創建されており、その歴史的意義を問うためには、鎮守府とその兵力である鎮兵についても考える必要がある。

鎮守府は、奈良時代から平安時代にかけての歴史の中で大きく変貌した。奈良時代の鎮守府官人(鎮官)は陸奥国司との兼任が多く、鎮守府は国府とともに多賀城に置かれた。延暦二十一年(八〇二)に胆沢城が造営されると同城に遷り、大同三年(八〇八)に鎮官と国司との兼任が解消されて、鎮守府の機構は国府から分離する。それ以後の鎮守府は、胆沢城を主な拠点として胆沢以北の地域を支配する統治機関に変化するのである。

鎮守府の変遷をごく簡単に言えば右の通りであり、その間に鎮兵にも大きな変化があったが、事の発端は、神亀元年頃に鎮守府・鎮兵体制が成立したことにある。この体制は、端的に言えば、征夷のたびに中央から派遣される将軍以下の征討使と、他国から動員される征討軍を、小規模化して陸奥に常駐させる体制であった。将軍・副将軍・軍監・軍曹からなる鎮守府は、奈良時代にはその実体が陸奥国司であるにしても、征討使を継承する面を確かに持っている。そのような体制がなぜ創設されたのかを、陸奥の現地と律令国家全体の両方に視点を置いて考えることとする。

1　鎮守府研究のあゆみ

多賀城はかつて軍政の基地と見なされ、鎮守府も蝦夷経営のための軍政府と考えられてきた。しかし一九六三年に始まる多賀城跡の発掘調査によって、多賀城は行政的な施設と見なされるようになり、鎮守府も「平常時の統治」を「本来的性格」とする機関と理解されるようになった［平川　一九八二］。このような理解は、考古学から提起された城柵＝官衙説を基礎としつつ、征夷は征夷将軍など征討使が主導したこと、胆沢城に移転した鎮守府が胆沢の地を統治したことなど、奈良末〜平安初期の事象から導き出されたもので、考古学を踏まえた鎮守府論として高く評価された［桑原　一九八五］。

鎮守府論は一九八〇年代の終盤から再び変化する。その契機となったのは、北啓太氏による征夷軍編成の研究であった［北　一九八八］。北氏は、養老四年（七二〇）の征夷までは、遠江・美濃・越前以東の広範囲から徴兵されていたのに対して、次の神亀元年（七二四）の征夷から徴兵の範囲が坂東に限定されること、この間に陸奥国で「坂東からの征討軍の常駐化」とも言える鎮兵制が成立し、現地官人および現地兵力が征夷軍の中核となっていくことを明らかにした。神亀元年の征夷と天平九年（七三七）の陸奥・出羽間連絡路開削事業では、征夷将軍や持節大使が派遣されながらも、鎮守将軍など現地官人が大きな役割を果たしており、それ以後、宝亀十一年（七八〇）に伊治公呰麻呂の乱が起こるまで、軍事行動はすべて現地官人が主導し、征討使の派遣は一度もなかったのである。

北氏の研究によって、神亀元年以後の陸奥国が、他国兵からなる鎮兵制を新設して兵力を強化し、陸奥按察使・国司・鎮官が軍事的に重要な役割を果たしていたことが明らかとなり、鎮守府・鎮兵体制の軍事的意義があらためて注目されることとなった。養老四年から神亀元年までの間にこのような変化が起こる理由として、北氏は養老三年(七一九)十月の全国的な軍団兵士制の縮小による軍備見直し政策を指摘したが、その後の研究によって、養老四年の蝦夷の反乱に起因することが明らかとなった。すなわち、陸奥按察使管内の調庸制は、養老四年の蝦夷の反乱を契機として、養老六年(七二二)から天平十八年(七四六)頃まで、四半世紀にわたって停止されていたことが判明したのである[鈴木 一九九八]。律令制支配の根幹と言うべき調庸制を停止するという、通常では考えがたい対策が採られていること、養老四年の反乱が伊治公呰麻呂の乱とともに〝庚申年の反乱〟として東北の民衆に永く記憶されたことから、この反乱が辺境支配に大打撃を与えたことが認識されるようになり、多賀城および鎮守府・鎮兵体制の成立も、そのような状況下で採られた支配体制の強化策と捉えられるようになった[熊谷 二〇〇〇]。

多賀城の創建に関する研究の到達点は、熊谷公男氏・今泉隆雄氏の研究に示されており[熊谷 二〇〇〇、今泉 二〇〇一五]、近年では吉野武氏が多賀城跡に関する調査成果を踏まえて詳論している[吉野 二〇一八]。多賀城の創建は、鎮守府・鎮兵体制の成立、陸奥按察使管内における調庸制の停止と新税制の施行、玉造等五柵と黒川以北十郡の成立、石城・石背両国の陸奥国への再併合など、養老末年から神亀初年にかけておこなわれた辺境支配強化策の一環であった。熊谷氏はこの体制を神亀元年体制と呼び、陸奥国が可能な限り一国で蝦夷支配をおこない得る体制を構築したものと意義づけた。鎮守府・鎮兵体制も、他国兵を鎮兵として陸奥に常駐させ、陸奥国司に鎮官を兼任させて統率する体制であり、征夷の都度動員される征討使・征討軍を陸奥に常駐させる体制であった。東北政策の人的・物的基盤である

「坂東」の初見も神亀元年四月であり、その成立も神亀元年体制の一環とみることができる［川尻二〇〇三］。

さらに近年では、鎮守府・鎮兵体制の成立を、唐制の継受として理解する新しい研究が出現している［大高二〇一一、吉田二〇二〇］。日本律令は、唐律令が辺境防衛の体制として規定する鎮・戍制を継受せず、東北には一般諸国と同じ軍団兵士制のみを置いたが、養老四年の蝦夷反乱を契機として、鎮・戍制を部分的に継受した。それが鎮守府・鎮兵体制であるという。唐制の継受は、従来の研究になかった新視点であり、陸奥の辺境支配の問題を律令国家全体の中で考える視点として重要である。

以下、鎮守府・鎮兵体制について、近年の研究成果に基づき、その成立の意義を考えることとするが、多賀城創建期だけでは情報が不足するため、鎮守府が胆沢城に移転する平安初期までを視野に入れて考察を進めることとする。

2　城前官衙と鎮守府木簡

奈良時代の多賀城に鎮守府が併設されていたことを明示する文献史料は存在しないが、二〇一五年に多賀城跡の城前地区から鎮守府に関わる二点の木簡が出土し、多賀城跡における鎮守府の実在が初めて文字資料によって証明された［吉野二〇一九］。城前官衙は、多賀城跡の外郭南門と政庁南門を結ぶ南大路の東の丘陵上に位置し、四時期の遺構期が設定されている［宮城県多賀城跡調査研究所二〇一九］。このうち政庁跡第Ⅱ期に対応するⅱ期（天平宝字六年〈七六二〉～宝亀十一年〈七八〇〉）の官衙は、南北両面に廂が付く東西棟建物を中心に、その北側の広場を挟んで南北棟が左右対称に三棟ずつ並ぶ配置をとる。儀式的な空間構造を持つ官衙であり、その偉容は二〇二二年に一部が完成した史跡整備によって窺い知ることができる。鎮守府に関わる木簡はⅱ期官衙の北西隅の土壙ＳＫ三二六四から出土した。

【第四二四号木簡】

「『(記号)』府符□〔諸カ〕郡司□」　321×57×17mm　061形式　ヒノキ　柾目

【第四二五号木簡】

・「館司長□□〔謹解カ〕大目館小子」

・「等□〔鎮カ〕守府伊麻呂□□□〔充カ〕

　使□□子」　177×27×5mm　011形式　ヒノキ　柾目

第四二四号木簡は、文書函の蓋に墨書したもので、「府符」は鎮守府の符(下達文書)と解釈されている。鎮守府から諸郡司に宛てた符を収めた文書函が諸郡を巡り、最終的に多賀城にもどって廃棄されたと考えられている。通常、郡司に符を下すのは国司であるが、その場合は「国符」などの表記をとること、第四二五号木簡に鎮守府の記載があることから、「府」は鎮守府と判断された。第四二五号木簡は短冊形の文書木簡で、「館司長」から「大目館」に宛てた解(上申文書)である。国司の館を管理する館司長が、末尾にみえる某を使者として、大目(国司の第四等官)の館の小子らを鎮守府の伊麻呂に充てる申請をしており、最終的に伊麻呂のもとで廃棄されたと理解されている〔宮城県多賀城跡調査研究所 二〇一八、吉野 二〇一九。釈文の異体字は本書の方針に従い正字に置き換えた〕。

これらの木簡から、城前ii期官衙では鎮守府に関わる実務がおこなわれていたことが窺われるが、吉野武氏が指摘するように、城前ii期官衙がすなわち鎮守府なのではなく、多賀城の政庁が国府と鎮守府の政庁を兼ねていたとみるべきである。同じ土壙から他に六点の木簡が出土しており、習書木簡には「牡」「宮城郡」「国」(第四二六号)、荷札には「牡鹿郡」(第四二七号)、「石背郡石□〔瀬カ〕郷」(第四二八号)、「茂□郷」(第四二九号、小田郡茂賀郷か)など陸奥国内の地名が見える。城前ii期官衙では国府の実務もおこなわれていたのであろう。

3　鎮守府と多賀城・胆沢城

城前ii期官衙出土の木簡は、多賀城跡における鎮守府の実在を裏づけたが、これらの木簡が出土する以前から、奈良時代の鎮守府は多賀城にあったと考えられてきた。その主な理由は、養老六年(七二二)～神亀元年(七二四)に『続日本紀』に集中して見える「鎮所」が鎮守府の前身と見なされたこと、奈良時代の鎮守将軍には陸奥守あるいは陸奥按察使との兼任が多いことである。鎮所については現在でも議論がある(本書吉田論文参照)が、陸奥守が鎮守将軍を兼任し、国府と鎮守府が一体であれば、国府の所在地がすなわち鎮守府の所在地ということになる。

陸奥国は大国であり、職員令70大国条(以下、養老律令の条文は篇目名と条文番号・条文名で表示する)が定める国司の定員は、守・介・大掾・少掾・大目・少目が各一人である。陸奥国司と、鎮官・按察使の兼任状況を見てみると、大同三年(八〇八)までは兼任が非常に多く、逆に同年以後はきわめて少なくなるという顕著な変化がある[鈴木 一九九八]。大同三年までに見られる鎮守将軍十四人のうち、十人が按察使・陸奥守あるいは陸奥介を兼任しており、権任を除いた鎮守副将軍十八人のうち、十人が按察使・陸奥守あるいは陸奥介を兼任している。一方、鎮守軍監(判官)・軍曹(主典)と陸奥国司との兼任は、陸奥大掾兼鎮守軍監が一例知られるのみで、他の六例は兼任ではない。軍監・軍曹は、将軍・副将軍に比べれば兼任の比率は低いが、掾・目との兼任もある程度おこなわれていたとみられる。陸奥・出羽・越後国司は、蝦夷支配のために城柵に派遣される[今泉 二〇一五]ので、すべての国司が国府に常駐したわけではないが、陸奥守兼鎮守将軍が常駐した多賀城が国府兼鎮守府であったと考えられる。

それでは、鎮守府はいつまで多賀城にあったのであろうか。桓武朝の征夷で制圧された胆沢・志波を支配するために、延暦二十一年(八〇二)に胆沢城が、翌年に志波城が造営される。鎮守府が胆沢城に移転した時期は不明確であるが、鎮官と国司の兼任が解消された時期は大同三年と特定できる。このため鎮守府の胆沢城移転を大同三年と記す論文等も散見されるが、鎮守府の移転は胆沢城の造営と同時とみるべきである。その根拠は『日本後紀』大同三年七月甲申(四日)条で、「鎮守将軍従五位下兼陸奥介百済王教俊」が「遠く鎮所を離れ、常に国府に在り」との理由で天皇の譴責を受けている。鎮守将軍がいるべき場所が鎮守府であるとすれば、この段階で鎮守府は国府から遠い別の場所にあることになる。胆沢城の造営とともに、鎮守将軍は陸奥守の兼任から陸奥介の兼任に改められ、鎮守将軍兼陸奥介を胆沢城に派遣して鎮兵を統轄する体制が作られたのであろう[鈴木 一九九八]。

右の想定を補強する新史料が二〇〇九年に公表された。宮内庁書陵部所蔵の『節度使将軍補任例』がそれである。同書は『類聚国史』の現存しない「征討部」からの抜き書きとみられ、鎮守将軍の補任に関する二件の新出逸文を含んでいる[石田 二〇〇九]。その一つが「同(延暦)廿一年七月己未(五日)、正五位下百済王教雲為二陸奥鎮守将軍一」という逸文である(括弧内は筆者補)。胆沢城の造営が始まったのは延暦二十一年正月、坂上田村麻呂が阿弖流為と母礼を伴って入京したのが同年七月十日で、その頃の新史料として注目されるが、当時按察使と陸奥守は田村麻呂が兼任するところであった(『類聚国史』巻一九〇延暦十九年〈八〇〇〉十一月庚子条、『類聚三代格』巻七大同元年〈八〇六〉十月十二日太政官符)。この時鎮守将軍となった百済王教雲は陸奥介であった可能性が高く、胆沢城の造営と同時に鎮守将軍は陸奥介の兼任となり、鎮守府は多賀城から胆沢城に移転したと考えられる。

九世紀の陸奥・出羽両国においては、長上(交替なしで長期間勤務)の鎮兵は前線の城柵を、番上(六番程度の番に分かれて交替勤務)の軍団兵士は後方の城柵を守衛するという空間的な役割分担があった。北辺に位置する胆沢城と志波城は軍事的緊張が高く、陸奥の中南部に分布する軍団(天平十八年〈七四六〉までに白河・安積・行方・名取・玉造・小田の六団、承和四〜六年〈八三七〜八三九〉に磐城団が成立）からの往還にも不便なので、当初から鎮兵を重点的に配備する必要があった［鈴木 一九九八］。国府と鎮守府の分離に先立って、鎮守府の北進がおこなわれたのはそのためである。

しかし鎮守将軍兼陸奥介の百済王教俊が国府に留まって譴責を受けたように、支配領域の拡大は、国司・鎮官兼任体制に限界をもたらした。そのため、既存の官制の枠組みを利用しつつ官人数の増加を図ったのが、大同三年に始まる国司・鎮官別任体制なのである。百済王教俊が譴責された直後の同年七月十六日には、鎮官の任期を国司と同じと定め（『日本後紀』）、大同四年（八〇九）六月には按察使の公廨を新設し（『類聚国史』巻八四）、大同五年（八一〇）五月には按察使・鎮官に護身兵士を付ける（『類聚三代格』巻一八）など、按察使・鎮官を国司と別個に任命にするための条件整備がなされている。この結果、鎮守府の機構は国府から分離し、これ以後の鎮守府は、胆沢城を主な拠点として、胆沢以北の地域を支配する統治機関に変化するのである［鈴木 一九九八］。

4　鎮守府と鎮兵

平川南氏は、鎮守府の職掌を、養老令の職員令70大国条が陸奥・出羽・越後国守の特殊任務として定める「饗給・征討・斥候」であるとした［平川 一九八二］。たしかに大同三年（八〇八）以降の鎮守府は、胆沢城を拠点に地域支配をおこなうので、城柵に駐在する国司と同じく、饗宴と禄の支給によって蝦夷を懐柔し（饗給）、蝦夷の動静を窺い（斥候）、場合によっては征討する（征討）という、蝦夷に対する三職掌を持っていたと考えられる［今泉 二〇一五］。しかし大同三年以前の陸奥国司は、令の規定においてこれらの三職掌を持っているにも関わらず、鎮官を兼任している。鎮守府・鎮官の職掌は、令の規定を超えたものなのであり、それは令外の兵制である鎮兵の統轄であった。

陸奥国（後には出羽国も）の軍制は、令制の軍団兵士制と、令外の兵制である鎮兵制との二本立てであった。兵士は当国の公民から徴発され、兵士一〇〇〇人からなる軍団を組織し、軍団ごとに六番程度の番に分かれて交替で城柵を守衛する番上の兵である。大宝律令で成立した全国的な軍事制度であり、陸奥国では二団から七団までの間で変遷がある。鎮兵は主に坂東諸国から徴発され、公粮の支給を受けながら長期にわたって城柵を守衛する長上の兵で、東国の兵力を辺境守備に動員する点において、北九州の防人に類似した兵制である。軍団兵士は、他国と同様に令の規定によって陸奥国司が統轄するが、令外の兵制である鎮兵を統轄する権限は陸奥国司にはない。鎮兵統轄権は国司の権限を越えたものなのであり、その権限を持つ組織として創設されたのが令外の官としての鎮守府なのである。陸奥国司は鎮官を兼任することによって、軍団兵士とともに鎮兵を統轄する権限を得たのである〔鈴木 一九九八〕。

鎮守将軍の初見は天平元年（七二九）九月の大野東人で、「鎮に在る兵人」（鎮兵）の有功者二〇〇〇人への叙位と賜禄を申請しており（『続日本紀』）、鎮守将軍が鎮兵を統轄していたことが知られる。鎮守府と鎮兵との関係を最もよく示すのは、『類聚三代格』巻五弘仁三年（八一二）四月二日太政官符の「鎮兵の数、減定すること已に訖りぬ。その鎮官の員数、宜しく前件に依るべし」という一文である。この太政官符は、鎮守府の官制を四等官制（将軍一人・副将軍一人・軍監二人・軍曹二人）から三等官制（将軍一人・軍監一人・軍曹二人）に縮小したものであるが、その理由が鎮兵数の削減であることは、両者の密接な関係を物語る。後述のように、鎮守府の官制の変遷と鎮兵数の増減には対応関係があり、鎮守府の主たる職掌が鎮兵の統轄であることは確実である。

鎮兵は史料上しばしば「他国鎮兵」と表記され、他国の兵と認識されていた。鎮兵の出身国として具体的にわかるのは、相模・武蔵・上野・下野（『続日本紀』宝亀六年〈七七五〉十月癸酉条）、相模（『日本後紀』延暦二十四年〈八〇五〉二月乙巳条）、上総・上野（秋田城木簡）、下野（西久保遺跡木簡、後掲）で、知りうる限り坂東である。東国の人々は「東人《あずまひと》」

と呼ばれ、王宮を守護する舎人、北九州を防備する防人、東北の征夷軍士・鎮兵・柵戸などに動員された。彼らは武勇に優れ、忠誠心に満ちた人々として、皇族や貴族から絶大な信頼を置かれていたのである〔笹山 一九九二〕。

鎮兵は、延暦二十四年十二月の徳政相論による征夷停止の決定を受けて、翌大同元年(八〇六)頃に坂東からの派遣を停止し、陸奥・出羽両国からの徴発に切り替えられた。天平十八年(七四六)以来、六団を基本としていた陸奥国の軍団が、九世紀初頭に限って四団(『類聚三代格』巻一五大同四(五ヵ)年五月十一日太政官符)あるいは二団に減るのは、陸奥国南部の軍団を解体して兵士を鎮兵に改組したからである〔鈴木 一九九八〕。陸奥の鎮兵は弘仁六年(八一五)に全廃され、同時に軍団が二団(名取団・玉造団)から六団に復される(『類聚三代格』巻一八弘仁六年八月二十三日太政官符)。それ以後の鎮守府は、鎮兵に代えて置かれた健士と軍団兵士の一部を兵力として持つようになる。

二〇二三年、福島市の西久保遺跡から「鎮兵」と記した木簡が初めて出土した。木簡は現在も解読中であるが、福島市のホームページに公表されている釈文は以下の通りである(二〇二四年十二月十五日閲覧)。

「陸奥国司牒下野国司　鎮兵死□衆之状不罪□□〔郡郷カ〕」

長さ29.6cm　幅2.5cm　厚さ1.1cm　樹種マツ

陸奥国司から下野国司に対して発せられた牒で、下野国司は鎮兵を率いて西久保遺跡周辺に留まっていたとみられる。「陸奥国司、下野国司に牒す。鎮兵の死□衆《おお》きの状、□□(郡郷ヵ)を罪せず」と読まれ、下野国司が率いている鎮兵に死亡が多いことについて、□□(遺跡周辺の郡郷か)には落ち度がないので処罰しない旨を、陸奥国司から下野国司に通達したものと解されている。鎮守府ではなく陸奥国司が牒を出しているのは、国同士のやりとりだからであろう。木簡の年代は考古学的には不明確なようで、福島市のホームページでは、文献史料から他国鎮兵の時期とわかる七二四年から八〇六年までの間とみている。

5　鎮守府の官制の変遷と鎮兵

鎮守府が鎮兵を統率していたことは、鎮守府の官制の変遷からも裏づけられる。鎮守府の官制には、①将軍一人・判官・主典の三等官制（奈良時代前半）、②将軍一人・副将軍一人・軍監二人・軍曹二人の四等官制（天平宝字元年〈七五七〉～弘仁三年〈八一二〉）、③将軍一人・軍監一人・軍曹二人の三等官制（弘仁三年以降）という三段階の変遷があるが、これは鎮兵数の増減と完全に対応する［鈴木 一九九八］。

奈良時代前半に鎮守将軍を務めた人物は、知りうる限り、天平元年（七二九）から同十一年（七三九）まで鎮守将軍として『続日本紀』に見える大野東人のみである。彼は神亀元年（七二四）の征夷までに鎮守将軍となっていたとみられ（後述）、十五年の長きにわたって在任していた。その他の鎮官としては、鎮守判官が天平十年（七三八）と天平勝宝元年（七四九）に各一人見えるだけで、天平十年に陸奥介となった百済王敬福には鎮守副将軍を兼任していた形跡がない（『上階官人歴名』）。ゆえに、奈良時代前半の鎮守府は、将軍一人・判官・主典の三等官制と思われる。最近、創設期における鎮守府の官制は、将軍一人・軍監一人・軍曹一人で、天平九年（七三七）以後に軍監・軍曹を判官・主典に改称したとする新説が提示された［吉野 二〇一九］が、いずれにしても副将軍は置かれなかったとみられる。

奈良時代前半の鎮兵数は不明であるが、天平九年の陸奥・出羽間連絡路開削事業に従軍した四九九人が最多で、五〇〇人程度かそれ以上とみられる。この時期の鎮兵は、天平十八年（七四六）に一旦廃止されており［鈴木 一九九八］、鎮守府の第三・四等官の名称に臨時の官職に用いられる判官・主典を採用しているように、臨時の兵制という性格が強い。天平十八年に一旦廃止された鎮兵は、一〇年ほどの空白期を挟んで、天平宝字元年（七五七）に三〇〇〇人規模で復活する。これは藤原仲麻呂政権が、天平九年の天然痘流行以来中断されていた版図拡大政策を再開して、陸奥国桃生城と出羽国雄勝城を造営するためであった。この時期の鎮守府の官制を示すのが、天平宝字四年(七六〇)正月四日の桃生城・雄勝城の完成に伴う論功行賞で、陸奥国按察使兼鎮守将軍の藤原恵美朝獦、陸奥介兼鎮守副将軍の百済足人、鎮守軍監の葛井立足・大伴益立、鎮守軍曹の韓袁哲が揃って叙位されている(『続日本紀』)。軍監が二人なら軍曹も二人とみられるので、この時期の鎮守府は、将軍一人・副将軍一人・軍監二人・軍曹二人の四等官制と考えられる。

ただし、鎮守府に公廨と事力を支給することを定めた『類聚三代格』巻六天平宝字三年(七五九)七月二十三日乾政官奏には、「将軍 守に准ず 将監 掾に准ず 将曹 目に准ず」とあり、鎮守府が副将軍のない三等官制となっている。これについては、もとの天平宝字三年乾政官奏には「副将軍 介に准ず」があったのに、先述した『類聚三代格』巻五弘仁三年(八一二)四月二日太政官符(『日本後紀』同日条)によって、鎮守府の官員が「将軍一員 軍監一員 軍曹二員」に減らされたので、『弘仁格』の編纂時に「副将軍 介に准ず」を削除したと考えられている。天平宝字三年乾政官奏によって文を成したとみられる『弘仁式』主税式処分公廨条では、「鎮守将軍は守に准ぜよ。副将軍は介に准ぜよ。軍監は掾に准ぜよ。軍曹は目に准ぜよ」とあり、副将軍が明記されている〔福井 一九八三〕。

また鎮守府の第三・四等官を将監・将曹とするのは天平宝字三年乾政官奏のみで、他に例がない。天平宝字元年から三年まで将監・将曹と称され、翌四年正月までに軍監・軍曹に改称したと推定されている〔亀田 一九八九〕。この頃、将監・将曹を有していた官司は、大将一人・少将一人・将監四人・将曹四人の四等官制をとる中衛府のみで、中衛府の影響が考えられる。中衛府の兵力である中衛三〇〇人は「東舎人」と呼ばれていた(『続日本紀』神亀五年〈七二八〉八月甲午条)。鎮兵も「東人」と呼ばれる東国の人々を編成した兵力なので、その再置に当たって中衛府に準じて将監・将曹を採用したが、ほどなくして軍防令24将帥出征条が定める征討使の官制に準じて軍監・軍曹に改称したのであろう。

天平宝字元年に増員された鎮兵は、道鏡政権下で陸奥国に伊治城が造営された翌年の神護景雲二年（七六八）に、三〇〇〇余人から五〇〇人にまで削減される（『続日本紀』神護景雲二年九月壬辰条・同三年正月己亥条）。しかし宝亀五年（七七四）からいわゆる三十八年戦争時代に入るので、鎮兵は再び大増員されたとみられる。その最末期にあたる弘仁元年（八一〇）五月においてなお三八〇〇人もの鎮兵が陸奥にいた（『類聚国史』巻八四）ので、この時期には一貫して四〇〇〇人程度の鎮兵が置かれていたとみてよい。徳政相論による征夷停止の決定を踏まえ、まず大同元年（八〇六）頃に鎮兵が当国鎮兵に切り替えられ、弘仁二年（八一一）の征夷によって三十八年戦争が終結した後に、鎮兵は三八〇〇人から段階的に一〇〇〇人にまで削減されることとなった（『日本後紀』同年閏十二月辛丑条）。この鎮兵削減計画と、志波城の徳丹城への移転が完了した時に定められたのが、弘仁三年四月二日太政官符の三等官制（将軍一人・軍監一人・軍曹二人）である。

以上のように、鎮守府の官制と鎮兵の増減には密接な対応関係がある。そもそも鎮守府の官制は、軍防令24将帥出征条が定める征討使の官制（将軍・副将軍・軍監・軍曹・録事）によく似ている。鎮兵に征討軍を常駐化させたものという性格があるのと同様に、鎮守府にも征討使を常駐化させたものという性格を認めることができるのである。

実際に鎮守府は、神亀元年以後の征夷において征討使に準じる重要な役割を果たしていた。神亀元年の征夷に伴う論功行賞記事では、藤原宇合（持節大将軍・征夷持節大使）と高橋安麻呂（副将軍）の間に、「従五位上大野朝臣東人」が見えており、宇合に次ぐ高位（従四位下勲四等）を与えられている（『続日本紀』神亀二年〈七二五〉閏正月丁未条）。この時の征夷で大野東人は持節大将軍に次ぐ功績を認められたのであり、この時点で彼は鎮守将軍であったと考えられる［北 一九八八］。大野東人は、天平九年正月に按察使として陸奥・出羽間の直路開削を申請したが、その事業の経過を詳細に記した同年四月戊午条の中では一貫して鎮守将軍または将軍と呼ばれ、坂東騎兵・鎮兵・当国兵・帰服狄俘らを率いて出羽に向かっている。この時、中央から派遣されていた征討使のうち、持節大使の藤原麻呂は多賀柵を、副使の坂本宇頭麻佐は玉造柵を、判官の大伴美濃麻呂は新田柵を鎮守しており、いずれも後方の固めに回っている。神亀元年の征夷以後、征討使の将軍・副将軍が大使・副使とも呼ばれるようになるのは、陸奥の将軍である鎮守将軍と区別するためであったと言われている［北 一九九三］。鎮守将軍は地方官であり、征討将軍のように節刀（天皇の軍事権を象徴する刀）を授与されることはなく、多くの場合、按察使や陸奥守によって兼任され、鎮守将軍が率いる鎮兵も、数万人を擁する征夷軍に比べれば少ないが、一面において征討将軍を継承する部分を確かに持っていたのである。

6　養老四年の蝦夷の反乱

以上の鎮守府と鎮兵に関する基本的な情報を踏まえて、以下、多賀城の創建と鎮守府・鎮兵体制の成立について考察する。その前提として、大宝律令における辺境守備体制の特質を、大高広和氏・吉田歓氏による日唐律令の比較研究に基づき概観しておく。

大宝元年（七〇一）制定の大宝律令によって、全国的な軍事制度として軍団兵士制が成立し、蝦夷の居住地を含む陸奥国と越後国、および和銅五年（七一二）に越後国から分立する出羽国にも、軍団と兵士が置かれた。大宝律令は現存しないが、養老律令において、陸奥・出羽・越後国司は、蝦夷に対する特殊な任務として、饗給（大宝令では撫慰）・征討・斥候を持ち（職員令70大国条）、それを遂行する場として「柵」が設けられていた（衛禁律24越垣及城条・賊盗律27盗節刀条）ものの、それ以外に特殊な制度は設けられていなかった。

唐の律令では、辺境に鎮将・戍主《じゅしゅ》を長とする鎮・戍が置かれ、折衝府から府兵が防人《ぼうにん》として派遣されて守備に当たったが、日本の大宝・養老律令は鎮・戍制を導入しなかった。鎮将・戍主の職掌である「鎮捍・防守」(『唐六典』)は、壱岐・対馬・日向(養老令では薩摩・大隅も)国司の特殊任務として部分的に取り込まれ(職員令70大国条)、鎮内部の兵曹の職掌「防人名帳」(同)も、大宰府内部の防人正《さきもりのかみ》の職掌として取り込まれたのである(職員令69大宰府条)。大宝律令制定時には白村江の敗戦の影響が大きく、西日本に防人と朝鮮式山城による防衛体制が構築されており、大宝律令には西海道を中心とする国土防衛制度が規定された。逆に東北辺境に対する軍事的危機意識は相対的に弱く、蝦夷に対しては通常の軍団兵士制で対応できると考えていた。それでは不十分であることを知らしめたのが、養老四年(七二〇)の蝦夷の大反乱であった[大高二〇一一、吉田二〇二〇]。

養老四年九月二十八日、陸奥国より「蝦夷反乱して、按察使正五位上上毛野朝臣広人を殺す」という驚くべき報告がもたらされた(『続日本紀』)。これは蝦夷の反乱としては史上最初であり、陸奥国および養老二年(七一八)に陸奥国から分置された石城・石背両国の最高行政官である按察使が殺害されるという結果の重大性から見ても、空前の規模で発生した反乱であった。早くも翌二十九日には、多治比県守を持節征夷将軍に、下毛野石代を副将軍に、阿倍駿河を持節鎮狄将軍に任じ、即日節刀を授けて、軍監・軍曹とともに出発させている。この段階で征討の準備は全くできておらず、それに必要な軍士や物資の徴発も、天皇の代理人として節刀を授与された持節将軍らの任務であったはずである。多治比県守らは軍備の重要性を痛感したに違いない。徴兵の範囲は、陸奥・石背・石城三国の調庸ならびに租を減免し、遠江・常陸・美濃・武蔵・越前・出羽六国の従軍者とその家族に免税措置を施した『類聚国史』巻八三養老四年十一月甲戌条(『続日本紀』逸文)により、遠江・美濃・越前以東の九ヵ国とわかる。この点は遠江・信濃・越前以東の一〇ヵ国から徴兵した和銅二年(七〇九)の出羽方面に対する征夷とよく似ている。

この当時、大崎平野では、多賀城に先行する官衙の設置、丹取郡の設置(和銅六年、七一三)、相模・上総・常陸・

上野・武蔵・下野六国の富民一〇〇〇戸の移配（霊亀元年、七一五）など、蝦夷の地に対する積極策が進められていた。このような律令国家の強圧的な支配拡大政策に対して、蝦夷が敢然と反旗を翻したのである。実は蝦夷の反乱が起こる七ヶ月前の養老四年二月二十九日に、南九州の隼人が反乱を起こし、大隅国守の陽侯麻呂《やこのまろ》を殺害する事件が起きていた。大隅国は和銅六年四月に設置されたばかりで、翌年三月には隼人の〝教化〟を目的として豊前国の民二〇〇戸が南九州に移配されていた。蝦夷が隼人の反乱に同調して蜂起することは考えがたいので、当時の律令国家が東西の辺境に対して進めていた同じような政策が、同じような結果を招いたとみるべきであろう。持節征夷将軍らの出発から帰京までの期間（養老四年九月～翌年四月）は、隼人征討の期間（養老四年三月～翌年七月）と完全に重なっている［鈴木 二〇〇八］。

しかし蝦夷・隼人の歴史の中で、東西の反乱が持つ意味は全く異なっていた。養老四年の隼人の反乱は、南九州では空前の規模の反乱であったが、征隼人軍の動員としては史上最後である。隼人征討は、大宝二年（七〇二）、和銅六年、そして養老四年と、八世紀初頭に連続しておこなわれているが、それ以後は全くおこなわれていない。これに対して、養老四年の蝦夷の反乱は、蝦夷の反乱としては史上最初であり、〝庚申年の反乱〟として東北の民衆の間に永く記憶された（『続日本後紀』承和七年〈八四〇〉三月壬寅条）。そして律令国家にとっては、軍団兵士制だけで十分と考えていた蝦夷に対する軍備が、全く不十分であることを思い知らされた出来事でもあった。当時の陸奥国には名取団・丹取団（神亀五年〈七二八〉に玉造団に改称）の二軍団があり、石城国には行方団、石背国には安積団があったと推定される［鈴木 一九九八］。三国合わせて四団四〇〇〇人の常備兵であるが、兵士は六番交替のため、実質的な兵力はその六分の一の六七〇人程度であった。これでは質量ともに足りないことが露呈したのである。

7　養老六年太政官奏と鎮兵制の成立

養老四年(七二〇)の蝦夷の反乱を起点として、律令国家は蝦夷支配体制の全面的な立て直しをおこなっていた。具体的には、陸奥按察使管内における調庸制の停止と新税制の施行、石城・石背両国の陸奥国への再併合、玉造等五柵と黒川以北十郡の成立、鎮守府および鎮兵制の成立、新たな国府としての多賀城の創建などで、おおよそ養老末年に始まり、神亀元年(七二四)頃に整えられたと考えられている[熊谷 二〇〇〇]。このうち石城・石背両国の再併合については本書の藤木論文が、黒川以北十郡・玉造等五柵・多賀城の成立については本書の多くの論文が言及しているので、ここでは陸奥按察使管内における調庸制の停止と新税制の施行、および鎮兵制の成立に関わる『続日本紀』養老六年(七二二)閏四月乙丑(二十五日)条の太政官奏について検討する[鈴木 一九九八、今泉 二〇一五]。

養老四年の蝦夷の反乱が、陸奥の民衆に深刻な影響を与えたことは、養老四年・五年・六年と三年連続して調庸が免除されていることから推測できる。養老四年十一月には、陸奥・石背・石城三国の調庸と租が減免されており、養老五年六月にも、陸奥・筑紫の民に対して、戦乱と兵役による疲弊を理由に当年の調庸が免除されている。しかし陸奥の民衆の生活は、養老六年になっても回復しなかった。同年閏四月二十五日の太政官奏は、「このころ、辺郡の人民、暴《にわ》かに寇賊を被り、遂に東西に適《ゆ》きて、流離分散す。若し矜恤《きょうじゅつ》を加へざれば、恐るらくは後患を貽《のこ》さむ」と述べて、陸奥按察使管内の税制に思い切った改革を発議するのである。この太政官奏は百万町歩開墾計画を含む四項目からなるが、陸奥按察使管内に関わるのは、右の文で始まる第一項と、鎮所への私穀献上を求めた第四項である。第一項はさらに(a)(b)(c)の三つの部分に分かれ、このうちの(a)が調庸制の停止と新税制の施行を示す部分である。

望み請ふらくは、陸奥按察使管内、百姓の庸調は侵《や》め免《ゆる》して、農桑を勧課し、射騎を教習し、更に辺を助くるの資を税《はた》りて、夷に賜ふの禄に擬《あ》てしめむことを。その税は、卒一人ごとに、布を輸すこと長さ一丈三尺、闊《ひろ》さ一尺八寸、三丁に端を成さむ。

その意味するところは、陸奥按察使管内における調庸の収取を全面的に停止して、勧農と軍事訓練をおこない、代わりに一丁あたり調庸布（四丈二尺×二尺四寸＝一〇〇・八平方尺）の四分の一以下の大きさ（一丈三尺×一尺八寸＝二三・四平方尺）の麻布を「税」として徴収し、蝦夷に支給する禄の財源とする、ということである〔鈴木 一九九八〕。調庸収取の停止と同時に負担の軽い新税制を施行していること、『令集解』戸令21籍送条の古記（天平十年〈七三八〉頃に成立した大宝令の注釈書）が、「若し調京に入らざれば」という令文に対して、「今陸奥国之類」と説明していることから、調庸制の停止を推定できる。以後、陸奥按察使管内の調庸制は四半世紀にわたって停止され、鎮兵制が一旦廃止された天平十八年（七四六）頃に復活したとみられる〔鈴木 一九九八〕。これは戦乱によって疲弊した民衆の税負担を大幅に軽減するとともに、軍事訓練をおこなって軍事力の向上を図り、かつ反乱を起こした蝦夷の不満を解消するために、彼らに支給する禄を増額するという合理的な改革であった。これ以前から夷禄は調庸布から支出されていたとみられるが、これ以後、公民から徴収できる麻布の四分の一程度を夷禄に充当することになったのであり、乱後の収拾策であることからみても、増額があったと考えてよい〔熊谷 二〇〇〇〕。

第一項(c)も、調庸制の停止と新税制の導入に関わる細則で、「もし他境の人、年を経て居住せば、例に准じて税を徴《はた》らむ。見《げん》に来たり占むるを以て附して後、一年にして後に例に依らむ」と読める。これは柵戸と言われる城柵への移民が、経年居住した場合は例（第一項(a)）によって税布を徴収し、今後移住してくる柵戸については編附してから一年後に税布の徴収を開始する、という意味である。一般に柵戸は賦役令14人在狭郷条によって移住に要する日数に応じて一年から三年の復(課役免除)が与えられたが、税布は調庸布の四分の一以下の軽い負担なので、復を一律に一年と定めたのである[鈴木 一九九八]。その間にある第一項(b)は、陸奥按察使管内から京に出仕している授刀・兵衛・衛士・位子・帳内・資人・防閤・仕丁・采女・仕女といった人々を、すべて本国に返すことを定めている。これも陸奥按察使管内の負担を軽減するとともに、管内に人を集めて兵力を増強するための措置であろう。以上の養老六年太政官奏第一項の施策をまとめると、民衆の物納税と力役の負担のうち、中央に拠出する分の収取をやめて、それをすべて蝦夷の禄と兵役に充てるというものであり、民力の休養を図りつつ、兵力の増強と饗給の強化によって蝦夷支配を安定させることを目的としたものであった[鈴木 一九九八]。

同じ養老六年太政官奏には、第二項(百万町歩開墾計画)、第三項(公出挙・私出挙の利率を三割とする)に続いて、鎮所への私穀献上を奨励した第四項がある。これは「鎮」(鎮所)の初見記事でもあり(本書吉田論文参照)、「兵を用ゐるの要は、衣食を本と為す。鎮に儲粮無くは、何ぞ固守に堪へむ」と述べて、民に募って穀を出させ、鎮所からの遠近に応じて、「遠きは二千斛、次は三千斛、近きは四千斛」をもって外従五位下を授けることにしている。この結果、養老七年(七二三)二月には常陸国那賀郡大領の宇治部荒山が、神亀元年二月には大伴南淵麻呂ら十二人が、私穀を陸奥国鎮所に献上した功により外従五位下を授与されている。穀の用途が軍粮であることは第四項から明らかで、鎮兵制の創設にあたってそれに必要な粮食の備蓄をおこなったものとみることができる[熊谷 二〇〇〇]。

鎮兵は長上の専門兵であるため、公粮の支給が不可欠であり、膨大な鎮兵粮はしばしば陸奥国の財政を圧迫した。神護景雲二年(七六八)九月には「年粮料稲卅六万余束」(『続日本紀』)、弘仁元年(八一〇)五月には「鎮兵三千八百人、一年粮料五十余万束」(『類聚国史』巻八四)という額が知られる。それは基本的に陸奥国の正税から賄われたが、鎮兵制の創設期には、民間の私穀献上によって確保が図られていたのである。「鎮兵」という用語の初見は天平九年(七三七)四月戊午条であるが、神亀元年二月に「陸奥国鎮守軍卒」が見えており(『続日本紀』)、実質的な鎮兵制の創設は神亀元年頃に求められる。第5節で述べたように、神亀元年の征夷までに大野東人は鎮守将軍となっていたので、鎮守府・鎮兵体制の成立は、養老六年閏四月以後、神亀元年二月以前の二年間にほぼ絞られる。

8　鎮守府・鎮兵体制と唐の鎮・戍制

ここであらためて大高氏・吉田氏の研究に拠りつつ、養老四年(七二〇)の蝦夷の反乱が及ぼした影響を、東北辺境における唐制の継受という観点から考えてみたい。大高氏は、唐律令に規定される鎮・戍は、州・県とは独立した性格を持つので、陸奥守が鎮守将軍を兼任する鎮守府とは異なるとしながらも、鎮守府・鎮兵体制は、唐の制度も念頭に入れつつ構想・運営されたと指摘する。その根拠として、延暦五年(七八六)四月に地方行政の立て直しのために「国宰郡司、鎮将辺要等の官」に対して示された考課基準を挙げる。その中で明らかに「鎮将」を対象とするものに、「辺境清粛にして、城隍修理す」がある(『続日本紀』『類聚三代格』巻七)。これは唐考課令の「辺境粛清にして、城隍修理すれば、鎮防の最とせよ」(『唐令拾遺補』復原唐考課令三三〈開七〉条)を取り入れたものであるという〔大高 二〇〇一〕。日本における「鎮将」の用例は、他に「それ鎮将の任、功を辺戍に寄す。(略)今聞く、鎮守将軍従五位下兼陸奥介百済王教俊、遠く鎮所を離れ、常に国府に在りと」(『日本後紀』大同三年〈八〇八〉七月甲申条)、「承前の鎮将、僚下を引唱して、鎮守府庁に於いて、修し来ること年久し」(『類聚三代格』巻二貞観十八年〈八七六〉六月十九日太政官符)があり、いずれも鎮守将軍を指している。これだけなら「鎮将」は鎮守将軍の略かとも思えるが、大高氏が挙げた事例を踏まえれば、唐の鎮の長官としての「鎮将」が意識されていたとみることができる。

鎮兵は当初は名称が定まっておらず、神亀元年二月には「陸奥国鎮守軍卒」、天平元年(七二九)八月には「陸奥鎮守兵」、同年九月には「鎮に在る兵人」と称された。鎮兵の原義が「在㆑鎮兵人」であったとすれば、ここでも唐制が意識されていた可能性がある。唐では鎮・戍に折衝府から防人が派遣されたが、日本の防人と鎮兵には、ともに東国の軍団兵士が派遣されており、両者の変遷には密接な対応関係があった〔鈴木 一九九八〕。防人は早くも天平二年(七三〇)九月に停止され、天平九年(七三七)九月には防人を本郷に帰し、代わりに筑紫の人に壱岐・対馬を守らせているが、この時期は陸奥に鎮兵が置かれていた時期に重なる。一旦停止された東国防人は、天平十八年(七四六)頃に復活したとみられるが、まさにこの年に陸奥で鎮兵が停止されている。そして一旦復活した東国防人は、天平宝字元年(七五七)閏八月に停止され、西海道七国の兵士を防人に充てることになったが、まさにこの年に陸奥の鎮兵は復活するのである。律令国家は東国の優れた軍事力を、必要に応じて北九州と東北に配置転換していたのであるが、鎮兵制の創設以来、それは鎮兵に優先的に投入されていた。特に天平宝字元年以後は、大宰府が再三にわたって東国防人の復活を求めたにも関わらず、陸奥の城柵修理などを理由に、全面的な復活はついになされなかった(『続日本紀』天平宝字三年〈七五九〉三月庚寅条・天平神護二年〈七六六〉四月壬辰条)。養老四年の蝦夷の反乱は、東北の軍事力を強化させただけでなく、大宝律令が重点を置いていた西海道の対外防衛に相対的な軽量化をもたらしたことになる。

大宝令が陸奥・越後国司の特殊任務として規定していたとみられる「撫慰・征討・斥候」は、大高氏が指摘するように、唐の都護府の職掌をほぼそのまま取り込んだものであった〔大高 二〇一一〕。このうち「撫慰」が養老令で「饗給」に書き換えられた理由として、吉田氏は、最初は蝦夷対応に見合うものとして都護府の職掌が選択され、「撫慰」を採用したが、実態を表現しきれておらず、よりうまく表現するために「饗給」に変更したと推定している〔吉田 二〇二〇〕。これについては、養老四年の蝦夷の反乱によって、蝦夷には禄を与え、饗宴をおこなうことが重要であることが強く認識された結果とみることもできるのではなかろうか。養老六年(七二二)太政官奏により「夷に賜ふの禄」に充てる財源として税布制が施行され、これが夷禄の増大をもたらしたことは前節で述べた通りである。多賀城創建と同じ頃、玉造等五柵などの城柵が成立しており、その政庁が饗給の場として機能したことは想像に難くない。養老律令は、養老六年二月の編纂従事者への行賞をもって編纂が打ち切られたのではなく、その後も改訂が続けられたと言われている[榎本 一九九三]。石城・石背の規定を残す(戸令14新付条・軍防令48帳内条)など、古い要素も見られるが、養老四年の蝦夷の反乱とその対応を踏まえて、「撫慰」を「饗給」に改めた可能性もあると思われる。

鎮守府・鎮兵体制の創設に唐制継受の側面があるとした場合、興味深いのは、養老四年の征夷で持節征夷将軍を務めた多治比県守と、神亀元年(七二四)の征夷で持節大将軍を務めた藤原宇合が、ともに遣唐使の経験者であったことである[鈴木 二〇〇八]。陸奥に派遣された将軍の中で、遣唐使を経験した人物は、この二人しかいない。霊亀二年(七一六)八月、多治比県守は遣唐押使に、藤原宇合は遣唐副使に任命され、翌年三月に唐に渡り、養老二年(七一八)十二月に平城京に帰還した。大宝律令が継受しなかった唐の辺境守備体制に関する情報を彼らがもたらした可能性があろう。しかも彼らには遣唐使以外にもいくつかの共通点があり、軍事に造詣が深かったことが窺える。

一つは按察使である。養老三年(七一九)七月に全国的に按察使が設置された際、多治比県守は武蔵按察使として相模・上野・下野の三ヵ国を管轄し、藤原宇合は常陸按察使として安房・上総・下総の三ヵ国を管轄した。ともに坂東の事情に明るい人物と言える。もう一つは節度使の経験と警固式(対外防衛の細則)の作成である。多治比県守は天平四年(七三二)八月に山陰道節度使となり、藤原宇合も同時に西海道節度使となって、それぞれ山陰道と大宰府の警固式を作成し、新羅との関係が緊張した奈良時代末にも参照されている(『続日本紀』宝亀十一年〈七八〇〉七月丁丑条)。

神亀元年体制の構想と具現化を現地で主導したのは、多賀城を創建した人物として多賀城碑に記される大野東人であろうが、彼には唐との接点がない。鎮・戍という唐の辺境防衛体制に関する情報は、遣唐使として唐に渡った多治比県守・藤原宇合によってもたらされた可能性があり、特に多治比県守が持節征夷将軍として養老四年の征夷を主導したことが、鎮・戍制の一部を継受した鎮守府・鎮兵体制の成立に影響を与えたと考えておきたい。

むすびにかえて

養老四年(七二〇)の蝦夷反乱を契機とする支配体制の整備が進んでいた神亀元年(七二四)三月二十五日、再び陸奥国で海道蝦夷が反乱を起こし、陸奥大掾の佐伯児屋麻呂を殺害した。朝廷は四月七日に藤原宇合を持節大将軍に、高橋安麻呂を副将軍に任じ、判官八人・主典八人を任命し、十四日には坂東九国(坂東八国と陸奥国)の軍士三万人を動員している。この時から軍士動員地域が坂東に限定され、鎮守府・鎮兵体制も概ね成立していたとみられる。これ以後、陸奥国では、宝亀五年(七七四)七月に海道蝦夷が再び蜂起して桃生城を攻撃するまで、反乱は起きていない。蝦夷支配の安定化を軍事面で支えた鎮守府・鎮兵体制は、近年の研究が指摘する通り、唐の辺境守備体制を参照して成立したとみられるが、その歴史的前提として「東人」の武勇に対する皇族・貴族の伝統的な信頼があった。東国の人々が王宮を守護することは、埼玉県稲荷山古墳出土鉄剣銘の「杖刀人首」にさかのぼるが、対外防備や蝦夷政策に「東人」が活躍してきた事実を踏まえ、都人の意識の中に「是の東人は常に云はく、額には箭は立つとも背には箭は立たじと云ひて君を一つ心を以て護る物そ」(『続日本紀』神護景雲三年〈七六九〉十月乙未条)という絶大な信頼が形成されるのである[笹山 一九九二]。坂東の兵士が鎮兵として陸奥に派遣されたのは、陸奥に近いという地理的な条件だけが要因なのではなく、彼らの「勇健」(同天平神護二年〈七六六〉四月壬辰条)に対する期待でもあったのである。

参考文献

石田実洋　二〇〇九「宮内庁書陵部所蔵『節度使将軍補任例』の基礎的考察」『続日本紀研究』三八一
今泉隆雄　二〇一五『古代国家の東北辺境支配』吉川弘文館
榎本淳一　一九九三「養老律令試論」『日本律令制論集　上巻』吉川弘文館
大高広和　二〇一一「律令継受の時代性―辺境防衛体制からみた―」大津透編『律令制研究入門』名著刊行会
亀田隆之　一九八九「『続日本紀』考証三題」『律令国家の構造』吉川弘文館
川尻秋生　二〇〇三「坂東の成立」同『古代東国史の基礎的研究』塙書房
熊谷公男　二〇〇〇「養老四年の蝦夷の反乱と多賀城の創建」『国立歴史民俗博物館研究報告』八四
桑原滋郎　一九八五『古代日本を発掘する4　大宰府と多賀城』岩波書店(石松好雄氏と共著)
北　啓太　一九八八「征夷軍編成についての一考察」『書陵部紀要』三九
北　啓太　一九九三「律令国家における将軍について」『日本律令制論集　上巻』吉川弘文館
笹山晴生　一九九二「「東人」と東北経営」戸沢充則他編『新版古代の日本8　関東』角川書店
鈴木拓也　一九九八『古代東北の支配構造』吉川弘文館
鈴木拓也　二〇〇八『戦争の日本史3　蝦夷と東北戦争』吉川弘文館
平川　南　一九八二「律令制下の多賀城」宮城県多賀城跡調査研究所『多賀城跡　政庁跡　本文編』
福井俊彦　一九八三「弘仁格二題」『日本歴史』四二一
吉田　歓　二〇二〇「城柵と唐の辺境支配」『米沢史学』三六
吉野　武　二〇一八「第Ⅰ期多賀城の特質」『日本歴史』八三九
吉野　武　二〇一九「八世紀鎮守府に関する覚書」熊谷公男編『古代東北の地域像と城柵』高志書院
宮城県多賀城跡調査研究所　二〇一八『多賀城跡　政庁南面地区―城前官衙遺構・遺物編―』
宮城県多賀城跡調査研究所　二〇一九『多賀城跡　政庁南面地区Ⅱ―城前官衙総括編―』

唐代鎮・戍制から見た多賀城の成立

吉田　歓

はじめに

古代日本の東北地方や新潟県は、その全域がはじめからいわゆる古代国家の支配領域に入っていたわけではなく、少しずつ版図に組み入れられていった。その過程で古代国家が設置していったのが城柵である。古代国家にとっての辺境地帯の支配と城柵について唐の辺境支配との比較を通して検討を行ったことがあるが〔吉田 二〇二〇。以下、前稿とする〕、その中では唐の辺境地帯に設けられた鎮と戍という軍事拠点を中心に取り上げて紹介した。唐の鎮・戍と日本の東北地方の支配のあり方の比較に関しては、すでに大高広和の成果がある〔大高 二〇一一〕。大高によれば、唐の鎮・戍は日本の律令制度の中には取り入れられなかったが、その機能は西海道の壱岐・対馬・日向・薩摩・大隅諸国に付与されていた。なお、大宝令段階では大隅国は成立しておらず薩摩国も大高の指摘のように未成立の可能性がある。詳しくは後に見ていくが、唐の鎮・戍の鎮将や戍主などの職掌の「鎮捍防守」が、養老職員令70大国条〔井上 一九七六〕では先掲の壱岐以下の諸国（以下、西海道諸国と略称する）の職掌に「鎮捍、防守、及び蕃客、帰化を惣べ知る」という形で組み込まれていたのである。一方、陸奥・出羽（大宝令段階では未成立）・越後国の各守の職掌には「饗給、征討、斥候」が規定されているが、大宝令として復元される「撫慰、征討、斥候」は唐の都護府の都護の職掌をもとにしたものであった。以上のように鎮・戍制は西海道に、都護府制が東北地方・越後方面に受け継がれていたのである。しかし、養老四年(七二〇)の蝦夷の反乱によって東北地方では新たに鎮守将軍以下の鎮官・鎮兵が設けられ、事態に対応することとなった。その際に唐の鎮・戍制が念頭にあったものと推測される。以上のような大高の所論を継承して、本稿では唐の鎮・戍制をもう少し詳しく検討して日本との比較を行い、多賀城の成立について考えてみたい。

1　唐の鎮・戍制

(1) 鎮・戍をめぐる研究

日本の辺境支配システムを考える前提として唐の鎮・戍制について整理しておきたい。前稿でもまとめて述べたことがあるが、そこでは日唐を対比することに主眼があったため、職掌を中心に取り上げた。本稿ではさらに実際のあり方に目を向けて、より具体的な比較ができるように試みたい。

まず唐の鎮・戍制に関する研究史を振り返ると、岩佐精一郎が唐代の鎮戍の鎮と軍鎮とは異なることを指摘し、その設置数や配置された防人の人数を試算している[岩佐 一九三六]。また、濱口重國はいわゆる府兵制の検討の中で鎮・戍について簡単に解説している[濱口 一九六六]。記述は短いが折衝府から交替で派遣される防人を率いて警備の任に当たったと説明している。鎮戍での兵士の勤務の様子については氣賀澤保規が明らかにしている[氣賀澤 一九九九]。

しかし、鎮・戍制そのものについては、この後もあまり研究が本格化することはなかったと思われる。濱口自身も研究の主な関心は府兵制と、それが変容して新しい兵制ができていくプロセスにあり、論述の中心はそうしたテーマに置かれていた。そのためおそらく鎮・戍制については折衝府との関わりの中で触れるにとどまったと臆測される。濱口以降も、鎮・戍制自体を中心テーマにした研究は管見の限りほとんどないようで、後に紹介するいくつかを除くと、全体として低調な状況にあると思われる。

まず前稿でも簡単に紹介した中村裕一［中村 二〇一一］と渡辺信一郎［渡辺 二〇一〇］があげられる。中村は中国の年中行事をまとめた中で解説したもので、毎年十月一日に鎮に勤務する防人が交替するが、それに関わって鎮・戍制全般について注解を加えている。渡辺は賦役制度全体の中で鎮・戍に配置される防人を位置付けている。唐の律令制下の百姓に課された軍役について取り上げ、府兵制による府兵衛士制と、対比される鎮戍防人制を検討している。その結果、前者が北魏鮮卑軍団に淵源があったのに対して、後者は正役と一体の軍役であったとする。また、組織体系については、都督府（州）―鎮―戍という階層をなしていたことなど、基本的な点を整理している。その他、喬鳳岐も鎮・戍制の概要を簡明にまとめている［喬 二〇一三］。

島居一康も大著の中で、鎮・戍制に触れている［島居 二〇一三a・b］。官制を一覧表にまとめ［島居 二〇一三b］、特に隋代の総管制を受けて唐代初期に総管制が採用され、さらに都督府、都護府、節度使へと軍制が展開していく過程を整理し、複雑でわかりにくい相互関係を理解しやすくまとめている。

周一良は北魏の鎮・戍制について詳しく検討を加えている［周 二〇一五］。北魏の鎮は当初は重要な地位にあり、皇族関係者などが赴いていたが、犯罪者などが縁辺の鎮・戍に多く配されるようになったと述べる。

谷霽光は鎮・戍・防・府について検討しており、ここでは鎮と戍に関して簡単に紹介したい［谷 一九三五］。まず戍は戦国時代の斉にまで遡り得るとし、鎮の起源は確かなことはわからないが北魏の事例を挙げている。鎮の制度として鎮将が置かれ、鎮の軍事長官であり統兵備禦、倉庫城隍を管掌し民政も兼ねていたとする。さらに周と同じように、はじめ鎮には皇族関係者や中原の有力者が赴いていたが、後に犯罪者などが多くなってきて敬遠されるようになっていき、北魏孝文帝が平城から洛陽に遷都して以降、辺境の任務が軽視され朝廷も重視しなくなり、六鎮の乱につながったことを明らかにしている。

また、厳耕望は魏晋南北朝時代の地方行政制度史をまとめる中で、北魏の軍鎮について詳細に論じている［厳 二〇〇七］。まず文献史料を博捜したうえで北魏の鎮を集成し、鎮の官制を明らかにしている。北魏前期には鎮の鎮将は州の刺史より上位に位置付けられていたが、孝文帝が洛陽に遷都した時期に規模の大きな大鎮が廃止されていき、残された鎮の鎮将は刺史などではなく、郡守などを兼帯するようになって鎮将の地位が刺史レベルから郡守レベルに低下したとする。

宮川尚志も南北朝時代の軍事組織を検討し、特に戍主についてもまとまった分析を加えている［宮川 一九五六］。鎮・戍に関しては鎮が主に注目されがちだが、宮川は戍主に注目し、戍が県治と並ぶ存在であり地方警備に当たったことや、刺史太守県令と並んで地方長官（主帥）と見なされていたことを明らかにした。

平田陽一郎は西魏・北周・隋について詳細な分析を行っている［平田 二〇二一 a・b］。論文aでは西魏・北周の鎮・戍・防を博捜して、特に西魏・北周に見られる防が軍鎮制度の柱となっていたことを明らかにした。論文bでは、同様に隋代の鎮・戍を検出してまとめ、隋の天下統一と領土拡大に応じて軍事拠点の配置に変化があったことを明らかにする。具体的には、河東・河南方面の軍事拠点が廃止・改廃され、辺境では総管府下に鎮・戍を配した防衛体制が整えられたとする［平田 二〇二一 b］。

その他、谷川道雄も北魏が支配圏を拡大させていく過程を分析する中で鎮にも触れるところがある［谷川 一九九八］。北魏が夏を征服すると、その旧都の統万に鎮を置き、統万鎮将が派遣され、太和十一年（四八七）に統万鎮を夏州に変え刺史を置いて軍政から民政へ移管した。そして、一定期間、鎮が州と併置され、夏州刺史が統万鎮将を併任したと指摘する。このように旧敵国の要地に鎮を置き、次に州に改めて一定期間、両者を併置する方法が普遍的に見られると指摘する。

以上のように全体に唐の鎮・戍制は概説的に取り上げられる傾向が強いようである。そこで次に唐の鎮・戍制についてさらに詳しく整理を試みたい。

(2) 唐の鎮・戍制

唐の鎮・戍制について、基本的なことを整理しておきたい。参照する史料や概略的な事柄などは、これまでの先行研究の中でも触れられており、以下の叙述もそうした成果を踏まえていることをお断りしておく。最初に基礎的な史料をあげる。

〔史料1〕『唐六典』巻三〇、三府督護州県官吏、上鎮

上鎮、将一人、正六品下、鎮副一人、正七品下、〈a魏、鎮東、鎮西、鎮南、鎮北将軍の名有り。晋・宋已後、皆これに因る。隋、鎮将、鎮副有り。皇朝もこれに因る〉。録事一人、史二人、倉曹参軍事一人、従八品下、〈職は諸州司倉に同じ〉、佐一人、史二人、兵曹参軍事一人、従八品下、佐二人、史二人、倉督一人、史二人。

中鎮、将一人、正七品上、鎮副一人、従七品上、録事一人、兵曹参軍事一人、正九品下、佐一人、史四人、倉督一人、史二人。

下鎮、将一人、正七品下、鎮副一人、従七品下、録事一人、兵曹参軍事一人、従九品下、佐一人、史二人、倉督一人、史一人。

上戍、主一人、正八品下、戍副一人、従八品下、〈b左伝に曰く、斉侯、公子無虧を使わして曹を戍らしむ。又連称・管至父を使わして葵丘を戍らしむ。後魏に至り孝文、趙遐を使わして梁城戍主となす。又王榮世を三城戍主となす。賊に遇い城を陥れらる。戍副鄧元興等とともに皆、節を屈せず、害せらる。宋書に云わく、劉徳願を遊撃将軍となし、石頭戍事を領せしむ。宋の檀道済、護軍をもって石頭戍事を領せしむ。宋・斉已下隋に至るまで、皆、其官有り。皇朝もこれに因る〉、佐一人、史二人、
中戍、主一人、従八品下、史二人、
下戍、主一人、正九品下、史一人、
鎮将、鎮副、掌らんこと、鎮捍防守、鎮事を總べ判ずること。
録事、掌らんこと、事を受け句稽すること。
倉曹、掌らんこと、儀式、倉庫、飲膳、医薬、事を付け勾稽し、抄目に省署し、監印、紙筆を給い、市易、公解の事。
兵曹、掌らんこと、防人名帳、戎器、管鑰、差点及び土木興造の事。
戍主、戍副、掌らんこと、諸鎮とほぼ同じ。(〈　〉内は割り注などを示す。以下同じ。a・bは著者が付した。)

鎮と戍の制度的な枠組みをはじめに確認すると、『唐六典』に官制が見える。史料1によれば、鎮には上鎮・中鎮・下鎮、戍にも上戍・中戍・下戍という形で三等級が設けられていた。そして、上鎮には将一人、鎮副一人、録事一人、史二人、倉曹参軍事一人、佐一人、史二人、兵曹参軍事一人、佐二人、史二人、倉督一人、史二人が置かれていた。中鎮・下鎮も基本構成は同じで、それぞれの定員に違いがあったり省略があった。同じく上戍には、主一人、戍副一人、佐一人、史二人が置かれているが、中戍・下戍はやはり定員と構成に違いがあった。以上のように鎮・戍

ともに上中下に分かれ、その規模に応じて官員が異なっていたのである。

そして、鎮将・鎮副の職掌は「鎮捍防守、總判鎮事」とあるように鎮め捍ぎ防守することであった。録事は事務案件の受付処理、倉曹は儀式、倉庫管理以下の諸事、兵曹は防人や武具の管理以下の業務を担当した。戍主・戍副も諸鎮とほぼ同じことを管掌していた。

〔史料2〕『唐六典』巻五、尚書兵部、職方郎中

職方郎中、員外郎、掌らんこと、天下の地図及び城隍、鎮戍、烽候の数、其の邦国を弁え、都鄙の遠迩及び四夷の帰化のこと。(中略)凡そ天下の上鎮二十、中鎮九十、下鎮一百三十有五、上戍十有一、中戍八十有六、下戍二百三十有五。

鎮・戍の全体の数については、『唐六典』に見え(史料2)、それによれば、上鎮二〇、中鎮九〇、下鎮一三五、上戍一一、中戍八六、下戍二三五であったらしい。ただし、『旧唐書』巻四三、志第二三、職官二の兵部・職方郎中では、「凡そ天下の上鎮二十、中鎮九十、下鎮一百三十五、上戍十有一、中戍八十六、下戍二百四十五」とあり、上鎮から中戍までは『唐六典』と同数であるが、下戍が二四五となっていて一〇カ所、『唐六典』より多くなっている。『旧唐書』は五代十国時代の後晋劉昫らの編纂によるもので唐研究には欠かせない史料である。一方の『唐六典』は同時代の編纂物であり、その数字の方が信憑性があるとするのが穏当であろう。ただし、鎮・戍の設置数が不変であったとは言い切れないから時期によって増減があった可能性もあろう。また、『唐六典』に見える唐令を開元七年令とする理解の見直しもされているが〔中村 二〇一四〕、実際に頒行されるまでには時間があいていて、そのような事情も念頭に置いて考える必要があるかもしれない。また、『通典』『唐会要』に見える数も含めて岩佐は時代的変遷を指摘している〔岩佐 一九三六〕。いずれにしても鎮は合計二四五、戍は合計三三二(『旧唐書』では三四二)ほどが設置されて

いたと考えられる。なお、鎮・戍の設置数については兵部が把握していた（史料2）。

〔史料3〕『通典』巻三二、職官一四、州郡上、大唐

凡そ大都督府、大都督一人を置く。〈掌らんこと、所管の都督・諸州の城隍、兵馬、甲仗、食糧、鎮戍等〉。親王、之となさば、多く遙領す。その任も亦多く贈官となす。長史は府に居りてもって其の事を總ぶ。〈各おの長史、司馬、録事、功曹以下官属有り。但し員数の多少は諸州府と差有り。その職事は異らず。郡佐篇に具さなり〉、（後略）、

全国の鎮と戍は、『通典』（史料3）によれば、大都督府が所管の都督諸州の鎮戍などを掌握していたことがわかる。

次に鎮・戍を支える制度を見ておく。

『唐六典』巻三、尚書戸部、郎中には、天下諸州の公廨田と職分田が規定されている。公廨田は国家がそれぞれの官衙に分給した官田で、そこから納めた租を公用に供するもので〔中国歴史 一九九五〕、職分田は官職の品階によって官員に分給し俸禄とする官田である〔中国歴史 一九九五〕。公廨田は上鎮五頃、中鎮四頃、下鎮三頃、上戍二頃、中戍・下戍一頃、職分田は鎮・戍の各官の品階に応じて支給された。『通典』巻三五、職官一七、職田公廨田、大唐にも同様の規定が見え、公廨田・職分田ともに『唐六典』と同じ額が分給されることとなっていた。

職分田は品階に応じて支給される面積に差があるが、鎮将以下の品階は前掲史料1に記されている。それによると、上鎮の鎮将が正六品下、鎮副が正七品下、などとなっている。これに従えば、最上級の上鎮の鎮将が正六品下なので三頃五〇畝を支給され、最低の下戍の戍主が正九品下なので一頃五〇畝が支給されたということになる。以上のように鎮・戍の官司の運営費として公廨田、官員の品階に応じた職分田が与えられていた。

その他に鎮将たちには、身辺を警護するための仗身が与えられていた。『通典』巻三五、職官一七、俸禄、禄秩、

大唐によると、上鎮の鎮将に仗身四人、中・下鎮の鎮将と上鎮の鎮副に各三人ずつ、中・下鎮の鎮副に各二人ずつ、倉曹・兵曹と戍主・戍副に各一人ずつが支給されていたことがわかる。さらに仗身は一五日ごとに交替で勤務していたようである。なお、一人しか配置されていない場合の交替の方法など、検討を要する点もあるが、今後の課題としたい。

次に鎮・戍制の沿革についても見ておきたい。鎮・戍制そのものの起源というのは、あまり明確ではない。先述のように、鎮は北魏によって設置されたとする見方が一般的であり、戍についてはさらに遡って『春秋左氏伝』の時代の斉の段階まで指摘されている。いずれにしても明確な成立時期を決めるのは困難なようである。そもそも中国の各王朝にとっては辺境地帯の防衛というものはほぼ恒常的な課題となっていた。その意味では辺境を防備するための機構や拠点となる施設の設営は、古くから存在していたと考える方が自然であろう。例えば、漢代の辺境防衛の具体的な様子は籾山明が明らかにしているとおりである〔籾山 二〇二一〕。名称や機構については、それぞれの王朝や時代によって変化があったであろうが、本質的な機能はそれほど違わず、古い時代から存在していたと理解できるかもしれない。その意味では鎮・戍制もそうした長いスパンの中でとらえられるのではなかろうか。それを踏まえて唐の少し前から検討してみたい。

〔史料4〕『通典』巻三三、職官一五、州郡下、鎮戍関市官

隋、鎮に将・副を置き、戍に主・副を置き、関市に令・丞を置く。大唐も之による。各おの上中下三等有り。〈関令は、古官なり。戍主は、晋・宋の顕職なり。鎮将は、後周の通班なり。今、その卑賤をもって隋制と同じ。故に隋を挙ぐるのみ〉

〔史料5〕『隋書』巻二八、志第二三、百官下、高祖

鎮に、将・副を置き、戍に、主・副を置き、関に、令・丞を置く。その制、官属、各おの三等の差を立つ。

史料1aでは鎮の沿革について、魏時代に鎮東・鎮西・鎮南・鎮北将軍があり、晋宋以後もこれによっていた。隋になって鎮将・鎮副があり、唐もこれによったと注釈がなされている。同じくbでは戍は『春秋左氏伝』で斉侯が公子無虧に曹を戍らせ、連称・管至父に葵丘を戍らせた事例が引かれている。その出典は『春秋左氏伝』荘公八年伝文と閔公二年伝文にある。北魏孝文帝が趙遐を梁城戍主に任じ、王榮世を三城戍主に任じたが、賊のために落城し戍副鄧元興らと抵抗したが殺された。関連することは『魏書』巻五二、列伝第四〇、趙遐と同巻八七、列伝第七五、王榮世に見える。『宋書』に劉徳願を遊撃将軍に任じ石頭戍事を領させたとある。檀道済も石頭戍事を領させた。同じく関連することは『宋書』巻四三、列伝第三、檀道済と同巻四五、列伝第五、劉徳願に見える。このような事例をあげ、宋・斉以降隋に至るまで、その官職が存在し唐もこれによったとする。注の認識では、鎮は魏晋南北朝時代、戍は先秦時代にまで遡るものということのようである。同様のことは『旧唐書』巻四四、志第二四、職官三でも説明されている。ただし、鎮東将軍は後漢にも見え、鎮東将軍などの性格については別途検討が必要である〔石井 一九九三、竹園 一九七八、越智 一九五七・一九八〇、小尾 二〇〇一〕。本稿ではそこまで遡らず唐の鎮・戍制に直接つながると考えられる範囲で検討してみたい。まず制度を通史的に整理している『通典』から見ていく。

『通典』（史料4）では、隋が鎮に将・副、戍に主・副、関市に令・丞を置き、唐はこれによっていて、おのおのに上中下の三等級があったと説明している。そして、戍主は晋宋時代の顕職で、鎮将は後周（北周）の通班で、現在、その官の卑賤なことは隋の制度と同じである。そのため隋制を挙げるだけであると説明している。つまり、戍主は晋宋時代には地位が高い官職であったし鎮将は北周でも存在しており、唐代では地位が低くなっているが、それは隋の制度と同じであるということのようである。その意味で、唐の鎮・戍制の直接的な原型は隋のそれであると認識されていることになる。そこで次に隋の鎮・戍制について見ておきたい。

『隋書』（史料5）によると、鎮には将・副、戍には主・副、関には令・丞が置かれ、それぞれ三等級があったと説明している。唐は基本的に隋制を継承していることがわかる。次にある程度情報がある北斉について検討したい。北周についても確認したいが、あまり詳細な情報がないようなので、今後の課題としたい。

〔史料6〕『隋書』巻二七、志第二二、百官中、後斉

三等の諸鎮、鎮将、副将、長史、録事参軍、倉曹、中兵、長流、城局等参軍事、鎧曹行参軍、市長、倉督等員を置く。

三等の戍、戍主、副、掾、隊主、副等員を置く。

北斉の鎮・戍制に関しては『隋書』（史料6）に見え、諸鎮や戍に三等があり、それぞれの官員が知られる。唐とは若干異なるものもあるが、ほぼ同様であることがわかる。北斉の鎮・戍の品階についても『隋書』巻二七、志第二二、百官中に見えているので確認したい。

表　鎮・戍官制の変遷

	北斉	隋	武徳令	『唐六典』
上鎮	鎮将　正四品下	将　従四品下	将　従四品下	将　正六品下
	副将　従四品下	副　従五品下	副　従五品下	副　正七品下
	長史　正六品上	長史　従七品上		
	録事参軍　正七品下	司馬　従七品下		
	倉曹	諸曹参軍事　従八品下		倉曹参軍事　従八品下
	中兵　等参軍事　従七品上	士曹行参軍　正九品上		兵曹参軍事　従八品下
中鎮	長流	将　従五品下	将　従五品下	将　正七品上
	城局	副　正六品下	副　正六品下	副　従七品上
	鎧曹行参軍事　正八品下	長史　正八品上	長史（正八品下）	
	市長	諸曹参軍事　正九品上		兵曹参軍事　正九品下
	倉督	士曹行参軍　従九品上		
下鎮		将　正六品下	将　正六品下	将　正七品下
		副　従六品下	副　従六品下	副　従七品下
		長史　従八品上	長史（従八品下）	
		諸曹参軍事　従九品上		兵曹参軍事　従九品下
上戍	戍主　従七品下	主　正七品下		主　正八品下
	副　従八品下	副　正八品下		副　従八品下
中戍	掾	主　正八品下		主　従八品下
	隊主			
下戍	副	主　正九品下		主　正九品下

（凡例）

・品階の記載がないものは官職のみ掲載。

・武徳令の中鎮・下鎮の長史の（　）は推定。

しかし、史料は他の官職も含むため長大であり、全文を掲載することは難しいので一覧表にまとめた(表)。ここでは北斉の特徴的な点のみを紹介する。例えば、鎮将については三等の鎮将は正四品下であったことがわかるが、三等に分かれていても品階は同じであったようである。戍も同様で品階は三等ともに同じであった。この点は隋唐とは異なっていた点である。

次に隋についてであるが、平田による詳細な成果があるのでそれをもとに整理してみたい。先掲の『隋書』(史料5)に隋の鎮・戍の官員構成が記されており、鎮には将・副、戍には主・副が置かれ、それぞれがやはり三等級に分かれていたことが知られる。そして、それぞれの構成官員の品階については、『隋書』巻二八、志第二三、百官下に記載があるが、北斉と同様、全文は長大となるため掲出しないこととし表にまとめた。これを見ると、鎮将は上中下で三等級によって品階に差が付けられていることがわかる。この点で北斉とは異なっていることがわかる。

続いて唐の鎮・戍の品階について見ていく。それぞれの品階は、史料1のとおりである。ここに見える相当品階は『唐六典』と同じである。それに対して唐初期の状況もうかがうことができる。やはり、関係史料は長大で掲出するのは避けざるを得ないが、要点だけ紹介したい。例えば、上鎮将について、『旧唐書』巻四二、志第二二、職官一で、「上鎮将、〈武職事官、武徳令、従四品下也〉」とある。『唐六典』では正六品下、武徳令では従四品下であったということになる。つまり、その間のいずれかの段階、おそらく律令改訂の過程で相当品階が変更されたと推測される。このように『旧唐書』には武徳令の品階も伝えられていて貴重である。表には武徳令の情報も組み込んでいる。

以上の諸史料をまとめたものが表である。これによって北斉・隋、そして唐代でも武徳令段階と『唐六典』段階の品階を一覧することができよう。

表をあらためて見ると、相当する品階に変遷があったことが読み取れる。すべての官職を説明できないが、上鎮将を例にすると、北斉では正四品下、隋で従四品下、武徳令で従四品下、『唐六典』で正六品下、と変化している。まず北斉から隋で正四品下から従四品下に下がっている。隋から武徳令では変化がないが、『唐六典』で正六品下にさらに低下している。このように全体としては品階が低くなっていく傾向が見受けられる。ただし、北斉と隋の関係は、少し慎重に考える必要があるかもしれない。隋自体は北周から禅譲されて成立しているから本来であれば北周の状況も知りたいところであるが、残念ながらあまり詳しくはわからないようである。一方、隋は北斉の制度を継承していたともされ、その意味では北斉との比較も無駄ではないかもしれない。いずれにしても北斉と比較すると、隋で相当品階が低下していたとは言えよう。

次に隋から唐であるが、武徳令は隋と同じ相当品階となっている。これについては唐高祖李淵の武徳律令は基本的に隋の律令を継承したものと理解されている［金子 一九九六］ことから、品階についてもそのまま継承していたと考えられる。また、武徳律令ができるまでの唐最初期における隋律令の利用については速水大に詳しい［速水 二〇一五］。武徳令以後、『唐六典』が編纂されるまでの間に品階が下げられたのである。ただし、武徳令では中鎮と下鎮の長史があったと注記されていて、それぞれの品階は明記されていないが、注記がある品階が相当していたとすると、中鎮長史が正八品下、下鎮長史が従八品下ということになる。隋では中鎮長史が正八品上、下鎮長史が従八品上なので、武徳令で下げられていることになる。将と副は隋のままであったが、長史は低くされていた可能性もある。このように一律には捉えにくいところもあるものの、総体的には鎮・戍の地位が低下していったと理解できよう。前に紹介したように北魏では当初、鎮は地位が高かったが低下していって六鎮の乱の要因の一つともなったとされているが、隋唐時代にかけてもそうした傾向が見られるという解釈も可能かもしれない。もちろん、一貫して何か構造的な動きが存在したとは考えにくいが、大きな視点から見るとやはり辺境防衛にあたる機関の地位は全体として下がっていったということになろう。ただし、戍に関しては北斉の戍主が従七品下、副が従八品下、隋の戍主が正七品下、副が正八品下といった形で、むしろ上昇している点は全体の傾向とは異なっている。こうした個別の事情は別途考えていく必要がある。

　次に鎮・戍の形態について見ていく。基本的には中国の州県などと同様に外郭を城壁が囲む形であったと考えられるが、ここでは史料をもとにあらためて確認したい。

〔史料7〕『唐律疏議』衛禁律二四越州鎮戍等垣城条

　諸そ州鎮戍の城及び武庫の垣を越えたらば、徒一年。県の城は、杖九十。〈皆、門禁有る者を謂ふ〉、疏議して曰く、諸の州及び鎮戍の所、各おの自ら城有り。若し城及び武庫の垣を越ゆる者は、各おの徒一年たるべし。県の城を越えたらば、杖九十。縦ひ城垣無きも、籬柵亦是れなり。注に云ふ、皆門禁有る者を謂ふと。其れ州鎮戍は、城内に在りて安置す。若し城を越えず、直に州鎮垣を越ゆる者は、止だ下文の官府廨の垣を越ゆるの罪に同じ。

　官府の廨の垣及び坊市の垣籬を越ゆる者は、杖七十。侵し壊つ者も、亦かくの如し。〈溝瀆の内より出入する者は、越罪と同じ。越えて未だ過ぎずんば、一等を減ず。余条の未だ過ぎざるは此に準ず〉疏議して曰く、官府者、百司の称、居る所の処は、皆廨の垣有り。坊市者、京城及び諸州県等の坊市を謂ふ。其れ廨院の或は垣、或は籬を、輒く越えて過ぐる者は、各おの杖七十。侵とは、地を侵すを謂ひ、壊とは、城及び廨宇の垣籬を壊つを謂ふ。亦各おの越罪と同じ。故に云ふ、亦かくの如し。（後略）、（書き下し文は、［律令研究会一九八四］を参照した）

『唐律疏議』衛禁律（史料7）は、州・鎮・戍などの城・垣を不法に越えた場合の処罰を規定したもので、まず州と鎮・戍の城と武庫の垣を越えたら徒一年に処されると定めている。その疏議で諸々の州・鎮・戍はそれぞれ城があると説明されている。このことから鎮・戍ともに外郭を囲む城壁があったことがわかる。中国の場合、州県も基本的には外郭城を持っており、いわゆる城郭都市が基本的な形態であった。鎮・戍も同様であったと考えられる。

鎮・戍の城壁の構造は一概にとらえられるかどうかも含めて考えていく必要がある。ただ、例えば、平田は姚襄城を例としてあげている[平田 二〇二一b]。ここには北斉や唐武徳二年(六一九)に鎮が置かれていたこともあり参考となろう。それによれば城高は二丈、周囲五里であったという。二丈はおよそ六㍍であるから、このくらいの高さがあったのであろう。

再び『唐律疏議』衛禁律二四越州鎮戍等垣城条の疏議を見ていくと、律文に付された「皆門禁ある者」という注について、州・鎮・戍は城内に安置されているが、もし外郭の城壁を越えず、州・鎮の垣を越えた場合は、下にある官府の廨の垣を越えた罪と同じであると説明している。さらに疏議では官府とは百司の称で、百司が居るところには廨の垣があると注解されている。つまり、それぞれの官庁(廨)は、垣で囲まれていたのである。州と鎮の垣もこれに相当すると考えられる。州には州の官庁があったわけであり、それを囲むのが廨の垣ということになろう。とすれば鎮にも官庁があったということが推測される。すなわち、鎮も外郭の城壁とその内部に廨垣で囲まれた官庁があったのである。参考に『唐律疏議』名例律四三共犯罪而本罪別条を見ると、疏議は垣とは宮殿と府廨の垣牆のことであると解釈している。やはり垣は城とは違って官庁を囲む塀のことと理解されている。以上のように、鎮も州と同様に外郭を城、官庁を垣で囲む二重構造であったと推測される。その意味では鎮も軍事拠点でありつつ基本的な形態は州県と共通していたのである。

州県と鎮は、形態が共通していたわけであるが、相互の関係はどうであったのかを次に見ていく。この問題も平田がすでに隋代に関して鎮の軍政支配から州県の民政支配への移行について指摘している［平田 二〇二一b］。本稿では唐代に入っても同様の事例があることを確認するが、『旧唐書』に見える事例をいくつか例示するにとどめたい。例えば、常楽県は隋が常楽鎮を設置した後、唐の武徳五年（六二二）に鎮を県に改めている（『旧唐書』巻四〇、志第二〇、地理三、瓜州下都督府）。また師州は、貞観年間に州を陽師鎮に置き師州と号した（『旧唐書』巻三九、志第一九、地理二、師州）。個別の事情はそれぞれあったと思われるが、こうした転換が行われるのも形態的な共通性があったことが背景の一つであったかもしれない。

2　鎮・戍制と多賀城

（1）鎮官の官職唐名

唐の鎮・戍制に関して見てきたが、それを参考に日本古代の多賀城について検討してみたい。陸奥国府の多賀城は、多賀城碑によると神亀元年（七二四）に按察使兼鎮守将軍大野東人によって建設されたという。その創建の背景については、熊谷公男の詳細な分析があるので、簡単に整理しておく。養老四年（七二〇）に起こった蝦夷の反乱によって按察使上毛野広人が殺されたのをきっかけに、陸奥国では支配体制の立て直しが進められ、その一つとして多賀城も建設されたと理解される［熊谷 二〇〇〇］。それ以前の国府は仙台市郡山遺跡Ⅱ期官衙であったと推測されており、それより少し北上した場所に多賀城が設けられたことになる［今泉 二〇一五］。そして、多賀城は国府であるだけでなく鎮守府将軍以下の鎮官と鎮兵が配置されていたとされる。陸奥国司と鎮官・按察使の関係については鈴木拓也の詳論がある［鈴木 一九九八］。なお、当初は鎮守将軍と見えるが、以下の記述では書き分けることはせず、基本的には鎮守府将軍などと記載する。

古代の東北地方と越後国には城柵が配置され蝦夷に対する支配や版図拡大が進められていた。これら城柵は、唐の鎮・戍と類似しているように思われるが、簡単にそのようには理解できない。大高は、唐と日本の防衛体制を比較して唐の鎮・戍制は継受せず、その職掌は西海道に取り込まれ、むしろ東北・越後国には唐の都護府の職掌が組み込まれていることを指摘した〔大高 二〇一二〕。そして、養老四年の蝦夷の反乱を契機として鎮官・鎮兵が新たに置かれても、直接鎮・戍制をもとにしたわけではないものの、ある程度は意識されてもいるようであるとする。私も大高説を継承して同じく鎮・戍制をそのままの形では取り入れなかったことを再確認した〔吉田 二〇二〇〕。そこでは日本の特異性として二点を述べた。一つは鎮・戍と都護府は独立した機関であるが、それらの職掌は国司のそれとして包含する形に改変されていたこと、二つ目は鎮・戍制と都護府を参考としつつ西海道諸国と東北地方・越後方面に見合った役割を選択して取り入れていたことである。日本の古代国家が当初デザインした律令制度はこのようであったが、それを越えた蝦夷の反乱が多賀城創建につながったのである。次に多賀城について見直してみたい。

〔史料8〕『拾芥抄』中、官位唐名部第三

鎮守府将軍〈鎮守府、按ずるに、唐名に上中下鎮守(省)有り。上鎮〔之〕二《々イ》将、将軍録事、鎮東将軍〉、軍監〈上鎮鎮(之)副、倉曹、将軍亞相、兵曹参軍事〉、軍曹〈上鎮録事、鎮事〉、(中略)、

大宰帥〈大宰府、大都督府(按ずるに、唐名大都督府、中都督府、下都督府)、都督、都督尹〉、大貳〈都督長史、都督大卿〉、少貳〈都督司馬、都督少卿〉、監〈都督録事、(イ)都督郎中、参軍事〉、典〈都督録事、都督主簿〉、

陸奥出羽按察使〈都護府、上都護〉、記事〈「都護録事」〉

〔史料9〕『二中歴』第七、官名歴

（前略）、
都府　鎮守府将軍〈鎮東将軍〉、副将軍　軍監〈将軍亜将〉、軍曹〈将軍録事〉、
大宰府　帥〈都督尹〉、大貳〈都督大卿、都督長史〉、少貳〈都督少（无イ）卿、都督司馬〉、監〈参軍事、都督郎中〉、
典〈都督録事、都督主簿〉、（後略）、

〔史料10〕『文華秀麗集』巻下、一三五
隴頭秋月、明らかなり、に和し奉る一首　野岑守
反覆す天驕の性、元戎馭するに未だ安くあらず、我は行く都護の道、径陟す隴頭の難、
水は鞞鼓に添ひて咽び、月は鐵衣に湿りて寒し、独り勅賜の劒を提げ、怒髪履冠を衝く、
（書き下し文は［小島 一九六四］を参照した）

まず鎮と鎮守府将軍などとの関係について見ていきたい。『改訂増補故実叢書』本『拾芥抄』（史料8）には日本の官職などの唐名がまとめられているが、鎮守府将軍を上鎮二将、将軍録事、鎮東将軍、軍監を上鎮鎮副などにそれぞれ相当するとしている［故実叢書編集部 一九九三］。鎮守府将軍の「上鎮二将」の「二」については、『改訂増補故実叢書』本では「二」の右傍に「之」、左傍に「々イ」とある。後者の「々」とあったとすると「上鎮々将」となって意味としては通じやすいので、その蓋然性が高いように思われる。なお、〈鎮守府、按ずるに、唐名に上中下鎮守有り〉の記載は、尊経閣文庫所蔵『拾芥抄』巻中では「鎮守府」が「鎮守府将軍」の右上に記され、「按ずるに、唐名に上中下鎮守有り」は「安ずるに、唐名に上中下鎮守有り」となっていて「鎮守府将軍」の右に傍書されている［前田 一九九八］。こうした状況を踏まえると、本来、少なくとも唐名として注記されていたのは「上鎮二将、将軍録事、鎮東将軍」であったと考えられる。一方の陸奥出羽按察使は、都護府・上都護に相当するとしている。

『拾芥抄』は鎌倉時代中頃成立の有職故実書で百科全書的な書である。その中で鎮守府将軍以下の官職唐名を上鎮の鎮将以下に当てているのは注目される。つまり、こうした認識が中世以前に形成されていたということになる。それではいつ頃形成されたのかであるが、残念ながらよくわからない。官職唐名については、古瀬奈津子が奈良時代にも見られるものの、本格的に行われるのは平安時代初期の三大勅撰詩文集においてであったと指摘している［古瀬 一九九七］。古瀬は官職唐名は単なる唐風趣味によるものではなく、君臣関係を唐の皇帝と臣下との関係に擬すという政治的な意味を持っていたと指摘する。

鎮守府将軍に話を戻すと、『二中歴』（史料9）にも官職唐名がまとめられており、それによると鎮守府将軍の唐名として鎮東将軍が記載されている。『二中歴』も有職故実書で平安時代の『掌中歴』と『懐中歴』をもとに編纂されたとされる。その中で鎮守府将軍は鎮将などではなく鎮東将軍に当てられているのが注意される。『拾芥抄』でも鎮将の他に鎮東将軍をあげており、鎮将と鎮東将軍の二通りの理解があったことになる。両書に共通しているのが鎮東将軍であることを重視すると、鎮将ではなく鎮東将軍を唐名とする理解が主流であった可能性が考えられる。しかし、他方で鎮将とする理解も存在していたことがうかがえる。なお、『拾芥抄』にもう一つ見える将軍録事については、録事は一般的に下僚の一つと思われることから、長官に相当する将軍の官職としては適切とは考えにくいであろう。例えば『二中歴』でも鎮守府の軍曹の唐名として将軍録事が記載されている。ここでは将軍録事とする理解は除外しておきたい。以上のように鎮守府将軍の官職唐名については、鎮将と鎮東将軍の二通りがあり、解釈に幅が存在していたということになる。逆に言えば、多賀城創建期に鎮守府将軍以下の鎮官が置かれた時、唐の鎮に相当する官とは考えていなかったとも言える。もし明確に唐の鎮をモデルとしていたなら官職唐名も初めから鎮将以下に固定していたはずである。有職故実書の間でも相違や幅が存在するということは、やはり位置付けが明確ではなかったのであろう。つまり、鎮官は唐の鎮をそのままモデルとしていたとは考えにくいということになる。なお、鎮東将軍について補足すると、鎮南将軍・鎮西将軍・鎮北将軍とあわせて四鎮将軍と呼ばれたが、『通典』巻二九、職官一一、武官下、四鎮将軍に後漢以降の事例があげられている。そして、「大唐無」とあって詳細は確認する必要があるが唐では基本的には存在していないようである。

それでは鎮守府将軍を鎮将に当てる理解はどのように形成されてきたのであろうか。次に参考として都護について見てみたい。『文華秀麗集』（史料10）に「野岑守」とあるのが小野岑守のことだが、小野岑守が任地への道を「都護の道」と詠んでいる例がある〔古瀬 一九九七〕。『文華秀麗集』は弘仁九年（八一八）成立の勅撰漢詩集で、小野岑守の陸奥守任命は弘仁六年（八一五）（『日本後紀』弘仁六年正月壬午条）で同八年までの在任が確認できる（『類聚国史』巻一九〇、風俗、俘囚、弘仁八年九月丙申条）。岑守は陸奥国でさまざまな政策を実施したとされるが〔大堀 二〇一三〕、この時に詠まれたとすると平安時代はじめまでには陸奥国に向かうことを都護の道とする認識がなされるようになっていた可能性がある。鎮守府の唐名が定着してくる時期も連動しているという保証はないが参考とはなろう。また、大高が指摘するように、延暦五年（七八六）に地方官の考課基準が明示された中に「辺境粛清、城隍修理」があり（『続日本紀』延暦五年四月庚午条、『類聚三代格』巻七、牧宰事、延暦五年四月十九日太政官謹奏）、これが唐の考課令の「辺境粛清、城隍修理、鎮防の最となす」をもとにしており（『唐令拾遺補』復旧考課令三三条）、日本の鎮官の考課基準に唐令が取り入れられたことがうかがえる。このように官職唐名の成立と前後して考課基準に唐制が取り込まれていたことになる。こうした状況をもとに鎮守府将軍以下を鎮将などに当てる認識が形成されてきた可能性もあろう。

また、あらためて注意されるのは『拾芥抄』では陸奥出羽按察使の唐名を都護府に当てていることである。小野岑守が陸奥守に任じられた同日、陸奥出羽按察使には中納言巨勢野足が任命されている（『日本後紀』同日条）。『拾芥抄』

の認識に従えば、巨勢野足が都護に相応しいことになるので、岑守は自らを都護と重ねて漢詩を詠んだのか、あるいは都護府に相当する陸奥国を任地としたことを詠んだのか、いくつかの解釈が可能性として考えられる。なお、巨勢野足は弘仁七年十二月十四日に陸奥出羽按察使のまま死去し(『公卿補任』弘仁七年条)、翌年正月十一日に藤原冬嗣が陸奥出羽按察使を兼任することになる(『公卿補任』弘仁八年条)。つまり、小野岑守の陸奥守在任中は、巨勢野足と藤原冬嗣が陸奥出羽按察使であったことになり、岑守が任じられることはなかったようである。陸奥守などの職掌は都護府の職掌を取り込んだものなので、陸奥守などこそが都護に相当すると見ることもできる。しかし、『拾芥抄』では陸奥出羽按察使が都護府に相当すると認識されていて両者に齟齬が生じていたことがわかる。なぜこのようなことになったのかはわからないが、都護府は都督府や州を管下に置いて地域支配に当たっており、その意味では唐の州に当たる陸奥国と出羽国を管轄する按察使がより相応しいということであったのかもしれない。

日本の官職の唐名は最初から明確に決まっていたり公的に決められていたものではなく、古瀬の指摘のように平安時代初期に定着していったと考えられ、鎮守府将軍の場合は鎮将と鎮東将軍など、複数の理解が併存し、陸奥出羽按察使の場合は都護府に相当するとされるようになったと推測される。なお、臆測を述べると鎮守府将軍の唐名が一つに安定しなかったのは、鎮東将軍が唐の官制になかったことから他の候補として鎮・戍制の鎮が考えられたのかもしれない。

(2) 多賀城と鎮

前項のように鎮守府将軍は鎮将を直接のモデルとしていたわけではなかったようであるが、当初鎮守府将軍がいた多賀城も唐の鎮との関係がどの程度あったのかは問題となる。これに参考となることもすでに大高が触れていて、養老六年（七二二）以降、「鎮」や「鎮所」への軍粮輸納、「鎮守軍卒」「在鎮兵人」「陸奥鎮守兵」などが史料上に出てくるようになることから鎮官・鎮兵がこの頃に整備され、鎮・戍を念頭に置いて構想・運営されたと推測されている。その鎮官の拠点としての性格を持っていたのが多賀城ということになる。そこで多賀城が唐の鎮をそのまま模倣していたかをもう少し詳細に検討してみたい。

養老四年の蝦夷の反乱が契機となったとすると、それ以前と以後で何が変わったのであろうか。それはそれ以前にはなかったものとして、多賀城という施設と鎮守府将軍以下の鎮官・鎮兵が置かれたことである。それ以前は陸奥・出羽国司による支配が基本であったが、それに加えてこれらが新たに登場したことになる。

そこであらためて注目されるのは、唐の都護府と鎮・戍制の間に、同じく辺境支配に当たる機関ではあるものの性格に違いがあった点である。すなわち、鎮・戍は辺境地域の防衛が主な役割であり、一方の都護府は、異民族を服属させて羈縻州を設置し、それらの地域を統轄するための機関であった。羈縻州については西田祐子の再検討がなされていて参考となるが［西田 二〇二二］、異民族を服属させてその生活域を唐が支配下に組み入れて統治するためのものであった［島居 二〇二三a］。この両者の違いを念頭に置くと、東北地方・越後方面はいわゆる国造が置かれていたヤマト政権・古代国家の支配領域の外の蝦夷の地を支配下に取り込み拡延していく領域であった。まさに唐の都護府に近似していたことになり、おそらく律令編纂の際にもその理解の上で東北地方・越後の国司の職掌に都護のそれを取り入れたのであろう。前稿でも簡単に触れたが、東北地方・越後方面と西海道諸国ではやはり性格が異なり、前者は蝦夷を服属させて支配領域に取り込んでいきながら支配を進めるという点で都護府的であったのである。そして、日本の古代国家の姿勢としても蝦夷との関係を結んだり制圧しつつ支配領域に組み込んでいくというものであり、そのため都護府をもとに制度を作ったのであろう。しかし、養老四年の反乱では、その当初の設計にはない事態が起こったのである。すなわち、按察使が殺されるという事態である。『続日本紀』には上毛野広人がどのような状況で殺されたのかを記していないのでよくわからないが、大きな衝撃を受けたであろう。当初の制度設計では蝦夷を支配下に組み込んでいくという積極的な姿勢をとっていたが、蝦夷側の強い反抗を受けたことで防衛面の強化が求められたものと臆測される。もちろんそれ以前も城柵は防備機能を持っていたが、防備に主眼を置いた対応がさらに必要となったのである。それが鎮官・鎮兵と名称に「鎮」を冠していたことに現れていると推測される。その際、大高の指摘のように唐の鎮・戍が念頭にあったのであろう。つまり、当初の制度設計では都護府を参考に作られたが、さらに防衛機能を主に担う機関や施設を新たに設けたと理解される。

それでは日本の鎮官と唐の鎮将以下はどのような関係と見られるのかを検討したい。まず前節で見たとおり、鎮将以下は、品階が定められており、職分田や仗身が支給され、鎮・戍にも公廨田が設定されていた。それに対して日本の鎮守府将軍以下の鎮官の場合、鈴木が明らかにしたように、鎮官料と傔仗が設けられたのは大同三年(八〇八)前後と考えられ、その選限も大同三年になって定められた[鈴木 一九九八]。なお、傔仗については永田英明が詳細に検討しているので、あわせて参照されたい[永田 一九九二]。それ以前にはこうしたものは設けられていなかったということになる。なぜこのようなことになったのかについても鈴木は、それ以前の鎮官は陸奥国司との兼官となっていたが、大同三年に別任になったためとする。つまり、国司と兼任となっている間は別枠では必要がなかったが、別任となったことで鎮官としての待遇を設ける必要が生じたということである。この事実を踏まえると、鎮官は当初、国司との兼任となっていて、いわば国司に寄生するようなあり方であったということになる。しかも当初は臨時的な性格が強かったともされる。

以上の設置当初のあり方を考えると、唐の鎮・戍制を念頭に置いていたとしても、そのままの形で模倣しようとしていたとは考えにくいことになろう。一方、形態に目を向けると、多賀城は外郭を備え内部に政庁を置いていた。この点では鎮・戍の形態に近いものと言える。こうしたことから、多賀城という施設は防衛拠点として設けられた入れ物であるが、その運営のために唐の鎮・戍制をそのままの形では導入しなかったということになる。このように日本独自のものになったが、律令編纂過程で唐の鎮・戍制に関する認識は持っていたはずであるから意識的に改変したと想定されよう。ここで再び鎮・戍と都護府との違いについて想起する必要がある。鎮・戍の本質は王朝の境界を守ることである。つまり、本来は辺境に限ったものではなく、それぞれの王朝の国境防備のためのものであった点である。平田も述べるように、西魏・北周と東魏・北斉の国境地帯に鎮・戍が集中していたが、北周が北斉を併呑するとそれらは不要となり、さらに外縁に配置されるようになった[平田 二〇二一 a・b]。その意味では辺境地帯に配置されているのは結果論であり、本来は国境防備のためのものであったのである。そのため日本でも西海道にその機能が継受され、東北地方・越後方面には継受されなかったのである。

以上のことを勘案すると、当初、東北地方・越後方面に対しては、古代国家は単なる国境防備ではなく都護府的な支配を進める対象として見ていたということになる。しかし、養老四年の反乱を受けて防備の強化が必要となり、その拠点として多賀城を建設し、宮城県大崎地方には城柵群を配置していった。その城柵群の配列はあたかも線状をなしていて防衛ラインを意識していたように見える[村田 二〇〇七、八木 二〇二二 a・b]。特に八木光則は多賀城を扇の要とした城柵群を「扇端防衛ライン」と評価している[八木 二〇二二 b]。この点で鎮・戍に近似した形になったと見ることもできるかもしれない。ただし、先述のように鎮官・鎮兵の制度的な枠組みは唐の鎮・戍制とは異なっており、その意味では参考とした可能性はあるものの、そのままを継受しようとしたとは理解しにくい。あくまで施設は作るが、運営は鎮官と国司を兼任させることによって国郡制の枠組みで行おうとしていたのである。

そして、そもそも鎮・戍制を認識していながらそのままの形では継受しなかったため、官職唐名も『二中歴』のように鎮守府将軍の唐名を鎮東将軍とする認識や、『拾芥抄』のように同じく鎮将や鎮東将軍などに当たるとする幅のある理解が形成されてきたと思われる。その意味では鎮将以下に当てる理解は設置当初からのものではなく、後から生じたものと考えられる。

おわりに

本稿では多賀城の成立をめぐって唐の鎮・戍制を整理し、比較しながら検討を試みた。はじめに鎮・戍制の官制体系や具体的な形態などを検討した。それに対して多賀城は養老四年の反乱を契機に建設され、それ以前にはなかった鎮官・鎮兵が新たに設けられたことに対応して建設された点に注目した。そして、名称が近似していることからも鎮・戍制を参考としていた蓋然性はあるものの、待遇などの面では異なっていたことを指摘した。当初は国司との兼任を前提としていたようで、この点に日本の独自性があった。なぜ国司との兼任とされたのか、詳細なことは課題として残っている。多賀城など城柵の管理については以前にも検討したことがあるが［吉田 二〇一九］、多賀城以外の城柵にもやはり鎮将・戍主などが配置されてはいなかった。一般的な城柵は唐の鎮・戍に相当するように見えるが、鎮・戍制が取り入れられていたわけではなかったのである。また、城柵以外に出羽国大室塞（『続日本紀』宝亀十一年［七八〇］十二月庚子条）などの軍事施設も存在していたようである。こうした施設にも鎮将・戍主などが配置されていたようには見えず、具体的にはどのような形で管理が行われていたのかを検討する必要がある。

以上のようなことを述べてきたが、按察使も大同三年まで国司との兼任の形をとっていた［鈴木 一九九八］ことから、あわせて按察使についても検討が必要である。ただ紙数の都合で按察使については別の機会に譲らざるを得なくなってしまった。他にも課題は多いが、今後の課題としたい。

参考文献

石井　仁　一九九三「四征将軍の成立をめぐって」『古代文化』四五―一〇
井上光貞他校注　一九七六『日本思想大系3　律令』岩波書店
今泉隆雄　二〇一五「多賀城の創建―郡山遺跡から多賀城へ―」同『古代国家の東北辺境支配』吉川弘文館（初出は二〇〇二年）
岩佐精一郎　一九三六「節度使の起原」和田清編『岩佐精一郎遺稿』
大高広和　二〇一一「律令継受の時代性―辺境防衛体制からみた―」大津透編『律令制研究入門』名著刊行会
大堀秀人　二〇二三「弘仁四年のエミシ反乱・征討と戦後処理」『国史談話会雑誌』六四
越智重明　一九五七「晋代の都督」『東方学』一五
越智重明　一九八〇「魏晋時代の四征将軍と都督」『史淵』一一七
小尾孟夫　二〇〇一『六朝都督制研究』溪水社
金子修一　一九九六「唐代前期の国制と社会経済」松丸道雄他編『世界歴史大系　中国史2―三国～唐―』山川出版社
喬鳳岐　二〇一三『隋唐地方行政与軍防制度研究―以府兵制時期為中心』人民出版社
熊谷公男　二〇〇〇「養老四年の蝦夷の反乱と多賀城の創建」『国立歴史民俗博物館研究報告』八四
氣賀澤保規　一九九九「唐代西州における府兵制の展開と府兵兵士」同『府兵制の研究』同朋舎（初出は一九九七年）
厳耕望　二〇〇七「北魏軍鎮」同撰『中國地方行政制度史　魏晋南北朝地方行政制度』下　上海古籍出版社（初出は一九六三年）
谷霽光　一九三五「鎮戍與防府」『禹貢　半月刊』第三巻第一二期
故実叢書編集部　一九九三『改訂増補故実叢書　禁秘抄考註　拾芥抄』明治図書
小島憲之　一九六四『日本古典文学大系六九　懐風藻　文華秀麗集　本朝文粋』岩波書店
島居一康　二〇二三a「唐代都督制と貞観十道制」同『唐宋軍政史研究』汲古書院（初出は二〇一六年）
島居一康　二〇二三b「唐代前期節度使の権力構造」同『唐宋軍政史研究』汲古書院（初出は二〇一七年）
周一良　二〇一五「北魏鎮戍制度考及続考」趙和平主編『周一良全集　第一編　中国史』高等教育出版社（初出は一九三五、六年）

鈴木拓也　一九九八「古代陸奥国の官制」同『古代東北の支配構造』吉川弘文館（初出は一九九四年）
竹園卓夫　一九七八「魏の都督」『歴史』五一
谷川道雄　一九九八「北魏の統一過程とその構造」同『増補　隋唐帝国形成史論』筑摩書房（初出は一九六三年）
中国歴史大辞典・隋唐五代史編纂委員会編　一九九五『中国歴史大辞典　隋唐五代史』上海辞書出版社
永田英明　一九九二「傔仗について」『川内古代史論集』六
中村裕一　二〇一一「一日、防人の交替日」同『中国古代の年中行事　第四冊　冬』汲古書院
中村裕一　二〇一四『大唐六典の唐令研究　「開元七年令」説の検討』汲古書院
西田祐子　二〇二二『唐帝国の統治体制と「羈縻」　『新唐書』の再検討を手掛かりに』山川出版社
濱口重國　一九六六「府兵制度より新兵制へ」同『秦漢隋唐史の研究』上巻　東京大学出版会（初出は一九三〇年）
速水　大　二〇一五「唐武徳年間の法律について」同『唐代勲官制度の研究』汲古書院（初出は二〇一二年）
平田陽一郎　二〇二一a「西魏・北周時代の『防』について」同『隋唐帝国形成期における軍事と外交』汲古書院（初出は二〇〇七年）
平田陽一郎　二〇二一b「隋代の鎮戍制度について」同『隋唐帝国形成期における軍事と外交』汲古書院（初出は二〇一〇年）
古瀬奈津子　一九九七「官職唐名成立に関する一考察」池田温・劉俊文編『日中文化交流史叢書二　法律制度』大修館書店
前田育徳会尊経閣文庫　一九九八『尊経閣善本影印集成一七　拾芥抄上中下』八木書店
宮川尚志　一九五六「南北朝の軍主・隊主・戍主等について」同『六朝史研究　政治・社会篇』平楽寺書店（初出は一九五五年）
村田晃一　二〇〇七「陸奥北辺の城柵と郡家―黒川以北十郡の城柵からみえてきたもの―」『宮城考古学』九
籾山　明　二〇二一『増補新版　漢帝国と辺境社会　長城の風景』志学社（初出は一九九九年）
八木光則　二〇二二a「多賀城と大崎平野の城柵」同『古代城柵と地域支配』同成社
八木光則　二〇二二b「城柵の総括的検討」同『古代城柵と地域支配』同成社
吉田　歓　二〇一九「国庁・郡庁と城柵政庁」熊谷公男編『古代東北の地域像と城柵』高志書院
吉田　歓　二〇二〇「城柵と唐の辺境支配」『米沢史学』三六
律令研究会　一九八四『譯註日本律令六　唐律疏議譯註篇二』東京堂出版
渡辺信一郎　二〇一〇「唐代前期賦役制度の再検討」同『中国古代の財政と国家』汲古書院（初出は二〇〇八年）

多賀城廃寺――その創建期と郡山廃寺を中心に――

堀　裕

はじめに

地名から高崎廃寺とも呼ばれる多賀城廃寺は、丘陵上に築かれた多賀城の外郭の外にあった。多賀城の外郭南門を出て、南北大路を南に進み、東西大路との交差点から東へ約一キロの丘陵上に位置する。この寺院をめぐる研究は、いわゆる倭人とエミシが直接接する東北地方への仏教伝播を考えることであるとともに、大宰府に付属する観世音寺などとの比較から、日本国の境界を考える過程でもあった。それはつまり、多賀城廃寺を併設した多賀城とは何かを考える作業といってもよい。

検討にあたって、発掘調査と文献研究の成果を踏まえ、①寺院の起源と創建・変遷、②伽藍配置の特色、③国家政策や地域史における意義を明らかにしたい。なお本論では、筆者前稿(1)に依拠した箇所があることをあらかじめ注記しておく。

まず、その創建時期について石田茂作氏(2)は、地域の歴史の分脈から切り離し、白鳳とした。それより早く、柴田常恵氏(3)は、出土する瓦が多賀城と共通することや、国府と国分寺、大宰府と観世音寺、秋田城と四天王寺など政教両方による統治からみて、多賀城と多賀城廃寺は一体であるとし、この見解を受けた内藤政恒氏[4]や新野直吉氏[5]は、多賀城廃寺創建が、多賀城創建の神亀年間以降であり、軒瓦の瓦当模様の比較などから、国分寺造営より前であると論じた。

研究を大きく進めたのは発掘調査である。調査は、伽藍の中心部を対象に、一九六一年からおこなわれ、随時概報が公表されたのち、一九七〇年には『多賀城跡調査報告Ⅰ─多賀城廃寺跡─』[6]が刊行された(以下、報告書とする)。この調査の結果、多賀城廃寺は、八世紀前半に創建され、多賀城と盛衰を同じくしたことが示されたのである。

これらの成果は、多賀城跡の調査に先立っておこなわれたため、多賀城跡の変遷との対応が示せなかった。そこで、多賀城政庁と比較し、創建期に凝灰岩切石基壇を用いた点を評価したい。この点で重要な岡田茂弘氏の研究[7]は、報告書の成果をもとに、多賀城廃寺の変遷を五段階に整理し、多賀城政庁の変遷との関係も示した。ただし、岡田氏は、多賀城廃寺Ⅱ期を藤原朝獦によって修造された多賀城政庁Ⅱ期(以下、政庁Ⅱ期とする)に対応させたが、柳澤和明氏[8]は、貞観地震後の補修にあたる政庁Ⅳ期にあたると論じている。多賀城廃寺の凝灰岩切石基壇を評価するために、両者の議論を整理し、現時点での課題を示すことから始めなければならない。

次に、伽藍配置について、石田氏は、塔と金堂が南面して東西に並ぶ法起寺式伽藍配置と考えていた。けれども、一九五三年の測量調査[9]の成果と、報告書によって、西側にある金堂が東面し、東側にある塔と向き合う観世音寺式伽藍配置であることが確定した。

その後、これを補強する二つの発見があった。一つは、多賀城跡南の街区にある山王遺跡東町浦地区から、十世紀前半に万燈会をおこなったとみられる大量の灯明皿の中から土師器坏に、「観音寺」と墨書されたものが発見されたことである[10]。平川南氏[11]は、多賀城廃寺とは東西約二キロ離れているものの、山王遺跡周辺には、寺院跡が見当たらないとして[12]、「観音寺」を多賀城廃寺の寺名と推定した。

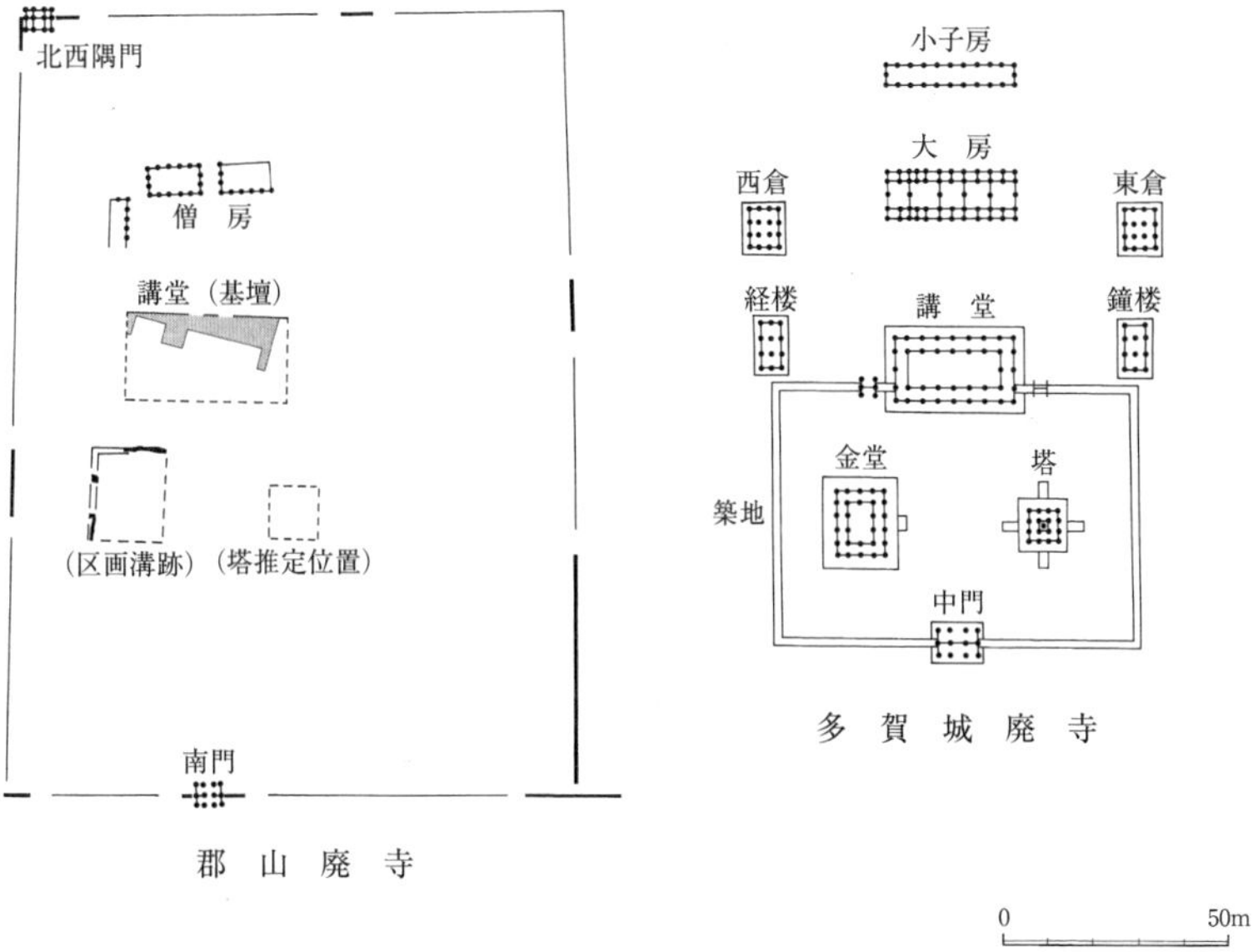

図１　郡山廃寺と多賀城廃寺の伽藍配置（『仙台市文化財調査報告書第283集　郡山遺跡―総括編（１）―』仙台市教育委員会、2005年より）

二つめは、仙台市の郡山遺跡から二時期の城柵・官衙跡が発見され、多賀城の前身国府とみられる方四町Ⅱ期官衙の南に、郡山廃寺が発見されたのである。木村浩二氏(13)は、多賀城廃寺と同じ伽藍配置であることを指摘していた。その後、今泉隆雄氏(14)は、Ⅱ期官衙の創建時期について、その形状のモデルとなった藤原宮が遷都した持統八年（六九四）よりあとで、出土した方形の池を利用する服属儀礼がおこなわれたと推測できることから、大宝律令制定（七〇一）より前である蓋然性が高いと述べた。その終末期は、養老四年（七二〇）のエミシの反乱を受けて、神亀元年（七二四）に国府を北方の多賀城へ遷したことにあるとする。そのうえで、郡山廃寺の創建時期は、筑紫観世音寺と近いとも論じたのである。

伽藍内の仏堂と尊像の関係について菱田哲郎氏(15)は、筑紫観世音寺を始めとする東向き金堂の多くに、阿弥陀如来像が安置されていたことを指摘する。さらに、この伽藍配置の起源を隋・唐から帰国した恵隠の出身地である近江国穴太廃寺に求めた。恵隠は、舒明十二年(六四〇)の講経と白雉三年(六五二)の内裏での講経・論義会において、阿弥陀信仰と関わる『無量寿経』を用いたことから、菱田氏は恵隠が穴太廃寺の造営に関与した可能性を指摘した。また、阿弥陀信仰の発展と観世音寺式伽藍配置の展開が、近江大津宮に近い南滋賀廃寺や飛鳥の川原寺などから、倭国の東西南北の要衝の地へと展開すると論じている。佐川正敏氏[16]は、近江国から陸奥国への製鉄工人などの移動が想定されることを踏まえ、近江国の穴太廃寺や衣川廃寺と瓦当模様が共通する黒木田遺跡(中野廃寺/宇多郡)と腰浜廃寺(信夫郡)も、近江の工人が関わる観世音寺式伽藍配置であった可能性を指摘し、陸奥国で最も早くに建立された両寺が、「当時の日本北端を意識」したものであるとした。

郡山廃寺・多賀城廃寺を全国的な観世音寺式伽藍配置の中に位置づけることと、両寺院の特色や独自性を明らかにしたい。

最後に、多賀城廃寺の宗教的意義について述べたい。法起寺式伽藍配置であることを前提にした新野氏[17]は、それが当時の一般的な伽藍配置であり、三戒壇のひとつとなる筑紫観世音寺と比べるべきではないと考え、国家の仏教政策を背景に、多賀城に勤務する官人等が大宰府に並ぼうとする自認に起源を求めた。しかし、創建の理由が国家政策であることは否定できない。

国家政策という点で、おもに三つの要素が強調されてきた。ひとつは、今泉氏が、筑紫観世音寺と郡山廃寺・多賀城廃寺が「国家の敵を鎮圧する密教的観音信仰」があったとした。その後、菱田氏の研究を踏まえた貞清世里氏と高倉洋彰氏[18]も、観世音寺式伽藍配置の寺院跡の分布や、筑紫観世音寺本尊を不空羂索観音とする説から、「隼人・蝦夷を含む外敵から仏法」で国を守護する「鎮護国家の寺院」としている。

なお、郡山Ⅱ期官衙・郡山廃寺より遡り、七世紀半ばから後半に存在した郡山Ⅰ期官衙には、少量の瓦が出土する。[19]

山中敏史氏[20]は、七世紀第3四半期に遡る久米官衙遺跡(伊予国)から出土する瓦と考え合わせ、七世紀後半の重要な官衙に仏堂があったことを想定し、久米官衙遺跡に対新羅戦争のために斉明天皇等が駐留したことや、瓦当模様の祖型が四天王寺にあることから、Ⅰ期官衙とともに「外征における外敵調伏の祈願、蝦夷征討の戦勝祈願など、王権護持の法会がおこなわれた」と推定するのも同様の視点である[21]。

いまひとつは、持統朝に見られるエミシ・隼人等への布教策に関連するとした視点であり、三つ目は、諸国における『金光明経』読経のための地方拠点という視点である。

つとに内藤氏[22]は、エミシを畏敬させるための布教政策とともに、出兵する兵士や「内地」からの移民の安寧のためとした。菱田氏も、七世紀の『金光明経』の普及政策やエミシへの布教策を踏まえ、全国の観世音寺式伽藍配置を抽出し、東は郡山廃寺・多賀城廃寺・夏井廃寺(磐城郡)、西は筑紫観世音寺(筑前国)・陣内廃寺(肥後国)・上坂廃寺(豊前国)、南は道成寺(紀伊国)、北は大御堂廃寺(伯耆国)などが確認できることから、先述した「東西南北の要衝における布教の拠点」と推測した。

他方で、国府には国府寺があるとする角田文衛氏の説を踏まえた木下良氏[23]は、天武十四年(六八五)を契機に建立された郡寺が国府寺となる場合があるものの、「征夷」の拠点にある多賀城廃寺は、国府付属寺院として建立されたとした。その契機は、持統八年(六九四)、諸国に『金光明経』を配布して国府で読経を始め、大宝二年(七〇二)に諸国の国師を任命したことで、国府寺が必要となったためとする。また、菱田氏[24]は郡山廃寺での読経と指摘した。

以上の三つの視点は、必ずしも相互に排除はしない。ただし、性急に「外敵」の「調伏」や「鎮護国家」と評価する前に、その性質について検討を尽くす必要がある。持統期に建立されたとみられる郡山廃寺やその後身寺院とされる多賀城廃寺はもちろん、郡山Ⅰ期官衙付属仏堂も含めて、まずは木下氏のように、都の仏教政策に位置づけることから始めたい。

1　塔・金堂・講堂の発掘調査成果の検討

おもに塔・金堂・講堂をとりあげ、報告書やその後の研究が示す変遷と、多賀城政庁の編年との関係を検討したい。これらの堂舎跡からは、政庁Ⅰ期の瓦の比率が九〇%やそれ以上と記されるほど多量に出土している。つまり、多賀城創建期に造営されてから、焼亡・破却などで創建堂舎が失われるまで、大きな葺き替えなどはおこなわれなかったと考えられている。

創建期とされるのが、三堂舎や中門に共通してみられる凝灰岩切石の基壇である。この意義とその時期の評価について確認するのが課題である。

現在議論の対象に上がっているのは、凝灰岩切石基壇の後の安山岩自然石の基壇への改修時期である。岡田茂弘氏は、安山岩を多用することから政庁Ⅱ期に該当するとした。柳澤和明氏は、政庁Ⅱ期の瓦の出土が少ないとしたうえで、報告書の理解に従い、講堂跡周辺から出土した「糸切底の土師器」の破片を根拠に、安山岩基壇を九世紀以降であるとし、貞観地震後の政庁Ⅳ期にあたると考えた。両者の見解について、報告書の成果をもとに検討を進めたい。

(1)　塔跡の調査

多賀城廃寺の塔は、建物の平面規模から三重の塔と考えられている。その特色は、現在約三㍍ある基壇の高さにある。発掘調査によって、約一㍍の人工的な土壇の上に、高さ約一・三六㍍の基壇が築かれたことが明らかになった。

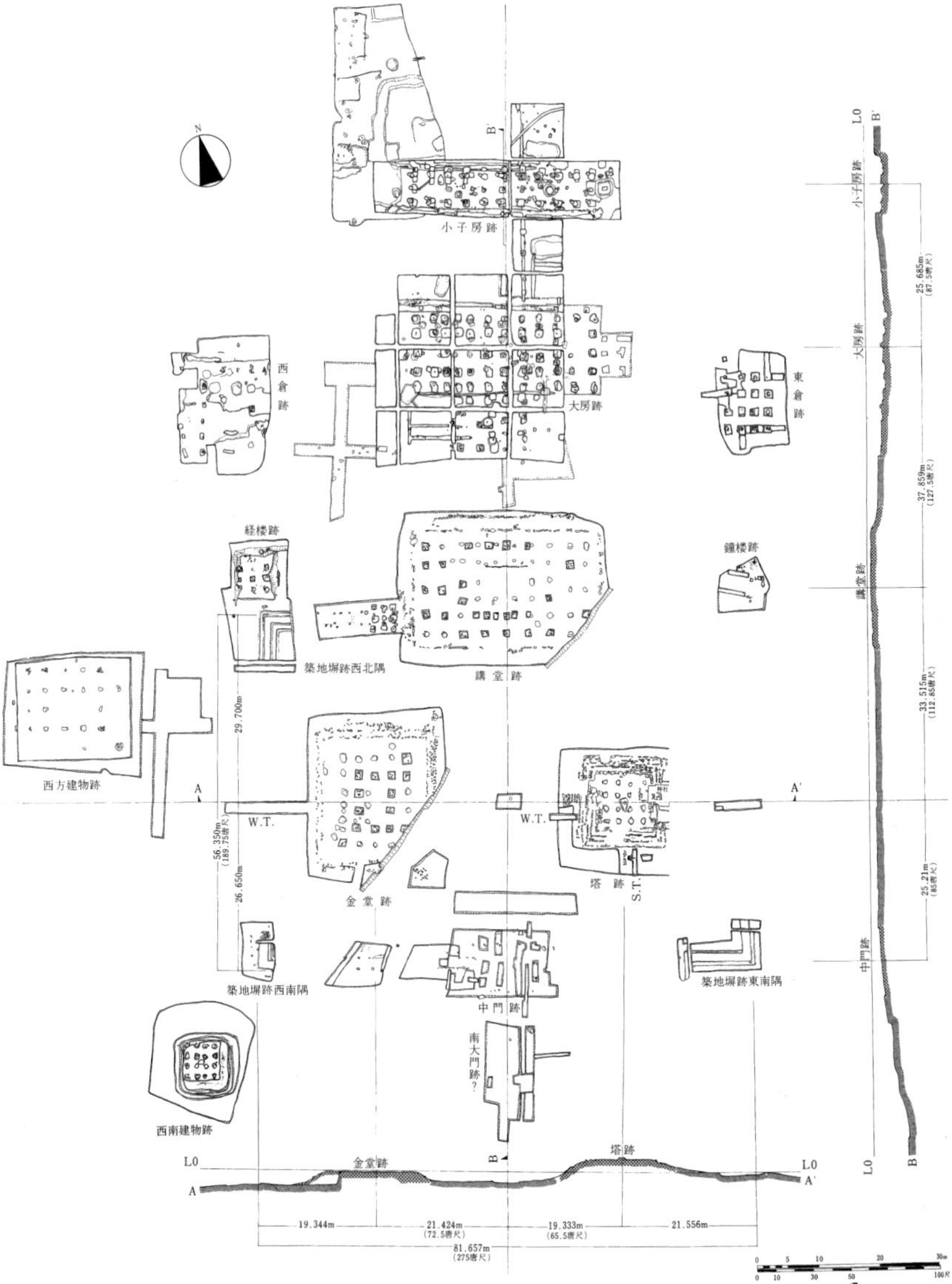

図２　多賀城廃寺の発掘調査（宮城県教育委員会・多賀城町『多賀城跡調査報告 I ―多賀城廃寺跡―』吉川弘文館、1970 年より）

基壇上面には、心礎のほか礎石一六個が残されている。また、基壇の東西南北には、階段が設けられた痕跡がある。

A期（凝灰岩切石基壇）　基壇上部が、凝灰岩切石によって構成されている。基壇側面は、突き固めた粘土の上に、地覆石を置き、その上に羽目石を廻らし、基壇の隅には束石を立てた。基壇上面の塔建物跡の周囲には、凝灰岩切石が敷かれている。のちにその外周部分の敷石は抜き取られた。外周の羽目石の上に葛石はなかったようで、羽目石の上部が表面に露出していた可能性が指摘される。

B期（安山岩基壇　第一次補修）　基壇北側と南側の羽目石が約六度外側に倒れている。それを防ぐために補修がおこなわれたと推測されている。基壇の外側に粘土を七〇～八〇チセン積み上げ、その周囲に人頭大の玉石を敷きならべて犬走を造り、その外側に凝灰岩と瓦片を敷き詰めて雨落溝を造っている。雨落溝から外へ約一八〇チセンの場所には、土留めの石が廻らされた。

　岡田氏は、B期が政庁Ⅱ期に当たるとしており、報告書（一〇三頁）の説明でもこれに合致する点がある。第一次補修痕（B期）の内側からは、政庁Ⅰ期の瓦しか出土しない点と、凝灰岩切石に風化があまりみられず、第一次補修は、創建後比較的早い時期におこなわれたとしている点である。

C期（第二次補修）　B期の補修の上から黄色粘土で覆っている。この粘土層から政庁Ⅳ期の瓦とともに出土したのが、猿投窯系の灰釉の段皿と椀である。報告書では、後者から、第二次補修を十一世紀以降としたが、近年の編年を踏まえれば九世紀末以降となる。(25)

D期（第三次補修ヵ）　凝灰岩切石による羽目石の外側には、C期の補修の上に、基壇上の凝灰岩切石の敷石の一番外側をはずし、南側と北側で一列、西側で二列に並べている。

E期（焼失以後）　基壇の外側、C期の粘土層や凝灰岩切石列の上から、焼土や木炭、焼瓦が混じって出土しており、焼失したとみられる。瓦は政庁Ⅰ期がもっとも多いものの、Ⅳ期までの瓦が出土している。焼失した時期は、先に取り上げた猿投窯系の段皿と椀よりのちである。後述のように、同時に講堂も焼失した可能性がある。

(2) 金堂跡の調査

金堂跡の基壇面は、講堂跡と比べて約五〇センチ高く、より金堂が重視されていたことを示す可能性がある。金堂跡は塔と同様、出土する瓦の九六%が、政庁Ⅰ期で占められるほか、最後の補修面(C期)の上層からもこの瓦が大量に出土しており、当初の建物が大きな修理をせずに使い続けられた。

A期(凝灰岩切石基壇) トレンチ調査等によって、創建時に凝灰岩切石基壇があったと考えられている。建物は、桁行五間×梁間四間の東面する礎石建物である。金堂内の床面には、全面に凝灰岩の切石が敷き詰められていたと推測されている。

B期(安山岩基壇 第一次補修) 塔跡とは異なり、凝灰岩切石を撤去している。その上で、旧基壇の周囲に粘土を積み上げ、基壇の上縁に安山岩をめぐらし、その面より四〇センチ下ったところに幅約九〇センチの平面を造り、粘土の上に平瓦の破片を敷き並べて雨落ちにし、その外側に安山岩を置いた。そこから続く傾斜は、外側約一メートルの凝灰岩で止まっている。

C期(第二次補修) 塔跡と同様に、上記の補修の上に粘土貼りをおこない、緩傾斜をなした。

D期(再建期) 創建金堂が失われたのち、その基壇中央部西寄りに、東面する桁行二間×梁間二間の小規模な礎石建物が建てられた。

(3) 講堂跡の調査

礎石立ちの講堂と八脚門である中門に接続して築地塀が廻らされ、金堂と塔を囲っている。なお、築地塀は、その版築土中から瓦が出土することや、築地塀の寄柱に、掘立式と礎石式の二種類があることから補修されたと考えられている。

A期(凝灰岩切石基壇)　講堂も中門も創建期に凝灰岩基壇が造作されていた可能性が指摘されている。講堂基壇の上に、桁行八間×梁間四間の礎石建物が建っている。講堂の入側柱部分(南から二列目)に、築地塀が接続するが、講堂に取り付く部分に近づくと、版築底部が徐々に高くなり、その痕跡がたどれず、構造は不明である。また、講堂西側基壇にほぼ隣接し、築地塀に築かれた四脚門について、岡田氏は創建期と捉えている。[26]

B期(第一次補修)　講堂西側の築地塀を撤去し、その上から、講堂周辺に黄褐色粘土の整地層が敷かれる。この整地層の下から、問題となる「糸切底の土師器」が出土した。このため、報告書はこの補修を九世紀以降と考えている。

C期(安山岩基壇　第二次補修)　B期の黄褐色粘土層の上に、安山岩の基壇があり、瓦敷の帯も敷かれている。[27]講堂基壇から西側一・二㍍離れた場所では、築地塀やそれにつらなる講堂西側門跡とおおむね重なる場所にのみ長さ七㍍の範囲で敷かれている。同じく講堂基壇から北側二㍍の場所には、講堂の大きさに沿うように長さ二三㍍にわたって敷かれた。なお瓦敷は、講堂の焼亡以前に造作されたものである。この時、中門も安山岩基壇に換えられたと考えられている。

安山岩基壇改修(C期)を政庁Ⅱ期とみる岡田氏だが、報告書の記述とは異なる箇所がある。まず、岡田氏は、安山岩設置と同時期の可能性のある講堂周辺の瓦敷帯が敷かれた時期には言及しない。論文掲載の図面においても、B期に撤去された講堂西側門の箇所は、C期では築地塀で再び囲われている。これに関し報告書(一〇四頁)では、安山岩

基壇造成時には、講堂と築地塀は接続しておらず、北側築地塀が取り払われたとしている。(28)

次に、報告書や柳澤和明氏が指摘するように、黄褐色粘土の下から出土した「糸切底の土師器」が九世紀以降のものであり、混入などなくこの層の上に安山岩基壇があれば、岡田説は成り立たない。(29)

さらに、報告書に従えば、C期(第二次補修)となる安山岩の平石を積んだ講堂の階段は、南側に二段と、北側に三段が残っていた。いずれも、中央より東側の柱間に面しているが、それは講堂建物の柱間が八間で、中央の柱を避けたものと考えられている。(30)背面の階段は、礎石大房の馬道とそこから南に延びる軒廊と接続する。礎石大房は、大房の変遷のⅢ期とⅣ期にあたり、尺度からみて九世紀以降と判断されているほか、礎石建物基壇中に「糸切底の土師器」が含まれていた。この階段と、礎石大房が同時期に造られたとすれば、この点も岡田説では説明が難しい。

D期(焼失)　創建講堂は火災によって失われており、基壇の上下から焼けた遺物が出土する。建物が倒れたとみられる北側の基壇下からは、屋根に葺かれた状態のまま平瓦八枚が重なり合って出土した。この瓦には政庁Ⅳ期の瓦がみられ、これらの下から泥塔も出土している。つまり、被災したのは、貞観十一年(八六九)以降、あるいは泥塔が出現する九世紀後葉(31)よりあととみられる。

講堂周辺からは、後で触れる塑像片や壁土塊も出土した。報告書(七〇頁)では、講堂基壇上に堆積する黒色土の中や北側基壇下の堆積土中から、被熱した塑像片・壁土塊、泥塔が見つかっており、講堂の火災のあとに、塑像片も「復興作業の際に壁土などと一緒に整理されたもの」と推測している。

E期(再建建物)　講堂跡の中央北寄りに、旧講堂の礎石を動かし、非瓦葺で桁行五間×梁間四間の仏堂と見られる建物が建てられた。内陣部分には須弥壇(32)があり、瓦や凝灰岩の破片によって約二〇チセンの厚さに堆積している。この建物も火災にあったとみられる。(33)

以上、おもに多賀城廃寺Ⅱ期の安山岩基壇について、岡田説（政庁Ⅱ期）と柳澤説（政庁Ⅳ期）を検討してきた。報告書の情報に限っていえば、岡田説には矛盾が多く従えない。素朴な疑問として、創建期に凝灰岩切石基壇で造作しながら、なぜ藤原朝獦等は、凝灰岩切石が倒れそうで補修工事が必要な塔以外も、安山岩自然石によって全面的に造り直す必要があったのかと思う。他方で、柳澤説を確定する根拠もまだ示されていない。

これらの作業を踏まえた上で、やっと創建期の多賀城廃寺が凝灰岩切石基壇とされた点を評価することができる。多賀城政庁では、Ⅰ期の基壇は[34]、地山削り出しの南側に盛土を加えたもので、南側にのみ基壇化粧があったと考えられるが構造は不明で、Ⅱ期は玉石積基壇であり、Ⅲ期になって凝灰岩切石基壇となる。政庁Ⅰ期の基壇南側の構造は不明だが、それでも少なくとも創建期の景観上、多賀城廃寺が政庁よりも重視されたことを示している。ただし、今回の検討の結果、柳澤説が正しいとすると、多賀城廃寺の凝灰岩切石基壇が創建期ではなく、政庁Ⅱ期ないし、Ⅲ期にあたる可能性も残された点にも留意しなくてはならない[35]。

2　郡山廃寺・多賀城廃寺の塔と尊像

(1)　陸奥国最東の塔

郡山廃寺の塔跡は、多賀城廃寺とほぼ同じ規模で、同じ伽藍配置と想定されたため、その存在が推定されてきた。今、伽藍全体に言及しつつ塔跡に関する現在の理解を示したい。

郡山Ⅱ期官衙は藤原宮をモデルにしたと言われるが、藤原京の南域に寺院があるのに似て、郡山廃寺も方四町Ⅱ期官衙の南にある。寺地を囲む材木列に取り付く南門の八脚門が、伽藍中軸線と考えられている。その中軸線上にある

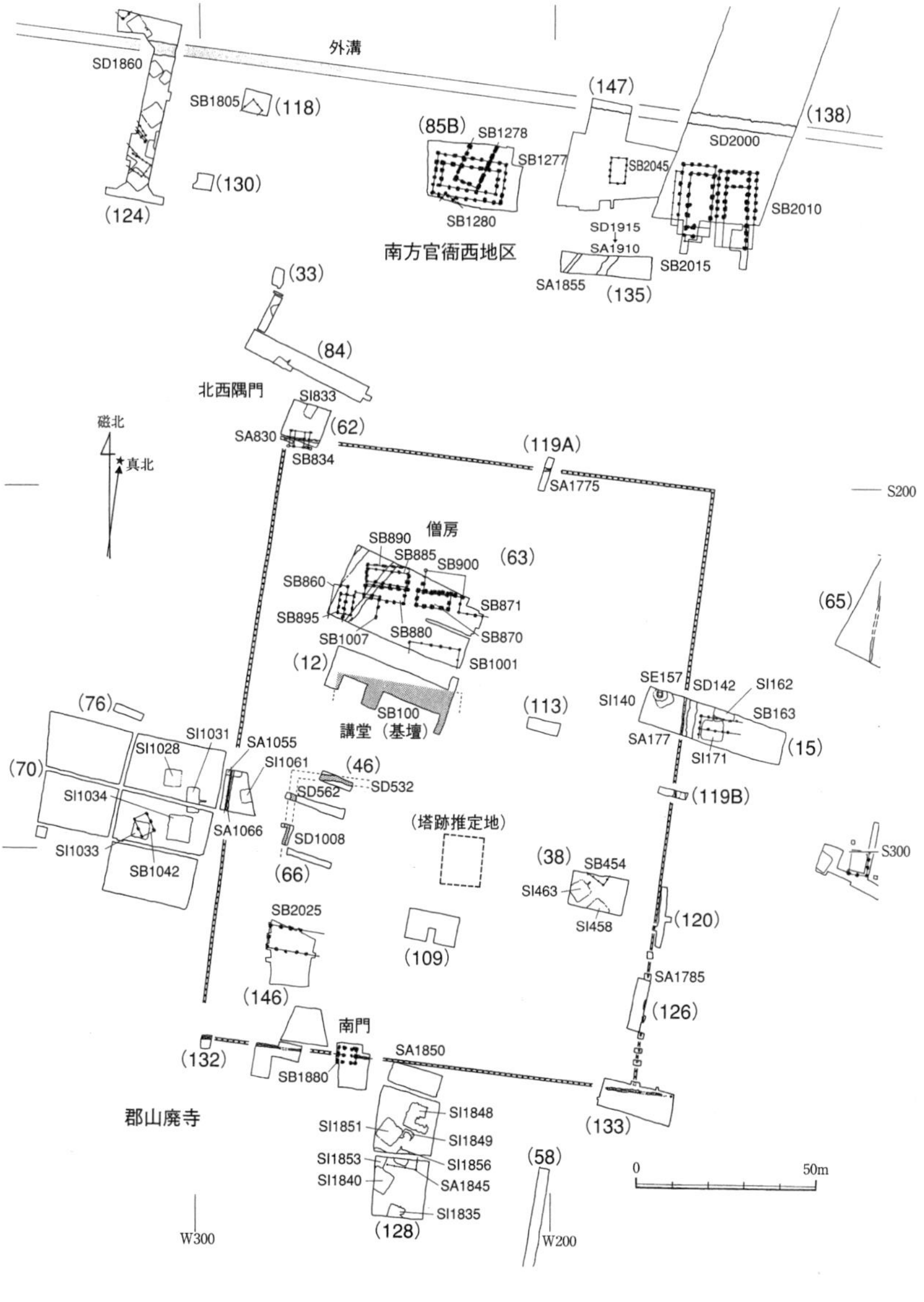

図３　郡山廃寺の発掘調査（『仙台市文化財調査報告書第 283 集 郡山遺跡―総括編（１）―』仙台市教育委員会、2005 年より）

推定講堂跡からは、基壇版築の一部が検出されている。中軸線より西に位置する推定金堂跡からは、南北棟の復元を否定しない北側と西側の建物付属溝跡が見つかっている。そのうえで、中軸線東に想定される塔跡は、「第二次大戦前までは、地表に巨石の一部が露出していた」と証言する人がいたとされるもの[36]の、その後の土地開発でも発見されず、塔跡である明確な証拠はいまだにない。

本来は、多賀城廃寺を参照することなく、伽藍配置を明らかにする必要がある。しかし、宅地開発が進んだことと、多賀城廃寺と異なり、伽藍配置を明確にする中門や、講堂と中門を結ぶ回廊・築地塀などがないため[37]、その復元は困難を極めている。

また、残された課題のひとつに、南門が材木列外郭南辺の西側三分の一に位置することがある。材木列に囲われた寺地のなかで、現在詳細の分からない東部の調査によっては、伽藍配置さえも変動しかねない[38]。このような条件下ではあるが、長島榮一氏[39]は、多賀城廃寺と同じ伽藍配置としたうえで、伽藍が寺地の西に寄っていることから、推定塔跡が材木列の東西間ほぼ中央に位置すると指摘し、その重要性を示す根拠とした点は興味深い。

いずれにしても、郡山廃寺に塔があった場合、その重要性は、陸奥国という視点からも示される。陸奥国における最初の寺院は、七世紀第3四半期に建立された黒木田遺跡と腰浜廃寺である。両寺について佐川正敏氏[40]は、観世音寺式伽藍配置の可能性があり、当時の倭国の「北端」を意識した寺院とした。そうであれば同時に、両寺は「北端」の塔であり、当時の地理認識からいえば「東端」の塔である。

これらに次いで造営された塔のある寺院が、郡山廃寺と夏井廃寺であった[41]。なお、郡山廃寺より北方の大崎平野にあった城柵周辺に建立された七世紀末創建の菜切谷廃寺、八世紀初頭創建の伏見廃寺や一関廃寺の場合、いずれも一堂のみとみられる[42]。このような「最東」の塔の位置づけは、多賀城廃寺に継承された。

郡山廃寺と多賀城廃寺は、在地の有力者の存在しない地域に造られた国府付属寺院[43]である。そこに付属する「最東」の塔は、建築技術の高さを示すだけでなく、倭国・日本国の文明や国府の所在を示すなど、景観上も重要であったと考えられる。

この点からすると、多賀城廃寺の高い塔基壇も、信仰を踏まえた景観という視点から考える必要がある[44]。この塔の景観は、多賀城城内から、官人等が目にすることができた。伽藍正面にあたる南側は、八世紀前半の様子は不明ながら、八世紀後半から九世紀初頭には、多賀城街区の南北道路に沿って河川が直線的に改修されており[45]、物資や人の移動のため、港や外洋を往来した人々も見ることができたに違いない。なかでも西側からの景観は重要である。万燈会がおこなわれた多賀城街区に暮らす人々にとってはもちろん、多賀城に向かう官人や征夷軍、エミシ等の目にするところとなった。東山道を北上すれば仙台平野から遠望できたであろうし、南からでも、また北方の城柵や多くのエミシが住む地域から南下した場合も、多賀城へ向かう道を東に折れた正面に多賀城廃寺の塔を見ることとなった。

ただし、観世音寺式伽藍配置をとるため、塔の西に金堂があることから、西からの眺望はよくない。このような点から、創建時に塔基壇を高くしたのではないかと考える。これらの点が正しいとすれば、多賀城廃寺が観世音寺式伽藍配置であることは、造営計画当初からの必然であった。

(2) 金堂・講堂安置の尊像

筑紫観世音寺の各堂の尊像は、延喜五年(九〇五)の『観世音寺資財帳[46]』の記載が残されている。「金堂」には、中心に「銅鋳」の「阿弥陀丈六仏像壱軀」があり、その両脇に観音菩薩像と勢至菩薩像とみられる「脇士《ママ》菩薩」があって、それらを取り囲むように「四天王像肆軀」が安置されたとみられる。「講堂」には、「観世音菩薩像壱軀」と、賓頭盧尊者とみられる「聖僧壱宇[47]」があった。また、「観世音菩薩像」は聖観音菩薩像とする説と、不空羂索観音像とする説がある[48]。

多賀城廃寺のように、東面する金堂に、阿弥陀如来像が安置されていた可能性は、菱田哲郎氏の指摘するところである。大化元年(六四五)の天皇自身による仏教興隆宣言ののち、白雉三年(六五二)におこなわれた最初の本格的な内裏仏事は、隋・唐で学んだ学問僧恵隠を中心に、難波長柄豊碕宮で千人の僧侶を請じておこなった。僧尼の修学・修行期間である安居の最初の六日間に開かれた『無量寿経』の講経・論義会である。これは阿弥陀信仰流布の契機と指摘されてきたが、会場と法会の形式からみて、天皇も含め、阿弥陀信仰を中心とする『無量寿経』を学ぶ場であり、天皇がそれを重視する宣言であった[49]。

隋・唐の最新の知識とはいえ、追善などを目的とする阿弥陀信仰を天皇が取り入れると宣言したことの意味を問う必要がある。大化三年の冠位制定時には、「此冠者大会、饗客、四月・七月斎時所レ着焉[50]。」とあって、四月の仏生会と七月の盂蘭盆会に官人としての参加が求められた。盂蘭盆会は、官人の氏寺等での仏教的祖先祭祀を求めたもので、政権中枢は、寺院造営事業と合わせ、政治的結集を図ったものとみられている[51]。

祖先祭祀という点で阿弥陀信仰も盂蘭盆会も共通しており、郡山廃寺や多賀城廃寺の金堂は、都とその周辺で宣揚された阿弥陀信仰を取り入れ、天皇や氏族のために、仏教的な祖先祭祀を進めたと考えたい。

筑紫観世音寺講堂の尊像構成も、多賀城廃寺諸堂の参考になりそうである[52]。けれども、先述のとおり多賀城廃寺の講堂は桁行八間とみられ[53]、建物中央に柱が来る。このため、筑紫観世音寺の寺号の由来となった講堂のように、観音像だけが中心となる尊像構成は採りがたい。また同じ桁行八間の建物であっても、そもそもその建物が回廊の外にあっては、食堂の可能性があるだけでなく、同じ機能を持つとは言い難い。そこで、回廊に建物が付属する八間の建物としては、四天王寺(摂津国)がある。李炳鎬氏[54]は、偶数間講堂を調査するなかで四天王寺に触れ、寛弘四年(一〇〇七)に発見されたという『四天王寺縁起』(『四天王寺御手印縁起』)に、八間の講堂のうち、半分の「夏堂四間」に「金色阿弥陀仏像一軀　丈六」が安置され、残り半分の「冬堂四間」に「塞観音一軀」が安置されていることを指摘した。ただし、多賀城廃寺の講堂は、八間でも須弥壇は中央にひとつとみられるが、それでも、尊像の配置は左右に分かれていたと考えるのが穏当である。

ここで取り上げるべきは、講堂跡周辺から出土した塑像片である。焼失後に、採取・整理されたようで、大きな破片や顔など主要部分は無いものの、報告書ではこれらの尊像の比定がおこなわれた。これを踏まえ、仙台市博物館の展覧会図録[55](以下仙台市図録)では、尊像構成について如来像を中心に、菩薩・天部・四天王像とする試みがあり、その後筆者も、講堂が八間であることを踏まえ如来像と菩薩像の二尊が中心となる構成を提案した。

ところが、鹿又喜隆氏と筆者等の共同調査[56]によって東北大学考古学研究室所蔵の未整理の多賀城廃寺出土塑像・壁土塊を調査・整理しつつ、既出の塑像を再調査する過程で、新たな知見を得ることになる。藤澤敦氏は、吉祥天の頭部(報告書七一頁第二二図2)等とされてきた複数の型押し塑像片について、近世仙台の堤焼人形からなる一体の大黒天像のものであることを明らかにした。廉禕氏は、なお検討の必要はあるものの、如来像の土製の螺髪とみられるもの(仙台市図録一三頁2―2)を泥塔の一部であると述べている。

そのうえで、塑像は一般に、八世紀に造像されるが、長岡龍作氏は塑像断片の衣文(報告書七一頁第二二図10)等を東大寺の例と比較し、八世紀半ばころまでの作と指摘する。また氏は、同じ衣文断片や他の塑像片(報告書同4等)が天衣の一部であると述べ、菩薩像か金剛力士像であった可能性を指摘する。これまでも指摘されてきたように、蓮弁とみられるもの(報告書同1)も、如来像や菩薩像が蓮華座であった可能性がある。[57]

この結果、そもそも主尊が塑像ではなく金銅像等であった可能性等はあるが、塑像片からは四天王像が安置されたほか、菩薩像や天部像等があったことが推測される。また、小型尊像の塑像片があるほか、鹿又氏と廉禕氏は、壁土塊の中に山形の可能性も指摘している。この点から、塔焼亡後に埋納等のため移動してきた塔本塑像が含まれる可能性もある。(58)

以上、塔の象徴性と、金堂に安置されたであろう阿弥陀如来像の安置の背景に触れてきた。さらに、現時点で分かりうる講堂の尊像を検討したが、安置された可能性が高く、阿弥陀如来とも関係する観音菩薩については、寺院建立の目的とともにあとで言及することとしよう。

3　法会と僧侶

(1) 郡山廃寺の宗教的役割

郡山廃寺と多賀城廃寺での宗教活動を検討するため、遡って郡山I期官衙にあったとされる仏堂から取り上げたい。二時期に分けられる郡山官衙遺跡のうち、I期官衙は七世紀半ばから後半の遺跡である。畿内産土師器が出土することから、都から官人が来るような施設であり、日本海側の渟足柵・磐舟柵とともに、倭国の前線の城柵とみられる。(59)

このI期官衙から出土した少量の瓦は、同じ瓦が善光寺窯跡で生産され、七世紀第3四半期に創建された黒木田遺跡(中野廃寺／宇多郡)へ供給されたという。(60)長島榮一氏は、I期官衙内に寺院造営に関わる部署があったと推測するが、山中敏史氏(61)は、久米官衙遺跡群やI期官衙などで四天王信仰による外敵調伏や蝦夷征討戦勝の祈願など王権護持の法会をおこなう場所と推定した。

黒木田遺跡のような氏寺について上川通夫氏等は、氏族による祖先祭祀をおこなうことで、社会統合を目的としたと考察している。これに対して、同時期に建立された中央政府の拠点的なI期官衙に仏堂があったとすれば、造営を支える勢力や造営の目的も氏寺とは異なっていたと考えられる。これら官衙内仏堂と比較すべきは、寺院ではなく、『日本書紀』にみられる近江大津宮の「内裏西殿織仏像前」や飛鳥浄御原宮の「御窟殿」・「宮中御窟院」など、王宮内の仏教施設や仏堂である。[63] こうした場所では、天皇の命を受けた皇太子と重臣の誓願や、天皇の病気平癒の設斎をおこなっていることから、天皇による排他的な誓願の場所であった。[64] 久米官衙やI期官衙など、国家の地方拠点の仏堂も、都から来た天皇や官人等が誓願をおこなったと考えられる。もちろん対外関係の安穏や戦争の勝利などの誓願も含まれていたであろうが、四天王信仰による「外敵調伏」などを目的とした施設とする明証はない。[65]

そのうえで、II期官衙に付属する郡山廃寺の機能も、より具体的に検討したい。大化元年(六四五)には、蘇我氏に代わり、天皇による仏教興隆宣言が出され、天皇から伴造に至るまでの造営した寺院について、必要であれば天皇が助作するとした。[66] このころの仏教は、前代の影響が強く、『無量寿経』や仏生会・盂蘭盆会が中心であった。ところが、斉明六年(六六〇)の『仁王経』講説ののち、天武五年(六七六)に使者を「四方国」に派遣して『金光明経』・『仁王経』を説かせると、天武九年には寺院で僧侶が学ぶ経典に『金光明経』を指定するなど明確に転換したのである。天武十四年には、諸国で「家」ごとに「仏舎」を作り、仏像と経を置いて礼拝供養するように、命令が出された。[67]

天武天皇の殯が終わった持統三年(六八九)正月、エミシとして殯に参加していたとみられる「務大肆陸奥国優嶒曇郡城養蝦夷脂利古」の息子二人が出家を望み、持統天皇から許された。[68] この年、「越蝦夷沙門」と「陸奥蝦夷沙門」に仏像・仏具等が賜与されていることから、エミシたちは仏堂を営んだと考えられる。[69]

ところで、長島榮一氏は、持統期のエミシへの布教記事と瓦の年代観から、II期官衙成立を六八〇年代後半に遡らせ得る可能性を示し、Ⅱ期官衙や郡山廃寺に、『日本書紀』の持統紀に見られたエミシの僧侶の「養成、審査、さらに仏像をはじめとする仏教関連の物品を管理、支給する部門」の存在を想定する。今、Ⅱ期官衙の年代観を議論する準備はないが、『日本書紀』に現われたエミシは天皇から仏像・仏具を与えられており、Ⅱ期官衙や郡山廃寺が管理したことを示しているわけではない。

かつて、木下良氏は多賀城廃寺との関係で諸国正月金光明会に注目しており、菱田氏は郡山廃寺での開催を考えた(70)。いま、藤原宮に似た形状をもつⅡ期官衙と、それに付属する郡山廃寺という視点で考える必要がある。つまり、藤原宮遷都直前の持統八年五月、諸国へ『金光明経』を送付し、読経をおこなうことを命じた結果、遷都後の藤原宮と、諸国のおそらく国府で実行された(71)。国府には、持統勅願の八巻本『金光明経』ないし、四巻本『金光明経』を読むために必要な、経典の巻数分の僧侶が集められたと考えられる。それらの法会にエミシの僧侶が参加した可能性も残されるが、いずれにしても、藤原宮を中心とする諸国正月金光明会を陸奥国で実行するのが、藤原宮をモデルとしたⅡ期官衙であり、法会を主導し、エミシを含む地域の僧尼を指導する僧侶が、郡山廃寺に安置されたと考えられる。

このほか郡山廃寺や多賀城廃寺では、本尊への悔過や安居、仏生会・盂蘭盆会が開かれたことは確実である。多賀城廃寺北東方向の谷から出土した九世紀の墨書土器には「花会」とあり、これも仏生会を指す可能性がある(72)。多賀城廃寺の場合、十世紀の街区でおこなわれた万燈会にも関わっていたと推測されているほか、泥塔や瓦塔・瓦堂の供養もおこなわれた。

ここで、観音寺の寺号から、「調伏」等を目的とされた観音像と、戦いとの関係に触れなければならない。『続日本紀』天平十二年(七四〇)九月己亥条によれば、「不軌之臣」藤原広嗣の「討伐」と関連し、諸国に対し、「国別造二観世音菩薩像壹軀高七尺一并写二観世音経一十巻一」を命じたが、その目的は「願依二聖祐一、欲レ安二百姓一」とあり、戦勝祈願をおこなったわけではなかった。(73) 仮に、両寺で戦勝を祈願してもそれは、Ⅰ期官衙の仏堂と同様、願主の誓願という形をとったと考えられる。

(2) 僧侶組織と僧房跡の調査

大宝二年(七〇二)に諸国に国師が派遣された。(74) 彼らは、都とその周辺にある大安寺や薬師寺などの大寺に所属し、経典の講説ができる学僧であったと考えられる。各国におけるおもな役目は、諸国正月金光明会の主導と、安居期間に寺院で地域の僧尼の育成をおこなったほか、国内の寺院・僧尼の統制もおこなっていた。(75) 陸奥国の場合、その派遣先は国府に付属する郡山廃寺が想定される。(76)

郡山廃寺に所属する国師以外の僧侶は、大寺所属の僧侶よりも、国分寺と同様、陸奥国出身者の可能性がある。彼等には、出家前の修行者である優婆塞なども仕えていたと考えられる。(77) また、多賀城廃寺出土の墨書土器には、寺内出土の「寺□」〔司カ〕(報告書)や、「花会」とともに出土した「□」〔厨カ〕(78) のように、寺院管理をおこなう三綱や、修理を担当する部署、食事を供給する大衆院などがあった。

ところで、郡山廃寺や多賀城廃寺では、僧房跡の調査がおこなわれている。そもそも僧房・尼房を典型的な形式で建てた寺院は、陸奥国では多賀城廃寺と国分寺・国分尼寺(宮城郡)、寺院の可能性が指摘される十世紀前半の燕沢遺跡(79)(宮城郡)であり、いずれも国の影響力が強い。郡山廃寺の場合、講堂の北側に掘立柱建物跡群が僧房として想定さ(80)れている。(81) 少なくとも三期の変遷があり、第三期のみ、中軸線を中心にコの字型に左右対象の建物配置がされた。三期を通して、桁行五間×梁間三間の建物が最大である。

多賀城廃寺の僧房跡は、大房・小房を合わせて四期に分けることが可能とされる。基準尺度が、一尺三〇センチを下回るA・B期を八世紀に、それを上回るC・D期を九世紀以降とした。A・B期の掘立柱大房は、南北に庇を持つ東西棟（桁行一一間×梁間四間）である。各間の大きさは異なるが、西から二間＋三間＋二間＋二間＋二間の計五つの房で構成された。C・D期の礎石立大房は、造成基壇の上に、東西棟（桁行一一間×梁間四間）が建つ。東から五間目に馬道が設けられ、そこから東西それぞれが二間一房で構成された。この馬道は南の講堂と北の小子房に接続しており、先に述べたように、八間講堂の中央柱筋から東に一間の場所に接続していた。掘立柱小子房はA期からD期まで、桁行一〇間×梁間二間である。

両寺の僧房を概観すると、おおよその僧侶の人数が推測されるが、いずれも国師が居住する国師院ではないようだ。安芸国分寺跡からは、僧房跡北東の独立した場所に、八世紀後半の早い段階とされる桁行七間（東西一九・六㍍）×身舎梁間二間の南北に桁行五間×梁間一間の庇を持つ（南北全長一一・三㍍）大型建物が発見されており、建物周辺からは墨書土器「国師院」が出土した。[82]

ところで、郡山廃寺の存続期間は、神亀年間より下る可能性が指摘される。Ⅱ期官衙の南にある南方官衙地区のうち、東西庇を持ち桁行一〇間（二一㍍）×梁間五間（一〇・八㍍）の南北棟の大型建物跡（SB二〇一〇）と、郡山廃寺推定金堂跡の南にあって寺院創建後に造られた東西棟（SB二〇二五）から、八世紀後半とみられるロクロ土師器が出土した。[83]また、郡山廃寺の瓦の模様は、多賀城や多賀城廃寺の瓦の祖型ではあるが、瓦そのものは移動しなかった。これらの点から、南方官衙地区の建物を寺院政所に比定しつつ、郡山廃寺が八世紀第4四半期まで機能したのち、国分寺に機能を移したとする説がある。[84]

僧房跡等から同じ時期の遺物や遺構が出土していないため、判断は保留せざるを得ないが、南方官衙と郡山廃寺が連動して機能していた可能性は興味深い。郡山廃寺南門中軸線を、材木列の寺地を越えて北に延ばせば、南方官衙地区にある桁行八間(一九・六㍍)×梁間五間(一一㍍)の四面庇建物(SB一二七七)のほぼ中央にあたる。安芸国分寺国師院とは時期等が異なるものの、その規模は類似する。先のSB二〇一〇や隣接するSB二〇一五とともに、郡山廃寺国師院の候補としてあげたい(85)。

国師はその後、複数置かれた時期があるが、延暦十四年(七九五)に定員一名の講師に改称し、同時に読師として地域出身の国分寺僧が任命された。しかし、天長二年(八二五)からは、読師も大寺出身の僧侶を任命するようになる(86)。この講師は、陸奥国分寺跡から「講院」などの墨書土器が出土(87)しており、陸奥国分寺に、講師院があったことはほぼ間違いない。国師院も国分寺にあった可能性は高いが、郡山廃寺と陸奥国分寺を直結して考えられるのか、郡山廃寺から多賀城廃寺への継承関係が強調されるのかは、多賀城廃寺の国師院の有無(88)が論点となることを示しておきたい。

おわりに

多賀城廃寺と郡山廃寺の研究の現状と研究課題を論じてきた。まず、両寺の遺構の変遷過程を整理しながら検討した。創建期の多賀城の基壇は、構造は不明だが南面のみにしか化粧基壇がないのに対し、創建期多賀城廃寺が凝灰岩切石基壇であることから、多賀城廃寺の少なくとも景観が相対的に重要視されていた可能性を指摘した。けれども、多賀城廃寺Ⅱ期を政庁Ⅱ期(岡田茂弘説)と政庁Ⅳ期(柳澤和明説)のいずれに当たるのかという点を整理すると、報告書の記載に寄る限り岡田氏の説は成り立ちがたく、柳澤氏の説の蓋然性が高いことを示した。このため、多賀城廃寺の創建期が凝灰岩切石基壇であると断定するには、なお留保されるのである。

次に、伽藍配置の特色として、「最東」の塔であることの景観上の意義を明らかにしたほか、金堂に安置されたと考えられる阿弥陀如来像の国家政策上の意味と、正面八間の講堂に安置された尊像構成の課題を明らかにしたうえで、性急に「調伏」とは評価せず、まずは中央政府による祖先祭祀の振興と、観音像など尊像への誓願を示すべきであると論じた。そのうえで、郡山Ⅱ期官衙と郡山廃寺は、藤原宮遷都と同時におこなわれた諸国正月金光明会と連動する点を明確にした。これら国家政策を維持するために、陸奥国で中心となって活動した国師と、その居住場所である国師院に注目し、問題提起をおこなっている。

今回論じた点の多くは、今後の調査・研究の進展に期待するものに過ぎない。このほかにも、多賀城廃寺の伽藍だけでも、南門跡が、想定地であった中門跡の前では見つからず、(89) より丘陵下に近い位置にある可能性を残している。九世紀以降の造立とされる経楼跡・鐘楼跡、東倉跡・西倉跡の設置の意義のほか、十世紀ころの西方建物、十世紀後半とみられる西南建物についても触れるべき課題は多い。特に大衆院・国師院の確認は、残された大きな課題である。多賀城廃寺の出土資料は、近年一部で再調査が進められつつあるものの、あまり注目されることがない。伽藍中枢部の調査から半世紀以上が経過し、今再検討と再調査が求められていることを強調したい。

註

（1）堀裕「多賀城廃寺小考―尊像と塔から―」（『東北アジア研究センター報告』第一〇号、二〇一三年）、同「東北の神々と仏教」（鈴木拓也編『東北の古代史4　三十八年戦争と蝦夷政策の転換』吉川弘文館、二〇一六年）、同「陸奥の仏教文化」（吉村武彦・川尻秋生・松木武彦編『シリーズ地域の古代日本　陸奥と渡嶋』KADOKAWA、二〇二二年）、鹿又喜隆・堀裕・廉禕・長岡龍作・藤澤敦・小林和貴「多賀城廃寺の塑像・塑壁」（『東北文化研究室紀要』第六五集、二〇二四年）。

（2）石田茂作「仏教の初期文化」（国史研究会編輯『岩波講座日本歴史』一九三四年）。

（3）柴田常惠「史蹟と考古学」（『考古学講座』第二冊、雄山閣、一九二九年）。

(4) 内藤政恒「多賀城古瓦草創年代考」(『文化』第一八巻第一号、一九五四年)。
(5) 加藤孝・新野直吉「陸奥国多賀城高崎廃寺址の研究」(『歴史』第一一輯、一九五五年)。
(6) 宮城県教育委員会・多賀城町『多賀城跡調査報告I—多賀城廃寺跡—』(吉川弘文館、一九七〇年)。
(7) 岡田茂弘「多賀城廃寺の再検討」(『東北歴史博物館研究紀要』五、二〇〇四年)。以下、氏の見解はこの論文からの引用である。
(8) 柳澤和明「発掘調査より知られる貞観一一年(八六九)陸奥国巨大地震・津波の被害とその復興」(『史林』九六巻一号、二〇一三年)、同「災害と向き合い歴史に学ぶ—貞観11年陸奥国巨大地震・津波とその復興—」(『条里制・古代都市研究』第二八号、二〇一三年)等。以下、柳澤氏の見解は後者からの引用である。
(9) 飯田須賀斯・坂田泉「高崎廃寺址の研究」(『日本建築学会東北支部昭和29年度研究発表要旨』一九五四年)。この発表要旨を入手できなかったため、報告書記載内容による。
(10) 多賀城市史編纂委員会『多賀城市史 第4巻 考古資料』(多賀城市、一九九一年)。
(11) 平川南「墨書土器『観音寺』—多賀城市山王遺跡」(『墨書土器の研究』吉川弘文館、二〇〇〇年)。
(12) 十世紀前葉なので、未発見の小規模寺院があった可能性はある。
(13)『仙台市文化財調査報告書第九六集 昭和61年度 郡山遺跡Ⅶ—昭和61年度発掘調査概報—』(仙台市教育委員会、一九八七年)等。
(14) 今泉隆雄「古代国家と郡山遺跡」(『古代国家の東北辺境支配』吉川弘文館、二〇一五年、初出二〇〇五年)。
(15) 菱田哲郎「古代日本における仏教の普及—仏法僧の交易をめぐって—」(『考古学研究』第五二巻第三号、二〇〇五年)。以下、氏の見解はこの論文からの引用である。
(16) 佐川正敏「東北における寺院の成立と展開—寺院遺跡から—」(入間田宣夫・菊地和博編『講座東北の歴史 第五巻 信仰と芸能』清文堂出版、二〇一四年)。
(17) 加藤孝・新野直吉「陸奥国多賀城高崎廃寺址の研究」(前掲)。
(18) 貞清世里・高倉洋彰「鎮護国家の伽藍配置」(『日本考古学』第三〇号、二〇一〇年)。

(19) 長島榮一「仙台市郡山遺跡出土の平瓦をめぐって」(阿部正光君追悼集刊行会編『阿部正光君追悼集』二〇〇〇年)。以下、特に注記のない場合、氏の見解はこの論文からの引用である。
(20) 山中敏史「地方官衙と周辺寺院をめぐる諸問題―氏寺論の再検討―」(奈良文化財研究所編『地方官衙と寺院―郡衙周辺寺院を中心として―』二〇〇五年)。
(21) 古市晃「七世紀日本列島諸地域における仏教受容の諸相」(『日本古代王権の支配論理』塙書房、二〇〇九年、初出二〇〇六年)は、七世紀前半、寺院が少ない畿外への仏教普及の代替手段として、官衙内仏堂を想定し、六世紀末から七世紀前半に出土した瓦から、那津官家や吉備の屯倉など拠点施設に仏堂があった可能性を示す。それより時代は下るとしつつも、郡山Ⅰ期官衙仏堂も同列に置いたが、その瓦は、黒木田遺跡と同じ瓦を使用していることから、寺院の代替とは言い難く、その性格も山中説を示すに留まる。
(22) 内藤政恒「多賀城古瓦草創年代考」(前掲)。
(23) 角田文衛「国分寺の設置」(『角田文衛著作集第二巻　国分寺と古代寺院』法藏館、一九八五年、初出一九三八年)。木下良「国府付属寺院について―角田博士の「国府寺」説を承けて―」(平安博物館研究部編『角田文衛博士古稀記念古代学叢論』角田文衛先生古稀記念事業会、一九八三年)、木下良『国府―その変遷を主にして―』(教育社歴史新書、一九八八年)。
(24) 菱田哲郎『シリーズ諸文明の起源14　古代日本　国家形成の考古学』(京都大学学術出版、二〇〇七年)。
(25) 宮城県多賀城跡調査研究所『宮城県多賀城跡調査研究所資料Ⅴ　多賀城施釉陶磁器』(二〇二〇年)、廣谷和也「多賀城廃寺跡」(古代城柵官衙遺跡検討会50周年記念実行委員会編『古代城柵官衙遺跡検討会50周年記念資料集　古代東北の城柵・官衙遺跡　第2分冊　発掘調査成果編(宮城県)』二〇二四年)。なお、多賀城廃寺から出土する灰釉陶器全体からみた終末は、十世紀前半から十一世紀初頭(尾野編年Ⅶ期)になる。
(26) 岡田氏の復元図面では講堂の左右に門を描くが、東側は未調査のため不明である。
(27) 講堂跡のB・C期の前後関係は、塔跡や金堂跡のB・C期とは逆転しているように見える。報告書は、塔と金堂・講堂では補修の方法が異なると認識している(報告書一〇三頁)が、仮に一連のものとすれば、B・C期の補修が短期間になされた可能性もある。

(28) 柳澤氏は、貞観十一年の地震によって被害を受けた塔・金堂・講堂・中門は、安山岩による補修がなされ、築地塀も修理のため、寄柱を掘立柱から礎石に換えたとする。もし、被災して講堂西側の築地塀や四脚門が撤廃されたのだとすれば、築地塀に門を築いたことで、構造的に弱い箇所が被災したと考えられる。

(29) 館内魁生氏から、報告書の「糸切底の土師器」の実態と登場時期、あわせて岡田説への私見について懇切なご教示をいただいた。

(30) 報告書(一二五頁)では、創建期講堂階段は広く、基壇中心にあった可能性も想定する。

(31) 報告書(一〇四頁)、柳澤和明「国府多賀城の祭祀」(『東北歴史博物館研究紀要』一二、二〇一一年)等。

(32) 須弥壇跡北側の凝灰岩切石列について、報告書(一二六頁)は二案を示す。①A期講堂の礎石の上を通ることから、焼亡後再建されたE期建物の須弥壇とみる。しかし、②凝灰岩の切石を使用し、法隆寺同様、創建期の柱間二間分を用いており、A期の可能性もある。

(33) 塑像片・壁土塊の中に堤焼人形が混入しており(鹿又喜隆・堀裕・廉禕・長岡龍作・藤澤敦・小林和貴「多賀城廃寺の塑像・塑壁」前掲)、土層の評価も慎重な検討が必要である。

(34) 『宮城県多賀城跡調査研究所年報二〇一二』(宮城県多賀城跡調査研究所、二〇一三年)。なお政庁基壇について、吉野武氏よりご教示を得た。

(35) 多賀城政庁基壇の調査でも、凝灰岩切石による地覆石や羽目石が出土した。当初は、多賀城廃寺の調査結果から、政庁の創建基壇と認識し、基壇を割らなかった(宮城県教育委員会『昭和三十八年多賀城跡発掘調査概報』一九七四年)が、その後、修正された(『多賀城跡—政庁跡本文篇—』宮城県教育委員会・宮城県多賀城跡調査研究所、一九八二年、『宮城県多賀城跡調査研究所年報二〇一二』前掲)。塔跡も、凝灰岩切石基壇を創建期と判断し、断ち割っていない。金堂跡の成果は重要で、基壇版築部分までトレンチを入れ、基壇造成の版築に接する形で、「凝灰岩羽目石を抜取った穴の跡と思われるものが発見された」ほか、後世の道路に切断された基壇南側断面でも「凝灰岩の残片が1個残っており、しかも版築がここで切れていた」とする(報告書一二三頁)。講堂跡はやや曖昧で、「安山岩の側石の間に凝灰岩の切石がところどころに遺存していた」ことから凝灰岩切石が用いられたらしいとする(報告書二五頁)。
(36)『仙台市文化財調査報告書第二八三集　郡山遺跡―総括編(1)―』(仙台市教育委員会、二〇〇五年、二七九頁註一九)、長島榮一『日本の遺跡35郡山遺跡　飛鳥時代の陸奥国府跡』(同成社、二〇〇九年)。
(37)長島榮一『日本の遺跡35郡山遺跡　飛鳥時代の陸奥国府跡』(前掲)等が指摘するように、穴太廃寺や夏井廃寺も郡山廃寺と同じである。
(38)かつては、「中枢伽藍の東側に寺院の機能を支える雑舎などの建物や井戸などを有する空間」を想定した(『仙台市文化財調査報告書第二四四集　郡山遺跡ＸＸ―平成11年度発掘調査概報―』仙台市教育委員会、二〇〇〇年)。しかし、材木列外郭南辺は、東側の柵列と交わる部分でも、東に延伸していたため、新たな解釈が求められている(『仙台市文化財調査報告書第二五〇集 郡山遺跡21―郡山遺跡・仙台平野の遺跡群 平成12年度発掘調査概報―』仙台市教育委員会、二〇〇一年)。夏井廃寺の場合、主要伽藍のみが囲われていることから、大衆院などは、材木列の外側にある可能性もある。この場合、材木列南辺の東側にも南門があり、想定する伽藍配置が異なっていたり、別院や国師院を形成していたことも想定される。
(39)長島榮一『日本の遺跡35郡山遺跡　飛鳥時代の陸奥国府跡』(前掲)。
(40)佐川正敏「東北における寺院の成立と展開―寺院遺跡から―」(前掲)。
(41)いわき市教育文化事業団『いわき市埋蔵文化財調査報告　第一〇七冊　夏井廃寺跡』(いわき市教育委員会、二〇〇四年)は、南北に並ぶ金堂・講堂に比べ、東に寄った塔の完成が八世紀前半と遅れたとする。この指摘を踏まえ、窪田大介「七・八世紀陸奥国の郡衙周辺寺院とその意義」(『古代東北仏教史研究』法藏館、二〇一一年)は、養老二年の石城立国にともない、郡衙附属寺院から国衙附属寺院となったため、塔が建立された可能性を指摘する。一方、佐川正敏「東北地域の寺院造営―多賀城創建期以前の寺院―」(帝塚山大学考古学研究所『天武・持統朝の寺院造営―東日本―』二〇〇八年)等は、金堂、塔、講堂の順に造営され、塔のみ後れたとする説に疑念を示している。
(42)桑原滋郎「宮城県内の古代寺院跡について」(『中新田町史研究』第二号、一九九〇年)、進藤秋輝「多賀城創建以前の律令支配の様相」(伊東信雄先生追悼論文集刊行会編『伊東信雄先生追悼 考古学古代史論攷』今野印刷、一九九〇年)。

なお、佐川正敏「東北地域の寺院造営—多賀城創建期以前の寺院—」（前掲）は、伏見廃寺跡から三種セットの軒丸瓦・軒平瓦が出土することから、一堂ではない可能性を指摘する。
(43) 藤木海「郡山廃寺」（『月刊考古学ジャーナル』六八〇、二〇一六年）。
(44) 報告書（一〇七頁）も景観に触れ、「多賀城廃寺は内には国家の安泰を祈る寺院であるとともに、外に対しては国家の権力を文化的にアピールするものであった」とする。
(45) 武田健市「多賀城廃寺と多賀城南面の様子」（『第36回古代城柵官衙遺跡検討会資料集』二〇一〇年）、永田英明「古代南奥のみちと政治」（菊池勇夫・斎藤善之編『講座東北の歴史 第四巻 交流と環境』清文堂出版、二〇一二年）。
(46) 『観世音寺資財帳』（太宰府市史編集委員会『太宰府市史 古代資料編』太宰府市、二〇〇三年）。
(47) 聖僧は、僧侶集団の理念上の首位に置かれる賓頭盧尊者像か文殊菩薩像であり、本来は食堂に安置される。また「壱宇」が正しければ、厨子に入っていた可能性がある。
(48) 錦織亮介「観世音寺と不空羂索観音像」（『仏教芸術』一〇八、一九七六年）、猪川和子「筑紫観世音寺観世音菩薩像考」（『仏教芸術』一一〇、一九七六年）等。このほか、別の区画に「菩薩院」があり、「絵像」である「十一面観世音菩薩像壱鋪」があった。
(49) 堀裕「王宮からみた仏教の受容と展開—七世紀から九世紀を中心に—」（佐藤文子・上島享編『日本宗教史4　宗教の受容と交流』吉川弘文館、二〇二〇年）。
(50) 『日本書紀』大化三年是年条。
(51) 上川通夫「ヤマト国家時代の仏教」（『日本中世仏教形成史論』校倉書房、二〇〇七年、初出一九九四年）、中林隆之「護国法会の史的展開」（『ヒストリア』第一四五号、一九九四年）。
(52) 澤村仁氏は、観世音寺に食堂がないため、講堂に安置された可能性を指摘する（太宰府市史編纂委員会『太宰府市史　建築・美術工芸　資料編』一九九八年、五三頁）。多賀城廃寺もその可能性がある。
(53) 礎石と根石の調査から、新旧二つの建物の存在が指摘されているが、報告書「図面6　講堂跡実測図」には、北側柱筋の中心から西に二つある根石はどちらにも分類できない。

(54)　李炳鎬・井上主税訳「百済寺院の展開過程と日本の初期寺院」(『帝塚山大学考古学研究所研究報告』一四、二〇一二年)は、百済扶余の陵山里寺跡の講堂が東西に分かれ、西側にオンドルが確認されたことから、四天王寺への百済の影響を指摘する。
(55)　仙台市博物館『東日本大震災復興祈念　仙台市博物館開館50周年特別展　仏のかたち人のすがた―仙台ゆかりの仏像と肖像彫刻―』(二〇一一年、一三・一一一頁)。
(56)　鹿又喜隆・堀裕・廉禕・長岡龍作・藤澤敦・小林和貴「多賀城廃寺の塑像・塑壁」(前掲)。
(57)　仙台市図録では、「半丈六程度の仏像の蓮華座の一部」と推測する。川原寺裏山遺跡の塑像片にも同様の蓮弁がある(奈良文化財研究所飛鳥史料館『飛鳥資料館図録第76冊 川原寺と祈りのかけら』二〇二三年、三七頁)。これは円形のスサの入っていない素材で作られた台座(縦一〇・五チセン×横一五・〇チセン×厚五・五チセン)である。大きさもあまり違いのない多賀城廃寺の塑像蓮弁も、円形の台座に接続していた可能性がある。この場合、川原寺の蓮弁が塔本塑像であるならば、多賀城廃寺の蓮弁にもその可能性がある。
(58)　鹿又喜隆・堀裕・廉禕・長岡龍作・藤澤敦・小林和貴「多賀城廃寺の塑像・塑壁」(前掲)の図一四―七等。講堂焼失後、瓦や塑像等が清掃・整理された際、講堂跡に築かれた新仏堂須弥壇部分に集積されたと考えられる。同時に焼失した可能性のある塔に塔本塑像があれば同様の扱いを受けたかもしれない。ただし、塔跡から塑像片がみつかっておらず、想定にとどまる。
(59)　今泉隆雄「古代国家と郡山遺跡」(前掲)。
(60)　長島榮一「仙台市郡山遺跡出土の平瓦をめぐって」(前掲)。
(61)　山中敏史「地方官衙と周辺寺院をめぐる諸問題―氏寺論の再検討―」(前掲)。
(62)　上川通夫「ヤマト国家時代の仏教」(前掲)。
(63)　『日本書紀』天智天皇十年十一月丙辰条、同朱鳥元年正月己未条、同七月丙寅条。
(64)　堀裕「東アジア王宮内仏教施設の比較研究―南朝・百済・倭を中心に」(堀裕・三上喜孝・吉田歓編著『東アジアの王宮・王都と仏教』勉誠社、二〇二三年)。

(65)必ずしも事実とはいえないが、物部守屋の戦争における聖徳太子と蘇我馬子も、「調伏」ではなく、もし戦勝すれば寺院を造営すると誓願をしている(『日本書紀』崇峻天皇即位前紀用明二年七月条)。長岡龍作「「対敵」の精神と神仏の役割―古代日本の事例に着目して―」(新川登亀男編『仏教文明と世俗秩序―国家・社会・聖地の形成―』勉誠出版、二〇一五年)参照。

(66)『日本書紀』大化元年八月癸卯条。

(67)『日本書紀』斉明六年五月是月条、同天武五年十一月甲申条、同九年五月乙亥朔条、同十四年三月壬申条、『東大寺要録』巻八安居縁起。

(68)堀裕「陸奥の仏教文化」(前掲)、『日本書紀』持統三年正月丙辰条。

(69)『日本書紀』持統三年正月壬戌条、同七月壬子朔条。

(70)木下良「国府付属寺院について―角田博士の「国府寺」説を承けて―」(前掲)、菱田哲郎『シリーズ諸文明の起源14 古代日本 国家形成の考古学』(前掲)。

(71)『日本書紀』持統八年五月癸巳条、持統十年十二月己巳朔条。

(72)多賀城市埋蔵文化財調査センター『多賀城市文化財調査報告書第六五集 高崎遺跡―新田南錦町線関連遺跡発掘調査報告書―』(多賀城市教育委員会、二〇〇二年)。天平神護三年四月六日「花会唐楽所解」(『大日本古文書』第一七巻七一・七二頁・『続々修』四四帙一〇)とあり、日付から仏生会と考えられる。また「写書所食口帳」(『大日本古文書』第一一巻二二九・二三〇頁・『続々修』三八帙一)の天平勝宝二年六月食口に「供奉礼仏并花会」とある。なお、三舟隆之「古代東北地方への仏教伝播―『日本霊異記』下巻第四縁を中心に―」(『『日本霊異記』説話の地域史的研究』法藏館、二〇一六年、初出二〇一二年)は、「花会」を法花会の略称とみる。

(73)長岡龍作「「対敵」の精神と神仏の役割―古代日本の事例に着目して―」(前掲)が示す観世音菩薩の「対敵」も攻撃するわけではない。

(74)『続日本紀』大宝二年二月丁巳条。

(75)柴田博子「国師制度の展開と律令国家」(『ヒストリア』第一二五号、一九八九年)、堀裕「智の政治史的考察―奈良

平安前期の国家・寺院・学僧―」(『南都仏教』第八〇号、二〇〇一年)等。

(76) 郡山廃寺井戸跡から出土した八世紀前半の木簡は、中央に「学生」と書き、その下に右寄せで「寺」とあるものの、偏の有無は分からない。平川南「仙台市郡山遺跡の木簡」(『仙台市文化財調査報告書第三八集　郡山遺跡Ⅱ―昭和56年度発掘調査概報―』仙台市教育委員会、一九八二年)は、寺院で出土し「寺」とあることから「学生」を「寺院にあって学問を修めた僧の意であろう」とした。ただし、僧侶を学生と呼ぶ例は、管見の限り、学僧への昇進試験制度が導入された九世紀初頭に下る(『日本後紀』延暦二十三年正月癸未条)。仮に僧侶だとすれば、国師など都の大寺に所属し、教学を学んだ僧侶の可能性がある。

(77) 平川南「仙台市郡山遺跡の木簡」(前掲)は、写経のためのメモリを刻んだ定規とみられる木簡の裏に、経典を写したとみられる習書があり、「婆塞云」などが読まれている。

(78) 多賀城市埋蔵文化財調査センター『多賀城市文化財調査報告書第六五集　高崎遺跡―新田南錦町線関連遺跡発掘調査報告書―』(前掲)。

(79) 『仙台市文化財調査報告書第一九五集 仙台平野の遺跡群ＸⅣ―平成7年3月―』(仙台市教育委員会、一九九五年)。

(80) 『仙台市文化財調査報告書第九六集 昭和61年度 郡山遺跡Ⅶ―昭和61年度発掘調査概報―』(仙台市教育委員会、一九八七年)、『仙台市文化財調査報告書第二八三集　郡山遺跡―総括編(1)―』(前掲)。

(81) 材木列東端内側の井戸跡は、推定講堂基壇北端の延長線上より少し北にある。僧侶の生活空間である推定僧房群の中に位置づけることも可能である。東大寺二月堂の閼伽井のような仏事に使用する水場か、僧侶の生活用の水を得る施設があったと推測される。

(82) 東広島市教育文化振興事業団文化財センター『文化財センター調査報告書第三九冊　史跡安芸国分寺跡発掘調査報告書Ⅴ―第14次～第16次調査の記録―』(二〇〇三年)。

(83) 郡山廃寺の存続期間は、八世紀後半まで維持されたと指摘される(『仙台市文化財調査報告書第二八三集　郡山遺跡―総括編(1)―』前掲)。

(84) 長島榮一『日本の遺跡35郡山遺跡　飛鳥時代の陸奥国府跡』(前掲)。

(85) 国師院は、寺地東側の可能性もある。なお、郡山廃寺の南門と北西隅門は同じ構造で、北西隅門の方がやや大きい点も、南方官衙からの出入りを重視した可能性がある。
(86) 柴田博子「国師制度の展開と律令国家」(前掲)。
(87) 『仙台市文化財調査報告書第二六六集 国分寺東遺跡他発掘調査報告書』(仙台市教育委員会、二〇〇三年)、宮本敬一「墨書土器から見た国分寺の講師院と読師院」(『日本通史月報22』岩波書店、一九九五年)。宮本氏が指摘するように、燕沢遺跡出土の墨書土器「読院□」は、読師の院を指す。燕沢遺跡は僧官も関わるほか、おそらく典型的な僧房があり、佐川正敏「貞観地震復旧瓦生産における新羅人の関与について」(『宮城考古学』第一六号、二〇一四年)が、貞観地震のあとに最初期の精緻な復興瓦が入ることから、復興の部署があった可能性を指摘するなど、いずれも国家の影響が強くうかがわれる。
(88) 『宮城県多賀城跡調査研究所年報二〇〇七 多賀城跡』(宮城県多賀城跡調査研究所、二〇〇八年)では、多賀城廃寺の小子房のほぼ真西に、八世紀後半の東西棟掘立柱建物跡の南側柱列とみられる遺構を検出した。この点は吉野武氏よりご教示を得た。国師院の候補として検討が必要である。
(89) 宮城県教育委員会・宮城県多賀城跡調査研究所『宮城県多賀城跡調査研究所年報一九七五 多賀城跡―昭和50年度発掘調査概報―』一九七六年)。

〔付記〕本研究は、科学研究費基盤(C)22K00889による研究成果の一部である。

第II部　創建と歴史的展開

多賀城の創建と「辺郡」支配体制の再編

熊谷 公男

はじめに

多賀城の創建は、養老四年(七二〇)九月の陸奥蝦夷の反乱とそれを契機とした蝦夷支配体制の再編の一環としてとらえられることが、近年の研究によって明らかとなった[熊谷二〇〇〇、今泉二〇〇二]。

この時期の蝦夷政策をたどっていくと、この反乱を契機にまさしく大転換が起こっていることが知られる。このことからみて、養老四年の反乱は、律令国家の想定を超えた大乱であったことがうかがわれ、その影響に衝撃を受けた中央政府はそれまで推し進めてきた蝦夷政策を根本的に見直さざるを得なくなるのである。

この時期に発せられた蝦夷支配に関わる諸政策は、養老四年の反乱の舞台となった「辺郡」の支配体制・防衛体制の強化策に加えて、陸奥国の国力増強策や陸奥・出羽両国の連携によるより強力な蝦夷支配体制の創出など、蝦夷支配に新機軸を打ち出すものであったが、それらは畢竟、養老四年の反乱で弱点を露呈してしまった蝦夷支配を建て直すためのものと意義づけすることが可能と思われ、多賀城の創建もまたこの路線の延長線上に位置づけられるように思われる。本稿では、近年、大幅に進展したこの分野の研究に学びつつ、改めて「辺郡」問題に焦点をあてながら多賀城創建の歴史的意義を考えてみることにしたい。

1　養老四年の蝦夷の反乱から多賀城創建まで

養老四年の蝦夷の反乱は、『続日本紀』には「陸奥国奏言すらく、蝦夷反乱して、按察使正五位上上毛野朝臣広人を殺せり。」（『続日本紀』同年九月丁丑条）とあるのみであるが、按察使が蝦夷に殺害されるというのは、ほかには宝亀十一年（七八〇）に起こった伊治公呰麻呂の乱があげられるだけである。しかも乱後の記事に「陸奥・筑紫の辺塞の民、数《しばしば》烟塵《えんじん》に遇いて、戎役《じゅうえき》に疚《や》み労《つか》れり。加以《しかのみならず》、父子死亡し、室家離散す。」（同書養老五年六月乙酉条）、あるいは「酒者《このごろ》、辺郡の人民、暴《にわ》かに寇賊を被《こうむ》り、遂に東西に適《ゆ》きて、流離分散す。」（同書養老六年閏四月乙丑条）などと伝えられるように、陸奥国、とくに「辺郡」を大混乱におとしいれるほどの規模であったことがうかがわれる。

政府は事態の沈静化を図るために、乱直後の養老四年十一月に調庸等の減免をおこない（『類聚国史』巻八十三　免租税）、さらに同五年、六年にも減免措置を講じている。まずは混乱した事態の収束を図る必要があったのである。

ついで政府は、いったん陸奥国から分離した石城・石背両国を再び陸奥国に併合するのであるが、これこそ乱後の蝦夷政策の大転換をもっともよく象徴する政策であろう。

陸奥国から両国を分離したのは養老二年（七一八）五月（『続日本紀』同年五月乙未条）のことであった。これは、石城・石背両国を通常の令制国として陸奥国から切り離し、残された狭域陸奥国の国力を主体にして蝦夷支配を担っていこうとする政策であった［工藤　一九八九］。ところが、そのわずか二年後に反乱が起こって、この方針は断念せざるを得なくなるのである。

両国の再併合の時期は『続日本紀』が記事を逸しているため、以前からさまざまな議論がおこなわれてきた。そのなかで土田直鎮氏が、養老四年の反乱後は「辺境諸国統一指揮の必要が痛感せられ」、養老五年八月に出羽国を陸奥按察使の所管とした(『続日本紀』養老五年八月癸巳条)のもそのためとし、石城・石背両国はこの時点ではなお存続していたが、同年中には廃止されたであろうと推定した[土田 一九五二]のは注目される。近年、佐々木茂楨氏は、まったく別の根拠から、養老五年十月に柴田郡から苅田郡を分置する以前に石城・石背両国は陸奥国に再併合されていたことを明らかにしたので[佐々木 二〇一〇]、現時点では石城・石背両国の再併合の時期は養老五年八月～十月の二か月ほどの間にしぼられることになった。

永田英明氏によれば、出羽国を陸奥按察使の所管とした養老五年八月ごろ、建国以来、北陸道に所属していた出羽国を東山道に移管したとみられ、さらに道の移管は駅路のあり方をも規制するので、陸奥・出羽間に駅路が開設されるのもこの時期であった可能性が高いという。こうして、乱後一年ほどで広域陸奥国を復活させて、その国力を蝦夷支配に振り向けやすくすると同時に、出羽国を陸奥国と同じ東山道に所属させて陸奥按察使の管下に置き、なおかつ両国を駅路で結ぶという一連の政策を実施して、陸奥・出羽両国の緊密な連携のもとで蝦夷支配をおこなう体制が構築される[永田 二〇一五]。

これらの体制整備を前提として、翌養老六年(七二二)閏四月にはいわゆる「良田百万町歩開墾計画」を含む太政官奏を発布して、陸奥按察使管内の調庸制を停止して大幅な負担軽減策である「税布」の制を実施し、「鎮所」への運穀を奨励するなど、陸奥国の国力回復や辺郡の支配秩序の安定を目的とした施策を実施したが、これは乱後の復興策としてきわめて重要な政策と考えられる。

今泉隆雄氏は、この養老六年の太政官奏発布後に多賀城の造営が開始されたとみて、その重要性を高く評価しており〔今泉 二〇〇二〕、吉野武氏もそれに賛同している〔吉野 二〇一六a〕。筆者もこの太政官奏が乱後の復興策として重要な位置を占めるという評価に異論はないが、筆者がとくに注目したいのは、冒頭に「洒者《このごろ》、辺郡の人民、暴《にわ》かに寇賊を被《こうむ》り、遂に東西に適《ゆ》きて、流離分散す。もし矜恤《きょうじゅつ》を加えずば、恐らくは後患を貽《のこ》さん。」とあるように、乱後二年近く経ったこの時点でも辺郡ではなお混乱が続いていて、律令国家の支配体制を安定させるためには辺郡の混乱を収拾することが緊要であるとして、辺郡の立て直しがこのときの諸策発布の直接の動機になっていたとみられることである。

辺郡とは、陸奥国の北辺部の諸郡であるから、この時点でいえば、すでに建郡されていた信太郡や丹取郡を含む大崎・牡鹿地方をさす。その「辺郡の人民」が「暴かに寇賊を被り」と記されているように、養老四年(七二〇)の反乱で蝦夷の攻撃対象となったのである。ただし太政官奏で掲げられた諸政策は、辺郡だけを対象としているわけではなく、いろいろなものがあり、冒頭の施策は「陸奥按察使管内」と明記されているように、陸奥・出羽両国を対象としたものである。一つは、両国の調庸制を段階的に停止して、大幅な負担軽減策である「税布」の制を実施し、その代わり百姓に農桑の勧課と、射騎の教習をおこない〔鈴木 一九九六〕、もう一つは都に出仕しているトネリや衛士・帳内・資人、采女・仕女などを放免して帰郷させる方針を打ち出している。これらはいずれも陸奥・出羽両国の国力増強策であり、蝦夷支配の強化につながる政策ということができよう。

とはいえこの官奏には、より直接的に辺郡を安定させようとする政策もある。それは官奏の最後に、「兵を用いる要は、衣食を本と為す。鎮に儲粮無くば、何ぞ固守に堪えん。」として、一定量の穀(=軍粮)を運んだ人物に位階を授けることにして、鎮(=鎮所)への運穀を奨励している政策である。運穀を奨励する理由を、「鎮に儲粮無くば、何ぞ固守に堪えん」といっていることからすれば、この時点ではまだ防御に十分な体制がととのっていなかったと考え

表1　多賀城創建期の鎮所関連年表

養老 6. 閏 4	鎮に一定量以上の穀を運んだ人物に位階を授ける。
養老 6.8	諸国司に柵戸 1000 人を鎮所に移配させる。
養老 7.2	私穀を陸奥鎮所に運んだ常陸国那賀郡大領宇治部荒山に外従五位下を授ける。
神亀元 .2	私穀を陸奥鎮所に運んだ大伴南淵麻呂ら 12 人に、外従五位下を授ける。
神亀元 .2	陸奥国の鎮守軍卒の本籍を陸奥国に移し、家族と共に暮らすことを許す。
神亀元 .4	坂東九ヵ国の軍兵 3 万人を訓練し、また綵帛・絁・綿・布などを陸奥鎮所に運ばせる。

られよう。

鎮・鎮所については、旧稿［熊谷 二〇〇〇］でくわしく検討を加えたが、この太政官奏が初見であり、基本的に「複数の城柵の総称」とみられる［佐々木 一九七三］。それはこのころ大崎・牡鹿地方に所在していた城柵に加えて、新たに整備しようとしていた城柵・官衙、さらには造営が開始されたばかりの多賀城などの軍事機能を有する諸施設をさすと考えられる。この鎮所は、表1のように、このあと神亀元年までの間に集中的に『続日本紀』に登場する。

このように鎮所（鎮）は、冒頭で辺郡の混乱状態の救済を訴えた養老六年の太政官奏に初見して、神亀元年までの比較的短い期間に集中的に史料に現れる。しかも史料をみると、鎮所への運穀に関する記事が多い。軍団兵の食料は自弁なので、これは食料が官給される鎮兵の設置に関わる施策と考えられる。鎮守軍卒の陸奥国への本籍の移転と家族の移住策もこれに関連しよう。これらは辺郡の支配体制の強化、および新国府多賀城の軍事力強化を目的とした政策と考えられる。こうして、辺郡の立て直しを標榜した養老六年の太政官奏発布直後から、約二年間にわたって鎮所の強化策が集中的に進められていくのである。

ここから浮かび上がってくる事実は、養老六年閏四月の段階においても「辺郡」はなお不安定な状況であったので、政府はそれを早急に改善するために、この時期に集中的に鎮所にヒト・モノを集積してその強化策を実施し、その結果、神亀元年ごろまでに辺郡の支配体制が一応の安定をみたと考えられることである。この「鎮所」に大崎地方の既存、あるいは整備が進められようとしていた城柵が含まれることは疑いないが、まだ造営がはじまって間もない多賀城も含まれていたとみてよいであろう。

この一連の鎮所強化策からみえてくるのは、養老四年の乱後、その影響で混乱が続いていた大崎地方では、その後なかなか社会秩序が安定しなかったとみられることである。この点からみて、少なくとも神亀元年ごろまでは辺郡では不安定な状況が続いていたと考えられよう。したがって、乱後、蝦夷支配を建て直すためには、混乱した状況が続いていた「辺郡」の支配体制を再建することが不可欠であった。

2節で取り上げるように、多賀城の創建瓦を生産した瓦窯は知られるかぎりすべてが大崎地方に所在しているので、その支配体制が安定しないかぎり、大崎地方で瓦を焼成して多賀城まで運ぶことは困難であったにちがいない。だとすれば、創建瓦の生産・供給が本格的にはじまるのは神亀元年以降とみてよいであろう。

多賀城およびそれと一体となった大崎地方の諸城柵の造営・整備は、養老四年の蝦夷の反乱を直接の契機としていることは明らかであるが、最近、吉野武氏が強調しているように、基盤整備策と城柵の造営が同時並行的に進められたとみるのはやはり無理があり、人的、物的基盤の確保や交通路の整備などの体制作りが先行しておこなわれ、つぎの段階に城柵の造営が開始されたと考えるのが妥当であろう［吉野二〇一六a］。

さらに反乱の舞台となったとみられる大崎地方では、乱後の政策としてまず社会秩序の回復が優先され、ついで支配体制、防衛体制の強化に力がそそがれたと考えられる。その点で養老六年から神亀元年にかけて集中的に実施された鎮所の強化策は、大崎・牡鹿地方に黒川以北十郡および玉造等諸柵を基礎とする新たな支配体制を構築する前提となる政策と位置づけられるので、大崎地方で郡の再編や郡家・城柵の造営・整備などを基礎とした新たな支配体制の構築が本格的にはじまるのも、神亀元年以降のことと考えるべきであろう。

多賀城の造営開始時期に関しては、ほかにも重要な史料がある。それは、多賀城の東西に置かれた多賀・階上二郡である。両郡は郡司を置かない、国府直轄の極小規模の権郡であるが、この特殊な郡の建置も多賀城の創建と密接にかかわることが、以下の史料によって知られる。

〔史料1〕『続日本紀』延暦四年四月辛未条

中納言従三位兼春宮大夫陸奥按察使鎮守将軍大伴宿祢家持ら言さく、「名取より以南一十四郡は僻《さ》りて山海に在りて、塞を去ること懸《はる》かに遠し。徴発のこと有るに属《あた》りて機急に会わず。是に由りて、権《かり》に多賀・階上二郡を置き、百姓を募り集めて、人兵を国府に足らし、防禦を東西に設く。誠に是れ、預め不虞に備えて、鋒を万里に推《すす》むるなり。但し以《おもん》みるに、徒に開設の名有りて、未だ統領の人を任ずることをえず。百姓顧《かへり》望みて、心を係《か》くる所無し。望み請わくは、建てて真郡と為し、官員を備え置かんことを。然れば則ち、民は統摂の帰を知り、賊は窺《き》窬《ゆ》の望を絶たん」と。之を許す。

この記事でまず注目されるのは、二郡が権置されたのは名取郡以南に十四の郡があった時点とされていることである。この点に着目した佐々木茂楨氏は、その条件を満たすのは石城・石背両国の再併合以降で、かつ柴田郡から苅田郡が分置されるまでの期間しかないことを発見した。それは、出羽国が陸奥按察使の管下に置かれた養老五年の八月から十月までの二ヵ月ほどの間に限られるのである。この記事では、二郡を権置したことについて「百姓を募り集めて、人兵を国府に足らし、防禦を東西に設く。」と、もっぱら軍事的観点から述べられているが、多賀・階上二郡の権置が多賀城の造営がはじまる時期にあたっていることからすると、多賀城造営のための要員確保という目的もあったと考えられる［佐々木 二〇一〇］。とすれば、遅くとも養老五年十月までには、新国府多賀城の建設に関して、場所も含めて計画が具体化していたことになる。

多賀城の創建に関しては、これまで多賀城碑が唯一の史料であったが、近年、新たな関係資料が発見された。それは、多賀城創建時の政庁南大路に付設された暗渠（ただし創建期の外郭南門よりも南で、城外にあたる）から出土した木簡で、総計二八三点にのぼる。とくにそのうちの一九七点は暗渠の裏込土から出土した木簡で、多賀城建設時の道路の暗渠構築の際に廃棄された一括資料であり、まさしく創建時の一次史料ということになる。

平川南氏はこれらの木簡の検討をおこない、美濃国戸籍や陸奥国戸口損益帳と特徴が類似する「戸籍抜書」木簡を養老六年五月以前とし、征討使の官名とみられる主典や鉦師を養老四年の征討使のものと考定した［平川 一九九三］。

それに対して吉野武氏は、「戸籍抜書」木簡の下限を養老六年五月としたのは根拠不足であり、鉦師も養老度の征討使では想定がむずかしい。多賀城Ⅰ期の征討使で主典・鉦師の官名を想定しうるのは神亀元年（七二四）と天平九年（七三七）のいずれかであるとし、さらに暗渠の埋没年代を加味すると神亀元年四月の征討使にしぼられると結論づけた［吉野 二〇一六a］。

このような木簡の年代観は多賀城の完成時期にも微妙な影響をもたらす。筆者も含めた従来の通説的見方では、多賀城碑の神亀元年という創建年次は多賀城が完成した年であろうと漠然と考えてきた。しかしながら吉野氏が明らかにしたように、創建時の政庁南大路にともなう暗渠の着工が神亀元年四月以降だとすると、多賀城の造営期間はこれまでの想定よりも二、三年後にずれ込むことになろう。したがって多賀城は、神亀元年にはまだ造営工事が盛んにおこなわれており、完成はしていなかったとみられるのである。

それでは、多賀城碑に刻まれた「神亀元年」という創建年次は、いったい何を意味するのであろうか。吉野氏は、それは郡山遺跡から国府が多賀城に移された年を示すものであって、造営はその後も続けられたと推測する。多賀城造営初期のものと考えられる木簡の新たな解釈から導き出された吉野説は、説得力に富んでいるといえよう。

2 多賀城創建瓦の年代

多賀城や玉造等の諸柵の造営は、大きくは養老四年九月の蝦夷の反乱を契機とするものであったが、その造営に実際に着手するまでには、前節でみたように、種々の基盤整備策が組織的におこなわれたことが、近年の研究で明らかになった。それは養老四年の減税策にはじまり、翌五年八月ごろの出羽国の東山道移管と陸奥按察使管下への編入、さらにはそれを受けて陸奥・出羽間駅路の開設、石城・石背両国の三年余での陸奥国への再併合などである。こうして乱後二年たらずで、陸奥按察使管下に置かれた陸奥・出羽二国が緊密に連携しながら蝦夷支配を担っていくという新体制が構築されるのである。

また養老五年の秋から冬にかけて多賀・階上二郡が権置されて、新国府多賀城造営のための要員確保が図られる。さらにこれらの施策を前提として実施されたのが、六年閏四月の税布の制や「鎮所」への運穀奨励策であり、多賀城の造営が開始されるのはこれらの一連の施策を受けてのことと考えられる。ただし吉野氏によれば、多賀城碑で多賀城創建の年とされる神亀元年は、多賀城の完成年次を示すわけではなく、郡山遺跡から多賀城への国府の移転を意味するものであって、造営工事はその後もしばらく続けられたとされる。

近年の諸研究によって明らかとなった、右のような新しい見方によって、従来の多賀城創建の歴史過程の理解は、各段に具体性を増すことになった。また全体としてみれば、その造営期間は、従来に比べて数年後方にずらして考えることが必要となろう。新国府多賀城の創建は、反乱後の新しい蝦夷支配体制の要ともいうべき意義をもつだけに、この相違は、大崎地方における新たな支配体制構築のプロセスの復原の問題にも少なからぬ影響を及ぼすものと考えられる。

多賀城の創建に関わる研究で、近年、認識が大きく変わった分野がほかにもある。それが多賀城の創建瓦である。

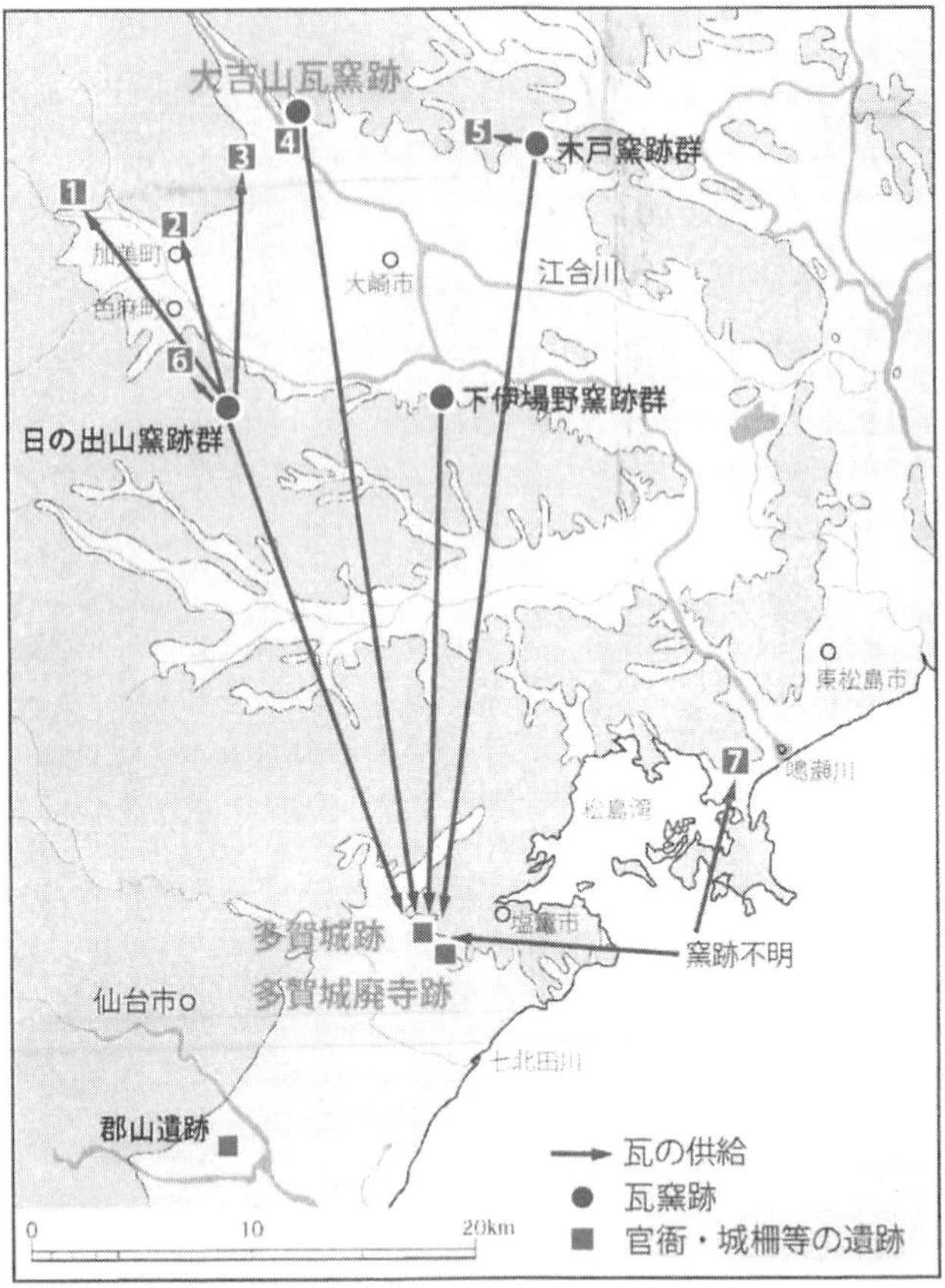

1. 東山官衙遺跡　2. 城生柵跡・菜切谷廃寺
3. 名生館官衙遺跡・伏見廃寺　4. 小寺・杉ノ下遺跡
5. 新田遺跡　6. 一ノ関遺跡　7. 亀岡遺跡

図1　多賀城第Ⅰ期の瓦生産遺跡と供給先
（『大吉山瓦窯跡』Ⅲ、2024より）

多賀城の創建瓦を生産した瓦窯は、焼成場所不明の亀岡遺跡（東松島市）出土瓦をのぞけば、すべて多賀城から約二五〜三五キロ北に隔たった大崎平野に所在する。現在知られているのは、下伊場野瓦窯跡（大崎市三本木）、日の出山瓦窯跡（色麻町）、大吉山瓦窯跡（大崎市古川）、木戸瓦窯跡（大崎市田尻）の四ヵ所で、これらはいずれも大崎地方の鳴瀬川ないし江合川流域に分布する（図1）。

多賀城で使用される瓦を大崎地方の瓦窯で生産するというのは多賀城I期にだけみられる現象であって、II期以降は仙台市や利府町など、より多賀城に近いところで生産されている。重貨である瓦をわざわざ供給場所から離れたところで生産するというのは、それなりの理由がなければならないはずである。その理由として考えられるのが、多賀城・多賀城廃寺ばかりでなく、大崎地方各地に所在する、名生館官衙遺跡（大崎市古川）・城生柵跡（加美町）・東山官衙遺跡（加美町）・新田柵跡（大崎市田尻）などの城柵・官衙遺跡や、伏見廃寺跡（大崎市古川）・菜切谷廃寺跡（加美町）・一ノ関遺跡（色麻町）などの附属寺院跡にも同じ瓦窯で焼成された瓦が供給されていることである。すなわちこれらの城柵・官衙や寺院もまた、多賀城創建期（＝I期）に造営されたと考えられるのである。

大崎地方でこれだけ多くの城柵・官衙や寺院などがいっせいに、あるいは連続して造営されるということ自体、多賀城の創建期に大崎地方がきわめて特殊な状況にあったことを示していよう。別のいい方をすれば、瓦の供給関係自体が、新国府多賀城の創建が大崎地方の支配体制の再建に深く関わっていたことを示唆するものなのである。

前節でもふれたように、養老六年閏四月の太政官奏には、乱後二年近く経っても辺郡では混乱が続いていたことが語られていて、その収拾が新たな蝦夷支配体制の構築において不可避の懸案とされていたことがうかがわれる。これ以降、神亀元年ごろにかけて、多賀城に加えて大崎地方の諸城柵をさすと考えられる「鎮所」の軍事的強化策が組織的に実施されるのである。したがって辺郡の支配体制が一応の安定をみるのは、神亀元年以降のこととみられる。

このような見方が大筋で認められるとすると、大崎・牡鹿地方に特殊な移民郡である黒川以北十郡が編成されるのも、多賀城の創建瓦の本格的な生産が大崎地方で開始されるのも、辺郡の支配体制が安定する神亀元年(七二四)以降と考えるべきではないか、というのが現在の筆者の考えである。次節で取り上げる丹取軍団の玉作軍団への改称が神亀五年であるのは、この考えを補強するものといってよいであろう。

多賀城の造営が本格化して一〇年余りが経った天平九年(七三七)正月、陸奥按察使鎮守将軍大野東人らの建議により、陸奥国府多賀城から男勝村(横手盆地)を経て秋田村高清水岡に移転した出羽柵に至る「直路」を通すことになった(奥羽連絡路開設事業)。そこでこの一大事業の指揮をとるため、都から持節大使藤原麻呂が「多賀柵」(多賀城の旧称)へ下向してきて大野東人と協議をし、まず田夷や帰服の狄を山海両道に派遣して蝦夷の動揺をしずめ、また坂東諸国から動員した騎兵と持節使・国司らで「玉造等五柵」を守らせたという(天平九年四月戊午条)。

この一連の記事にみえる「玉造等五柵」とは、玉造柵・新田柵・牡鹿柵、それにおそらくは色麻柵と名称の伝わらない一柵をさす。天平年間の記事にみえるので、「天平五柵」ともよばれる。名称のわかる四柵はすべて「多賀柵」とともに奥羽連絡路の記事が初見であり、この記事にしかみえない。

これらの四柵は関係史料に乏しいが、いずれも当時、大崎・牡鹿地方に所在した主要な城柵であり、玉造柵は名生館官衙遺跡小舘地区、牡鹿柵は赤井遺跡(東松島市)、色麻柵は城生柵跡に比定され、新田柵も大崎市田尻に遺跡が所在する。これらの一群の遺跡の多くから多賀城創建瓦が出土、あるいは採集されているので、「玉造等五柵」の成立は多賀城の創建とも関連が深いと考えられるのである。

近年の研究の進展は、この多賀城創建瓦にも新たな年代観をもたらしつつある。それは創建瓦の製作は、多賀城の完成年と理解されてきた神亀元年(七二四)前後に限定することはできず、少なくとも奥羽連絡路開設事業がおこなわれた天平九年(七三七)ごろまで継続するという見解である。このような見方に先鞭を付けたのは佐川正敏氏で、日の出山窯跡群で生産され、多賀城などに供給されている細弁蓮華文軒丸瓦(多賀城二三〇・二三一)・均整唐草文軒平瓦(多賀城六六〇)が平城宮の瓦を祖型としていて、天平九年前後に年代を比定できることを明らかにした[佐川 二〇〇〇]。

また大河原基典氏は、木戸窯跡の操業開始を日の出山窯跡よりも後とみなし、しかも多賀城に大量に瓦が供給される日の出山第2期の年代を、佐川正敏氏の多賀城跡出土平城宮式軒瓦の研究に依拠して天平九年以降とする見解を提起した[大河原 二〇〇二]。大河原氏は、多賀城の政庁において神亀元年に近い時期に瓦が葺かれたのは正殿などに限定され、ほかの建物は天平十年ごろまで下る可能性を想定している。

最近、吉野氏も多賀城第Ⅰ期の造瓦は比較的長期にわたって継続したと考えられ、いくつかの段階をみるべきとする立場を表明している[吉野 二〇一六b]。氏は、軒瓦に関しては、重弁蓮華文軒丸瓦・重弧文軒平瓦のみの段階と細弁蓮華文軒丸瓦・均整唐草文軒平瓦の生産開始後の段階を考えており、後者の年代についてはやはり佐川氏にしたがって天平十年ごろとしている。このように、現在、多賀城の創建瓦は、当初考えられていたよりもかなりの時間幅を有しているとする見方が主流となっている。多賀城創建瓦は、むしろ多賀城Ⅰ期の瓦とよんだ方が、実態に即しているといえよう。

瓦の年代については、もう一つ大きな問題がある。筆者は門外漢なので、あくまでも筆者の理解する限りにおいてということになるが、同型の瓦の製作が比較的長期にわたって続くので、その年代を定めにくい(この点、吉野氏の教示による)うえに、右の大河原氏の想定にも現れているように、瓦の年代=葺かれた建物の年代とは限らないという問題もある。したがって、瓦の形式から建物の年代を決定することには慎重であるべきであろう。

3　黒川以北十郡および遠田郡の成立

つぎに黒川以北十郡の成立の問題についてみていきたいが、その前に玉造等諸柵と黒川以北十郡の関係について、筆者の立場を述べておきたい。ここでいう玉造等諸柵とは、『続日本紀』天平九年四月戊午条に「玉造等五柵」などと出てくる大崎・牡鹿地方の諸城柵をさしている。

両者の関係については、さまざまな立場がありうる。例えば、城柵を国府または国に準じた官衙とみる立場に立てば、城柵とは国府型の政庁をもち、国司の一人が「城司」として常駐する施設と定義することができる。そうすると、郡家はこの条件を満たさないので、外郭施設の有無にかかわらず城柵とはいえないことになる。この立場の最大の難点は、城柵を郡レベルより上の官衙と定義するので、官衙でない城柵は存在し得ないことになる点や、外郭施設をともなう郡家タイプの遺跡が実際に存在する点、さらには国司の総数によって城柵の数が制約を受けてしまう点などがあげられる。

実例をあげると、加美町東山官衙遺跡は郡家タイプの政庁(郡庁院)に正倉院など、郡家に特有の建物群がみられ、賀美郡家に比定されるが、遺跡が立地する比高差二〇㍍程度の台地のへりを築地塀がめぐっている(図2)。これは官衙としては郡家タイプなので、城柵を郡より上位の官衙と考える限り、外郭施設がめぐっていても城柵とはいえないことになる。

また陸奥国は国の等級が大国であるが、職員令70大国条によれば、大国の国司四等官の定員は、守・介・大掾・少掾・大目・少目各一人の計六名なので、玉造等五柵のそれぞれに国司一人が城司として常駐していたとすると、介以

図２　東山官衙遺跡（村田 2004 より）

下五名がすべて城柵に常駐することになって、国府の多賀城では守一人だけで国府の業務全般を処理しなければならないことになり、現実的とはいえない。奈良時代後半には桃生城・伊治城が新たに造営されるので、国司を増員しなければ対応できなくなってしまうが、それを示す史料はない。

城・柵の訓であるキとは防御機能をもつ外囲い（＝外郭施設）のことなので、城柵か否かは外囲いの有無が本質的な意味をもつと考えるべきであり、官衙か否か、国レベルか郡レベルかなどのタイプ分けは、城柵の下位区分に用いるべきであるというのが筆者の立場である。このような立場からすれば、東山官衙遺跡は郡家型城柵ということになる［熊谷二〇〇七b］。

『続日本紀』の奥羽連絡路の開設の記事には「玉造等五柵」とあり、かつてはこれを大崎・牡鹿地方に当時存在した城柵のすべてとみるのが通説であった。しかし大崎地方では城柵タイプの遺跡の発見が相つぎ、「五柵」ですべてとは考えがたい状況が生まれている〔村田 二〇一〇〕。また記事の文脈をたどれば明らかなように、五柵は坂東の騎兵四五九人を配備した城柵ということであって、これが当時、大崎・牡鹿地方にあった城柵のすべてとは限らないというのが私見である〔熊谷 二〇〇七b〕。ほかにも城柵が存在した可能性を考える必要が出てきたのである。

さて「黒川以北十郡」とは、つぎの記事にみえる諸郡のことである。

〔史料2〕『続日本紀』延暦八年(七八九)八月己亥条

勅したまわく、陸奥国の軍に入れる人らに、今年の田租、宜しく皆免《ゆる》し、兼ねて復二年を給うべし。牡鹿・小田・新田・長岡・志太・玉造・富田・色麻・賀美・黒川等の一十箇郡は、賊と居を接して同等にすべからず。故に特に復年を延ばす。

他にも同書宝亀元年(七七〇)四月癸巳朔条には「陸奥国黒川・賀美等一十郡」とみえるし、また『続日本紀』天平十四年(七四二)正月己巳条には「黒川郡より北の十一郡に、赤雪雨《ふ》れり。平地に二寸。」とあるのは、黒川以北十郡に遠田郡を加えたもので、このときまでに黒川以北十郡は成立していたことがわかる。なおここで遠田郡も一括しているのは、赤雪という自然現象だからである〔今泉 二〇〇一〕。この黒川以北十郡もまた、多賀城の創建とあまり隔たらない時期に、政策的意図をもっていっせいに建置された郡と考えられる〔熊谷 一九八九・二〇〇七a〕。

なおこの地には、黒川以北十郡成立以前にすでに国郡制が敷かれており、史料には信太郡と丹取郡の二つの郡があった。信太郡は『続日本紀』慶雲四年(七〇七)五月癸亥条に「陸奥国信太郡生王五百足」とあり、黒川以北十郡の「志太郡」の母体となった郡と考えられる。丹取郡は『続日本紀』和銅六年(七一三)十二月辛卯条に「新たに陸奥国に丹取郡を建つ。」とあり、また後掲史料3に「丹取軍団を改めて玉作団と為す。」とあるように、それまで「丹取軍団」なる軍団が存在していたことが知られる。これらから、丹取郡は黒川以北十郡の成立に際して玉作(玉造)などいくつかの郡に再編されたとみられるのである。そのほか遺跡の存在からみて、黒川郡(大和町一里塚遺跡)と牡鹿郡(東松島市赤井遺跡)もすでに建郡されていた可能性がある。

黒川以北十郡は「辺郡」あるいは「近夷郡」(『類聚三代格』弘仁五年三月二十九日太政官符所引天平七年五月二十一日格)とよばれることもあり、住民の主体は坂東諸国などから政策的に送り込まれた「柵戸」とよばれる移民によって占められていた。さらに黒川以北十郡の特色として注目されるのは、これら十郡が地形的なまとまりよりもさらに小さく分割された郡の集合体で構成されていることである(図3参照)。『和名類聚抄』によれば、黒川以北十郡は全体で三十一の郷から構成されているので、一郡平均三・一郷となる。これは戸令2定郡条の規定にしたがえば、五段階中最も下の小郡(三ないし二里)に相当することになる。このような狭小な郡の集合体は、陸奥・出羽の辺郡を見わたしてみてもほかに例がないので、自然に形成されたとは考えがたく、何らかの政策的意図をもっていっせいに編成されたものと考えられる[今泉 一九八八]。すなわち何度か再分割をくり返して、最終的に微小な郡の集合体が成立したと考えることは困難ということである。

この黒川以北十郡成立の契機となったのが養老四年の蝦夷の反乱で、辺郡の人びとは乱後もなお蝦夷の攻撃をおそれて「流離分散」したままで混乱状態が続いていた。そこで政府は、養老六年(七二二)から神亀元年(七二四)にかけて「鎮所」(=城柵)にヒトやモノを集積して、その軍事的機能を強化する政策を進める。そして混乱がほぼ収束したと思われる神亀元年以降に、郡司の支配力を高める目的で既存の郡の面積を小さくして、黒川以北十郡を編成したのではないかと推測されるのである。

ちょうどその時期につぎのような記事がみられる。

〔史料3〕『続日本紀』神亀五年(七二八)四月丁丑条

陸奥国、新たに白河軍団を置き、また丹取軍団を改めて玉作団と為さんことを請う。並びに之を許す。

このとき、丹取軍団を玉作(軍)団に改称したという。軍団は、国司の統轄下におかれた兵士の徴発、訓練機関である。律令制下の軍団は、二〜四郡ごとに一団が置かれた。軍団名には所在郡の名を付すのが原則であり、例外はごくわずかである[橋本 一九七八]。また兵士の徴発には郡による公民支配が前提とされているし、軍団の長官・次官である軍毅(大毅・少毅)は郡司の判官(=主政)相当と定められ、郡の長官・次官である郡領(大領・少領)よりも格下とされている(『続日本紀』養老三年四月乙酉条)。このようなことからみて、郡と軍団の関係において主導性があるのは郡であって、丹取軍団が玉作軍団と改称された時点には丹取郡はすでに廃止され、軍団の所在地が玉作(玉造)郡となっていたとみるのが穏当であろう。すなわち丹取郡は神亀五年四月に近い時期に廃止され、玉作等いくつかの郡に分割されたと推測されるのである。

さきにも述べたように、黒川以北十郡は政策的意図をもって、いっせいに再編されたと考えられるので、その成立は神亀五年四月に近い時期とみてよいと思われる。ただし、各郡で城柵や郡家の施設整備が個別におこなわれるのは建郡後であってもおかしくないし、しかもいくつかの城柵附属寺院(大崎市伏見廃寺跡・加美町菜切谷廃寺跡・色麻町一ノ関遺跡など)でも多賀城創建瓦が発見されているので、この時期に造営や改修がおこなわれた寺院も複数あったとみてよい。

東山官衙遺跡や城生柵跡では平城宮の瓦を祖型とした細弁蓮華文軒丸瓦(多賀城二三〇・二三一)と均整唐草文軒平瓦(多賀城六六〇)が用いられているので、奥羽連絡路事業にともなって一体的に造営され、賀美・色麻両郡もこのとき新たに置かれたとする説もある［村田二〇一〇］。

しかしながら筆者は、既述のように、黒川以北十郡自体は辺郡支配の安定・強化という同一の目的で神亀末年ごろにいっせいに建郡され、そのあと天平初年ごろから一部の郡で城柵・寺院等の造営・整備が進められたのではないかと考えるので、東山官衙遺跡や城生柵跡では、一部の建物の整備が天平九年ごろまでずれ込んだと考えれば、このころ賀美・色麻両郡が建郡されたとみる必要はなくなるであろう。

この地域にはもう一つ、遠田郡が存在したが、前掲史料2からは、黒川以北十郡は遠田郡を含まないことが知られる。このことは、遠田郡を構成する住民に関係すると考えられる。つぎの記事がその遠田郡の建郡を示しているとみられる。

〔史料4〕『続日本紀』天平二年（七三〇）正月辛亥条

陸奥国言さく、「部下田夷村の蝦夷ら、永く賊心を悛《あらた》めて、既に教喩に従う。請《こ》う、郡家を田夷村に建てて、同じく百姓と為《な》さん」といえり。之を許す。

陸奥国の田夷村に郡家を建てたとする記事である。この記事は、古くから遠田郡の建郡を示すと考えられてきた［大槻一九〇二］。この考えは、下文の天平九年の記事に遠田君雄人が「田夷遠田郡領」としてみえていることからも首肯できる。

ここに出てくる「田夷」とは、〝水田耕作をおこなう蝦夷〟という意味の通称のごときものでは決してない。同書天平九年四月戊午条の奥羽連絡路の記事に「田夷遠田郡領外従七位上遠田君雄人を差して海道に遣し、帰服の狄和我君計安塁を差して山道に遣わす。」という一節があるが、「田夷」は「帰服の狄」と対応していることが明らかで、身分表記とみられる。さらに『日本後紀』弘仁三年（八一二）九月戊午条では遠田郡の竹城公金弓ら三九六人は「己等未

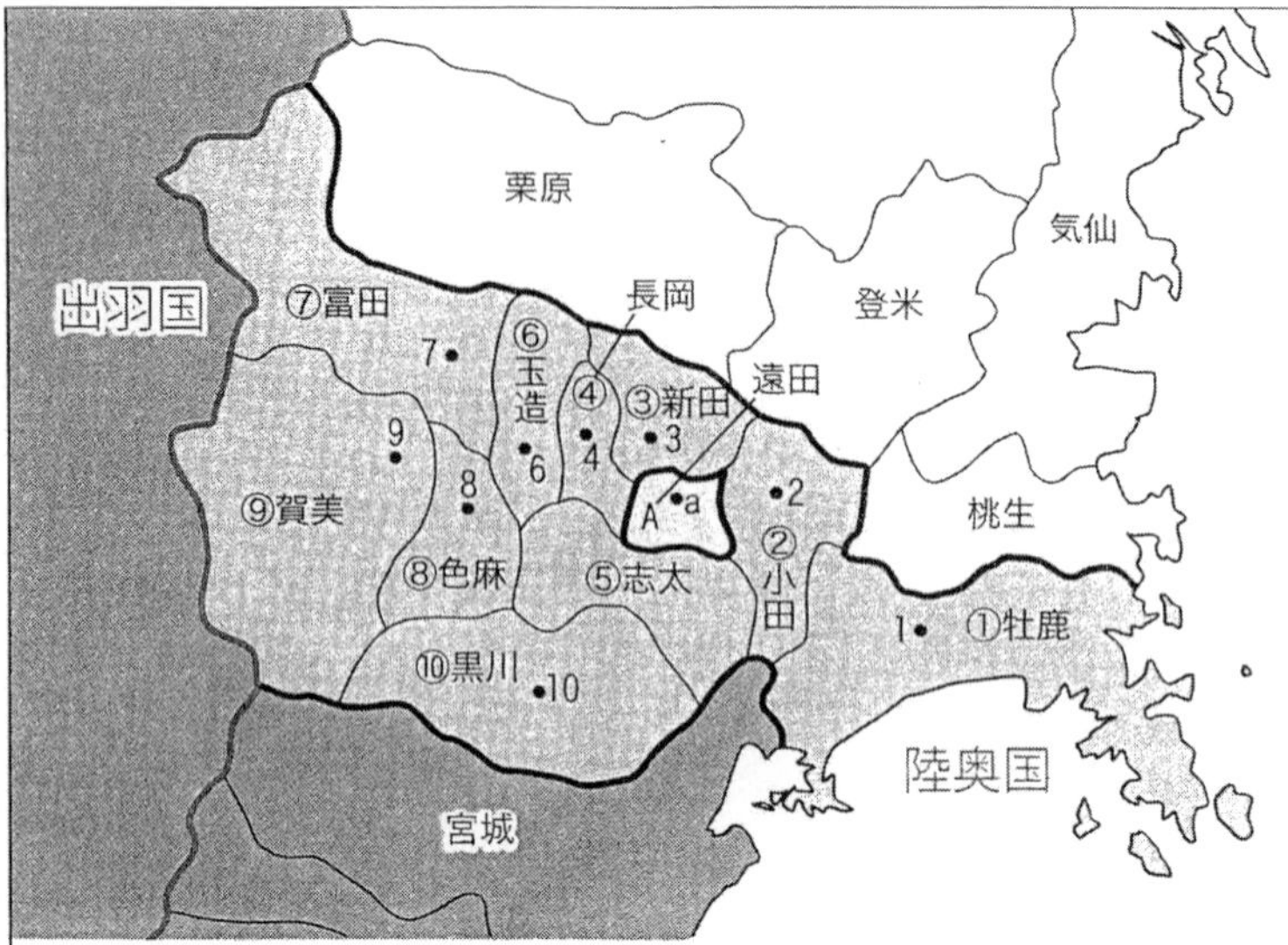

注1：①～⑩は、『続日本紀』延暦八（七八九）年八月己亥条における黒川以北十郡の配列順序。これは十郡を反時計回りで回った順番と考えられる。

注2：1～10、aは、各郡の場所を推定する重要な手がかりとなる遺跡、または遺存地名。
1．赤井遺跡（牡鹿柵跡ヵ）、2．黄金山産金遺跡、3．新田柵跡、4．大崎市古川長岡、6．名生館遺跡、7．中世の富田郷（大崎市岩出山上一栗、下一栗に比定）、8．城生柵跡（色麻柵跡ヵ）、9．東山遺跡（賀美郡家跡ヵ）、10．一里塚遺跡（黒川郡家跡ヵ）、a．高城（美里町南高城・中高城、大崎市田尻北高城）

図3　黒川以北十郡地図（熊谷 2019 より）

だ田夷の姓を脱せず、永く子孫の恥を貽さん。伏して請うらくは、本姓を改めて公民と為らん。」と申請して、「陸奥磐井臣」という姓に改めてもらったうえで公民身分に編入されているのである。「田夷の姓」とは、「遠田君(公)雄人」のように、「地名＋君(公)」の類型の姓をさし、ほかにも「竹城公」「真野公」「白石公」「小倉公」「意薩公」など、さまざまな種類があるが、延暦年間から弘仁年間にかけて、同じように申請をして「臣」や「連」のカバネが付く姓に改められている。

また「田夷」は、決して蝦夷社会に広汎に存在したわけではない。陸奥国では遠田郡を中心にして、ほかには小田郡・牡鹿郡など、黒川以北十郡の地域で存在が確認できる程度である。この点からみて「田夷」は遠田郡や黒川以北十郡の地域に特徴的な存在であり、その成り立ち、性格を考えるうえで、重要な要素になるのではないかと思われる。

遠田郡は、『和名類聚抄』によれば清水・余戸の二郷のみからなる極小の郡であり、周囲を黒川以北十郡に囲まれていたとみられる(図3)。しかも黒川以北十郡の成立直後に建郡されている。これらの点からみて、遠田郡の建郡は黒川以北十郡の成立と密接に関連していたことが推測される。

黒川以北十郡地域の住民構成は、大きく移民系の柵戸と蝦夷系に分けられる。蝦夷系の住民は、さらに田夷と俘囚に二分される。ここにいう田夷が狭い意味の「蝦夷」身分の下位区分とみられることは、史料4に「部下田夷村蝦夷等」とあることに加えて、田夷とされた人びとの姓が「遠田君(公)」など、蝦夷身分に特有の地名+君(公)の姓であることから疑いない。

服属した蝦夷は、大きく「蝦夷」身分(以下、身分としての「蝦夷」には「 」を付す)と「俘囚」身分に分けられる。「蝦夷」とは集団のまま律令国家に服属して、○○(地名)+君(公)の類型の姓を与えられた人びとであり、俘囚は、個別に律令国家の支配下に取り込まれて大伴部・吉弥侯部などの部姓を与えられた人びとである〔古垣 一九八八〕。服属した「蝦夷」は、その存在形態に応じて姓を授かるのである。

『日本後紀』弘仁六年(八一五)三月丁酉条で、遠田郡の「真野公」ら四六人が、田夷特有の姓を「真野連」に改められているが、一九九一年に石巻市田道町遺跡から出土した延暦十一年(七九二)の紀年のある出挙木簡に「真野公」がみえることで、この真野公の本拠地の見方が大きく変わることになった。というのは、田道町遺跡が所在する古代の牡鹿郡内(現石巻市)に真野あるいは真野川という地名が遺存しているので、真野公氏の本拠地はもともと牡鹿郡の真野であったことが確実視されるようになったからである。そうすると遠田郡の真野公は、おそらく遠田郡建郡の前後に、牡鹿郡から政策的に移住させられた田夷で、本拠地のある牡鹿郡内にも真野公の一部がとどまったということになろう。その他にも、意薩公・竹城公・石原公・小倉公など、田夷姓の改姓を願い出ている遠田郡の田夷諸氏も、建郡の前後に同じように周辺諸郡から移配されてきた蝦夷系豪族である可能性が考えられよう［熊谷 一九九五］。

そもそも「田夷村」という村名は、この地の本来の地名とは考えがたい。郡領氏族が「遠田君」で、建郡後の郡名も「遠田郡」であることからすれば、「遠田」がこの地固有の地名とみられる。地元の有力「田夷」に加えて、黒川以北十郡など近隣地域のもともとの住民のうち、とくに律令国家の蝦夷政策に協力的な集団を「田夷」諸氏として再編成し、集住させたことで「田夷村」と名づけられたと考えられる［熊谷 二〇一九］。すなわち田夷郡である遠田郡は、いわば特殊な移民郡である黒川以北十郡の編成過程で析出された副産物であったといえよう。

なお田夷は、通常の公民と異なり、課役負担が免除されていた明証がある。『日本後紀』弘仁三年九月戊午条には、「己等未だ田夷の姓を脱せず、永く子孫の恥を貽《のこ》さん。伏して請うらくは、本姓を改めて公民と為り、禄を給わるを停められ、永く課役 奉《つかえまつ》らん」と申し出たところ勅許されたが、「唯だ卒《にわか》に課役に従うは、遺類に勧め難し。宜しく一身の役を免《ゆる》すべし。」として、特例で終身課役免とされた。田夷の負担は一般の公民と区別され、夷禄が支給されて課役は免除されていた。ただし、ほかの史料をみると、軍役などの負担が別にあったとみられる。前掲の史料2は、黒川以北十郡の公民で入軍した人について復年の延長を命じた勅なので、もともと課役が免除されていた田夷主体の遠田郡は対象外とされたと考えられるのである。

蝦夷系住民のもう一つの系統の俘囚については、神護景雲三年（七六九）、牡鹿郡の俘囚大伴部押人が俘囚身分を脱して「調庸民」（＝公民）になることを願い出て許されている。この押人の申立が先例となって、翌宝亀元年（七七〇）には「黒川・賀美等一十郡の俘囚三千九百廿人」が「俘囚の名を除きて、調庸の貢を輸《いだ》さん」と、同様に公民となることを訴え出て許可された（『続日本紀』同年四月癸巳朔条）。彼らはより北の地域から個別に帰服し、黒川以北十郡に来住した人びととみられる。このとき、三九二〇人の俘囚がいっせいに公民身分とされたが、その後もしばしば俘囚(夷俘)が帰降してきて、黒川以北十郡に住み着くことがあった。たとえば宝亀五年(七七四)十月に海道蝦夷の拠点である遠山村(現登米市ヵ)を按察使大伴駿河麻呂の軍が急襲したときには、「遂に窮寇をして奔亡せしめ、降《くだ》る者相望ましむ。」と多数の蝦夷が投降してきているし(同書同年十月庚午条)、延暦十九年(八〇〇)にも「帰降の夷俘、各《おのおの》城塞に集まり、朝参相続き、出入寔《まこと》に繁し。」(『類聚国史』巻一九〇俘囚　同年五月戊午条)と、多数の蝦夷が城柵に朝貢してきたことが知られる。

以上、玉造等の諸柵・黒川以北十郡、および遠田郡についてひと通りみてきた。最後に、それらをふまえて黒川以北十郡の成立過程を概観しておきたい。

狭小な移民郡の集合体である黒川以北十郡が成立するのは、養老四年の蝦夷の反乱によって辺郡(＝大崎・牡鹿地方)が数年にわたって混乱状態に陥ったことが直接の原因と考えられる。なお今泉氏は、黒川以北十郡の成立を霊亀元年(七一五)の富民一〇〇〇戸の移配によるものとしているが[今泉　一九八八]、この見解にしたがいがたいことはすでに述べている[熊谷　二〇〇七a]。

政府は養老六年以降、「鎮所」(＝多賀城、および大崎地方の城柵)にヒト・モノを集積してその軍事的機能を強化する政策をとった。この政策は一定の効果をあげたようで、神亀元年で一段落する。つぎに政府は、大崎・牡鹿地方の支配体制を強化するために、すでに設置していたいくつかの郡をより小さな郡に分割して、神亀末年までに黒川以北十郡をいっせいに編成したと考えられる。それがひと通り終了した段階で、新たに置いた玉造(作)郡にもとづいて丹取軍団を玉作軍団と改称したのである。

こうして黒川以北十郡については鎮所の支配力などを背景にして、比較的短時日で編成し終えたが、鎮所の強化策はあくまでも臨時の暫定的な措置であった。それを恒常的な支配体制に高める必要があったが、それが玉造等の諸柵の整備である。

城柵や附属寺院等の個別的な整備は、おそらく黒川以北十郡の成立後も続けられ、後述の「防衛ライン」も着々と整備されていったであろう。そのため郡によって遅速が生じ、すべてが完了するまでに時間を要することになったのではないかと推測される。こうして城生柵跡（色麻柵跡カ）や東山官衙遺跡（賀美郡家）などでは、奥羽連絡路の開設事業がおこなわれた天平九年（七三七）ごろまで一部の建物の瓦葺などがずれ込んだとみられるのである。

また、黒川以北十郡がいっせいに成立した直後の天平二年に田夷郡の遠田郡が成立したのは、黒川以北十郡の成立過程を象徴しているように思われる。すなわち、黒川以北十郡を微小な移民郡として編成するにあたって、この地域のもともとの住民を田夷身分として把握し、最有力の田夷氏族である遠田君（公）一族の本拠地に周辺地域の有力な集団を集住させて田夷村と命名し、そこに郡家を建てて遠田君氏を郡領に任用し、遠田郡を建郡するのである。田道町遺跡出土の木簡からみて、遠田郡に移住した以外の田夷は依然として本拠地に居住していたと考えられる。そうすると遠田郡は、いわば特殊な移民郡である黒川以北十郡の編成過程で析出された副産物といえよう。

4　多賀城創建の歴史的意義

以上、多賀城の創建をめぐる諸問題について、とくに大崎・牡鹿地方の建郡と城柵の造営の問題を中心に、近年の研究もふまえながらみてきた。そこで最後のまとめを兼ねて、多賀城創建の歴史的意義について考えてみたい。

近年の研究によって明らかとなったように、新国府としての多賀城の創建は、養老四年（七二〇）の蝦夷の反乱を直接の契機とするものであり、その養老四年の反乱は、『続日本紀』の記述は簡略であるが、「辺郡」、すなわち大崎・牡鹿地方を舞台とするものと考えられ、しかも律令国家や辺郡の住民の想定をはるかに超えた、空前の規模の大乱であったと推察される。この反乱によって「辺郡」は混乱状態に陥り、従前の蝦夷支配体制の弱点が露呈してしまうのである。そのため律令国家は、それまでの蝦夷支配を根本から建て直す必要にせまられることになるのである。新国府多賀城の創建も、そのような蝦夷支配の政策転換の中に位置づけてみることが肝要であろう。

では、養老四年の反乱に立ち上がったのは、どの地域の蝦夷だったのであろうか。奈良時代の陸奥国の蝦夷は山道蝦夷と海道蝦夷に二分される。この場合の山道とは黒川以北十郡よりも北の北上川中・上流域一帯であり、海道とは北上川下流域から三陸方面にかけての地域をさす。養老四年の反乱の主体となったのは、いくつかの点からこのうちの山道蝦夷とみて誤りないと思われる。

大崎平野の北縁部には、奈良時代の城柵官衙遺跡が、以下のような位置関係でライン状に並んでいる(本書の髙橋論文の遺跡分布図参照)。

◎東山遺跡(加美町)—◎城生柵跡(加美町)—○◎名生館官衙遺跡(大崎市)—◎小寺・杉ノ下遺跡(大崎市)—○南小林遺跡(大崎市)—○◎三輪田・権現山遺跡—◎新田柵跡—◎日向館跡・城山裏土塁跡(涌谷町)—○◎赤井遺跡(東松島市)(○多賀城創建期以前の遺跡、◎多賀城創建期以降の遺跡。両方付いているのは多賀城の創建前後を通して存続する遺跡、本書髙橋論文、古代城柵官衙遺跡検討会二〇二四等参照)

このライン状の城柵官衙遺跡群は「防衛ライン」[八木二〇〇一]とよばれたりするが、注目すべき特徴がある。

⑴ 多賀城創建以前にさかのぼる遺跡は少なく(四)、多賀城創建期を境に増加する(八)。

⑵ 多賀城創建期以降の遺跡の分布をみると、西半部に六、東半部に二と、著しく西半部に偏在する。

⑴多賀城創建を境にライン上の遺跡が倍増するのは、「防衛ライン」が実質的に多賀城創建期に形成されたことを意味しよう。また、⑵城柵官衙遺跡がラインの西半分に集中しているのは、この「防衛ライン」が主として山道蝦夷に備えるものであったことを端的に示していると考えられる。

文献史料からみるかぎり、陸奥国では、養老四年以前には大規模な蝦夷の反乱は起こったことがなく、大宝律令の施行後、辺郡では和銅六年（七一三）に新たに丹取郡を置き、霊亀元年（七一五）に一〇〇〇戸（約二万人）もの富民（柵戸）を坂東諸国から移住させて、着々と律令支配を強化してきた。養老二年（七一八）に陸奥国から五郡ずつ、合わせて一〇郡を分割して石城・石背二国を置いた（石城国にはさらに常陸国多珂郡の一部を菊多郡として移管）のは、残された狭域の陸奥国（現在の宮城県よりも一回り小さい）を主体にして蝦夷支配をおこなっていこうという方針であったからと思われる［工藤 一九八九］。

ところが養老四年に陸奥国で蝦夷の反乱が勃発すると、山道蝦夷の攻撃を受けた辺郡では「暴《にわ》かに寇賊を被《こうむ》り、遂に東西に適《ゆ》きて、流離分散す。」とされているように、住民が動揺して大混乱に陥ってしまう。このような状況を目の当たりにして、律令国家はそれまでの蝦夷支配体制の抜本的な見直しを迫られるのである。

律令国家は、蝦夷支配の強化のために大きく三つの方策をとった。一つ目は、陸奥・出羽両国が連携して広域的に蝦夷支配をおこなう体制の創出である。すなわち、乱の翌年には、分離したばかりの石城・石背両国を急遽、陸奥国に再併合したことをはじめとして、出羽国を陸奥按察使管下に置くとともに、北陸道から東山道に移管し、なおかつ駅路で陸奥・出羽両国を結んで、広域的な蝦夷支配体制を急遽構築し［永田 二〇一五］、律令制下に長くとられた蝦夷支配の大枠ができあがった。これが改革の第一歩であった。

つぎに養老四年の反乱で防衛体制の弱点を突かれ、支配秩序が崩壊してしまった辺郡では、その支配体制、防衛体制を強化することが、緊要な政治課題となっていたとみられる。これに関しては、まず養老六年(七二二)閏四月から神亀元年(七二四)四月にかけて「鎮所」へヒト・モノを集積する軍事的強化策がとられ、それを前提として神亀四、五年(七二七、八)ごろに微小な移民郡の集合体である黒川以北十郡が成立し、さらに天平九年(七三七)ごろまでにいくつかの城柵が整備されて黒川以北十郡の北縁部を東西に連なる「防衛ライン」が構築されたと考えられる。これは律令国家の北辺部の支配体制・防衛体制を大幅に強化しようとする政策である。なお、この時期に整備された城柵の一部は、天平九年の奥羽連絡路開設関係の記事に「玉造等五柵」としてみえており、その多くは郡家型城柵であったとみられる。

そして最後にあげられるのが、国府を新たな場所に遷して、新国府多賀城を建設するという政策である。多賀城はそれ以前の国府があった郡山遺跡からは一二キロほど北東に離れた場所で、仙台平野の北を画する松島丘陵から南西に延びる丘陵の西端に位置する。背後に広がる丘陵の三〇キロほど北には、江合川や鳴瀬川が東流する大崎平野が広がる。また多賀城跡の外郭東門から二キロ余り東には松島湾に面した塩釜の港がある。塩釜には「国府津」に由来するとみられる香津《こうづ》という地名がいまも残っており、もともと国府多賀城の外港という性格をもっていた。当時は、鳴瀬川ばかりでなく江合川も現在の東松島市のあたりで太平洋に注いでいたので、国府の外港にあたる塩釜に出れば、大崎地方には舟運でも比較的行きやすい立地である。すなわち乱後、国府を多賀城に遷したのは、養老四年の反乱で攻撃を受けた大崎地方を水陸両道から統轄できる立地であることにあったといえよう。

おわりに

筆者がはじめて多賀城の成立に関する論文を書いてから四半世紀がたち、多賀城創建一三〇〇年の年を迎えた。その間、多賀城に関する研究も、発掘調査も飛躍的に進み、さまざまな新見解が出され、新たな事実も明らかとなっている。今回改めてそれらの諸研究、調査成果から多くのことを学ばせていただいた。

養老四年(七二〇)の蝦夷の反乱が多賀城創建の直接の契機と考えられることは、新旧の研究を通して変わらないが、もっとも大きく変わったのは、多賀城碑に刻まれた「神亀元年」の位置づけではないかと思う。従来は、それを多賀城完成の年次と理解していたが、近年の研究によれば、どうもそれは修正を要するようである。この年紀は、吉野氏が指摘したように、郡山遺跡から国府が移された年を示すものと解するのがよく、多賀城本体の造営はこの後もしばらく続けられたと考えられる。この新事実は、多賀城の成立過程や、それにともなう蝦夷支配体制の再編の見方にも大きな影響を及ぼすものであろう。

養老四年の反乱収束後、律令国家がまず着手したのは、石城・石背両国の再併合＝広域陸奥国の復活、出羽国の陸奥按察使の管下への編入、出羽国の東山道移管、さらには陸奥・出羽両国間の駅路建設などである。これらは、いわば蝦夷支配の新たな枠組みであり、広域陸奥国の国力を蝦夷支配の基礎に据え、その上で出羽国と連携して蝦夷支配をおこなっていくという基本方針を示している。

また佐々木氏の研究によって、養老五年八〜十月ごろに多賀・階上郡を権置したことが明らかにされたが、これは新国府多賀城造営のための要員確保を目的としたものと思われる。要するに多賀城の造営が開始されるのは、これ以降のこととみられるのである。

そして以上の施策を前提として発布されるのが、六年閏四月の太政官奏である。この官奏にはさまざまな法令が含まれているが、その冒頭には、「中国」(=日本本土)を安定させるには、「寇賊」(=養老四年の反乱)の攻撃によって「流離分散」してしまった「辺郡人民」の救済が不可欠であることが謳われている。この観点からとくに注目されるのが、官奏末尾の「鎮所」への運穀奨励策である。関連年表(表1)にみられるように、鎮・鎮所はこの官奏が初見で、神亀元年までのわずか二年ほどの間に集中的に『続日本紀』に現れ、基盤強化に必要なヒトやモノが短期間に多賀城や辺郡の「鎮所」に集積されたことがうかがわれる。つまり、養老六～神亀元年の間に、多賀城とともに辺郡の「鎮所」の強化策が組織的に実施され、それによって支配秩序が大幅に回復したと推察されるのである。

筆者は、右の「鎮所」強化策の終了する神亀元年が多賀城の造営ばかりでなく、辺郡の再編(=黒川以北十郡の成立)、および玉造等の諸柵・寺院の整備においても、重要な画期となったと考える。

大崎地方(=辺郡)の支配秩序が安定しないかぎり、同地域で建郡や城柵・寺院の造営を本格的におこなうことは困難であったと思われるし、多賀城の造営においても、創建瓦はほとんどが大崎地方の瓦窯から供給されたので、造営の進捗にはやはり大崎地方の支配秩序の回復が必要であったと考えられる。

多賀城の造営に関しては、木簡資料などからも神亀元年以降も造営が続けられたことが指摘されているが、上に見たように、「辺郡」での建郡、城柵・寺院の造営・整備が開始されるのは神亀元年以降と考えられるのである。このような見通しは、神亀五年(七二八)の丹取軍団の玉作軍団への改称を黒川以北十郡の成立を前提としたものと解する見方とも、より整合的であると考えられる。

そして城柵・寺院の整備は天平年間に入ってからも続けられ、場合によっては奥羽連絡路開設事業がおこなわれた天平九年(七三七)ごろにまでずれ込むこともあった、というのが現在の筆者の見解である。

参考文献

今泉隆雄　一九八八「名生館遺跡と県北の支配」『図説宮城県の歴史』河出書房新社
今泉隆雄　二〇〇一「多賀城の創建―郡山遺跡から多賀城へ―」『条里制・古代都市研究』一七(のちに『古代国家の東北辺境支配』吉川弘文館、二〇一五に所収)
今泉隆雄　二〇〇五「古代国家と郡山遺跡」(のちに同上書に所収)
大河原基典　二〇〇二「多賀城創建期における瓦生産の展開」『宮城考古学』四
大槻文彦　一九〇二「陸奥国遠田郡小田郡沿革考」『復軒雑纂』廣文堂書店
北　啓太　一九八八「征夷軍編成についての一考察」『書陵部紀要』三九
工藤雅樹　一九七〇「多賀城の起源とその性格」『古代の日本』八 東北 角川書店(のちに『蝦夷と東北古代史』吉川弘文館、一九九八に所収)
工藤雅樹　一九八九「石城、石背両国の分置と広域陸奥国の復活」『律令国家の構造』吉川弘文館(のちに同上書に所収)
熊谷公男　一九八九「黒川以北十郡の成立」『東北学院大学東北文化研究所紀要』二一
熊谷公男　一九九五「田道町遺跡出土の『真野公』木簡をめぐって」『田道町遺跡』石巻市文化財調査報告第7集
熊谷公男　二〇〇〇「養老四年の蝦夷の反乱と多賀城の創建」『国立歴史民俗博物館研究報告』八四
熊谷公男　二〇〇七a「多賀城創建再考―7世紀中葉以降の陸奥国における領域支配の展開―」『古代東北・北海道におけるモノ・ヒト・文化交流の研究』東北学院大学文学部
熊谷公男　二〇〇七b「城柵と城司―最近の「玉造等五柵」に関する研究を手がかりとして―」『東北学院大学東北文化研究所紀要』三九
熊谷公男　二〇一九「奈良時代陸奥国北縁部における建郡と郡制」『古代東北の地域像と城柵』高志書院
熊谷公男　二〇二二「古代東北の歴史環境」『陸奥と渡島』シリーズ 地域の古代日本　KADOKAWA
古代城柵官衙遺跡検討会　二〇二四『古代城柵官衙遺跡検討会50周年記念資料集　古代東北の城柵・官衙遺跡』
佐川正敏　二〇〇〇「陸奥国の平城宮式軒瓦六二八二―六七二一の系譜と年代―宮城県中新田町城生遺跡と福島県双葉町郡山五番遺跡・原町市泉廃寺―」『東北文化研究所紀要』三二
佐々木茂楨　一九七三「多賀城と玉造等諸柵」『国史談話会雑誌』豊田・石井両先生退官記念号

佐々木茂楨　二〇一〇「古代陸奥国の「名取以南一十四郡」と多賀・階上二郡の権置」『国史談話会雑誌』五〇

進藤秋輝　一九八六「多賀城創建をめぐる諸問題」『東北古代史の研究』吉川弘文館

進藤秋輝　二〇〇三「多賀城創建期の造瓦活動について」『東北歴史博物館研究紀要』四

鈴木拓也　一九九六「陸奥・出羽の調庸と蝦夷の饗給」『史学雑誌』一〇五―六（のち『古代東北の支配構造』吉川弘文館、一九九八に所収）

高橋誠明　二〇一四「古墳築造周辺域の地域社会の動向―宮城県北部大崎地方を中心に―」『古墳と続縄文文化』高志書院

高橋誠明　二〇二四「名生館官衙遺跡」『古代城柵官衙遺跡検討会50周年大会記念資料集　古代東北の城柵・官衙遺跡』第2分冊

土田直鎮　一九五二「石城石背両国建置沿革余考」『歴史地理』八三―一（のちに『奈良平安時代史研究』吉川弘文館、一九九二に所収）

永田英明　二〇一五「出羽国の東山道移管と陸奥按察使」『日本歴史』八一一

橋本　裕　一九七八「律令軍団一覧」『律令軍団制の研究 増補版』（吉川弘文館、一九九〇所収）

平川　南　一九九三「多賀城の創建年代―木簡の検討を中心として―」『国立歴史民俗博物館研究報告』五〇

古垣　玲　一九八八「蝦夷・俘囚と夷俘」『川内古代史論集』四

村田晃一　二〇〇七「陸奥北辺の城柵と郡家―黒川以北十郡の城柵からみえてきたもの―」『宮城考古学』九

村田晃一　二〇一〇「黒川以北十郡における城柵・官衙群」『考古学ジャーナル』六〇四

村田晃一　二〇二四「東山官衙遺跡」『古代城柵官衙遺跡検討会50周年大会記念資料集　古代東北の城柵・官衙遺跡』第2分冊

八木光則　二〇〇一「城柵の再編」『日本考古学』一二

八木光則　二〇二二『古代城柵と地域支配』同成社

吉田　歓　二〇一三「南奥羽国郡制の変遷」『講座東北の歴史　第三巻　境界と自他の認識』清文堂

吉野　武　二〇一六ａ「多賀城創建木簡の再検討」『歴史』一二六

吉野　武　二〇一六ｂ「多賀城創建期の瓦窯跡―日の出山窯跡群を中心に―」『歴史』一二七

吉野　武　二〇一八「第Ⅰ期多賀城の特質」『日本歴史』八三九

玉造柵・城・塞について

――黒川以北十郡域の拠点城柵の再検討――

髙橋 誠明

はじめに

玉造柵・城・塞は、奈良・平安時代に陸奥国に置かれた城柵である。

文献史料での初見は天平九年(七三七)四月十四日条(『続日本紀』)で、陸奥国府と鎮守府が置かれた多賀柵(城)とともに玉造柵が記載され、後に玉作城、玉造塞と呼称を変更しながら、承和四年(八三七)四月十六日条(『続日本後紀』)が最後の記事となる。

玉造柵の比定地については、原秀四郎氏の玉造郡鳴子町(現大崎市鳴子温泉)川渡説[原 一九〇八]や鈴木省三氏の古川市(現大崎市古川)大崎説[鈴木 一九二四]、伊東信雄氏の加美郡中新田町(現加美町)城生説[伊東 一九五六]などの諸説があるが、考古資料をもとにした論拠ある比定を行ったのは佐々木茂楨氏である。

佐々木氏は『和名抄』所載の「陸奥国玉造郡俯見郷」に位置すると考えられる伏見廃寺跡の発掘調査を行い、平安時代の官寺と推定した。そして、廃寺跡から北約一㌔に位置し、廃寺跡の出土瓦と同笵の瓦を出土する名生館官衙遺跡を玉造郡内に属する官衙とみて玉造塞に比定している[佐々木 一九七一]。

その後、名生館官衙遺跡は、昭和四十年代後半（一九七〇年代初頭）に大規模な土取り工事が行われた際に、多賀城創建瓦が多量に採集されたことにより奈良時代の玉造柵の有力な比定地となった。宮城県多賀城跡調査研究所による発掘調査では瓦葺きの政庁が発見され、進藤秋輝氏は瓦の再検討と発掘調査の成果から遺跡が多賀城の創建を遡るものであることを明らかにし、性格について和銅六年（七一三）十二月二日条（『続日本紀』）に建郡記事がある丹取郡の郡家とその前身の評家の可能性を指摘している［進藤　一九八六］。古川市教育委員会（現大崎市教育委員会）や宮城県教育委員会の調査では、櫓を伴う外郭施設や時期の異なる政庁が発見され、官衙の構造を変化させながら、中心施設である政庁の造営場所も移動するという特徴をもった遺跡であることが判明した。筆者は遺跡全体の変遷としてⅠ期からⅥ期の遺構期を設定し、Ⅲ期を丹取郡家、Ⅳ期以降を玉造郡家に比定し、Ⅳ期は外郭施設が構築され城柵としての構造を持つことから、玉造柵としての機能も併せ持つものと考えた。そして、外郭施設が認められなくなるⅤ期には、玉造柵の機能が宮沢遺跡に移転しているものと推定している［髙橋　二〇〇三b・二〇〇七］。

名生館官衙遺跡Ⅳ期を玉造柵とする説は、村田晃一氏［村田　二〇〇七］や柳澤和明氏［柳澤　二〇〇七］によっても示され、柳澤氏は玉造柵から玉造塞への名称変更の意義を検討し、玉造柵・城を名生館官衙遺跡、玉造塞を宮沢遺跡に比定している。

一方、八木光則氏は玉造柵は造営当初から宮沢遺跡にあり、名生館官衙遺跡を丹取・玉造軍団の施設であるとした［八木　二〇〇一・二〇一二］。阿部義平氏は玉造柵を小寺遺跡に、玉造塞を宮沢遺跡に比定している［阿部　二〇〇三・二〇〇六］。また、古川一明氏は宮沢遺跡が古代の長岡郡域に位置することから玉造塞に比定することはなお検討の余地があるとして、玉造塞という呼称は単独の遺跡を指し示すような狭義の固有名詞ではなく、大崎市北西部に所在する城柵群を包括するような、もしくはこの地域一帯を示すような広義の呼称として理解すべきとしている［古川　二〇一七］。

このように、玉造柵・城・塞に比定される遺跡には名生館官衙遺跡、小寺遺跡、宮沢遺跡が挙げられることから、本稿ではこれらの遺跡の性格について改めて検討を行うことにする。なお、小寺遺跡については、隣接する杉ノ下遺跡が一連の遺跡であることが判明しているため、小寺・杉ノ下遺跡として扱う。また、検討にあたっては、文献史料から玉造柵・城・塞がどのような城柵であったかを確認することとする。

1　文献史料からみた玉造柵・城・塞

玉造柵・城・塞は、六つの史料に記載される。

〔史料1〕『続日本紀』天平九年(七三七)四月戊午(十四日)条

遣陸奥持節大使従三位藤原朝臣麻呂等言《もう》さく、去る二月十九日を以て、陸奥国多賀柵に到り、鎮守将軍従四位上大野朝臣東人と共に平章す。且つ常陸・上総・下総・武蔵・上野・下野等の六国の騎兵、惣《す》べて一千人を追《め》す。(中略)仍りて勇健一百九十六人を抽《ぬ》きて、将軍東人に委ぬ。四百五十九人を玉造等五柵に分け配る。麻呂等、余る所の三百四十五人を師いて、多賀柵を鎮む。副使従五位上坂本朝臣宇頭麻佐を遣して玉造柵を鎮めしむ。判官正六位上大伴宿祢美濃麻呂をして新田柵を鎮めしむ。国大掾正七位下日下部宿祢大麻呂をして牡鹿柵を鎮めしむ。自余の諸柵は、旧に依りて鎮守せしむ。(後略)

玉造柵が初見する史料で、陸奥出羽按察使鎮守将軍の大野東人による陸奥出羽連絡路建設事業の記事である。この事業は、同年二月二十五日に大野東人が多賀柵から出羽国秋田村高清水岡の出羽柵(後の秋田城)に至る連絡路を開こうとしたもので、記事には多賀柵とともに玉造等五柵として玉造柵、新田柵、牡鹿柵また自余の諸柵が記載される。

事業の遂行にあたっては、坂東六国から招集された騎兵一〇〇〇人のうち四五九人が玉造等五柵に配備されている。征夷使として中央から派遣された持節大使の藤原麻呂が多賀柵、持節副使の坂本宇頭麻佐が玉造柵、持節判官の大伴美濃麻呂が新田柵を守衛していることから、玉造柵は多賀柵に次いで重要な城柵であったことがうかがえる。

玉造等五柵の残りの二柵については、一般的に後文に出てくる色麻柵と名称不明の一柵が自余の諸柵とされ、玉造等五柵は宮城県北部の大崎平野から石巻平野にかけて造営された城柵と考えられている。一方で、熊谷公男氏は、史料の文脈から玉造柵、新田柵、牡鹿柵は五柵に含まれることは確かであるが、色麻柵については断定できず、自余の諸柵についても騎兵を配した城柵だけに限定できないとし、五柵以上の城柵が存在したとの考えを示した［熊谷 二〇〇七］。あわせて、中央派遣官である国司を城司として城柵に常駐させる城司制についても再検討を行い、玉造等五柵のすべてに国司が城司として常駐していたとみることは困難であるとし、城柵とは周囲を柵（材木塀）・築地・溝（堀）・土塁・石塁などの外郭で囲まれた施設のことであって、その条件に該当すれば、城司が駐在せず政庁が存在しなくても柵や城と呼ばれたとしている。また、玉造等五柵で城司が駐在していたと考えられるのは、持節副使が派遣され五柵のなかでも、最も重要視されていたとみられる玉造柵と推測されている。

〔史料2〕『続日本紀』宝亀十一年（七八〇）十月己未（二十九日）条

征東使に勅して、今月二十二日奏状を省《み》て知る、使等延遅して既に時宜を失うことを。（中略）若《も》し今月を以て、賊地に入らずば、宜《よろ》しく多賀・玉作等城に居《お》りて、能《よ》く防禦を加えて、兼ねて戦術を錬るべし。

伊治公呰麻呂の反乱において派遣された持節征東大使の藤原小黒麻呂が、装備や軍粮の準備不足などを理由に軍事行動を開始しないことを光仁天皇に叱責された記事である。征討を始めない場合は、城柵の防備を固めるよう命じられており、その城柵の代表として多賀城と玉作城が記載される。

〔史料3〕『続日本紀』延暦八年（七八九）六月庚辰（九日）条

征東将軍奏して偁《いわ》く、胆沢の地は、賊奴の奥区なり。方《まさ》に今、大軍征討して、村邑《そんゆう》を剪《か》り除けども、余党伏し竄《かく》れて、人・物を殺略す。又子波《しわ》・和我は、僻《さ》りて深奥に在り。臣等、遠く薄《せ》め伐《う》たんと欲すれども、粮運に艱《かん》有り。其の玉造塞従り衣川営に至るまで四日、輜重《しちょう》の受納に二箇日なり。然れば則ち、往還十日なり。衣川従り子波の地に至るまで、行程仮令《たとえ》ば六日ならば、輜重の往還十四日ならん。惣べて玉造塞従り子波の地に至るまで、往還二十四日の程也。（後略）

この記事以降は玉造塞の呼称で史料に現れ、胆沢の地での阿弖流為ら蝦夷との戦いにおいて征東将軍であった紀古佐美が、軍粮の補給困難などを理由に軍の解散を朝廷に事後報告し、桓武天皇が厳しく叱責した記事である。記事には、玉造塞を起点に衣川営までの軍粮輸送にかかる日数が記載されていることから、永田英明氏は延暦八年の征夷では玉造塞が山道地方における最北端の拠点城柵として使用されたと指摘する［永田 二〇一九］。

〔史料4〕『日本後紀』延暦十五年（七九六）十一月己丑（二日）条

陸奥国の伊治《これはり》城と玉造塞は、相去ること三十五里なり。中間に駅を置きて、以て機急に備う。

緊急事態に備えて伊治城と玉造塞の間に駅を置くことが記載される記事である。記事には伊治城と玉造塞の距離が三十五里とあり、柳澤和明氏の検討によると三十五里はキロメートルに換算すると一八・七一一キロとなり、記事に載る距離は官道を歩いた実際の距離と考えられることから、伊治城と玉造塞の直線距離は一八・七キロ以下であったとされる［柳澤 二〇〇七］。また、永田英明氏によると、城柵と城柵の間の連絡という観点で新駅の必要性が語られているのは、駅制利用の許可権限を持つ官人、陸奥国での国司や鎮官などの中央派遣官が伊治城や玉造塞に常駐していたことを示し、この時点で両城柵が城司の常駐する拠点城柵であったことを意味しているという［永田 二〇一九］。

〔史料5〕『類聚三代格』巻十八　軍毅兵士鎮兵事　弘仁六年(八一五)八月二十三日太政官符
（〈　〉内割注、／は割位置を示す）

太政官符

一、番を分かち城塞を守らしむ事

兵士六千人〈並びに勲九等已上、白丁已上〉

旧《もと》の数二千人〈名取団一千人／玉造団一千人〉

今四千人を請け加う。〈白河団一千人　安積団一千人／行方団一千人　小田団一千人〉

（中略）

一、鎮兵を停止する事

合わせて壱仟人〈胆沢城五百人／徳丹城五百人〉

（中略）

一、番上兵士一千五百人を分ち配る〈兵士一千人／健士《こんし》五百人〉

胆沢城七百人〈兵士四百人／健士三百人〉

玉造塞三百人〈兵士百人／健士二百人〉

多賀城五百人〈並兵士〉

右の城塞等、四道集衢《しゅうく》し。敵を制して唯領《おさ》むるなり。儻《こいねが》わくは、臣等議する所を允《ゆる》されんことを。伏して望むらくは、件に依りて分配されんことを。

以前、勅を奉《うけたまわ》るに、陸奥の国司の奏状前《さき》の如し。具に請う所の任《まま》にせよ。逾《いよ》いよ兵権に勤めて、簡略にすべからず。

弘仁六年八月二十三日

この史料は鎮兵制の廃止と健士制の創設に関するもので、胆沢城と徳丹城を守衛する鎮兵の全廃と、新たに胆沢城に兵士四〇〇人、健士三〇〇人、玉造塞に兵士一〇〇人、健士二〇〇人、多賀城に兵士五〇〇人が配備されたことが記載されている。また、これら三城塞は交通の要衝にあり、敵を制するために重要な城塞と記載される。

〔史料6〕『続日本後紀』承和四年(八三七)四月戊申(十六日)条

陸奥国言さく、玉造塞の温泉石神、雷響《かみなり》のごとく振動して、昼夜止まず。(中略)此の如き奇怪、勝《あ》げて計うべからず。仍りて国司に仰《おお》せて、災異を鎮謝し、夷狄を教え誘わしむ。

最後に玉造塞が確認できる史料で、この記事は玉造塞の管轄下にある温泉石神で火山活動があり、様々な異変が起きたことから、温泉石神を鎮め、夷狄を教喩するよう国司に命じたものである。記事に載る温泉石神は、大崎市鳴子温泉川渡に所在し延喜神名式の玉造郡三座の一社として伝わる温泉石神社とみられる。

このように玉造柵は、玉作城そして玉造塞と呼称が変更されるが、玉造柵と玉作城については、玉造団が丹取団から改編された記事である神亀五年(七二八)四月十一日条(『続日本紀』)に「玉作団」と記載されることや、城柵の呼称が天平宝字年間を境に「柵」を付して呼ぶことを原則としていたものが「城」を付して呼ぶことが多くなり、神護景雲元年(七六七)以降はほとんどが「城」と呼ばれるようになる〔熊谷 二〇〇七〕ことから、玉造柵と玉作城は同じ施設であり城柵としての呼称が「柵」から「城」に変わったものとみられる。

玉造柵の成立時期は、玉造という名称から玉造郡に関連するものと考えられる。前述の丹取団を玉造団に改める軍団改編記事は、大崎平野に存在した丹取郡が再編され玉造郡が建郡したことに伴う記事と考えられ〔伊東 一九五七・一九七〇、工藤 一九七〇〕、軍団の名称変更は軍団の駐屯する郡が丹取郡から玉造郡に改められたことに基づくものであり、玉造郡が神亀五年四月までに建郡したことを示している〔佐々木 二〇〇八〕。また、大同五年（八一〇）五月十一日の太政官符に引用されている天平五年（七三三）十一月十四日勅符は、国司が玉造柵等の城柵に派遣される際の護身兵士の規定と考えられている〔今泉 一九九〇〕。これらのことから、天平五年にはすでに玉造柵は成立しており、その成立時期は神亀五年四月頃から天平五年十一月の間と考えられる。

玉造塞については、鈴木拓也氏が黒川以北十郡にあった玉造・新田・牡鹿・色麻などの諸柵の機能を集約させ、再編強化して成立した城柵と推測しており〔鈴木 一九九八〕、玉作城の記載がある史料2の宝亀十一年十月から初見する史料3の延暦八年六月の間に成立したものとみられる。廃止時期に関しては、承和六年（八三九）四月二十六日条（『続日本後紀』）の奥郡の住民の逃亡や俘囚の武装による不穏な情勢に対処するために胆沢城と多賀城に援軍を動員した記事の内容をもとに、この時期には玉造塞がすでに廃止されていると考えられ、最後に確認できる史料6の承和四年四月から承和六年四月までの間には廃止されたと指摘されている〔鈴木 一九九八〕。

このように文献史料からみた玉造柵・城・塞は、天平九年に初見して以降一〇〇年にわたって存続した拠点的な城柵であったことがわかる。

2　玉造柵・城・塞の比定地の検討

玉造柵・城・塞に比定される遺跡には、名生館官衙遺跡、小寺・杉ノ下遺跡、宮沢遺跡がある（図1。以下、各遺跡の位置は図1参照）。加美郡加美町に所在する城生柵跡も比定地として考えられたこともあるが、現在は色麻柵や加美

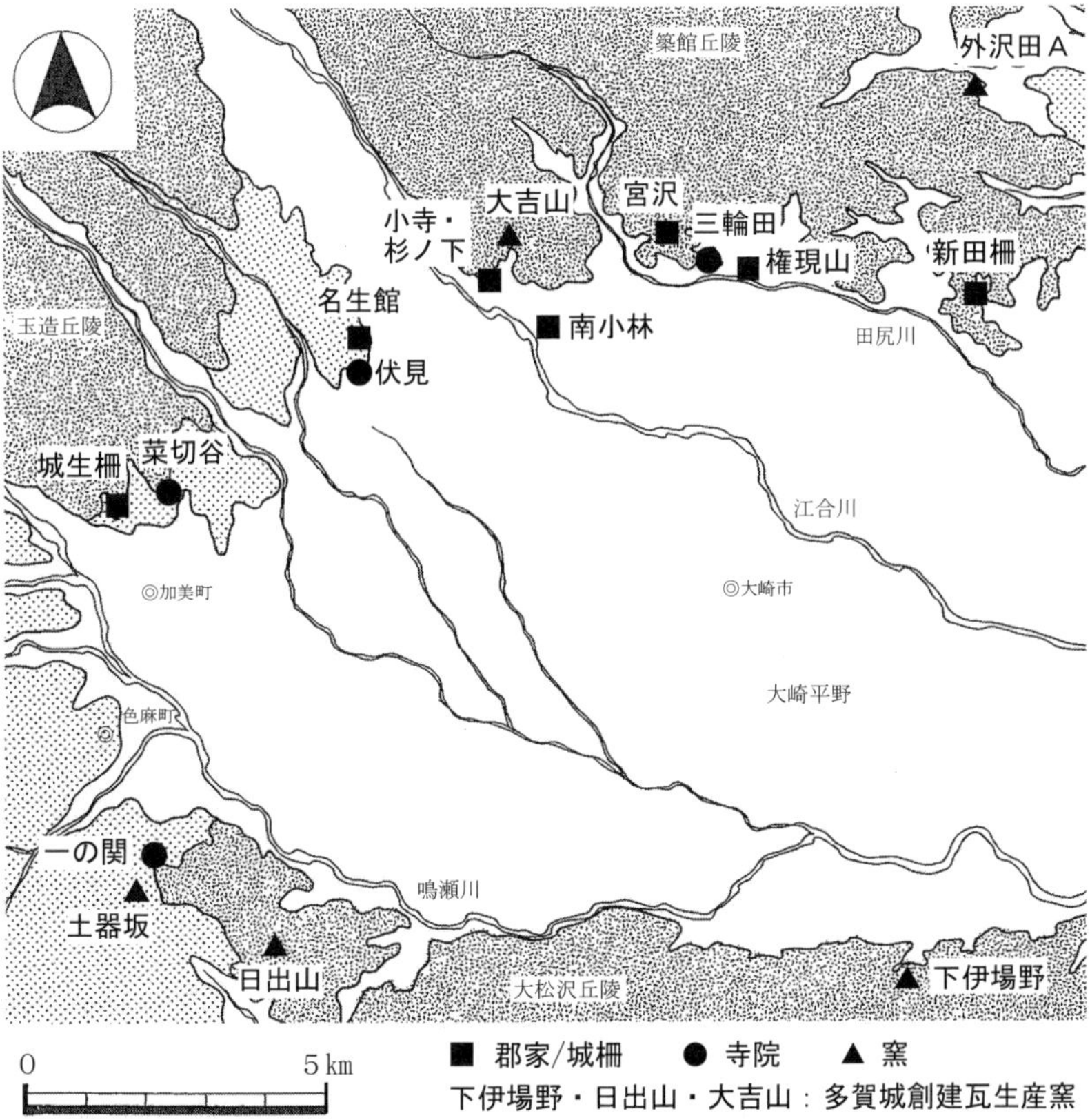

図1　「玉造柵・城・塞」関連遺跡分布図

郡の施設等とされているので、ここでは名生館官衙遺跡など三遺跡の検討を行う。なお、それぞれの遺跡の性格を考えるにあたって関連する遺跡についてもみていくことにする。

(1) 名生館官衙遺跡と伏見廃寺跡(図2)

①名生館官衙遺跡の概要　名生館官衙遺跡は大崎平野の北西部、江合川南岸の段丘上に立地し、大崎市古川大崎に所在する。遺跡は東西約六〇〇㍍、南北約一三〇〇㍍の範囲を北から内館地区、城内地区、小舘地区、天望地区、南西部地区に区分され、筆者はそれぞれの地区で検討された遺構期や

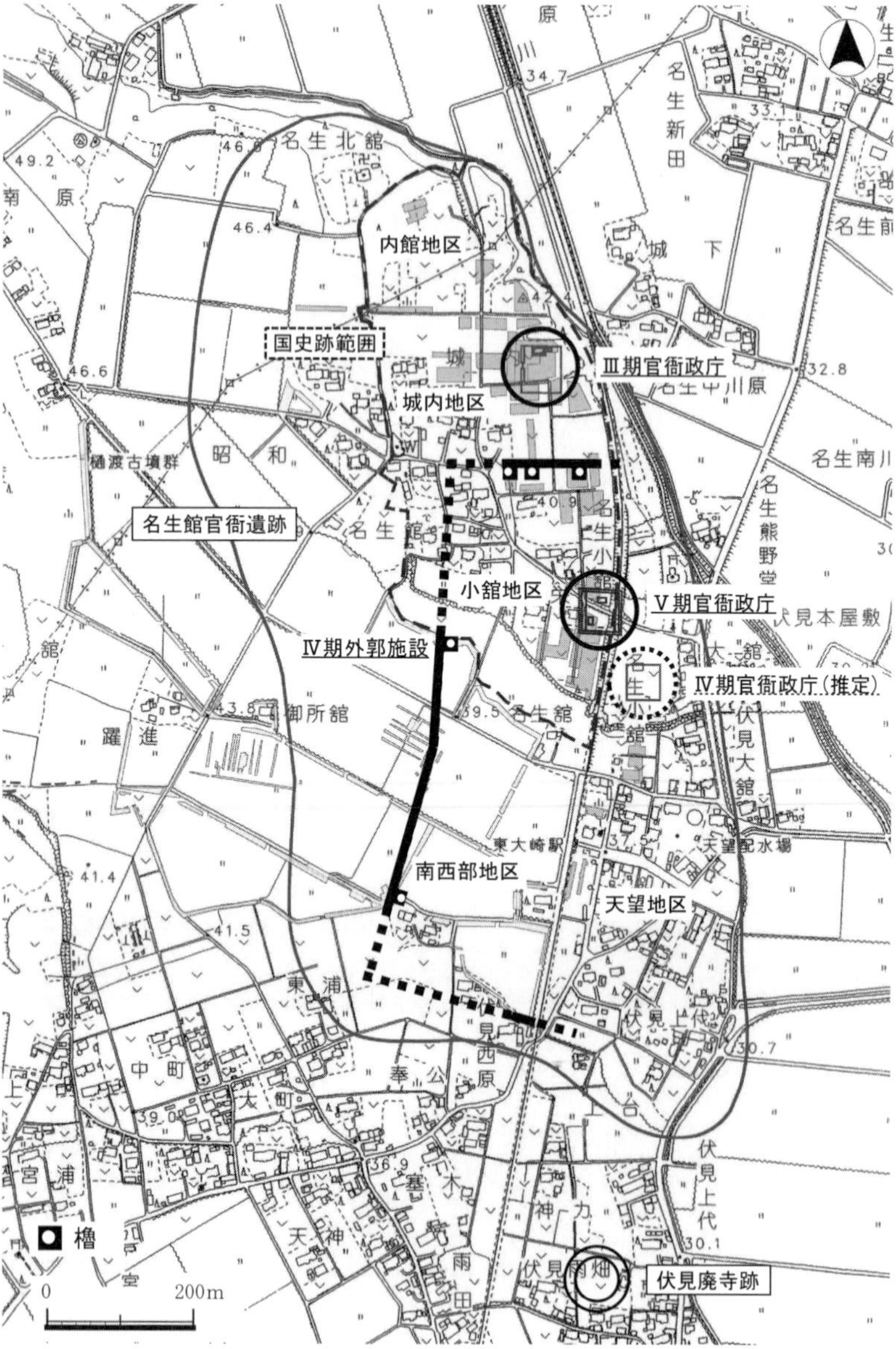

図２　名生館官衙遺跡全体図

年代観をもとに全体の変遷としてⅠ期からⅥ期の遺構期を設定し、各期の性格を検討している［髙橋二〇〇三b・二〇〇七・二〇〇九・二〇二四］。

Ⅰ期は七世紀中葉から末頃の官衙成立前の集落で、造営方向が北から西や東に傾く特徴がある。小舘地区から天望地区にかけて遺構の集中が認められ、竪穴住居と三×二間程度の小型の掘立柱建物で構成される。発見された竪穴住居のカマドの構造が煙道の長い在地型のものと短い関東型のものがみられ、出土遺物の土師器も在地のものと関東地方に出自を持つ関東系とで構成される。また、天望地区では集落を囲うと推測される材木塀と溝も発見されていることから囲郭集落と考えられる。

Ⅱ期は七世紀末から八世紀初頭頃の官衙成立期の遺構群で、城内地区と小舘地区に官衙院が造営される。Ⅱ期以降、主要な建物は造営方向を真北を基準とするようになる。城内地区の官衙院がⅢ期との連続性で中心施設と考えられ、材木塀や溝で区画され、南北棟で八×二間の長舎構造や三×二間程度の小型の掘立柱建物、竪穴住居、方形の土壙で構成される。小舘地区の官衙院は、材木塀と溝で区画される二つの官衙院が南北に西辺をあわせて造営され、いずれの官衙院も三×二間程度の小型の掘立柱建物と竪穴住居で構成される。

Ⅲ期は八世紀初頭から前葉頃の遺構群で、城内地区のⅡ期の官衙院が政庁となり、小舘地区にⅡ期の構成を踏襲する官衙院が造営される時期である。政庁の建物はいずれも掘立柱建物であり、東西五二・五㍍、南北六〇・六㍍の範囲を掘立柱塀で区画される。区画内の北辺に東西棟で七×五間の四面廂付建物の正殿、西辺に南北棟で八×二間と一〇×二間の長舎構造の脇殿二棟が南北に配され、正殿の東側に東西棟の三×二間の小型の建物、区画外の北西部にも南北棟の四以上×三間の建物が置かれる。正殿は瓦葺きで、単弁八葉蓮華文軒丸瓦とロクロ挽き重弧文軒平瓦などが葺かれる。

Ⅳ期は八世紀前葉から末頃の遺構群で、政庁が城内地区から小舘地区に移設されるとともに官衙の諸施設全体を囲む外郭施設が構築される時期である。政庁は小舘地区の東側で土取り工事の際に多賀城創建期の重弁蓮華文軒丸瓦などの瓦が多量に出土したことから、この位置に移設されたと推定しているが構造は不明である。外郭施設は溝とともに櫓が確認されており、その検出状況から溝の内側に土塁や築地塀といった構造物の存在が推測される。城内地区で北辺が一三〇メートル、南西部地区で西辺が三七六メートルにわたって確認され、遺跡の南端で南辺の可能性がある溝が確認されている。

Ⅴ期、Ⅵ期は八世紀末から九世紀後半頃に位置づけられ、Ⅳ期に構築された外郭施設が認められなくなる時期である。Ⅴ期は政庁が小舘地区内で移設される。政庁の建物はいずれも掘立柱建物で、東西五六・五メートル（復元測定）、南北五八メートルの範囲を回廊状遺構によって区画され、その南辺中央部に四脚門が置かれる。区画の内部には東西棟の四×二間の正殿と南北棟で五×二間の総柱の脇殿が品字型に配され、四脚門の北には目隠し塀が設けられる。正殿を除き二時期の変遷が認められ、回廊状遺構の東西規模は時期により異なり、小規模の区画範囲は東西が四六メートル（復元測定）となる。瓦葺きの建物は認められない。Ⅵ期は政庁が確認されていない時期である。

②伏見廃寺跡の概要　伏見廃寺跡は名生館官衙遺跡の南約二〇〇メートルに位置し、寺院の金堂と考えられる建物基壇が発見されている。基壇上の礎石を据えた痕跡も残っていないが、基壇の規模から東西棟の五×四間程度の建物が推定される。年代は出土瓦をもとに八世紀初頭から九世紀代に位置づけられ、創建瓦は単弁八葉蓮華文軒丸瓦とロクロ挽き重弧文軒平瓦などであり、多賀城創建期の重弁蓮華文軒丸瓦や手描き二重弧文軒平瓦など各種の瓦もあって、長期にわたって存続した寺院であると考えられる。

③名生館官衙遺跡と伏見廃寺跡の性格　名生館官衙遺跡の性格は、Ⅰ期は在地民である蝦夷と関東地方などからの

移民により構成された集落と考えられる。集落から出土する関東系土師器は官人や蝦夷に対する饗宴・給食などに供膳具として使用されたと考えられている［熊谷 二〇〇九］。したがって、この集落では蝦夷への饗給が行われていた可能性があり、後に官衙が成立していく状況からすれば、律令国家の領域拡大策のもとに造営された計画集落と考えられる。

Ⅱ期は、中心施設と考えられる城内地区の官衙院が、同時期の郡家で認められる定型的な政庁の構造とならない状況などから、郡家とは異なる性格を持つ官衙と考えられる。霊亀元年(七一五)十月二十九日条(『続日本紀』)には、陸奥の閉村付近の蝦夷が昆布を貢献するために閉村に郡家を建てることを申請した記事があり、その内容などから国府や郡家といった地方官衙も朝貢の場であったことがわかるとともに、閉村に建てられた郡家は正式のものではなかったと考えられている［今泉 一九八六］。郡が成立していない地域に造営されたⅡ期官衙は、閉村に建てられた仮の郡家と同様な施設で、蝦夷の服属儀礼である朝貢と饗給を行う場として造営された官衙とみている。

Ⅲ期は、発見された政庁の構造や規模が、備後国三次郡家と推定される広島県三次市下本谷遺跡Ⅱ期政庁に類似することから性格は郡家とみるのが自然である。遺跡は神亀五年(七二八)頃に建郡した玉造郡内に所在するが、正殿に葺かれた瓦は多賀城創建前の特徴を持つため、玉造郡建郡前の郡家と考えられる。前述のように玉造郡の前身は丹取郡と考えられることから、Ⅲ期は進藤秋輝氏が指摘するように和銅六年(七一三)に建郡した丹取郡の郡家とみるのが妥当である［進藤 一九八六］。正殿が瓦葺きとなることは、丹取郡が蝦夷の居住地と隣接する陸奥国最北の郡であり、Ⅱ期と同様、蝦夷の服属儀礼の場としての機能も持ち、律令国家の権威を象徴するものとして瓦が葺かれたのであろう。

Ⅳ期は、政庁の構造は不明ながら、Ⅲ期や後述するⅤ期も郡家と考えられるため、Ⅳ期の性格は郡家と考えるのが自然である。政庁に葺かれたと考えられる瓦には多賀城創建期のものがあることと、玉造郡の建郡時期を根拠に、Ⅳ期は玉造郡家と考えられる。瓦葺きの政庁であった可能性が高いのは、Ⅱ期やⅢ期と同様に蝦夷の服属儀礼の場としての機能を果たしていたからであろう。また、Ⅳ期は外郭施設が構築され城柵としての構造を備えているので、玉造柵の性格も併せ持つものと考えられる。

Ⅴ期は、発見された政庁の構造や規模が、武蔵国豊島郡家に推定される東京都北区御殿前遺跡Ⅲ期政庁や、常陸国鹿島郡家に推定される茨城県鹿嶋市神野向遺跡第2期政庁に類似することから、郡家と考えるのが自然である。また、Ⅴ期もしくはⅥ期と考えられる出土遺物には「玉厨」の墨書土器もあり、玉造郡家であったことを裏付けている。Ⅴ期以降になると、Ⅳ期に構築された外郭施設が認められず、政庁も瓦葺きを採用していないのは、城柵としての性格も蝦夷の服属儀礼の場としての機能もなくなったことを示すのであろう。

このように名生館官衙遺跡は、七世紀中葉から末頃の律令国家の領域拡大策による計画集落から始まり、蝦夷の服属儀礼である朝貢と饗給を行うための官衙の造営を経て、和銅六年の丹取郡建郡に伴い丹取郡家として整備され、神亀五年頃の玉造郡建郡により玉造郡家兼柵として再整備されたあと、八世紀末頃の再整備で玉造柵としての機能がなくなり、九世紀代にかけて玉造郡家として造営されたものと考えている。

伏見廃寺跡も創建瓦にⅢ期の政庁に葺かれる瓦と同笵・同類のものがあることは、両遺跡が同時期に親密な関係をもつ施設として創建されたことを示すのであろう。すなわち、伏見廃寺跡は丹取郡家付属寺院として成立し、その後は玉造郡家付属寺院として造営されたものと考えられる。

④名生館官衙遺跡の軍団施設説の検討　名生館官衙遺跡の性格をめぐっては諸説がある。外郭施設が構築されるⅣ期を玉造郡家とともに玉造軍団の関連施設も収容した広域施設とする阿部義平氏の説〔阿部　二〇〇六〕、郡家として特

有な施設である正倉が発見されていないことから、同地域に存在した丹取軍団や玉造軍団の軍団施設とみる八木光則氏の説〔八木 二〇一二〕がある。八木氏は名生館官衙遺跡で発見された政庁について、軍団が郡レベルの施設で政庁があるとするならば、郡家に準ずる形態が想定されるとし、伏見廃寺跡に関しても軍団施設に付属寺院が伴う事例としている。

そもそも軍団とは国司の行政的統制・監督をうけながら兵士集団を統制、運用する行政機関である。軍毅や主帳らの官人と一定の施設を含む官衙によって構成され、軍団施設には庁舎、兵庫、兵舎、練兵場があったと推測されている〔下向井 一九八七〕。政庁は政務のほか儀式や饗宴の場としての機能を持っていた〔山中 一九九四〕。伏見廃寺跡などの城柵設置地域の寺院の性格は、律令国家の東北辺境地域の仏教政策の下に置かれた公的な性質の強い仏教施設で、蝦夷の僧や柵戸などの内地民出身の僧が住んだ施設と考えられている〔樋口 一九九二〕。したがって、八木氏が指摘するように、兵士の統括や運用を役割とした軍団の施設として政庁や付属寺院が存在しうるものか疑問がある。また、名生館官衙遺跡では、個別兵士の装備、鼓・大角・少角の指揮具、軍団旗、弩など大型兵器といった重要な装備を収納したと想定できるほどの倉庫群や練兵場の遺構は明らかではない。現状の遺構を見る限り、名生館官衙遺跡を軍団施設やそれを収容した施設とすることは難しく、基本的な性格は郡家とみるのが妥当であろう。

名生館官衙遺跡では、八木氏が指摘するように正倉が発見されていないことが課題となっている。郡家の施設には、郡の執務の中核施設である政庁（郡庁）のほか、田租などの収納施設である正倉、公的な使臣や国司などの宿泊施設である館、郡家の厨房施設である厨家、また館や厨家とともに郡家の運営・維持に関する諸雑務を分掌する施設（曹司）などが存在したことが知られる〔山中 一九九四〕。

名生館官衙遺跡の郡庁は、Ⅲ期とⅤ期で発見されており、Ⅱ期からⅢ期の小舘地区の官衙院は格式の高い建物や井戸が認められず、曹司と考えられる。南西部地区には八世紀代の床を持つ大型建物と井戸で構成される一画があり、館の可能性を想定することができ、「玉厨」の墨書土器は厨家の存在も推測できる。しかし、正倉の遺構は未確認なのである。ただし、正倉には郡家とは別の場所に置かれた正倉別院と呼ばれる分散型の例がある。名生館官衙遺跡と同時期に丹取郡や玉造郡内に所在したと考えられる南小林遺跡では、正倉と考えられる建物群が発見され、杉ノ下遺跡でも倉庫院の一部となる可能性のある建物を検出している。杉ノ下遺跡は阿部氏が玉造柵に比定する小寺遺跡と一連の遺跡であり、筆者は南小林遺跡の正倉が養老四年（七二〇）の蝦夷の反乱で焼失した後に、その機能が移転したものとみている［髙橋 二〇〇三a］。以上の正倉別院説を踏まえて、次に南小林遺跡と小寺・杉ノ下遺跡について検討してみよう。

(2) 南小林遺跡と小寺・杉ノ下遺跡

①南小林遺跡の概要　南小林遺跡は、江合川の北岸に並行して延びる自然堤防上に立地する遺跡で、名生館官衙遺跡の東約三㌔に位置し、大崎市古川小林に所在する。遺跡の範囲は東西約六五〇㍍、南北約三〇〇㍍で、南側は江合川の旧流路により削平を受けている。

古代の遺構はⅠ期からⅢ期の遺構期が設定されている。

Ⅰ期は七世紀後半頃に位置づけられる官衙成立前の集落で、造営方向が北から東に傾く特徴がある。集落は名生館官衙遺跡Ⅰ期と同様に竪穴住居と三×二間程度の小型の掘立柱建物からなり、竪穴住居のカマドの構造も在地型と関東型のものが認められる。出土遺物の土師器にも在地のものと関東系があることから、在地民である蝦夷と関東地方などからの移民により構成された集落と考えられる。

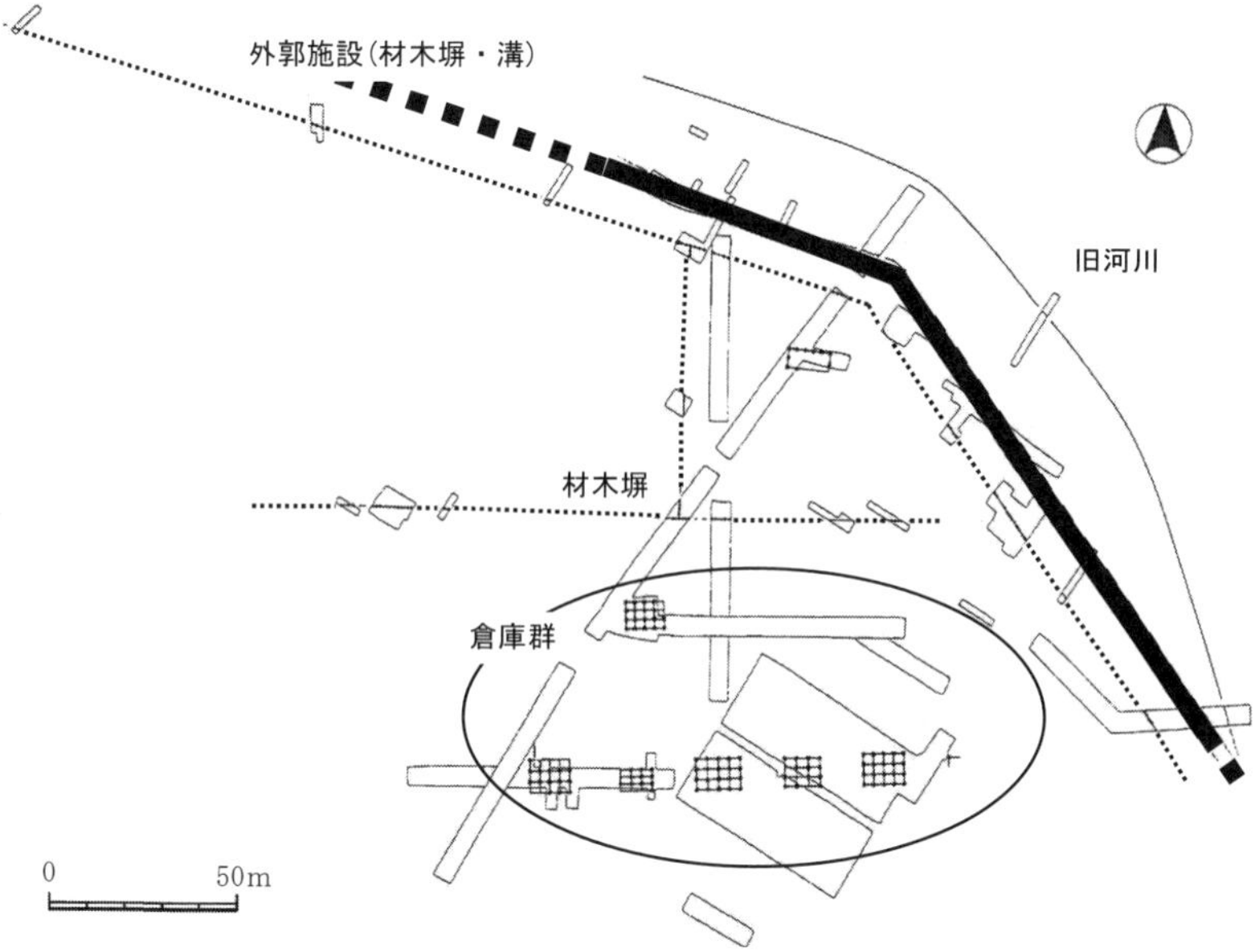

図3　南小林遺跡Ⅱ期官衙模式図

Ⅱ期は八世紀初頭頃の官衙成立期の遺構群で、造営方向が真北を基準とするようになる（図3）。官衙の規模は東西三二二㍍以上、南北二三五㍍以上である。外郭施設である材木塀と溝は、Ⅰ期集落の北側で確認された旧河川の南側に方向をあわせて構築され、北辺と東辺の区画となる。南辺と西辺は江合川の旧流路により削平を受けているため詳細は不明であるが、江合川との位置関係から区画となる施設はなく、江合川を利用した物資運送の利便性を考慮した構造になっていたのであろう。

官衙の内部は材木塀で三つに区画され、南側の区画に東西棟で三×三間と四×三間の総柱掘立柱建物の倉庫六棟が計画的に配置され、さらに二棟の建物の存在が推定されている。これらの倉庫は床面積が四五平方㍍から一三三平方㍍と大型のものもあり、一部の倉庫はイネを収めた穀倉である。また、瓦葺きの倉庫もあり、葺かれた瓦はいずれも多賀城創建前の特徴を持つものである。北東の区画では東西棟の五×二間の掘立柱建物一棟が確認されているが、北西の区画は内部の調査が行われていないので、どのような遺構が存在したかは不明となっている。なお、Ⅱ期の建物群は火災を受け、撤去されていることが確認されている。

Ⅲ期は八世紀前葉から九世紀頃の集落である。集落は竪穴住居と二×二間程度の小型の掘立柱建物からなり、畠と考えられる小溝状遺構群が確認されている。出土遺物には灰釉陶器や円面硯があり、近在する官衙遺跡である小寺・杉ノ下遺跡などと関係する集落と考えられる。

②小寺・杉ノ下遺跡の概要　小寺・杉ノ下遺跡は江合川の北岸に並行して延びる丘陵の南端部に立地する一連の遺跡群で、名生館官衙遺跡の東北東約二・五キロに位置し、大崎市古川清水・小林に所在する。遺跡群は北西から南東方向が約八〇〇メートル、北東から南西方向が約二二〇メートルの範囲にあり、北西部に小寺遺跡、南東部に杉ノ下遺跡がある（図4）。

小寺遺跡の北端部の丘陵上では、櫓を伴う外郭施設の築地塀が発見されている。築地塀は丘陵尾根線に沿って杉ノ下遺跡まで延び、一連の城柵としての構造を持つ。築地塀は三時期の変遷があり、最も新しい築地塀は九世紀代に構築されたものと考えられている。

杉ノ下遺跡では、立地する丘陵南端部の八幡先地区で八世紀前葉頃から十世紀初頭以前に行われた二時期以上の整地層と、掘立柱建物一棟が発見されている。掘立柱建物は南北棟で五×三間の総柱建物で、床面積一五八平方メートルの大型の倉庫である。倉庫は瓦葺きで、瓦の特徴から八世紀後半から九世紀前半頃に造営されたものと考えられている。倉庫が発見された丘陵南端部から北西に延びる丘陵の東縁辺部各所からも瓦が採取されることから、一帯に瓦葺きの建物が存在した可能性が指摘されている。また、低地部には丘陵に沿って延びる旧河川も確認されているため、河川による物資輸送の利便性を考慮して建てられた、地方官衙の倉庫院を構成する倉庫の可能性が高いとされる。江合川

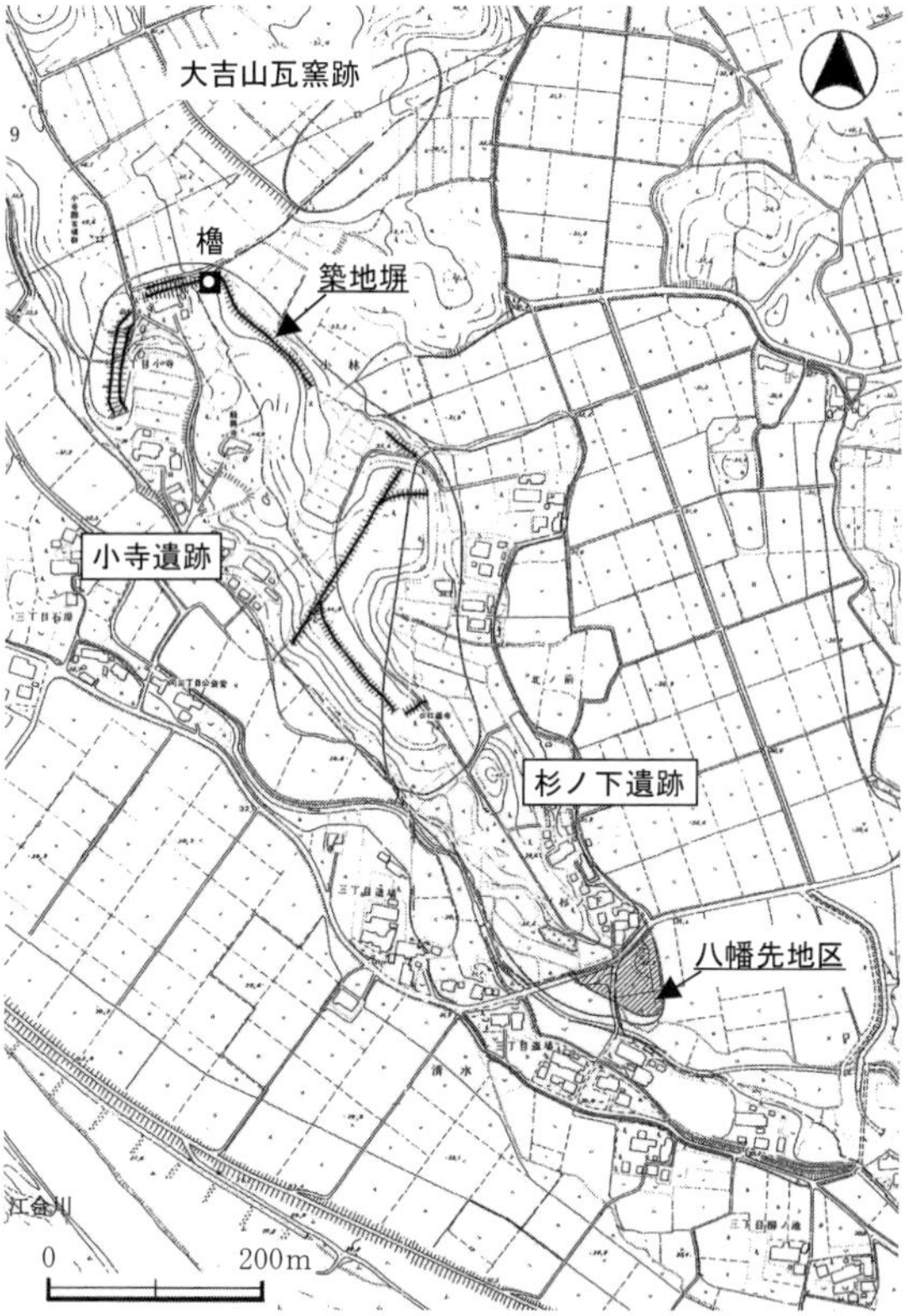

図４　小寺・杉ノ下遺跡全体図

との位置関係からも、南小林遺跡Ⅱ期官衙と同様に江合川の利用を目的とした立地となっていたのであろう。

　小寺・杉ノ下遺跡の官衙遺構の成立は、年代が推定できる倉庫や築地塀は八世紀後半以降のものであるが、小寺遺跡で発見された築地塀には三時期の変遷があり、杉ノ下遺跡で発見された倉庫には重複する新旧の柱穴が認められた。両遺跡の出土遺物には、多賀城創建期の瓦である重弁蓮華文軒丸瓦や手描き二重弧文軒平瓦、珠文縁均整唐草文軒平瓦がある。したがって、成立の年代は、出土瓦の年代をもとに多賀城創建期である八世紀前葉頃に遡るものと考えられる。

　終末については、杉ノ下遺跡の八幡先地区で造営された建物群の下限を、周辺で出土した瓦の年代観から九世紀後半頃と考えられているものの、大崎地方で出土する八世紀後半以降の瓦は生産地や年代が明確でないものも多い。八幡先地区で出土した九世紀後半頃と考えられている四重波文軒平瓦も多賀城跡出土瓦との比較から年代を推測したものであり、今後、年代観が修正される可能性がある。その他の瓦でも明確に終末を推定できるようなものはなく、終末の年代は九世紀代と考えておきたい。

③南小林遺跡と小寺・杉ノ下遺跡の性格　南小林遺跡Ⅱ期官衙の性格については、材木塀で区画された院の内部に倉庫が計画的に配置され、穀倉や瓦葺きの倉庫も確認できることから郡家の正倉と考えられる。筆者は江合川流域の大崎市岩出山下一栗付近に中世の玉造郡富田郷が存在することから、この周辺地域に古代の富田郡を想定し、南小林遺跡を富田郡家に比定したことがある〔髙橋 二〇〇七〕。この古代の富田郡域の比定に関しては熊谷公男氏から問題点が指摘されている〔熊谷 二〇一九〕。

富田郡は延暦八年(七八九)八月三十日条(『続日本紀』)に「牡鹿・小田・新田・長岡・志太・玉造・富田・色麻・賀美・黒川等一十箇郡」と列挙される郡の一つであり、これらは宮城県北地域に置かれた郡で、通称「黒川以北十郡」と呼ばれた。富田郡の建郡時期は不明であるが、天平十四年(七四二)正月二十三日条(『続日本紀』)に載る「黒川郡以北十一郡」が黒川以北十郡に遠田郡を加えたものと考えられる〔佐々木 二〇〇八〕ことから、天平十四年には存在していたものと推測される。また、延暦八年条の記事の配列は、諸郡を東から西へ反時計回りの順に並べたものとされているので〔永田 二〇一五〕、富田郡は玉造郡と色麻郡の間に位置した地域と考えられ、延暦十八年(七九九)三月七日条(『日本後紀』)により、この年に富田郡は色麻郡に併合されていることがわかる。

熊谷氏は史料6に載る玉造塞の管轄下にあった温泉石神が富田郡の比定地に近接しており、延暦十八年に色麻郡に併合された地域が承和四年(八三七)には玉造塞の所管とされることをどう理解したらよいかという問題が生じるとし、玉造塞が玉造郡よりも広範囲を管轄していたとすれば整合的理解も可能であるが、なお検討を要するとしている。

改めて、富田郡の比定地と郡家の問題を考えてみたい。玉造・富田・色麻の各郡のうち、玉造郡の郡家は名生館官衙遺跡であり、色麻郡の郡家は城生柵跡が色麻柵とするならば、城生柵跡やその周辺に所在する可能性が高い。富田郡の郡家を南小林遺跡Ⅱ期官衙、小寺・杉ノ下遺跡に比定した筆者の説では、東から富田郡家(南小林、小寺・杉ノ下)→玉造郡家(名生館)→色麻郡家(城生柵)になり、延暦八年条の記事から想定される郡の配列とは明らかに矛盾する。

富田郡と色麻郡の比定地に関しては、筆者の説とは別に、城生柵跡が所在する旧中新田町(現加美郡加美町)を富田郡に比定する八木光則氏の説がある[八木 二〇二二]。また、進藤秋輝氏は色麻町一の関に所在する一の関遺跡を色麻郡家の付属寺院とみている[進藤 二〇一〇]。城生柵跡が富田郡家で一の関遺跡周辺に未発見の色麻郡家が存在すると考えれば、玉造郡家(名生館)→富田郡家(城生柵)→色麻郡家(一の関周辺)となり、延暦八年条の郡の配列と矛盾することはない。課題は残るものの、筆者は旧中新田町地域を富田郡に比定する八木説に従いたい。したがって、中世の玉造郡富田郷は、古代の富田郡域とは直接の関係がなく、南小林遺跡Ⅱ期官衙や小寺・杉ノ下遺跡は富田郡に関わる施設でもなく、玉造郡に関係する施設と考えを改めたい。

玉造郡は前述のように神亀五年(七二八)頃に丹取郡の再編により建郡したと考えられ、筆者は丹取郡家に名生館官衙遺跡Ⅲ期を、玉造郡家は同遺跡のⅣ期以降に比定している。課題は名生館官衙遺跡に正倉が確認できないことだが、南小林遺跡Ⅱ期官衙の正倉は名生館官衙遺跡Ⅲ期と同時期であり、小寺・杉ノ下遺跡の倉庫などの遺構が名生館官衙遺跡Ⅳ期以降と同時期に位置づけられる。つまり、南小林遺跡Ⅱ期官衙は丹取郡家の正倉別院であり[大谷 二〇一九]、小寺・杉ノ下遺跡は玉造郡家の正倉別院と考えられる。

④南小林遺跡と小寺・杉ノ下遺跡の城柵としての性格　丹取郡家の正倉別院である南小林遺跡Ⅱ期官衙は、材木塀と溝からなる外郭施設が構築された城柵としての構造を持つ。しかし、中心施設である政庁が置かれる名生館官衙遺跡Ⅲ期には外郭施設が確認できない。丹取郡は和銅六年(七一三)に建郡し、その郡域は神亀五年の軍団改編記事を根拠に、後に玉造郡となる大崎平野北西部の玉造地方を含む地域であると考えられる。丹取郡家の政庁や付属寺院の創

建瓦に用いられた単弁八葉蓮華文軒丸瓦の一種は、栗原市高清水に所在する外沢田A遺跡に想定される瓦窯で生産されており［安達 二〇一九］、この地域は中世において玉造郡の東に隣接する長岡郡の一部と考えられている［伊藤 一九九二］。古代の長岡郡に栗原市高清水が含まれる可能性もあり、少なくとも黒川以北十郡の玉造郡と長岡郡の範囲は丹取郡域であったことが推測される。

丹取郡は蝦夷の居住域で領域化されていない栗原地方と隣接する陸奥国最北の郡である。この栗原地方の御駒堂遺跡（栗原市志波姫）では、関東系土師器を主体とする移民集落が確認されており、栗原地方に八世紀初頭から前葉頃に律令国家の北進が図られた状況が認められる。また、後の長岡郡域では、後述するように新たな建郡の動きも認められ、丹取郡は辺境領域の拡大・拡充策における拠点的な役割も担ったものとみられる。

南小林遺跡Ⅱ期官衙は、大谷基氏によると、律令国家の支配圏のさらなる強化を目的に、江合川の河口に位置する牡鹿柵兼郡家に推定される赤井遺跡と共に、河川を利用した内陸への物流促進および拠点確保のための施設とされている［大谷 二〇一九］。丹取郡の正倉に比定できる南小林遺跡Ⅱ期官衙は、郡家の中心施設が置かれた名生館官衙遺跡とは別に、領域拡大・拡充策に必要な様々な物資の補給拠点としての役割を担うために、水上交通による物資集積と栗原地方などへの陸上輸送に適した江合川北岸の自然堤防上に造営されたのであろう。また、城柵としての構造を持つことは、和銅二年（七〇九）三月五日条（『続日本紀』）に「陸奥と越後の蝦夷が野心馴れ難く、しばしば良民を害する」とあるように、蝦夷の居住域に接した補給拠点を守るために防御施設を構築したと考えられ、南小林遺跡Ⅱ期官衙は丹取柵でもあり律令国家の辺境政策における拠点城柵であったのであろう。

南小林遺跡Ⅱ期官衙の遺構群は火災により廃絶したと考えられ、その要因は養老四年（七二〇）九月二十八日条（『続日本紀』）に載る陸奥国において按察使の上毛野広人が殺害された蝦夷の反乱によるものと推測している［髙橋 二〇〇三

a]。当時の按察使は国司兼帯が原則で、上毛野広人も陸奥守であり、陸奥国から分割されていた石城・石背の二国をも管轄していたとみられる[佐々木 二〇〇八]。この蝦夷の反乱は、辺境政策における現地の最高責任者の拠点城柵への巡行を狙って計画されたのであろう。

筆者は、この反乱を受けて、南小林遺跡Ⅱ期官衙の機能は、同遺跡の北西約一キロに位置する小寺・杉ノ下遺跡に移設されたと考えている。丘陵部に立地し、外郭施設に櫓を伴う築地塀が採用された小寺・杉ノ下遺跡は、次なる蝦夷の反乱に備えて防御能力の強化が図られたものと推測している。名生館官衙遺跡Ⅳ期と同様に、城柵としての構造をもつのは、小寺・杉ノ下遺跡が玉造郡家とともに玉造柵の一部でもあったとみられる。

小寺・杉ノ下遺跡の成立は、多賀城創建期の八世紀前葉頃である可能性が高い。養老四年の蝦夷の反乱を契機とする多賀城創建と郡山遺跡からの国府の移転、鎮守府の創設と鎮兵制の導入など、新たな辺境支配体制である神亀元年体制[熊谷 二〇〇〇]の一環で丹取郡が再編され、神亀五年頃に玉造郡が建郡されたことと、小寺・杉ノ下遺跡の成立は無関係ではあるまい。名生館官衙遺跡で玉造郡家兼柵への再整備が進み、丹取郡家の正倉とともに丹取柵の機能を果たす南小林遺跡Ⅱ期官衙を引き継いで、玉造郡家正倉別院兼柵として小寺・杉ノ下遺跡の造営が行われたのではなかろうか。玉造柵が玉造等五柵のなかで最も重要視されていたのは、丹取柵が担った律令国家の辺境政策における補給拠点としての役割を引き継いだ拠点城柵であったことによるのであろう。

また、名生館官衙遺跡ではⅤ期以降(八世紀末から九世紀代)に外郭施設が認められなくなり、城柵としての機能はなくなったと考えられるのに対して、小寺・杉ノ下遺跡では九世紀代も築地塀が構築され、城柵としての構造を持つ状況が認められる。この状況は、後述するように八世紀末に桓武朝の征夷における兵站基地として整備される玉造塞においても、引き続き補給拠点の役割を担ったことによるものと考えている。玉造塞は宮沢遺跡に比定されているので、次に遺跡の具体像を取り上げてみたい。

(3) 宮沢遺跡について

①宮沢遺跡の概要　宮沢遺跡は大崎平野の北部、江合川の支流である田尻川北岸の丘陵上に立地する遺跡で、名生館官衙遺跡の東北東約五・五キロ、小寺・杉ノ下遺跡の東北東約三キロに位置し、大崎市古川宮沢・川熊・長岡にかけて所在する。

遺跡では、外郭施設と内郭施設が確認され、政庁は未確認であるが官衙を構成する建物群が発見されている(図5)。外郭施設は築地塀や土塁などが確認され、東西約一四〇〇メートル、南北約八五〇メートルの範囲を区画している。調査が行われた北西辺の愛宕山地区と北辺の長者原地区では二条の築地塀と一条の土塁、これらに並行する溝が確認されている。築地塀や土塁に伴う櫓も確認され、両地区とも土塁が築地塀より新しいとみられている。また、長者原地区や東辺の湿地部分では杭列や材木塀が確認されている。外郭施設の年代は、愛宕山地区の築地や土塁に伴う溝の出土遺物の年代観から、八世紀後半代から九世紀中葉頃にかけて構築されたと考えられる［柳澤二〇〇七］。

内郭施設は築地塀が確認され、東西約六五〇メートル、南北約三〇〇メートルの範囲を区画している。調査は南辺と西辺で行われ、南辺中央では築地塀とそれに伴う櫓や溝が確認されている。また、西辺中央では十世紀初頭頃に降り積もった十和田a火山灰より古い築地塀や整地層、溝が確認され、遺構の検出状況から整地層に伴う構造物があり、外郭施設と同様に三時期以上の区画施設が存在したことが想定されている。内郭施設の年代を推定できる出土遺物はない。

官衙を構成する建物群は、内郭北部中央や外郭南部中央の調査で確認されている。

内郭北部中央では、塀や溝で区画された内部に南北棟で三×二間と四×二間の床を持つ二棟の掘立柱建物や二×二

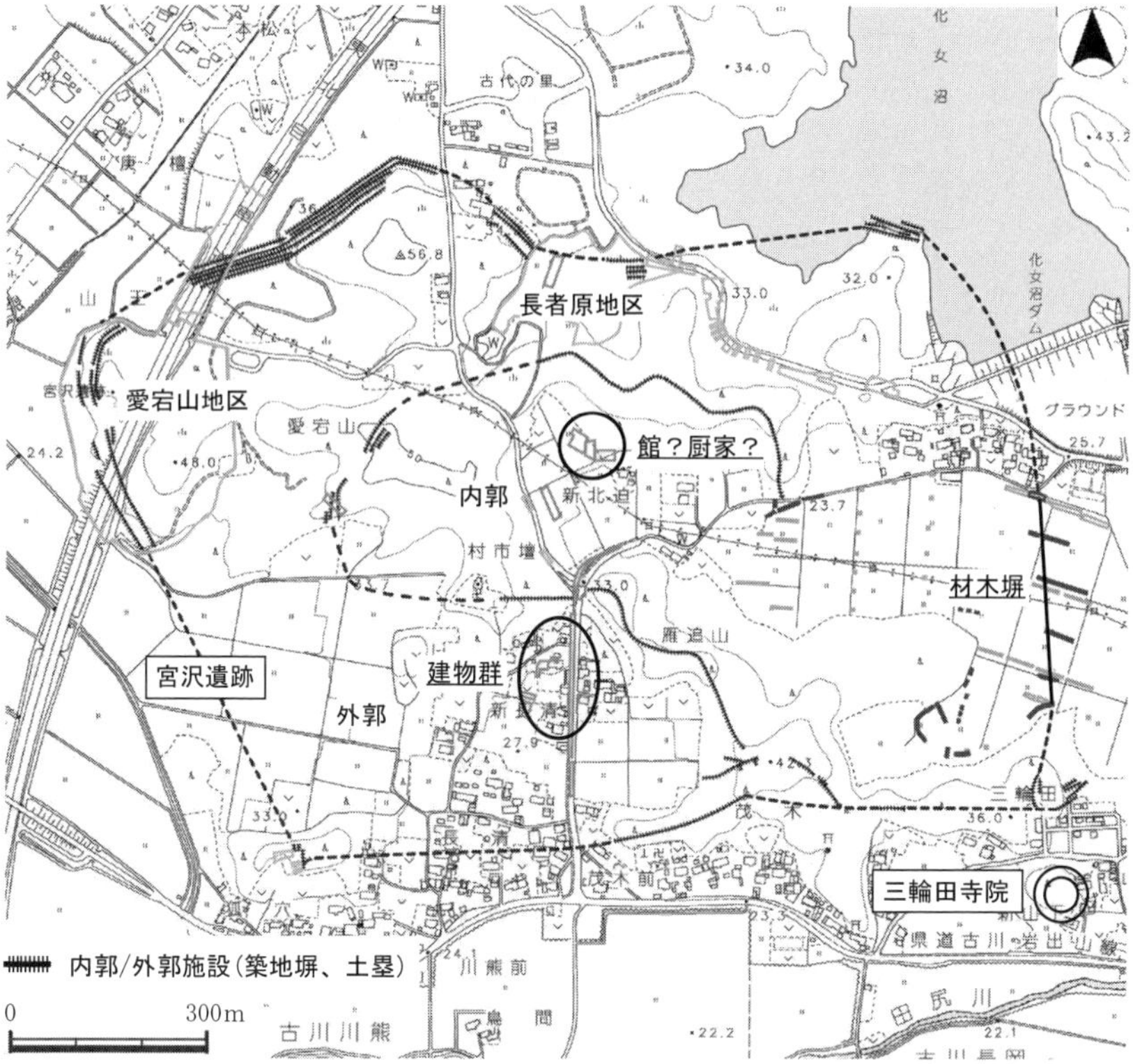

図５　宮沢遺跡全体図

間の三棟の総柱掘立柱建物が南北に並ぶ建物群が確認され、年代は八世紀末から九世紀中葉頃と考えられている。付近に井戸も伴っていることから官衙の館や厨家の可能性が推定されている。

外郭南部中央では、南北棟で六×二間と七×二間の大型の掘立柱建物三棟が真北方向に並び、その西側には東西棟で四×三間の床を持つ南面廂付掘立柱建物が発見され、年代は八世紀後半頃と考えられている。

この他、遺跡内では八世紀前半から十世紀前半頃の竪穴住居や井戸、土坑などの遺構が発見されており、八世紀代の遺物には円面硯も認められる。

②宮沢遺跡の性格　宮沢遺跡の性格は、櫓を伴う築地塀や土塁による外郭施設を持つことから城柵と考えられる。宝亀十

一年(七八〇)二月二日条(『続日本紀』)に初見する覚鱉城とする説[工藤 一九八九]があるが、熊谷公男氏が覚鱉城は建議されたのみで実際には建造されなかったと否定しており[熊谷 一九九二]、柳澤和明氏の説のとおり玉造塞に比定するのが妥当である[柳澤 二〇〇七]。柳澤氏は、前述のように史料4に載る伊治城と玉造塞の距離三十五里について検討し、玉造塞の候補となる名生館官衙遺跡、宮沢遺跡、小寺遺跡のなかで、この状況に合致するのは宮沢遺跡のみであることから、延暦十五年(七九六)段階での玉造塞は宮沢遺跡とした。宮沢遺跡は古代の長岡郡長岡郷に位置することが平川南氏の文献史料上の検討から確認され、長岡郡の地理的位置が黒川以北十郡域の山海両道の接点に位置する重要な地域で[平川 一九八〇]、栗原地方へと北進する分岐点でもあったと考えられることは、史料5の太政官符に玉造塞が交通の要衝にあると記載されることと一致する。

宮沢遺跡は八世紀前半に成立するが、官衙を構成する建物や外郭施設の構築年代が八世紀後半代から九世紀中葉頃と考えられることは、この時期に官衙としての機能が充実していたことを示し、宮沢遺跡が宝亀十一年から延暦八年(七八九)の間に成立した玉造塞として整備されたことを裏付けるものである。

③玉造塞の成立時期　玉造塞の成立時期について、柳澤和明氏は宝亀十一年三月二十二日に起きた伊治公呰麻呂の乱直後の宝亀十一年十二月から翌天応元年(七八一)九月にかけての諸城柵復興を契機として、この間に名生館官衙遺跡Ⅳ期から玉造柵を宮沢遺跡に移転し、第二次玉造柵として造営されたとする[柳澤 二〇〇七]。ここでは、史料3に載る玉造塞を起点とした衣川営などへの軍粮輸送計画に関する永田英明氏の見解[永田 二〇一九]に注目したい。

永田氏が指摘する論点を整理すると次のようになる。宝亀十一年三月に胆沢の地を得ることを目的とした覚鱉城の造営計画では、基地となったのは伊治城であった。ところが、延暦八年の征夷になると、胆沢地方への軍事行動の起点が玉造塞に変わってくる。この変更理由は、延暦八年の時点で伊治城が利用できない状況になったことから、玉造塞が山道方面の最北端の拠点城柵として一定の守備兵を配し、大量の軍粮の保管、輜重兵の交替提供の起点となったのだろうと指摘している。また、延暦八年の征夷では、前年に陸奥国府多賀城への軍粮運収が命じられ、多賀城がまず軍粮の集積地とされているが、山道方面への軍粮は多賀城からさらに玉造塞に集積され、輜重兵によるピストン輸送が行われていたのであろうと推測している。

延暦八年の征夷は桓武朝第一次征討とも呼ばれるもので、桓武天皇にとって征夷とは呰麻呂の乱によって失墜した国家の権威を取り戻し、あわせて天皇の統治権の及ぶ範囲を飛躍的に拡大して、自らを権威づけるための戦いであった［鈴木 二〇〇八］。このため、入念な準備の下に征夷が実施され、延暦八年の征夷では延暦五年(七八六)八月八日に東海道と東山道に使者を派遣して軍士の簡閲と武器・武具の点検を行わせている。また、結果的に実施されなかった延暦三年(七八四)の征夷においても、同年二月に持節征東将軍に任命された大伴家持がその布石として延暦元年(七八二)六月に陸奥按察使・鎮守将軍に任命され、翌年には軍士の徴発や軍粮の確保が行われている。

このような動向から、延暦八年の征夷において拠点城柵となった玉造塞は、桓武朝の征夷のために整備されたのではなかろうか。呰麻呂の乱直後には被害を受けた伊治城などの諸城柵の復旧はなされたものの、乱が起きた栗原地方は不安定な状況が続いたため、征夷を後方から支援し確実に実施するための兵站基地として、黒川以北十郡域の中で栗原地方から胆沢地方へと通じる交通の要衝であった長岡郡に玉造塞が新たに整備されたのであろう。その成立時期は、延暦三年の征夷や延暦八年の征夷における準備期間内と推測される。長岡郡に整備されてもなお玉造塞という名称となったのは、「玉造」の名称を冠する城柵が黒川以北十郡域の拠点城柵であることを意味するものとなっていたのであろう。

また、延暦八年の征夷において多賀城に集積された大量の軍粮が玉造塞に輸送されたことが想定されるのは、その輸送に水上交通を利用しているものと推測される。その輸送先が辺境政策における補給拠点の役割を担った小寺・杉ノ下遺跡であり、名生館官衙遺跡Ⅳ期から玉造柵の中心機能が宮沢遺跡に移設され、桓武朝の征夷における兵站基地となった玉造塞においても、玉造郡家正倉別院兼塞として兵站機能の一つである補給拠点の役割を引き続き担ったのであろう。

④宮沢遺跡の玉造塞成立前の性格　宮沢遺跡の玉造塞成立前の性格はどのようなものであろうか。八木光則氏は宮沢遺跡の性格について、神亀五年（七二八）から天平五年（七三三）の間に成立した玉造柵であり、玉造塞と呼称を変更しながら十世紀前葉頃まで造営されたとしている［八木 二〇二二］。

玉造柵はその名称より成立場所は玉造郡内と考えるのが自然であるが、宮沢遺跡は前述のように長岡郡に位置する。長岡郡は黒川以北十郡の一つであり、前述の富田郡と同様に天平十四年（七四二）には建郡されていたとみられる。

長岡郡の建郡時期を推測できる遺跡には、宮沢遺跡の南東に隣接する三輪田遺跡と権現山遺跡がある。両遺跡は宮沢遺跡が立地する丘陵の東端部に立地し、大崎市古川長岡・荒谷に所在する一連の遺跡である。

三輪田遺跡では、立地する丘陵部の頂部斜面から多賀城創建期の重弁蓮華文軒丸瓦や偏行唐草文軒平瓦など各種の瓦が出土していることから、頂部には瓦葺きの建物が建っていたと考えられ、地形の状況などから建物の性格は寺院とみるのが妥当である（図5）［佐々木 二〇〇八］。創建瓦の単弁八葉蓮華文軒丸瓦は、丹取郡家付属寺院として成立した伏見廃寺跡の創建瓦である単弁八葉蓮華文軒丸瓦の中で、後出と考えられるC類［佐川ほか 二〇〇五］と同笵とみられている。したがって、三輪田遺跡の寺院は丹取郡の時期で新しい年代に創建されたものと推測される。大崎地方の古代の寺院である伏見廃寺跡、菜切谷廃寺跡、一の関遺跡がいずれも郡家付属寺院である［進藤 一九九〇］ことを踏まえれば、三輪田遺跡の寺院の性格も郡家付属寺院と推測できる。では、どの郡に所属したのだろうか。三輪田遺跡の成立は八世紀初頭の丹取郡の時期と考えられるが、長岡郡の建郡はそれよりも遅れるものと筆者はみている。

七世紀後葉から八世紀初頭頃の三輪田遺跡と権現山遺跡は、両遺跡の立地する丘陵全体が材木塀で囲われる囲郭集落と考えられる。八世紀初頭以降は権現山遺跡で官衙的様相を示す塀や溝で区画される掘立柱建物群が確認され、建物群の中には南小林遺跡Ⅱ期官衙と同様に養老四年(七二〇)の蝦夷の反乱により焼失したと推測されるものがある。

このような状況から、長岡郡は和銅六年(七一三)の丹取郡の建郡後、郡家の施設や付属寺院の造営が始まり建郡の準備が進められたものの、養老四年の蝦夷の反乱により被災し、その計画が中断したのではなかろうか。三輪田遺跡の寺院で多賀城創建期の瓦が出土し、権現山遺跡でも多賀城創建期の八世紀前半頃に位置づけられる建物群が認められることは、反乱による被災からまもなく復旧したとみられる。神亀五年頃に長岡郡の範囲も含んだ丹取郡から玉造郡が分郡することは、長岡郡も玉造郡と同時に建郡したものと推測される。

このことから、宮沢遺跡を八世紀前半の当初から玉造柵とする説は、長岡郡内に玉造柵が成立したことになるため妥当ではない。遺跡内で出土遺物などから確認できる玉造塞成立前の官衙的様相は、隣接する三輪田遺跡や権現山遺跡でみられるように長岡郡家に関わるものと考えられる。

⑤玉造塞の終末　宮沢遺跡の玉造塞としての終末については、八木氏は内郭施設の西辺中央の調査で確認された十和田a火山灰より新しい土塁と溝も古代の遺構と評価し十世紀前葉頃まで造営されたとしているが、これらの遺構は調査報告では中世のものと考えられている。遺跡内で確認される官衙を構成する建物群は、九世紀中葉頃までであり、九世紀後半から十世紀前半頃の遺構群は竪穴住居と井戸により構成されることから、九世紀中葉頃に終末を迎えたと考えるのが妥当である。文献史料によると、玉造塞は承和四年(八三七)四月から承和六年(八三九)四月の間に廃止されたと考えられている［鈴木　一九九八］。史料に基づけば、玉造塞はこの間に機構としての役目を終え、まもなく施設

も廃絶に至ったのであろう。

おわりに

本稿では、玉造柵・城・塞について、その比定地と考えられている名生館官衙遺跡、小寺・杉ノ下遺跡、宮沢遺跡の性格の再検討を行い、次のような結論が得られた。

玉造柵は名生館官衙遺跡と小寺・杉ノ下遺跡であり、これらの遺跡は多賀城が創建された神亀元年体制の一環で、玉造郡が建郡されたことに伴い整備された玉造郡家兼柵と考えられる。二遺跡となる理由は、玉造郡家の政庁などの中心施設が名生館官衙遺跡に置かれ、正倉が別院として小寺・杉ノ下遺跡に置かれたことによるもので、両遺跡とも城柵としての構造を有したことから玉造柵も兼ねたものであった。また、玉造柵は律令国家の辺境政策における補給拠点としての役割を担った拠点城柵と考えた。

玉作城も名生館官衙遺跡と小寺・杉ノ下遺跡であり、玉造柵の呼称が天平宝字年間から神護景雲元年に変更された同一施設と考えられる。

玉造塞は宮沢遺跡と小寺・杉ノ下遺跡であり、桓武朝の征夷のための兵站基地として成立し、名生館官衙遺跡から交通の要衝であった長岡郡に所在する宮沢遺跡に玉造柵の中心機能が移設されたと考えた。小寺・杉ノ下遺跡は引き続き玉造郡家の正倉別院の機能を維持し、玉造塞の兵站機能の一つである補給拠点の役割を担ったものと考えられる。長岡郡に中心機能が整備されても、玉造塞という名称になったのは、「玉造」の名称を冠する城柵が黒川以北十郡域の拠点城柵であることを意味するものになっていたと考えた。

玉造柵が城、塞と呼称が変更され、造営場所を移動しながらも黒川以北十郡域の拠点城柵として一〇〇年にわたって存続したことは、前身である丹取柵が担った律令国家の辺境政策における拠点城柵としての性格を引き継いだことによるものと考えられる。なお、本稿では「塞」の呼称について検討を行うことができなかった。今後の検討課題としたい。

参考・引用文献

安達訓仁　二〇一九「外沢田A遺跡」『第四五回　古代城柵官衙遺跡検討会　資料集』
阿部義平　二〇〇三「日本列島古代の城郭と都市」『国立歴史民俗博物館研究報告』第一〇八集
阿部義平　二〇〇六「古代城柵の研究(二)」『国立歴史民俗博物館研究報告』第一三〇集
伊東信雄　一九五六『菜切谷廃寺跡』宮城県文化財調査報告書第二輯
伊東信雄　一九五七「古代史」『宮城縣史』一　古代史　中世史
伊東信雄　一九七〇「第六章　考察　出土瓦の考察」『多賀城跡調査報告Ⅰ—多賀城廃寺跡』吉川弘文館
伊藤　信　一九九二「長岡郡と新田郡」『仙台郷土研究』復刊第一七巻一号(通刊二四四号)
今泉隆雄　一九八六「蝦夷の朝貢と饗給」『東北古代史の研究』吉川弘文館
今泉隆雄　一九九〇「古代東北城柵の城司制」『北日本中世史の研究』吉川弘文館
大谷　基　二〇一九「七世紀後半から八世紀前半頃にかけての大崎市域の城柵・官衙及び関連遺跡の諸様相」『第四五回　古代城柵官衙遺跡検討会　資料集』
工藤雅樹　一九七〇「多賀城の起源とその性格」『古代の日本』八　東北　角川書店
工藤雅樹　一九八九『城柵と蝦夷』考古学ライブラリー五一　ニュー・サイエンス社
熊谷公男　一九九一「〈書評〉工藤雅樹著『城柵と蝦夷』」『歴史』第七七輯
熊谷公男　二〇〇〇「養老四年の蝦夷の反乱と多賀城の創建」『国立歴史民俗博物館研究報告』第八四集
熊谷公男　二〇〇七「城柵と城司—最近の「玉造等五柵」に関する研究を手がかりとして—」『東北文化研究所紀要』第三九号
熊谷公男　二〇〇九「律令国家形成期における柵戸と関東系土師器」『古代社会と地域間交流』六一書房

熊谷公男　二〇一九「奈良時代陸奥国北縁部における建郡と郡制—黒川以北十郡と遠田郡を中心に—」『古代東北の地域像と城柵』高志書院
佐川正敏・髙橋誠明・高松俊雄・長島榮一　二〇〇五「八　陸奥の山田寺系軒瓦」『古代瓦研究Ⅱ』奈良文化財研究所
佐々木茂楨　一九七一「宮城県古川市伏見廃寺跡」『考古学雑誌』第五六巻第三号
佐々木茂楨　二〇〇八「古代編　第一章　奈良時代」『古川市史』第一巻　通史Ⅰ
佐藤　優　二〇〇三「三輪田遺跡・権現山遺跡の概要」『第二九回　古代城柵官衙遺跡検討会　資料集』
下向井龍彦　一九八七「日本律令軍制の基本構造」『史学研究』一七五
進藤秋輝　一九八六「多賀城創建をめぐる諸問題」『東北古代史の研究』吉川弘文館
進藤秋輝　一九九〇「多賀城創建以前の律令支配の様相」『考古学古代史論攷』今野印刷
進藤秋輝編　二〇一〇『東北の古代遺跡　城柵・官衙と寺院』高志書院
鈴木省三　一九二四「玉造軍団及名生城」『宮城県史蹟名勝天然記念物調査報告書』第二輯
鈴木拓也　一九九八『古代東北の支配構造』吉川弘文館
鈴木拓也　二〇〇八『蝦夷と東北戦争　戦争の日本史　三』吉川弘文館
髙橋誠明　二〇〇三a「多賀城創建にいたる黒川以北十郡の様相—山道地方—」『第二九回　古代城柵官衙遺跡検討会　資料集』
髙橋誠明　二〇〇三b「名生館官衙遺跡の概要」『第二九回　古代城柵官衙遺跡検討会　資料集』
髙橋誠明　二〇〇七「律令国家の成立期における境界地帯と関東との一関係—宮城県大崎地方出土の関東系土師器と出土遺跡の意義—」『国士館考古学』第三号
髙橋誠明　二〇〇九「古代社会と地域間交流」『古代社会と地域間交流』六一書房
髙橋誠明　二〇二四「名生館官衙遺跡」『古代城柵官衙遺跡検討会　五〇周年大会記念資料集　古代東北の城柵・官衙遺跡』第二分冊
永田英明　二〇一五「古代陸奥国海道・山道考」『国史談話会雑誌』五六
永田英明　二〇一九「三十八年戦争と伊治城」『古代東北の地域像と城柵』高志書院
原秀四郎　一九〇八「玉造塞址につきて」『史学雑誌』第一九巻第八号
樋口知志　一九九二「仏教の発展と寺院」『新版　古代の日本』九　東北・北海道　角川書店
平川　南　一九八〇「(二)宮沢遺跡(附)宮沢遺跡に関する文献上の検討」『東北自動車道遺跡調査報告書Ⅲ』宮城県文化財調査報告書第六

九集
古川一明　二〇一七「古代城柵官衙遺跡の「陥馬坑」についての試論」『東北歴史博物館研究紀要』一八
村田晃一　二〇〇七「陸奥北辺の城柵と郡家―黒川以北十郡の城柵からみえてきたもの―」『宮城考古学』第九号
八木光則　二〇〇一「城柵の再編」『日本考古学』第一二号
八木光則　二〇二二『古代城柵と地域支配』同成社
柳澤和明　二〇〇七「「玉造柵」から「玉造塞」への名称変更とその比定遺跡―名生館官衙遺跡Ⅳ期から宮沢遺跡へ移転―」『宮城考古学』第九号
山中敏史　一九九四『古代地方官衙遺跡の研究』塙書房
青森県　二〇〇一『青森県史』資料編　古代一　文献史料
大崎市教育委員会　二〇〇七『名生館官衙遺跡二六・新田柵跡推定地一〇』宮城県大崎市文化財調査報告書第一集
大崎市教育委員会　二〇一九『南小林遺跡Ⅱ』宮城県大崎市文化財調査報告書第三六集
大崎市教育委員会　二〇二〇『宮沢遺跡』宮城県大崎市文化財調査報告書第三九集
大崎市教育委員会　二〇二一『三輪田遺跡・権現山遺跡・朽木橋遺跡』宮城県大崎市文化財調査報告書第四二集
古川市　二〇〇六『古川市史』第六巻　史料Ⅰ　考古
古川市教育委員会　一九八〇『三輪田遺跡』宮城県古川市文化財調査報告書第四集
古川市教育委員会　一九八七～二〇〇〇・二〇〇三・二〇〇四・二〇〇六『名生館官衙遺跡Ⅶ～ⅩⅩ・ⅩⅩⅢ～ⅩⅩⅤ』宮城県古川市文化財調査報告書第六～一九・二一～二三・二七・三三・三五・三八集
古川市教育委員会　一九九五『小寺遺跡』宮城県古川市文化財調査報告書第一八集
古川市教育委員会　二〇〇一『名生館官衙遺跡ⅩⅪ・南小林遺跡』宮城県古川市文化財調査報告書第二八集
古川市教育委員会　二〇〇二『名生館官衙遺跡ⅩⅫ・灰塚遺跡』宮城県古川市文化財調査報告書第三〇集
古川市教育委員会　二〇〇三『灰塚遺跡　杉ノ下遺跡』宮城県古川市文化財調査報告書第三二集
宮城県教育委員会　一九七七「一の関遺跡」『宮城県文化財発掘調査略報（昭和五一年度分）』宮城県文化財調査報告書第四八集
宮城県教育委員会　一九八〇「宮沢遺跡」『東北自動車道遺跡調査報告書Ⅲ』宮城県文化財調査報告書第六九集
宮城県教育委員会　一九八五『古川市宮沢遺跡』宮城県文化財調査報告書第一〇五集

宮城県教育委員会　一九九九『名生館遺跡・下草古城本丸跡ほか』宮城県文化財調査報告書第一八一集
宮城県教育委員会　二〇〇〇～二〇〇二『名生館遺跡ほか』宮城県文化財調査報告書第一八三・一八七・一八八集
宮城県教育委員会　二〇一六『御駒堂遺跡・堂の沢遺跡』宮城県文化財調査報告書第二四四集
宮城県多賀城跡調査研究所　一九八一～一九八六『名生館遺跡Ⅰ～Ⅵ』多賀城関連遺跡発掘調査報告書第六～一一冊

多賀城と陸奥海道の支配

佐藤　敏幸

1　陸奥国の海道地方

(1)　陸奥国の山道と海道

陸奥国は、古代の広域行政区画である七道制の東山道諸国のひとつである。国家はこの七道制のもと、京から地方へ延びる道路を整備した。東山道は畿内から近江、美濃、信濃、上野、武蔵、下野を通り、陸奥を経て出羽へ至る道である。また、東海道諸国は伊勢湾から東の太平洋岸の地域で、その道は近江から伊賀、尾張、三河、遠江、駿河、相模、武蔵と相模から東京湾を渡って上総、下総、常陸へ至る。この東海道の延長はさらに北上し菊多関(勿来関・福島県いわき市)から福島県浜通りをぬけ宮城県南部の亘理まで進み、阿武隈川河口を越えて玉前関で東山道と合流して、仙台平野に置かれた陸奥国府へたどり着く。国府域より北の大崎・石巻海岸平野も内陸の山道と沿岸部の海道に分けて取り扱われた。

大国である陸奥国は、国内をいくつかのブロックに分けて行政支配を行ったと考えられている。国家は国府所在郡である宮城郡を境にして南は「名取以南」、北を「黒川以北」として国内を二分して把握していた。さらに『延喜民部式』および『和名類聚抄』の郡名の記載順からそれぞれ山道地域と海道地域に分けられるという〔平川 一九八五・二〇一二〕。牡鹿柵・牡鹿郡家跡の赤井官衙遺跡から「海道　二番」と記された木簡が出土している（第1図）。この赤井遺跡第1号木簡〔佐藤 二〇〇二〕は荷札木簡で、表に人名「□主諸」と記載されている。海道の二番にあたる郡あるいは郷から貢進された物資に付けられた荷札であろうか。「海道」という行政ブロックが存在したことを窺わせる。国家は陸奥国内を山道と海道にブロック分けして支配するとともに、各郡を結ぶ道路も整備し支配したのである。

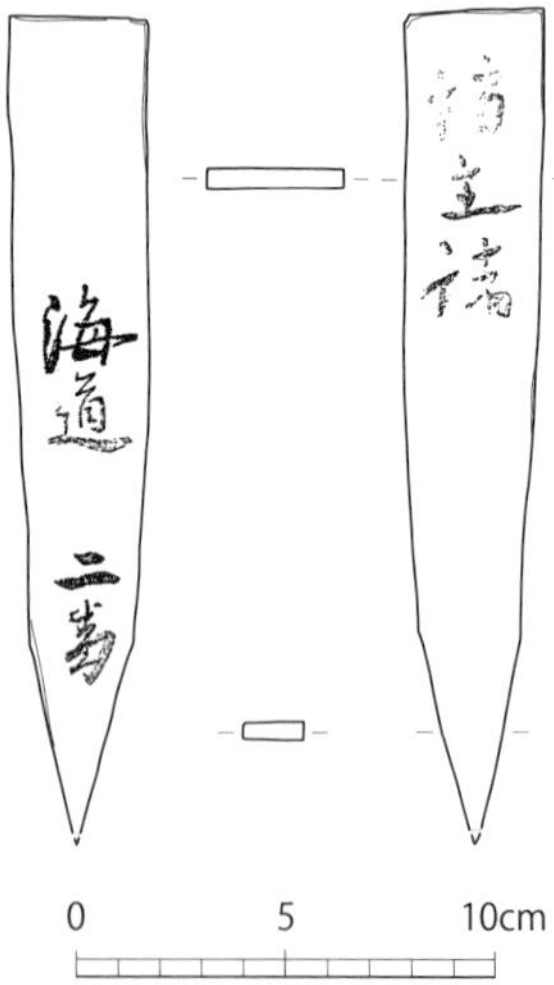

・「□主諸　」
・「　海道　二番」　194×34×5

※表に人名「□主諸」、裏に海道地域における二番の当番勤務を表記
（平川南氏の釈文による）

第１図　赤井遺跡第１号木簡

(2)　黒川以北十郡の海道地方

律令国家は国府多賀城が創建された奈良時代前半、国府域よりも北の蝦夷と接する地域に黒川・賀美・色麻・富田・玉造・志太・長岡・新田・小田・牡鹿のいわゆる「黒川以北十郡」（第2図）を建郡し、地域統治を行った。郡制を施行するには公民が不足していることから、すでに七世紀中葉以降に移住していた移民に加え、霊亀元年（七一五）に坂東の富民一千戸（推定約二万人）を柵戸として移配（『続日本紀』霊亀元年五月庚戌条）して領域支配を開始し、多賀城創建を期に各郡を成立させたのである。こうしてできた黒川以北十郡は一郡が二～五郷、平均三・二郷（『和名類聚抄』の郷数による）の小郡のあつまりである。このうち、東半部の太平洋寄りの長岡郡、新田郡、小田郡、牡鹿郡が海道地域にあたる。また、文献に記載された海道地域の城柵として「新

田柵」「牡鹿柵」（いずれも天平九年初見）が該当し、八世紀後半に新たに造営された「桃生城」（天平宝字二年〔七五八〕初見）が加えられる。

奈良時代の文献に登場する「海道」の記事は

①「陸奥国言うさく、『海道の蝦夷反きて、大掾従六位上佐伯宿禰児屋麻呂を殺せり』とまうす」（『続日本紀』神亀元年〔七二四〕三月甲申条）

②「式部卿正四位上藤原朝臣宇合を持節大将軍とし、宮内大輔従五位上高橋朝臣安麻呂を副将軍とす。判官八人。主典八人。海道の蝦夷を征たむが為なり」（『続日本紀』神亀元年四月丙申条）

③「且た、常陸・上総・下総・武蔵・上野・下野等の六国の騎兵、惣て一千人を追せり。聞かくは、『山・海の両道の夷狄等咸く疑懼を懐く』ときく。仍て、田夷遠田郡領外従七位上遠田君雄人を差して海道に遣し、帰服へる狄和我君計安塁を差して山道に遣し、並に使の旨を以て慰め喩へて鎮撫せしむ。」（『続日本紀』天平九年〔七三九〕四月戊午条）

第２図　仙台平野、大崎・石巻海岸平野の主要城柵と郡

④「陸奥国言さく、『海道の蝦夷、忽に徒衆を発して、橋を焚き道を塞ぎて既に往来を絶つ。桃生城を侵してその西郭を敗る。鎮守の兵、勢支ふること能はず。国司事を量りて、軍を興しこれを討つ。但し、未だその相戦ひて殺傷する所を知らず』とまうす」（『続日本紀』宝亀五年〔七七四〕七月壬戌条）

である。

①は海道の蝦夷の反乱によって大掾が殺害される事件で、②はその収拾に国家が軍を派遣する記事である。反乱を鎮圧した征夷将軍らは功を賞されて翌年閏正月に叙勲されている。叙勲者の末尾に外従六位上丸子大国、外従八位上国覓忌寸勝麻呂の名前が見える。この丸子氏、国覓氏はそれぞれ牡鹿郡、新田郡の氏族と考えられている。この神亀元年の海道の蝦夷の反乱が海道地方で発生し、同地域の有力氏族が征討に動員されたものである。③は陸奥国から出羽柵への連絡路を開くための事業の記事で、蝦夷たちの緊張を鎮める策を記したものである。④は有名な宝亀五年の海道の蝦夷による桃生城襲撃の記事で、ここから国家対蝦夷の三十八年戦争が始まる事件である。以上のように、奈良時代は多賀城以北の海道地方における蝦夷との関係記事で占められている。

(3) 海道地方の城柵官衙遺跡

次に、国府域より北の海道地方に置かれた多賀城創建前後の城柵官衙遺跡について、発掘調査成果から見ておこう〔佐藤・高橋 二〇二三、古代城柵検討会 二〇二四〕(第2図)。

海道地方で最も内陸に置かれた長岡郡域には三輪田・権現山遺跡が所在する。遺跡は大崎市古川荒屋の大崎平野を望む長岡丘陵南端部および沖積地に立地する。東西約一・三㌔、南北約〇・三㌔である。三輪田地区からは多賀城創建以前の瓦が出土し、また古代相模国の軍団名「大住団」などを記述した木簡が出土している。掘立柱建物、竪穴建物、材木塀、土坑、溝などが確認され、出土遺物には瓦、在地系・関東系の土師器、須恵器、木簡がある。遺構は八世紀初頭~前葉を中心とする時期と考えられる。丘陵を囲むように北側一キロ以上にわたって材木塀が巡り、南側は材木塀や河川が巡っている。囲郭集落〔村田 二〇〇〇〕（初期の柵）と考えられる。長岡郡家あるいは文献に記載のない城柵（長岡柵?）の可能性がある遺跡である。

新田郡域には新田柵跡推定地が所在する。『続日本紀』に登場する天平の五柵のひとつである。遺跡は大崎市田尻大嶺・八幡に所在し、低丘陵から沖積地に立地する。八世紀前半~九世紀前半の遺跡である。東西約一・五キロ、南北約一・七キロの範囲を築地塀もしくは土塁で囲み、西辺の南側に八脚門、南端に櫓が付く。内部は、計画的に配置された掘立柱建物群や材木塀などがあり、土器や瓦、円面硯が出土している。瓦には多賀城創建期のものが一定量含まれている。新田柵跡推定地の南に隣接して団子山西遺跡がある。この遺跡からは道路三条、掘立柱建物二〇棟、竪穴建物一三棟、井戸三基などが発見されていて、新田柵の南面に形成された街並み・官人等の居住域と考えられている。

小田郡は日本初の金産出で知られる史跡黄金山産金遺跡が著名であったが、長く官衙遺跡の所在は知られていなかった。近年、天平の産金遺跡の南に隣接する城山裏・日向館跡の丘陵部および裾部から土塁や掘立柱建物、多賀城創建前後の瓦が発見されている。小田郡家あるいは文献に記載のない城柵（小田柵?）の可能性がある。

牡鹿郡域には東松島市赤井に所在する赤井官衙遺跡がある。遺跡は東西一・七キロ、南北一キロの規模を有する。古墳時代前期~平安時代初期にかけての遺構・遺物が発見されている。一九九四年以降の継続的な発掘調査により、遺跡を広範囲に囲む材木塀、区画大溝、桁行五間以上の大型掘立柱建物や高床倉庫、竪穴建物群が検出され、城柵官衙に関係する多数の遺物が出土している。古代牡鹿柵・牡鹿郡家の形成過程を捉えることのできる遺跡〔佐藤 二〇二二〕として、令和三年に国史跡指定された。

以上のように、陸奥海道諸郡の城柵官衙遺跡が把握されてきている。次節では、海道地方の拠点であり、最も内容が把握されている赤井官衙遺跡について少し詳しく見てみたい。

2　陸奥海道地方の拠点　牡鹿柵・牡鹿郡家

(1) 赤井官衙遺跡の概要（第3図）

陸奥海道地方で最も発掘調査が進捗し解明されているのが牡鹿柵・牡鹿郡家の赤井官衙遺跡［東松島市教委 二〇一八・二〇一九］である。遺跡は石巻海岸平野南西部にあり、海岸線の後退によって形成された、標高約二㍍前後の浜堤上に立地する。遺跡の周囲を旧江合川河道が迂回した形跡が残る。江合川を遡ると、涌谷町天平産金遺跡、大崎市新田柵跡、大吉山窯跡、権現山遺跡、南小林遺跡、名生館官衙遺跡に至り、七世紀後半～八世紀前半における城柵官衙関連遺跡が分布する、国家の最前線ともいえる流域となっている。赤井官衙遺跡はその海の玄関口の遺跡で、海岸線から約五㌔内陸に位置する。八世紀後半に造営された桃生城は北上川を挟んで赤井官衙遺跡の北東約七㌔の位置にある。

太平洋に面し北上川や江合川、鳴瀬川の大河川の河口が開くこの地方は、海上から内陸へ、あるいは内陸から海上へ向かう河川交通の玄関口として、また海上から海上への寄港地として水上交通に重要な役割を果たしてきた。飛鳥・奈良時代においても、ヤマト王権・律令国家の版図に組みこまれていく過程で、国家による人的・物的往来が頻繁に行われ、赤井官衙遺跡群（赤井官衙遺跡、矢本横穴）が造営されていった［佐藤 二〇〇三・二〇〇四］。

赤井官衙遺跡の本格的な発掘調査は一九八六年から開始され、現在まで、約三万平米が調査されている。東西約一・七㌔、南北約一㌔の不整形の範囲から四世紀～九世紀前半の遺構・遺物が発見されている。なかでも七世紀中

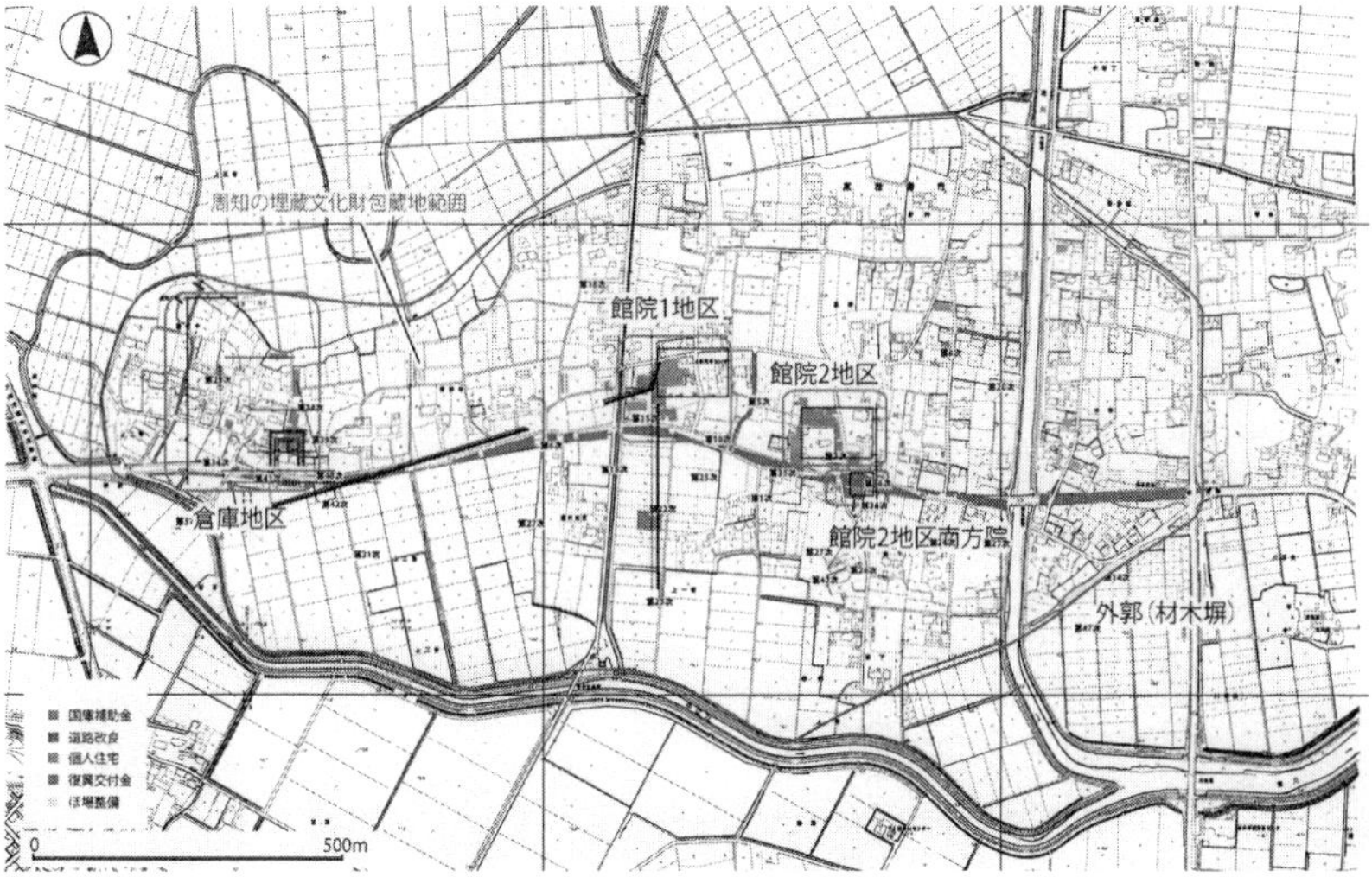

第３図　赤井官衙遺跡全体図

葉～九世紀前葉に位置づけられる掘立柱建物、高床倉庫、材木塀、竪穴建物、運河状遺構、区画大溝など多数の城柵官衙に関係する遺構が検出され、それらの遺構に伴って軒平瓦、平瓦、丸瓦、関東系および在地土師器、須恵器（墨書・刻書土器を含む）、円面硯、土鈴、砥石、鉄鏃、鉄釘、木簡、木製品などの多くの遺物が出土している。六世紀後葉から九世紀にかけて、在地集落から城柵官衙へ変化する状況を捉えることができる良好な遺跡である。

(2) 赤井官衙遺跡の時期区分と郡家型城柵の形成過程

赤井官衙遺跡の変遷は、古代東北の郡家型城柵［熊谷 二〇〇九］の形成過程の一例として理解される。以下に、遺跡の時期変遷に沿って、その変容を述べてみよう。

赤井官衙遺跡は遺構の重複から大別Ⅰ～Ⅲ期の三期、細別一三期に区分されている。本稿では主に飛鳥時代の七世紀から多賀城創建後の八世紀中葉について取り上げる。

① 赤井官衙遺跡Ⅰ期（古代牡鹿柵造営前夜）（第４図①）

赤井官衙遺跡Ⅰ期は古墳時代前期～七世紀前半までの集落期である。六世紀前半～中葉に集落が途絶えるが、六世紀後葉～七世紀前半（Ⅰ―5期）に遺跡の西端部を中心に一辺七㍍前後の竪穴建物で構成される集落が復興する。小規模ながらも安定した集落経営が営まれていた。なかには内外面漆仕上げされた鬼高系の関東系土師器や須恵器といった外来品がごく少量出土し、関東地方との交流も行われていたことがわかる。

② **赤井遺跡Ⅱ―1期**（移民集落の形成）（第4図②）

七世紀前半まで在地の小規模集落であった赤井官衙遺跡は、七世紀中葉（Ⅱ―1期）に上総～常陸地域に故地が推定される関東系土師器を主体的に用いる集落に変化する。その出土量からみて、移民主体の集落と考えられる。移民は上総を中心とした地域から牡鹿地域に大量移配されたと考えられる。赤井官衙遺跡集落の墓域とされる矢本横穴〔東松島市教委二〇〇八・二〇一〇〕の墓の形態は上総東部に分布する高壇式横穴に類似しており、故地の墓制を持ち込んだと考えられる。矢本横穴では関東系土師器と在地土師器が共伴すること、出土人骨の形質の分析から移民と在地民が同じ横穴に葬られる状況が確認され、移民集団と在地集団が赤井遺跡で協働の集落経営を行ったものと推察される。

③ **赤井官衙遺跡Ⅱ―2期**（初期牡鹿柵の設置）（第4図③）

移民主体の集落経営が安定すると七世紀後半～後葉（Ⅱ―2期）、集落を取り込むように新たに東西約八〇〇㍍を大溝と材木塀で囲む囲郭集落を造営する。真北から二〇度前後傾く設計方位を基準とした。囲郭集落内の状況は、大型建物は認められず、均一的な三間×二間の小規模掘立柱建物、竪穴建物で構成され、内部も材木塀で仕切られる。倉庫地区や居宅地区、評庁地区のような機能別の場の使われ方は行われていない。そこでは多数の関東系土師器と在地土師器、静岡県湖西窯跡群で生産された須恵器（以下「湖西産須恵器」と記す）等を主体的に用いているが、新たに少数の北武蔵地域を故地とする半球形の関東系土師器が搬入された。

赤井官衙遺跡は在地集落とほぼ同じ範囲に移民集落が形成され、それを取り込む形で囲郭集落に変化するあり方か

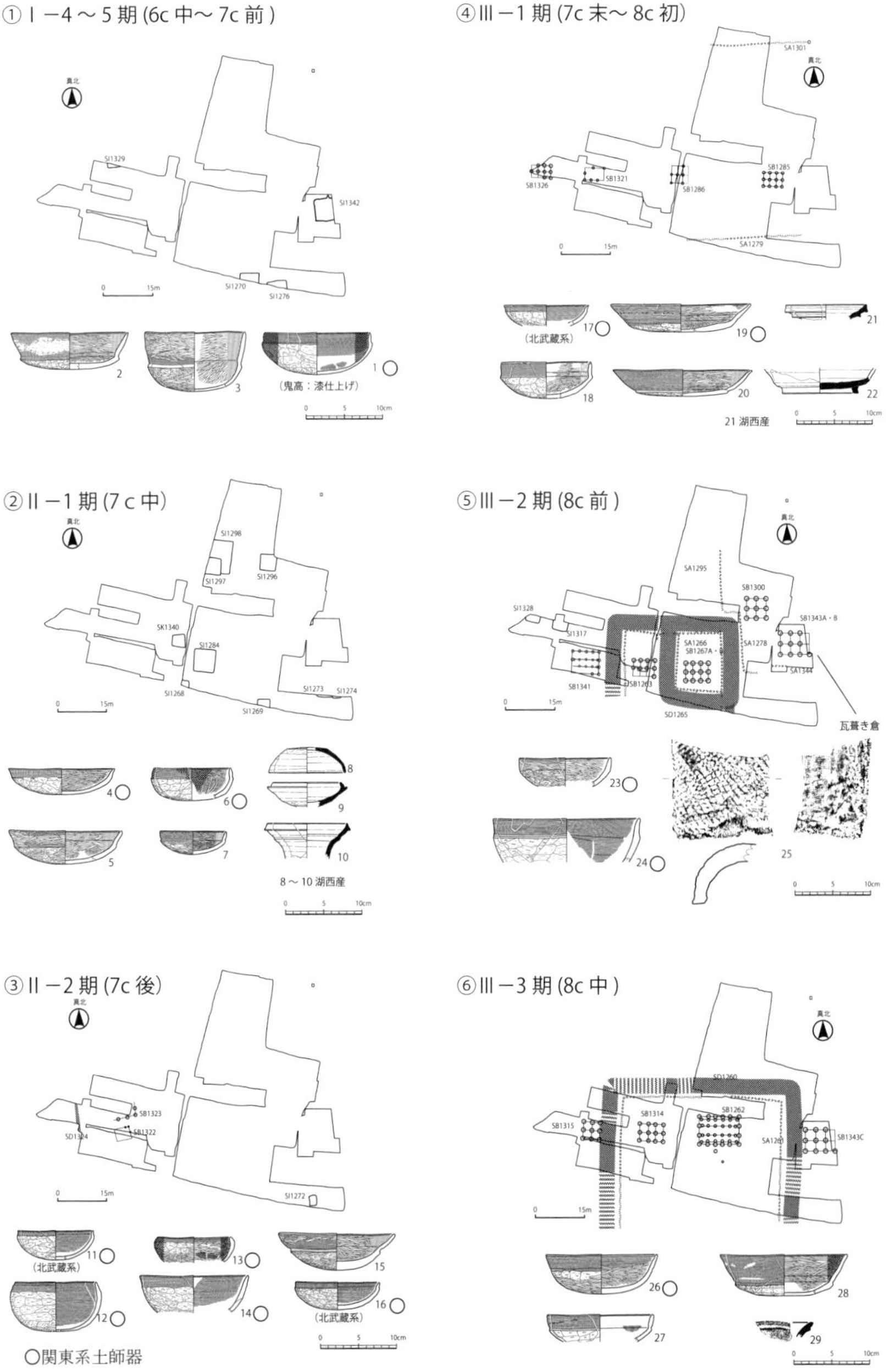

第4図　赤井官衙遺跡倉庫地区の変遷

ら、在地集落を取り込む施設として囲郭集落が造営された可能性がある。七世紀前半までの在地集落の時期から外来集団と接触していた在地集団は、移住してきた外来集団を排除することなく受け入れる素地を持っていたのであろう。

④ 赤井官衙遺跡Ⅲ―1期（古代牡鹿評〔郡〕家兼牡鹿柵〔郡家型城柵〕の造営）（第4・5図④）

七世紀末～八世紀初頭（Ⅲ―1期）、それまでの囲郭集落（初期の柵）を廃棄し、新たに真北を設計基準とした城柵官衙を造営する。遺跡内外は二〇〇㍍を超える大溝（運河状遺構）と材木塀を構築するなど城柵機能を保持し、倉庫地区や館地区を機能別に配置して造営した。初期の倉庫地区は床面積が二〇平米程度の小規模の倉、屋が四棟ほどで構成される小規模な正倉院である。倉庫地区は何度かの建替えを経ながら八世紀後半まで維持されるが、八世紀前葉以降は一棟三五平米規模に拡大し法倉と考えられる瓦葺の倉も構築された。通常、郡家は「郡庁院」「正倉院」「厨院」「館院」「曹司院」で構成される。赤井官衙遺跡では倉庫地区（正倉院）と館院が明らかとなっており、これらは郡家の構成要素である。また、材木塀と区画大溝（運河状遺構）の外郭施設に相当する遺構も伴っていることから、赤井官衙遺跡は郡家と城柵機能とを合わせた「郡家型城柵」と考えることができる。設計方位を真北に改めて造営した七世紀末～八世紀前葉は、城柵兼初期陸奥国府とされる仙台市郡山官衙遺跡Ⅱ期と並行する時期にあたる。仙台平野に国府が造営され、その下に評（郡）として位置づけられる施設として新たに、国府郡山官衙遺跡同様、真北に設計軸を変更して造営し直したものであろう。また、遺跡内に饗宴の場も設けられ、新たに郡家型城柵となった赤井官衙遺跡に東北北部の人々が交流（朝貢か？）に来た痕跡もある。

⑤ 赤井官衙遺跡Ⅲ―2期（律令制の施行と海道の蝦夷の反乱）（第4・5図⑤）

八世紀前葉（Ⅲ―2期）、大型建物を造営しながら郡家・城柵内部を充実させていった。倉庫地区の倉庫は床面積を拡大させ瓦葺きの法倉も配置する。館院地区も材木塀で南北六三㍍、東西一一二㍍を区画・遮蔽し、桁行五間規模

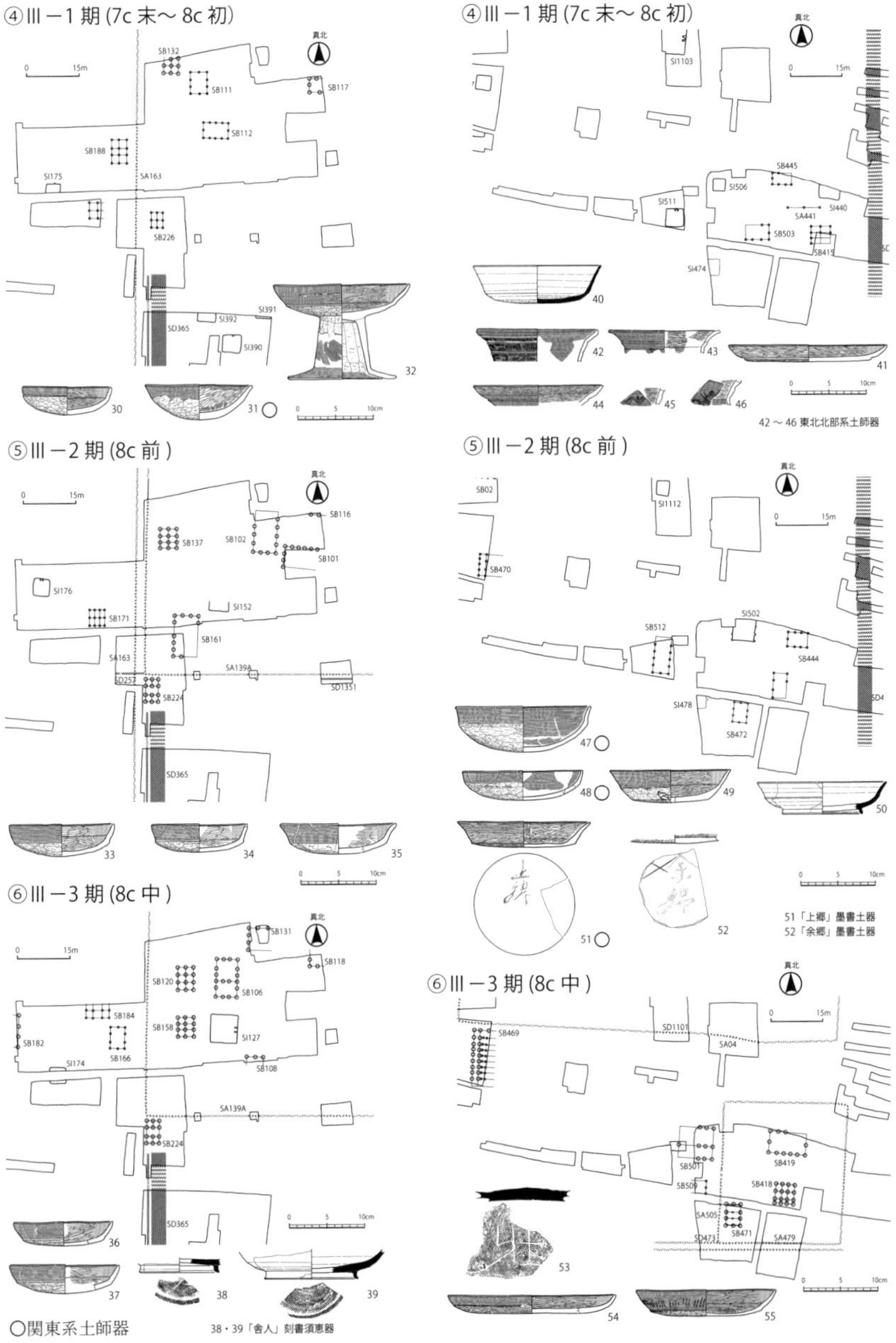

第５図　赤井官衙遺跡 館院１地区(左)・館院２地区南方院(右)の変遷

の大型建物、小規模高床倉庫、竪穴建物で構成される居宅構造を明確にした。この時期に南武蔵地域の関東系土師器（第5図⑤―47・48・51）を出土する竪穴建物があり、『続日本紀』霊亀元年（七一五）五月庚戌条の「相摸・上総・常陸・上野・武蔵・下野の六国の富める民千戸を移して、陸奥に配く。」記事に対応するものと考えられる。また、『和名抄』にみえる牡鹿郡の郷名「碧河」「賀美」「餘部」のうち、「賀美郷」「餘部郷」を省略した「上郷」、「余郷」の墨書土器（第5図⑤―51・52）が出土している。この文字資料からわかるように、すでに定着していた移民を主体とする集落をもとに霊亀元年の移民を加えて牡鹿郡を成立させて郷里制が施行されたものと考えられる。この時期に倉庫地区の規模が拡大するのは、移配によって収納される「租」の量が増大したことを示すものであろう。

律令制が施行されると程なくして、養老四年（七二〇）の蝦夷の反乱、神亀元年（七二四）の海道の蝦夷の反乱が起こる。赤井官衙遺跡Ⅲ―2期の火災による焼失は神亀元年の海道の蝦夷の反乱によるものと考えられる。神亀元年の反乱は、郡として位置づけられ律令制が在地に展開したために起こった反乱といえよう。

⑥ 赤井官衙遺跡Ⅲ―3期（郡家型城柵再整備と新たな版図拡大政策）（第4・5図⑥）

八世紀前半～中葉（Ⅲ―3期）、新たに地表面を黄色粘土で基壇風に整地し白土仕上げの建物を建築するなど、荘厳な大型建物を建造しながら郡家・城柵内部を復旧・充実させていった。神亀元年の海道の蝦夷の反乱で火災に遭った各院は、前時期の建物構成を維持しながら規模を拡大して復旧する。

倉庫地区は前時期の構成を保持しながら新たに大型管理棟あるいは屋や倉を復旧させる。館院1も同様に復旧する。館院1からは外散位を意味すると考えられる「舎人」と刻書された須恵器高台付坏（第5図⑥―38・39）が一一点出土し、館院1が牡鹿郡領丸子氏（牡鹿連氏）の居宅・館であったことを示している。「陸奥国牡鹿郡の人外正六位下丸子牛麻呂・正七位上丸子豊嶋ら廿四人に牡鹿連の姓を賜ふ。」（『続日本紀』天平勝宝五年（七五三）六月丁丑条）の記事から、この頃、「丸子」から「牡鹿連」に改氏姓している。位階からみて、館院1に居を構えるような牡鹿郡の郡領クラスの人物である。

館院2は建物規模も大きく、地表面を黄色粘土で基壇風に整地し荘厳に造営され、館院1よりも高位の人物の居宅・館と考えられる。城柵城司として派遣される国司の館の可能性もある。また、都で恵美押勝の政変時に活躍し天平神護元年(七六五)に従四位下勲二等近衛員外中将に昇り「道嶋宿禰」を賜った、地元牡鹿郡出身の道嶋宿禰嶋足の帰還時の館、あるいは神護景雲元年(七六七)七月に陸奥少掾に抜擢され、伊治城造営事業に中心的役割を担った従五位上陸奥員外介道嶋宿禰三山の館の可能性が想定される。

蝦夷と交流する場であり、牡鹿郡内の「郷」の人の集う場であった南方院は、地表面を黄色粘土で基壇風に整地し白土仕上げの壁をもつ建物を規格的に配置した荘厳な院となる。饗宴・儀礼の場の機能を強化したものともみられる。

宝亀五年(七七四)、海道蝦夷による桃生城襲撃事件が起こる。赤井遺跡Ⅲ―3期の遺構群もこの反乱の火災によって焼失した可能性が考えられる。この大規模火災後、倉庫地区と館院2、南方院はほとんど復旧されずその主要機能を失う。牡鹿柵の北方に桃生城が造営され、主要な城柵機能が移されたことが想像される。

(3) 古代牡鹿柵・牡鹿郡家の造営過程のまとめ

赤井官衙遺跡の変遷過程をとおして、在地集落(Ⅰ期：～七世紀前半)→移民主体集落(Ⅱ―1期：七世紀中葉)→囲郭集落：初期の柵(Ⅱ―2期：七世紀後半～後葉)→機能ごとに場の使い分けがなされた郡家型城柵(Ⅲ―1～Ⅲ―3期：七世紀末～八世紀中葉)→城柵機能衰退・館のみ(Ⅲ―4～Ⅲ―5期：八世紀後半～末葉)→終焉(Ⅲ―6期：九世紀前葉)の経過が把握できる。

前述の変遷過程をもとに古代牡鹿柵・牡鹿郡家の造営過程を述べれば、以下の通りとなろう。ヤマト王権の勢力範囲の外側に位置した赤井集落は、海と川の水運にも恵まれ、王権の影響を受けながら安定した集落経営を行っていた。七世紀中葉、国家の施策によって上総から多数の移民が定着し、移民は矢本横穴墓を造営する。移民の集落経営が安定すると七世紀後半に、新たに方位を北から二〇度程傾けた設計基準に定め、柵と大溝で約八〇〇㍍の広範囲を囲い小規模竪穴建物と小規模掘立柱建物群を配置する施設を造営した。初期の牡鹿柵(囲郭集落)の成立である。さらに浄御原令あるいは大宝令の施行された七世紀末~八世紀初頭、初期の柵の全施設を廃棄し再度新たに真北を設計基準として大規模に改変する。区画大溝や材木塀の区画施設の中に大型掘立柱建物を多数配置し、倉庫地区(正倉院)や館院(居宅院)といった郡家機能を明確にした本格的な郡家型城柵となった。八世紀前半、海道の蝦夷の反乱を経て、更に荘厳で堅固な城柵として復興する。八世紀後半、国家の版図拡大政策によって同じ牡鹿郡の北側に桃生城が造営されると、城柵機能はやや縮小される。八世紀代の幾度かの蝦夷の反乱に対応しながら、九世紀前葉まで郡家型城柵を維持し征夷の終結に向かった。

3　多賀城創建以前の陸奥海道地方

奈良時代、陸奥の海道地方は蝦夷との関わりで『続日本紀』に登場する。ここでは、多賀城創建以前の海道の蝦夷との関わりをみてみたい。海道の蝦夷の範囲は、桃生城の北に隣接する遠山村をはじめとする海道地方の北に位置する太平洋沿岸地域を含むものであろう。飛鳥時代から多賀城創建以前の三陸沿岸地域との交流を取り上げる。

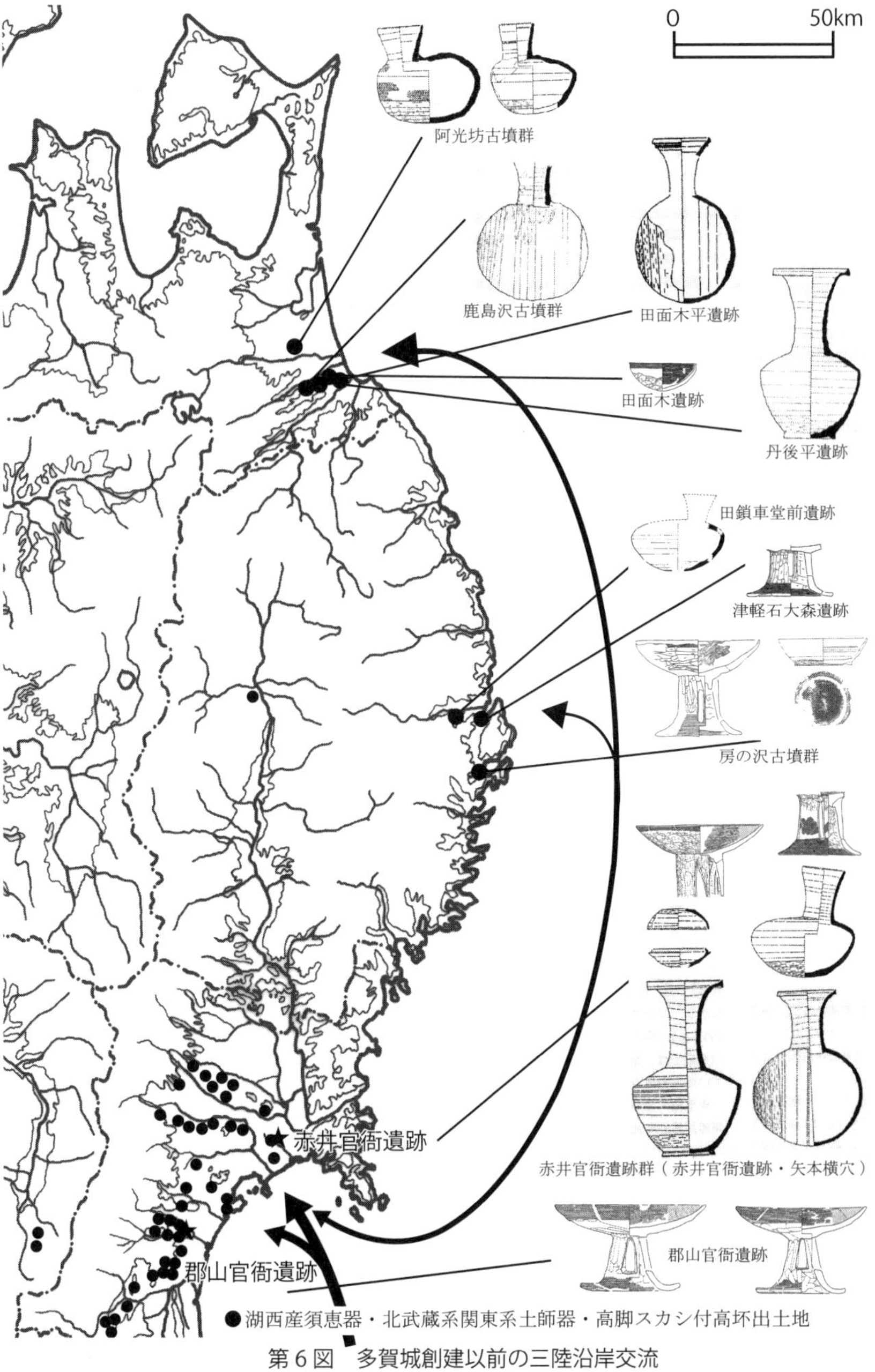

第６図　多賀城創建以前の三陸沿岸交流

(1) 多賀城創建以前の三陸沿岸交流(第6図)

多賀城創建以前の国家と海道の蝦夷との交流は明確ではない。しかしそれを探るいくつかの考古資料がある。ここでは、その断片的資料から両者の交流について考えてみたい。

① 湖西産須恵器の流通

七世紀から八世紀前葉にかけて東日本太平洋岸に流通した須恵器に、湖西産須恵器がある。生産地である湖西窯跡群は浜名湖西岸の丘陵にあり、その製品の多くは静岡、神奈川、東京、千葉、茨城県といった東日本の太平洋沿岸地域に供給されている。さらに東北地方太平洋沿岸にもその分布は広がり、最北は青森県おいらせ町、八戸市域まで達している。流通した器種は坏類、瓶類、甕類があるがフラスコ形瓶、長頸瓶、平瓶などの瓶類が突出して多い。東北地方での分布は主として福島県から宮城県大崎・石巻海岸平野までの範囲で、特に福島県浜通り、仙台平野、大崎・石巻平野の陸奥海道地域に多い。出土する遺跡の種類は高塚古墳や横穴墓の墳墓が極めて多いという特徴がある。さらに、七世紀前半、中葉から後葉、七世紀末から八世紀前葉で供給される器種や量、主体的供給範囲が変化し、国家による柵戸の移配先の変化と一致することが指摘できる[佐藤・大久保 二〇〇七、佐藤 二〇一〇]。

主たる流通の北限は大崎・石巻平野までであるが、少量ではあるが岩手県三陸沿岸部と八戸地域にも供給されている。七世紀前半は八戸地域のおいらせ町阿光坊古墳群で平瓶一点、七世紀中葉〜後葉には阿光坊古墳群で平瓶一点、八戸市田面木平遺跡と鹿島沢古墳群からフラスコ形瓶が各一点、七世紀末〜八世紀前葉には八戸市丹後平古墳群で長頸瓶一点、岩手県宮古市田鎖車堂前遺跡[岩手県埋文 二〇二〇]で平瓶一点、山田町房の沢古墳群で高台付坏一点が出土している。

岩手県内陸では盛岡市台太郎遺跡で平瓶が一点出土しているのみで、北上川中・上流域に比べ、三陸沿岸部の出土量は多いといえる。海を媒介とした国家と蝦夷との交流ととらえられる。しかも、七世紀前半段階での交流は注目すべき点であろう。

② 高脚スカシ付高坏の分布

七世紀後半〜八世紀前半の宮都では、大陸の影響を受けて金属器志向、法量分化が進み、皿形の盤や金属器模倣の椀といった新しい器種が登場する。その影響は地方の官衙にもおよび、城柵官衙でも土師器盤、金属器模倣椀、高脚スカシ付高坏といった一般集落では見られない官衙特有の土器が出土する。これを「官衙的器種」と呼ぶ［佐藤 二〇一五］。このうち、高脚スカシ付高坏は外面に段をもつ在地の坏に直立気味の高い脚が付く器形で、その脚部に長方形、台形、三角形、楕円形などのスカシが穿たれたものである。在地集落の高坏の脚部は低く「八」の字状に裾が広がるのに比べ、極めて異質な感じを与える。高脚でスカシを穿つ器種は須恵器高坏あるいは高盤に認められることから、城柵官衙遺跡で須恵器志向の土器として登場したものと考えられる。七世紀後半〜八世紀前葉の陸奥国の範囲である福島県域から宮城県域、山形県置賜地域の城柵官衙関連遺跡、墳墓などで出土する。その分布にも偏りがあり、初期陸奥国府の郡山官衙遺跡と牡鹿柵の赤井官衙遺跡は突出して出土量が多い特徴がある［佐藤・大久保 二〇一七］。

出土例は少ないが、三陸沿岸地域でも高脚スカシ付高坏を出土する遺跡がある。岩手県山田町房の沢古墳群［岩手県埋文 一九九八］と宮古市津軽石大森遺跡［宮古市教委 二〇二〇］である。房の沢古墳群は土壙墓にマウンドをもつ形態の末期古墳で、直刀、蕨手刀など豊富な鉄製品や土器が出土している。高脚スカシ付高坏は坏部が段をもたない扁平な器形で脚部は高く一対の長方形のスカシが穿たれている。赤井官衙遺跡の高坏に類似している。津軽石大森遺跡は竪穴建物や掘立柱建物で構成される遺跡で壺形銅製錘も出土する官衙的な色彩のある遺跡である。高脚スカシ付高坏は二点出土していて、一点は坏部が欠損して不明であるが脚部はやや高く二対四個の長方形のスカシが穿たれている。もう一点は坏部から脚部の破片で、二対のスカシが穿たれた痕跡が残っている。長方形スカシは赤井官衙遺跡で多く認められるものである。両遺跡は三陸沿岸地域の中央に位置し、古代の閉伊地域に相当する。太平洋を媒介として三陸の蝦夷と牡鹿柵や郡山官衙遺跡と交流があったことを示している。

③　関東系土師器の分布

湖西産須恵器が流通した八戸地域では関東系土師器が出土している。八戸市根城跡で検出された七世紀前半の竪穴建物から内外面漆仕上げされた鬼高系の関東系土師器片一点が出土している。また、田面木遺跡［八戸市教委 二〇一二］からは七世紀後半の仙台、大崎・石巻海岸平野に造営された囲郭集落（初期の柵）で多数出土する、北武蔵地域に故地をもつ半球形の関東系土師器一点が出土している。この関東系土師器は製作技術も橙色に発色させる焼成技術も仙台平野のものと同じである。ここにも、仙台、大崎・石巻海岸平野との交流が認められる。

④　東北北部系土師器

律令国家側の文物ばかりが三陸地域にもたらされているわけではない。東北地方北部の土器も城柵官衙遺跡から出土する。東北北部系土師器である。東北地方北部には土師器長胴甕の頸部に複数の段をもつもの（多沈線土器）や複数の段の間に鋸歯紋を描くものがある。赤井官衙遺跡ではⅢ—1期（七世紀末～八世紀初頭）に特定の地点から複数の鋸歯紋を描いた東北北部系土師器片（第5図④—42～46）が出土している。鋸歯紋を描く工具が極細く金属器で描いたような沈線である。このような細い沈線で描かれた鋸歯紋は三陸沿岸から八戸地域の土器の特徴に近い［矢本町教委 二〇〇一、益子 二〇〇二］。三陸沿岸の蝦夷が土師器甕を携えて牡鹿柵に来たことを物語る資料である。

（2）　多賀城創建以前の三陸沿岸の交流のまとめ

飛鳥時代から多賀城創建以前の三陸沿岸地域では、湖西産須恵器・高脚スカシ付高坏・関東系土師器が散見された。また、城柵域の赤井官衙遺跡では東北北部系土師器が出土している。これらの資料は数は少ないとはいえ、国家と海道の蝦夷との交易・交流の一端を示すものである。多賀城創建前の霊亀元年(七一五)の記事に「また、蝦夷須賀君古麻比留ら言さく『先祖より以来、昆布を貢献れり。常にこの地に採りて、年時闕かず。今、国府郭下、相去ること道遠く、往還旬を累ねて、甚だ辛苦多し。請はくは、閉村に便りに郡家を建て、百姓に同じくして、共に親族を率いて、永く貢を闕かざらむことを』とまうす。並にこれを許す。」(『続日本紀』霊亀元年十月丁丑条)とある。蝦夷の須賀君古麻比留が閉村に郡家を建てたい旨を請う記事の中で、三陸沿岸の蝦夷村から陸奥国府(郡山官衙遺跡)に毎年昆布を献納していたことがわかる。閉村にあたる宮古市津軽石大森遺跡や山田町房の沢古墳群から出土した高脚スカシ付高坏が示すように、閉村の蝦夷が朝貢する際、三陸沿岸を回って海道に設置された牡鹿柵を経て国府に朝貢したことも推定される。

多賀城創建以前は、頻繁とはいかないまでも、国府や牡鹿柵と三陸沿岸地域の蝦夷との交流があり、情報や文物が往来した。ところが、多賀城創建後の交流状況は文献、考古資料ともほとんど見出すことができない。多賀城創建後の蝦夷政策の変更、体制の変化や地域支配の強化が大きく関わったことが想起される。

4　多賀城創建と陸奥海道・山道地方

陸奥の国府域の北に置かれた黒川以北十郡は、太平洋寄りの海道地方と内陸諸郡の山道地方に分けて扱われることもあった。これまで見てきたように、海道地方の拠点は牡鹿柵・郡家の赤井官衙遺跡である。これに対して山道地方の拠点が丹取郡家（玉造柵・郡家）の名生館官衙遺跡［高橋 二〇二四］である。この海道、山道の拠点となる遺跡は、相似た成立・形成過程を経ている。両遺跡の共通点、相違点をみてみよう。

(1) 赤井官衙遺跡と名生館官衙遺跡の形成過程

七世紀中葉（赤井官衙遺跡Ⅱ—1期、名生館官衙遺跡Ⅰ期前半）、両遺跡に関東系土師器を主体とする移民集落が形成される。仙台平野に郡山官衙遺跡Ⅰ期官衙が造営される時期である。赤井官衙遺跡では上総～常陸の土器が主体となるのに対し、名生館官衙遺跡では下野～上野の土器が伴う違いがある。坂東からの移民に際し、東山道諸国から陸奥の山道地方へ、東海道諸国から陸奥海道地方へ送り込まれたのであろう。この移民政策は仙台平野、大崎・石巻平野で期を一にしており、国家施策と考えられる。

七世紀後葉（赤井官衙遺跡Ⅱ—2期、名生館官衙遺跡Ⅰ期後半）、遺跡内に材木塀と大溝による区画・遮蔽施設で囲まれた囲郭集落（初期の柵）が造営される。名生館官衙遺跡では一四六メートル以上を、赤井官衙遺跡では八〇〇メートル以上の広範囲を囲む囲郭集落で、内部は竪穴建物と三間×二間規模の小規模掘立柱建物が配置される。両遺跡ともに設計方位を北から傾けている。北武蔵に故地をもつ関東系土師器が伴うが、名生館官衙遺跡では主体を占めるのに対し、赤井官衙遺跡では極めて客体的であるという相違もある。蔵王町十郎田遺跡、大和町一里塚遺跡、大崎市権現山・三輪田遺跡など、同様の囲郭集落は仙台平野から大崎・石巻平野で複数発見されており、国家施策と捉えることができる。

七世紀末～八世紀初頭（赤井官衙遺跡Ⅲ—1期、名生館官衙遺跡Ⅱ期）、両遺跡は新たに設計基準を真北に改める。赤井官衙遺跡では前時期の囲郭集落を全面的に解体し、その範囲を含む東西一・七キロ、南北一キロの範囲に広がる。名生館官衙遺跡では、囲郭集落の北西隣接地に新たに建物群を構築している。いずれも桁行五間以上の大型建物が伴う。赤井官衙遺跡では正倉地区や居宅地区、儀礼地区といった機能別に構成されている。名生館官衙遺跡でも政庁地区、曹司地区のように区別されていた。また、両遺跡ともに東北北部系土師器を出土する。この時期は初期国府郡山官衙遺跡Ⅱ期官衙が造営された時期にあたる。国家施策として郡山官衙遺跡が真北を基準に造営し直されるのと同時に、各地の囲郭集落（初期の柵）も方位を真北に改めて造営されたのである。

八世紀前葉（赤井官衙遺跡Ⅲ―2期、名生館官衙遺跡Ⅲ期）、大型の建物が増加し機能別の院を明確にしていく。赤井官衙遺跡では正倉地区の規模が大きくなり瓦葺きの法倉も建てられ、館院も材木塀で囲まれる院形態をとるようになる。名生館官衙遺跡では、一本柱塀で囲まれた内部に荘厳な瓦葺四面廂付建物が配置される郡庁院（丹取郡家）が造営される。また、この時期までには付属寺院の伏見廃寺が造営されている。正倉は名生館官衙遺跡から東に三キロ離れた南小林遺跡に大規模な正倉別院として置かれたとみられる。多賀城創建直前の時期にあたる。南小林遺跡や赤井官衙遺跡は大規模火災で焼失しており、それぞれ養老四年（七二〇）の蝦夷の反乱、神亀元年（七二四）の海道の蝦夷の反乱によるものと考えられている。

八世紀前半～中葉（赤井官衙遺跡Ⅲ―3期、名生館官衙遺跡Ⅳ期）、山道と海道で相次いで起こった蝦夷の反乱によって焼失した官衙をより荘厳に復興した。多賀城創建期にあたる。赤井官衙遺跡では主要建物は直径五〇センチを超える柱が使用され、建物範囲を遠隔地から運搬させた黄色粘土で地面を整地し、白土仕上げの壁をもつ荘厳な建物が造営された。名生館官衙遺跡では、後世の土取りにより遺構は明確ではないが、郡庁（玉造柵・玉造郡家）を城内地区から小舘地区へ移転させ、多賀城創建期の瓦を葺いた建物が建てられたと考えられている。また、櫓を伴う一三〇メートルを超える築地あるいは土塁の外郭施設も造営されている。新たな国府兼城柵として多賀城が造営されると同時に、両遺跡ともこれまで以上に荘厳に、かつ堅固に造営されたのである。

(2) 赤井官衙遺跡と名生館官衙遺跡の形成過程のまとめ

黒川以北十郡域の海道地方の拠点である赤井官衙遺跡(牡鹿柵・郡家)と山道地方の拠点である名生館官衙遺跡(丹取郡家・玉造柵・郡家)の形成過程をみてきたが、この二つの遺跡は相似た成立・形成過程を経ていたといえる。

仙台郡山官衙遺跡Ⅰ期官衙が造営される七世紀中葉に坂東からの移民集落が形成され、七世紀後半に方角が真北から傾く設計方位で材木塀と大溝によって広範囲を囲む遮蔽・区画施設を伴う囲郭集落(初期の柵)が造られた。初期陸奥国府の郡山官衙遺跡Ⅱ期官衙が真北を設計基準に造営された七世紀末~八世紀初頭、時を同じくして赤井官衙遺跡、名生館官衙遺跡も真北を基準に造営し直され、さらに正倉や政庁、館などの機能別に地区を分けて配置されるようになる。拠点施設として安定すると、八世紀前葉、これまでの移民に加えて霊亀元年に富民千戸の柵戸が移配され、郡制が施行された。これに伴い、荘厳な郡庁や充実した正倉院が造営されるようになった。建郡と令制施行による地域支配が始まると蝦夷の抵抗を受け、養老四年、神亀元年に相次いで反乱が起こる。反乱で焼失した官衙を復興して、これまで以上に荘厳かつ堅固に造営したのが、国府多賀城の創建期であった。

二つの拠点遺跡の形成過程は共通しているものの、いくつかの相違点もある。ひとつは前述したように、七世紀中葉の移民の出自が異なる点。二つ目は七世紀後半の囲郭集落造営期の北武蔵系関東系土師器の出土量が異なる点。三つめは七世紀末~八世紀初頭に各種機能を備えた本格的な官衙に改変される際、前時期の囲郭集落を取り込んで造営されるか、別地点に造営されるかの違い。四つ目は八世紀前葉に郡制を敷く際に造営された瓦葺政庁および付属寺院の有無と正倉の位置と規模が異なる点。五つ目に八世紀前半~中葉の多賀城創建瓦を用いた建物の有無が挙げられる。それぞれの地域的特色として相違を理解することも可能であるが、相違の背景について指摘しておきたい。

注目されるのは、多賀城創建前の八世紀前葉(名生館官衙遺跡Ⅲ期)の瓦葺政庁および付属寺院の造営と三㌔離れて造営された大規模な正倉別院(南小林遺跡)の規模である。丹取郡家郡庁院では格式の高い四面廂付建物が建てられ、正倉別院では四間×三間規模の高床倉庫が一直線に建ち並ぶ。どちらも多賀城創建を遡る瓦を葺く建物である。同時期の赤井官衙遺跡Ⅲ—2期では政庁は未発見で、遺跡全体を通して多賀城創建を遡る瓦はごく少なく、瓦葺政庁の存在を想定し難い。正倉院も瓦葺の法倉とみられる高床倉庫が一棟あるものの、三間×二間規模の高床倉庫が建ち並ぶもので収納規模が小さい。城柵官衙遺跡としてみると、赤井官衙遺跡よりも名生館官衙遺跡の方が格式は高いようにみえる。多賀城創建期においても同様で、多賀城創建期の瓦で葺かれた政庁が想定される名生館官衙遺跡Ⅳ期に対し、赤井官衙遺跡Ⅲ—3期は多賀城創建期の瓦自体がごく少ないのである。

『続日本紀』和銅六年(七一三)十二月辛卯条に丹取郡の建郡記事が記載されていることは、国家が山道地域の統治を重要視していたことを窺わせる。また、山道地域で発生したと考えられる養老四年の蝦夷の反乱では按察使上毛野朝臣広人が殺害されるのに対し、神亀元年の海道の蝦夷の反乱では大掾佐伯宿禰児屋麻呂が殺害されていて、山道と海道に派遣される国司のランクにも違いがあったことを想像させる。さらに、天平九年(七三七)の出羽柵までの道路開削記事では持節大使藤原朝臣麻呂の副使坂本朝臣宇頭麻佐が玉造柵に、国大掾日下部宿禰大麻呂が牡鹿柵に派遣されている(『続日本紀』天平九年四月戊午条)。通常とは異なる派遣としながらも、牡鹿柵よりも玉造柵に高官が派遣されているのである。これらのことから、黒川以北十郡に置かれた城柵の中でも国家が特に重視していたのが山道の拠点である名生館官衙遺跡だったと想像されるのである。地域支配の方針・あり方も、山道と海道で違いがあった可能性がある。

5　多賀城創建と陸奥海道 ―まとめにかえて―

東海道諸国の終点にあたる常陸国の北に続く太平洋沿岸地域が、陸奥海道地域にあたる。特に奈良時代においては『続日本紀』に見えるように、黒川以北十郡の太平洋寄りの地域が陸奥海道地域として記載されることが多かった。多賀城以北の海道地域に設置された城柵で拠点となったのが、牡鹿柵・牡鹿郡家の赤井官衙遺跡であった。赤井官衙遺跡の形成過程は上総からの移民集落の形成、囲郭集落(初期の柵)の造営、郡家型城柵の造営の変遷をたどる。この変遷は、言い換えれば、国家の版図拡大に際し移民を送り込み蝦夷の動向を探り、次に囲郭集落を造営して周辺の蝦夷を懐柔しながら拠点的支配を行い、さらに本格的な城柵を造営し新たな柵戸を移配して律令制を施行する面的支配へ移行するという施策といえる。赤井官衙遺跡の変遷は仙台平野から大崎・石巻海岸平野に分布する複数の城柵官衙遺跡の変遷過程と共通するもので、乙巳の変・大化改新以降の東辺政策という国家施策といえる。この施策は、陸奥国等辺国の守が掌った職務である「撫慰」(養老令では「饗給」)「征討」「斥候」の「斥候」「撫慰・饗給」に通じるものがある。

赤井官衙遺跡よりも北方の三陸沿岸地域の海道の蝦夷は、七世紀からすでに郡山官衙遺跡や赤井官衙遺跡と往来し、文物や情報を得ていた。その交流は神亀元年の海道の蝦夷の反乱、多賀城創建を境に資料としては見えなくなってしまう。

養老四年の蝦夷の反乱、神亀元年の海道の蝦夷の反乱は大崎・石巻海岸平野の面的支配に抗った反乱と考えられ、それに対応するために堅固で荘厳な新たな国府兼城柵として多賀城が創建された。多賀城創建を期に牡鹿柵等も堅固で荘厳な城柵として復旧され、面的支配貫徹のため維持され続けるのである。大化改新以降の国家政策として地域支配策が順当に展開してきたのであるが、蝦夷の反乱と多賀城創建を期にさらに強力な拠点として、山道の名生館官衙遺跡（丹取郡家・玉造柵・郡家）と海道の赤井官衙遺跡（牡鹿柵・郡家）は造営強化が図られたといえよう。

参考・引用文献

今泉隆雄　二〇一五『古代国家の東北辺境支配』吉川弘文館
今泉隆雄　二〇一八『古代国家の地方支配と東北』吉川弘文館
岩手県埋文　一九九八『房の沢Ⅳ遺跡発掘調査報告書』
岩手県埋文　二〇二〇『田鎖遺跡・田鎖館跡・田鎖車堂前遺跡発掘調査報告書』
熊谷公男　二〇〇〇「養老四年の蝦夷の反乱と多賀城の創建」『国立歴史民俗博物館研究報告』第八四集
熊谷公男　二〇〇四a『蝦夷の地と古代国家』日本史リブレット一一　山川出版社
熊谷公男　二〇〇四b『古代の蝦夷と城柵』歴史ライブラリー一七八　吉川弘文館
熊谷公男　二〇〇九「城柵論の復権」『宮城考古学』第一一号　宮城県考古学会
古代城柵官衙遺跡検討会　二〇〇三『第二九回古代城柵官衙遺跡検討会資料』
古代城柵官衙遺跡検討会　二〇一九『第四五回古代城柵官衙遺跡検討会資料』
古代城柵官衙遺跡検討会五〇周年記念大会実行委員会　二〇二四『古代東北の城柵官衙遺跡』
佐藤敏幸　二〇〇一「宮城・赤井遺跡」『木簡研究』第二三号　木簡学会
佐藤敏幸　二〇〇三「律令国家形成期の陸奥国牡鹿地方（1）」『宮城考古学』第五号　宮城県考古学会
佐藤敏幸　二〇〇四「律令国家形成期の陸奥国牡鹿地方（2）」『宮城考古学』第六号　宮城県考古学会
佐藤敏幸　二〇一〇「東北地方における7～8世紀の東海産須恵器の流通」『北杜』辻秀人先生還暦記念論集刊行会
佐藤敏幸　二〇一五「東北の城柵官衙と土器」『奈良文化財研究所研究報告』第一五冊
佐藤敏幸　二〇二一「東北における古代城柵の造営過程」『東北学院大学東北文化研究所紀要』第五三号　東北学院大学
佐藤敏幸・大久保弥生　二〇〇七「宮城県の湖西産須恵器」『宮城考古学』第九号　宮城県考古学会

佐藤敏幸・大久保弥生　二〇一七「陸奥における古墳時代後期から奈良時代の高坏（１）―宮城県のスカシ付高坏を中心に―」『宮城考古学』第一九号　宮城県考古学会
佐藤敏幸・高橋誠明　二〇二三「東辺城柵域の城柵・官衙成立②」『災害と境界の考古学』日本考古学協会二〇二三宮城大会実行委員会
高橋誠明　二〇〇七「律令国家の成立期における境界地帯と関東との一関係―宮城県大崎地方出土の関東系土師器と出土遺跡の意義」『国士舘考古学』第三号
高橋誠明　二〇二四「名生館官衙遺跡」『古代東北の城柵官衙遺跡』古代城柵官衙検討会五〇周年記念大会実行委員会
辻秀人編　二〇〇七『古代東北・北海道におけるモノ・ヒト・文化交流の研究』東北学院大学文学部
八戸市教委　二〇一二『八戸市内遺跡発掘調査報告書―田面木遺跡―』
東松島市教委　二〇〇八『矢本横穴墓群Ｉ』
東松島市教委　二〇一〇『矢本横穴墓群Ⅱ』
東松島市教委　二〇一八『赤井遺跡発掘調査総括報告書Ｉ』
東松島市教委　二〇一九『赤井遺跡発掘調査総括報告書Ⅱ』
平川　南　一九八五「第六章第五節古代の白川郡」『関和久遺跡』福島県教育委員会
平川　南　一九九二「海道・牡鹿地方」『石巻の歴史』第六巻特別史編　石巻市史編さん委員会
平川　南　二〇一二『東北「海道」の古代史』岩波書店
益子　剛　二〇〇一「赤井遺跡出土の東北地方北部の土師器について」『宮城考古学』第三号　宮城県考古学会
宮古市教委　二〇二〇『津軽石大森遺跡』
村田晃一　二〇〇〇「飛鳥・奈良時代の陸奥北辺―移民の時代―」『宮城考古学』第二号　宮城県考古学会
矢本町教委　二〇〇一『赤井遺跡Ｉ―牡鹿柵・郡家推定地―』

多賀城創建と陸奥南部の製鉄

菅原 祥夫

はじめに

陸奥南部の浜・中通り地方は、蝦夷社会と認識され、城柵設置が行われた陸奥中部とは一線を画す地域である。(1) 大化前代は、東北地方の中で唯一国造制が施行され、大化以後は、坂東諸国と一体になって蝦夷支配の後方支援を担った[今泉 二〇一七、熊谷 二〇一五、吉野 二〇二三]。この政治支配上の特性は、養老二年(七一八)～数年間、陸奥国から石背国(中通り+会津)、石城国(浜通り)が分国され、再併合後も、実質的枠組みが機能したことに象徴されている。

このうち浜通り北部、つまり、現在の宮城県亘理町～福島県南相馬市にまたがる太平洋沿岸は、律令期の陸奥国曰理・宇多・行方郡に属し、東日本最大級の製鉄コンビナート地帯が存在した(2)(第1図)。発見された製鉄炉跡数は、出雲や吉備を抜いて全国一位に位置づけられ[島根県古代文化センター 二〇二〇]、生産量のピークは三十八年戦争と重なっている。しかし、これまで多賀城創建期併行の八世紀前半に、目立った増産傾向が確認されていない。そのため、瓦・須恵器生産との画期の違いが指摘されているが[高橋・鈴木 二〇二三]、おそらく、この国府兼鎮守府の創建事業に伴う何らかの動きが生じたと想定される。

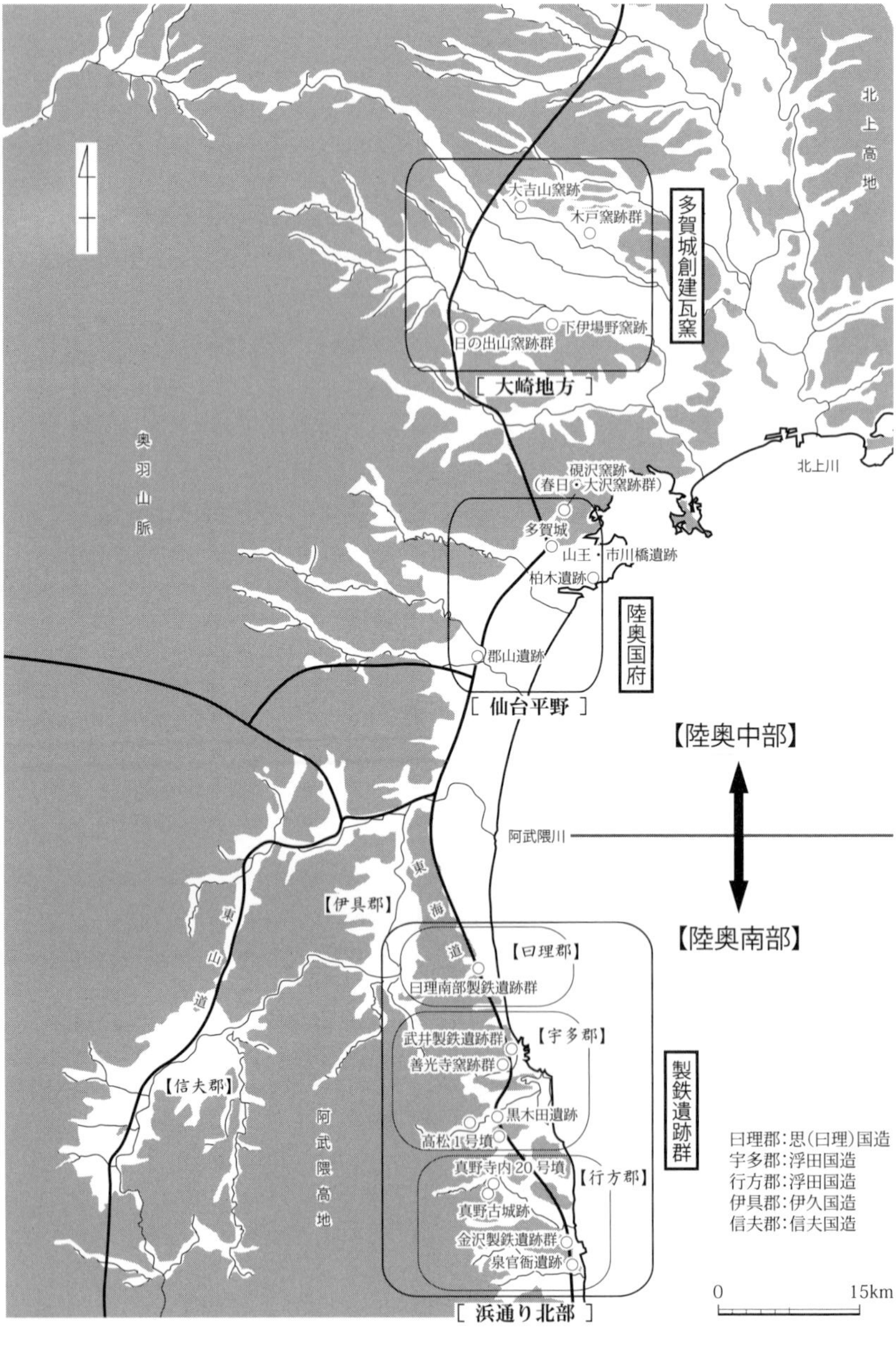

第１図　陸奥南・中部の関連遺跡分布

下伊場野	日の出山	木戸	大吉山	日の出山
	C地点２期　F地点東	A地点　B地点　C地点		A地点　C地点３期　F地点西
	養老・神亀年間頃～天平 10 年前後頃	養老・神亀年間頃～天平 12 年前後頃		天平 10 年頃

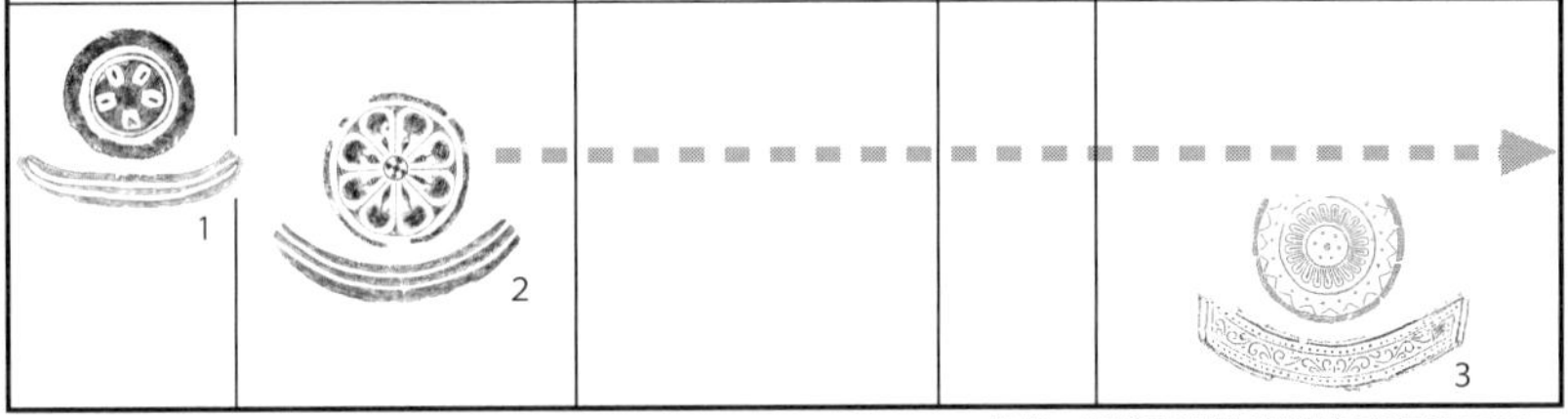

参考：宮城県多賀城跡調査研究所 2024

第２図　多賀城創建瓦窯の変遷

そこで、小論は他分野への工人派遣の可能性を探ってみる。具体的には、製鉄工人が多賀城創建瓦窯（第2図）へ派遣され、造瓦活動に参画した事実を立証し、当該事業に伴う後方支援側の負担形態に新たな視点を提示したい。さらにそれを踏まえ、派生する問題の検討を行う。

では、まず製鉄の技術系譜と画期をみることから始めていく。

1　製鉄の技術系譜と画期

大化前代の東北社会には、鉄素材の生産技術が存在しなかった。七世紀後葉（第3四半期）にそれを最初に導入し、生産を開始したのが浜通り北部の製鉄遺跡群であり、十世紀前半まで継続展開した。

(1) 技術系譜

生産開始期の製鉄遺跡は、旧浮田国造域（宇多・行方郡）の海岸部に設置され、両側排滓の長方形箱型炉＋横口式木炭窯のセット、また、製鉄と窯業生産が一体で行われるコンビナートである点に（第3図）、特色が認められる［飯村二〇〇五］。

◎宇多郡（本拠地型）……武井製鉄遺跡群＋善光寺窯跡群

◎行方郡（非本拠地型）…金沢製鉄遺跡群＋鳥内沢A遺跡1号窯（製鉄遺跡群内）

これは、天智朝期において大津宮近郊の近江国栗太郡に整備された官営製鉄所＝瀬田丘陵生産遺跡群の技術体系［菱田 二〇〇七］と同一である（第4図）。このことから、主要な技術系譜は遠く近江に求められる。

(2) 三つの画期

これまでに、製鉄をめぐる三つの画期が判明している。以下順に述べる。

第一の画期—生産の前史—　旧浮田国造域（宇多・行方郡）と近江との関係には、六世紀前葉～中葉の前史があった。行方郡真野郷域の真野寺

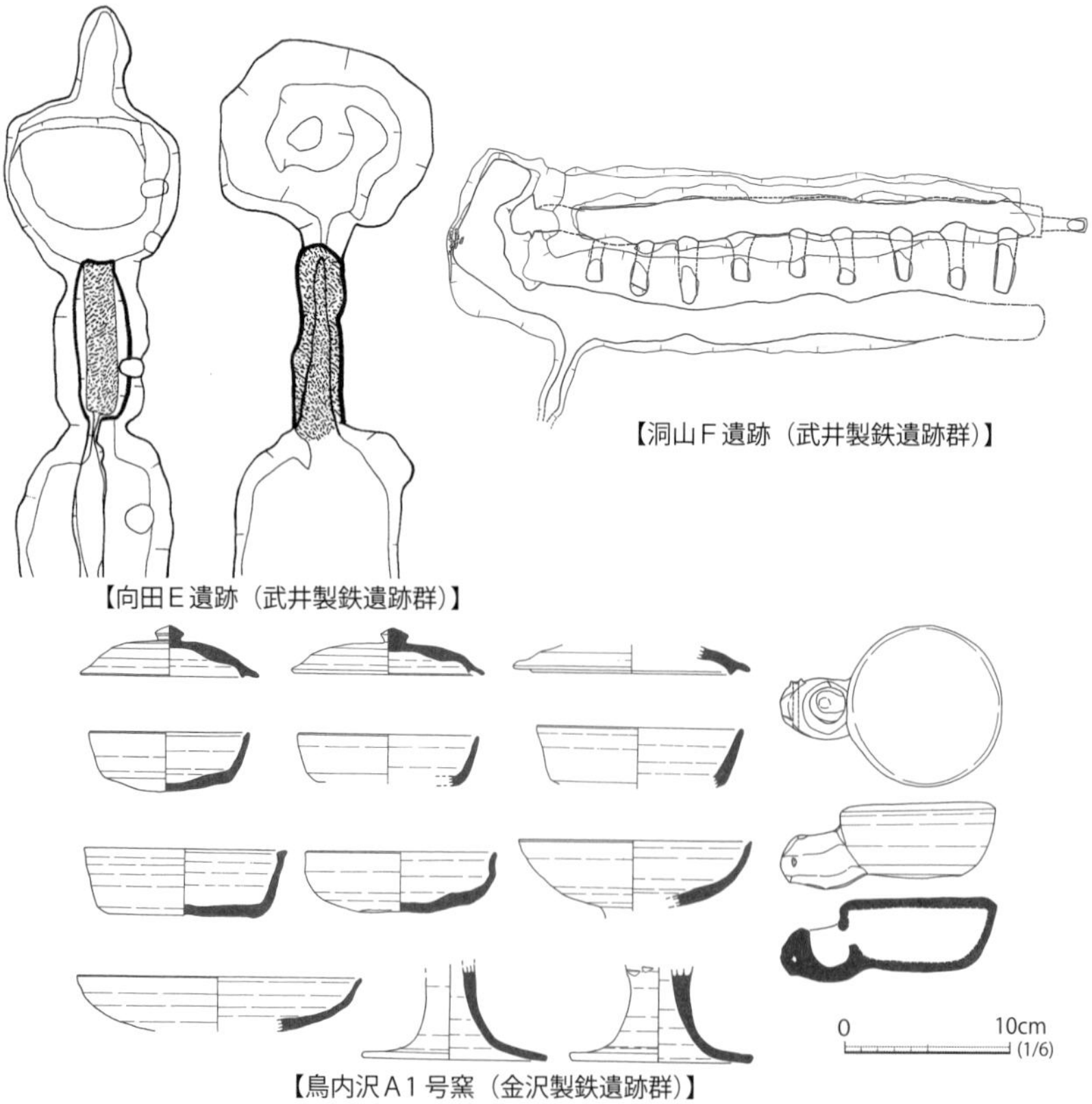

第3図　生産開始期の技術体系

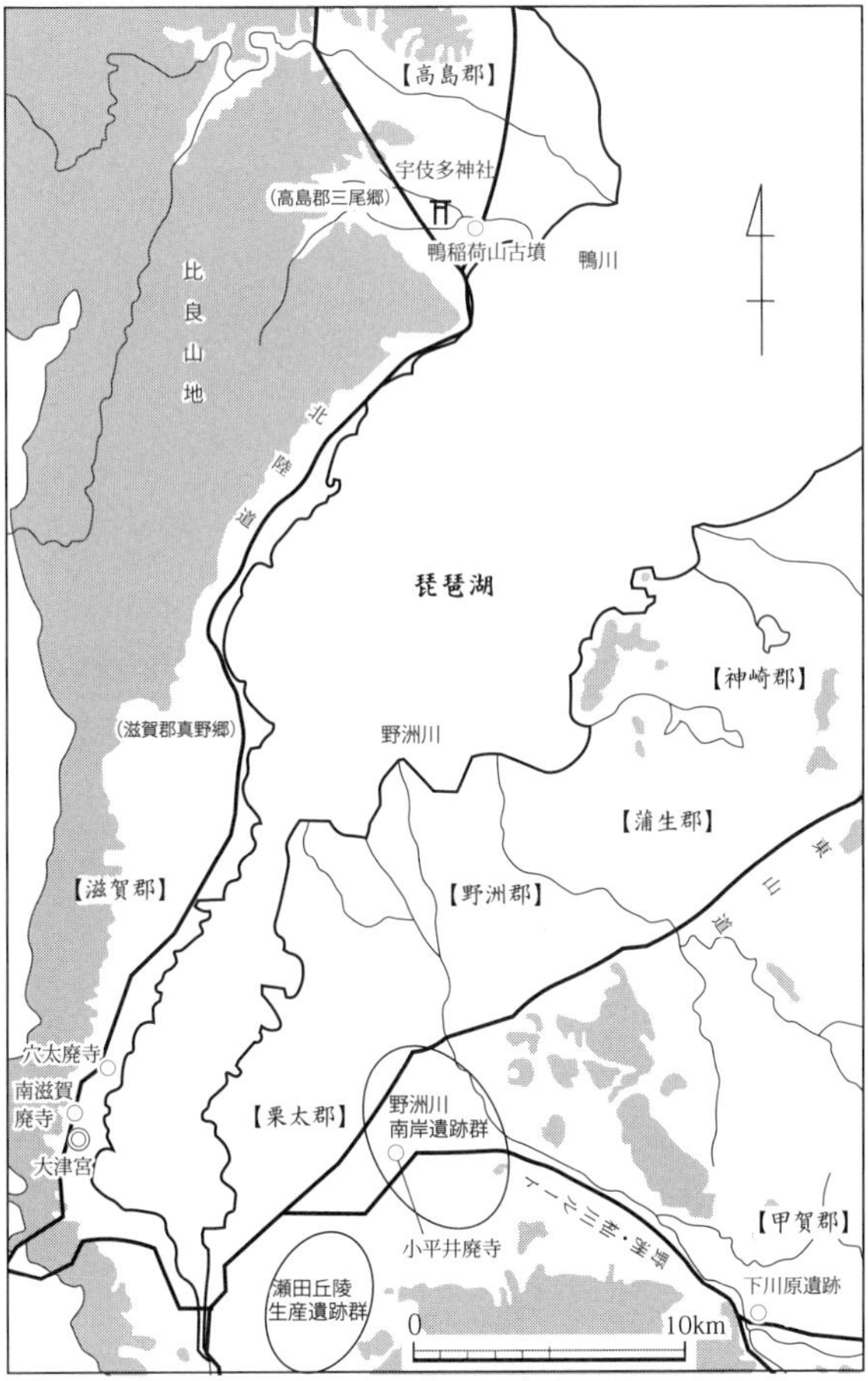

第４図　近江の関連遺跡分布

内20号墳から、全国で他に四基の古墳の類例しかない、豪華な太刀の飾り金具＝金銅製双魚佩が出土している〔穴沢一九七五〕。年代の最も近い類例は、継体天皇と関係の深い近江国高島郡三尾郷域（『日本書紀』）の鴨稲荷山古墳に認められ、それぞれの古墳の北西方向には、「浮田」の地名が存在している[3]（第５図）。そこで、両者の周辺景観を対比してみると、琵琶湖を太平洋、鴨川を真野川に置き換えれば瓜二つで、単なる偶然の一致とは考えられない。このこと

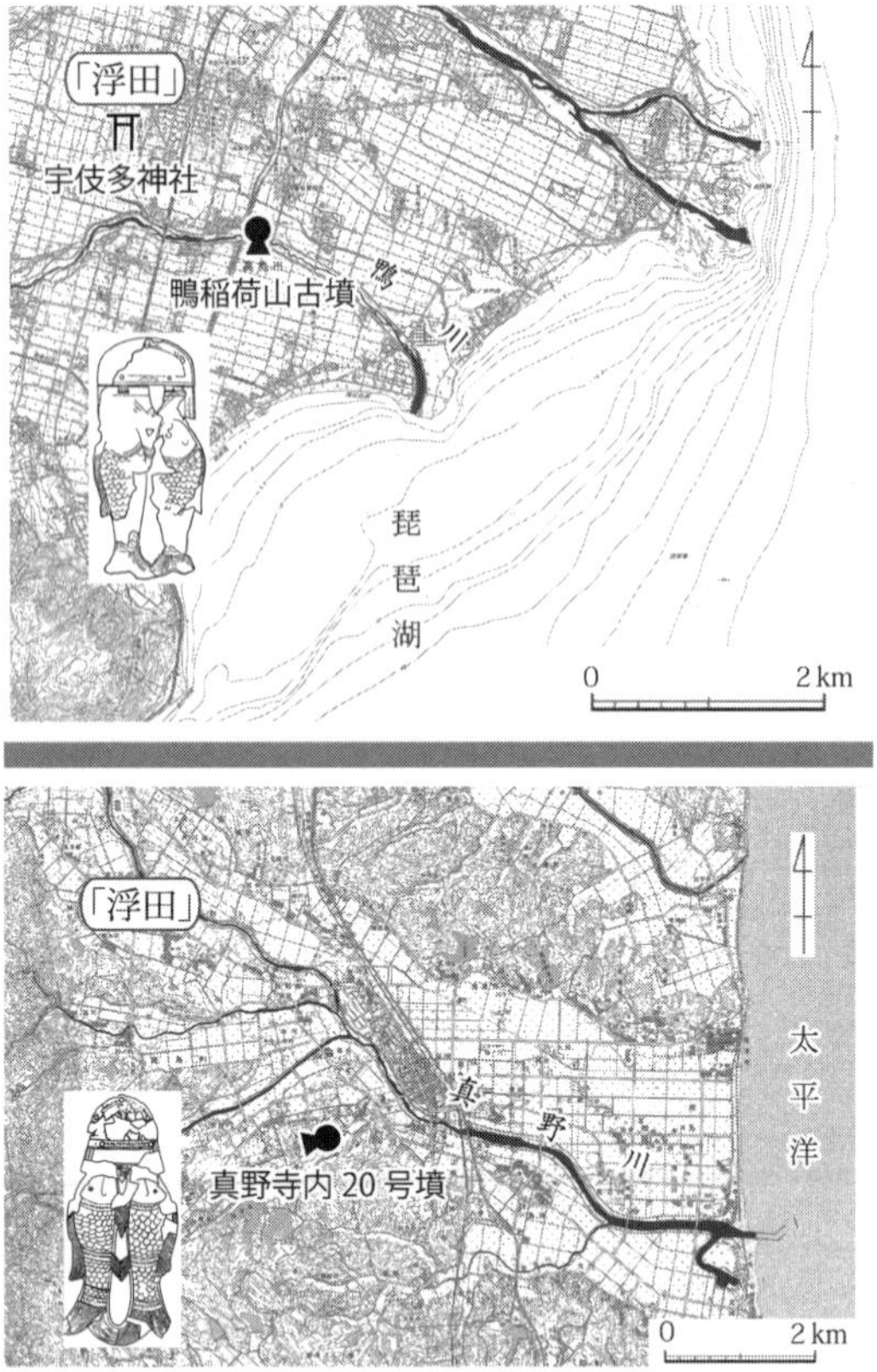

第５図　陸奥の浮田と近江の浮田

から、遠隔地間に個別交渉が結ばれたのが推定できる［菅原 二〇二一］。

背景を探ると当該期は、それまで安定継続した仙台平野～大崎地方の在地社会が停滞したのに対し、阿武隈川河口以南では比較的安定した営みが維持され、南北間で明瞭なコントラストを呈した［菅原 二〇二一］。この現象は、阿武隈川河口付近が「国造本紀」にみられる国造分布の列島北端であることと整合し、同以北に蝦夷観念が成立したとされる［今泉 一九九九、熊谷 二〇一五］。この結果、「浮田」は蝦夷社会との境界付近となり、その中でも、日理(思)・伊久・信夫国造域とは違って、直接、蝦夷社会と接していないことから、王権側と新たな接触の機会が生じたと考えられる。

また、この絶妙な地政学的位置は律令国家誕生前夜（六世紀末～七世紀前半）の宇多郡域に、関東の技術基盤による善光寺窯跡群を成立させている。当該窯は、大化前後にまたがり継続展開した東北唯一の窯業生産地であり、生産開始期の善光寺1号窯は排煙調節溝付窯の最北限例である［菅原 二〇一〇］。

このような複数の先進地との継起的交流が、最先端技術の導入を可能にした要因と考えられる。

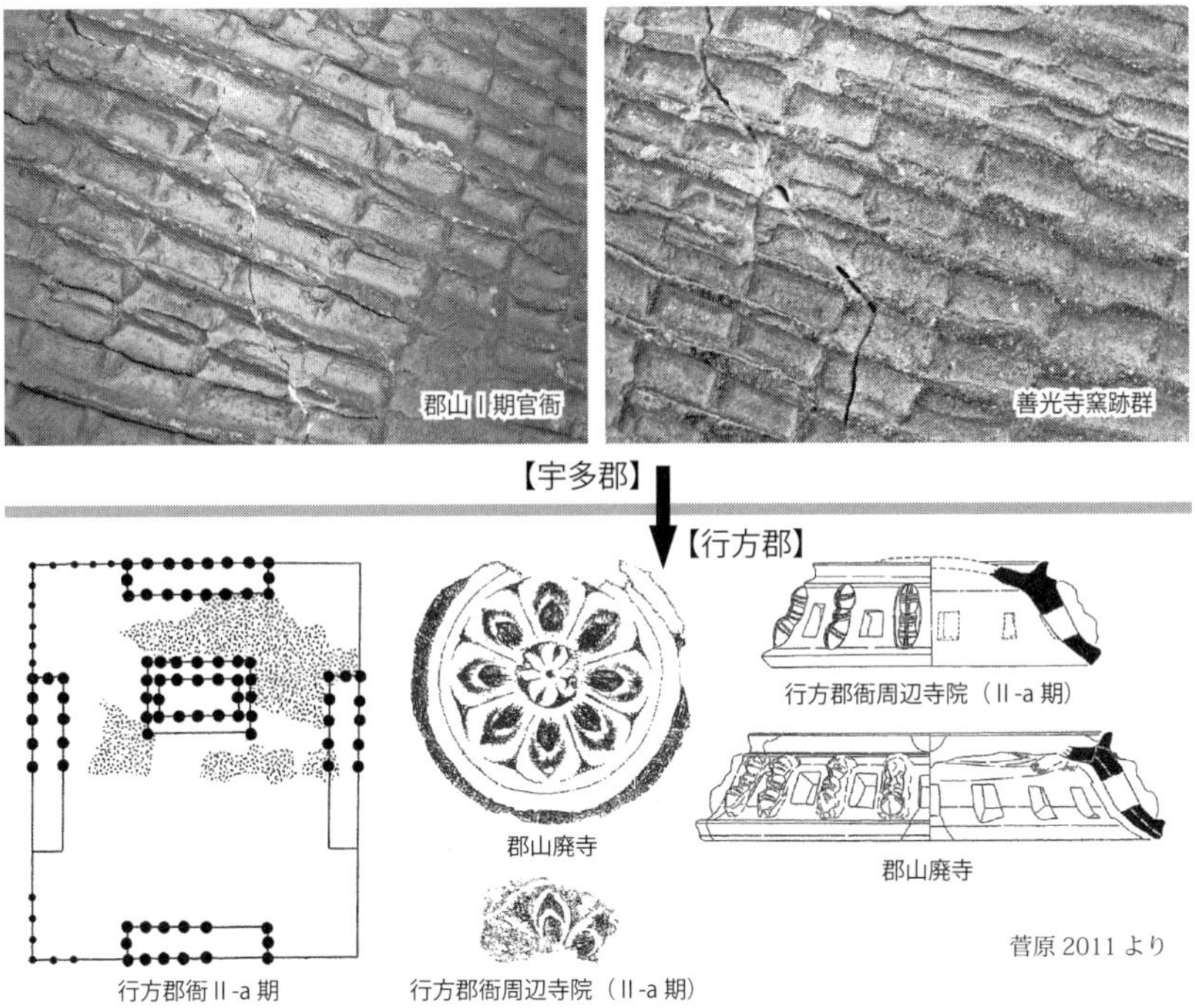

第６図　郡山遺跡と宇多・行方郡

第二の画期―生産の開始―　上の経緯を経て、天智朝期の七世紀後葉（第３四半期）に近江の製鉄技術体系が宇多・行方郡へ一体導入され、武井・金沢製鉄遺跡群が生産を開始した。蝦夷支配に関わる目的を前提にすると、主導したのは郡山Ⅰ期官衙に常駐した中央派遣官人＝国宰とみるべきで、律令国家が伝統的な豪族間交流を取り込んだ形となる。この関係は、善光寺窯跡群産の平瓦に、郡山Ⅰ期官衙の平瓦と酷似した叩き目がみられることに、一端が窺える（第６図上段）。

また、それに伴い、宇多・行方郡の工人が近江国栗太郡へ派遣され、技術を習得↓帰郷する菱田分類の帰郷型［菱田 一九九二］パターンがとられたと思われる。瀬田丘陵生産遺跡群の北東側に広がる官衙関連遺跡群内（野洲川南岸遺跡群）で、長煙道カマド付き竪穴建物＋栗囲式土師器の集中分布域が形成され、東北からの確実

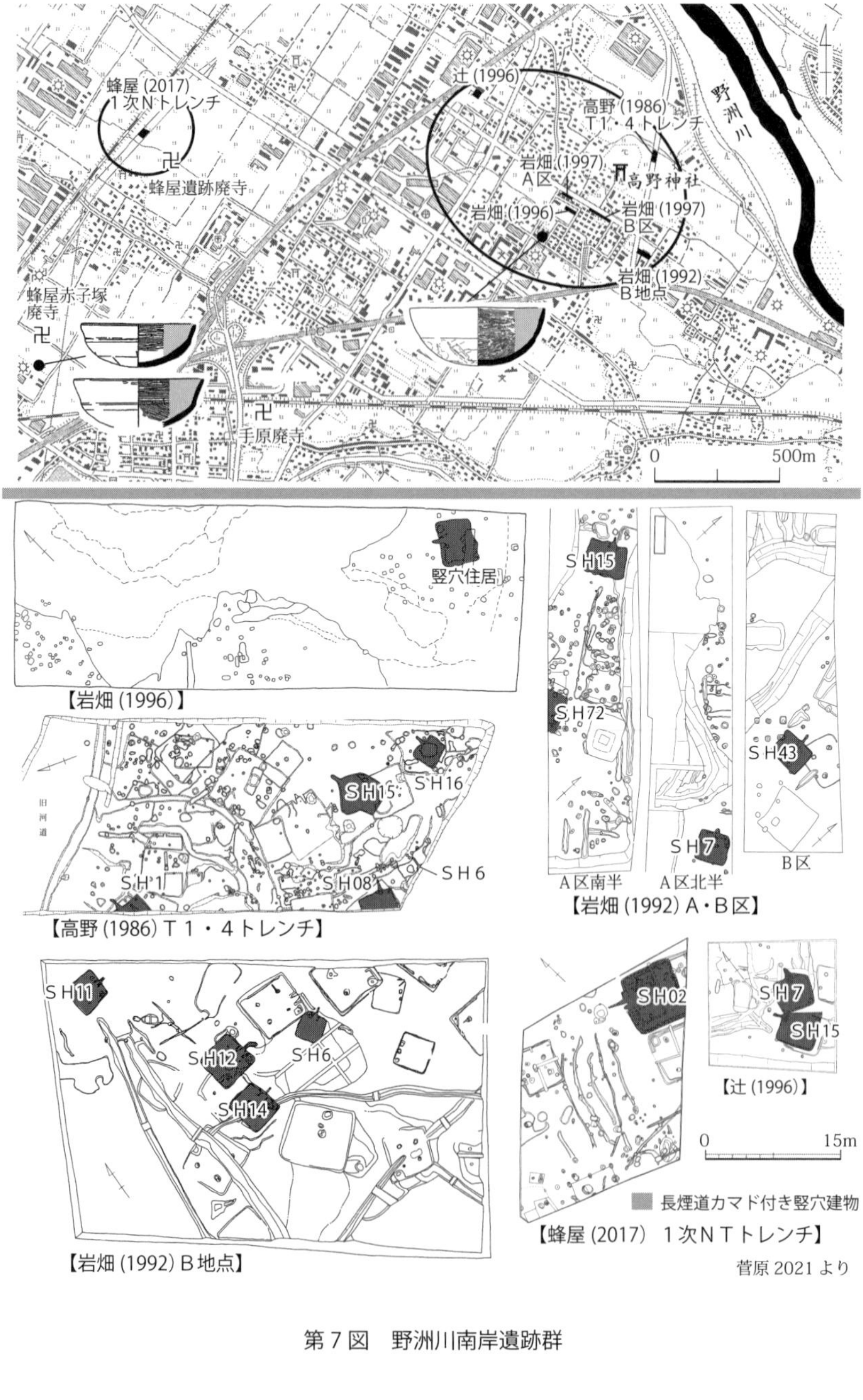

菅原 2021 より

第7図　野洲川南岸遺跡群

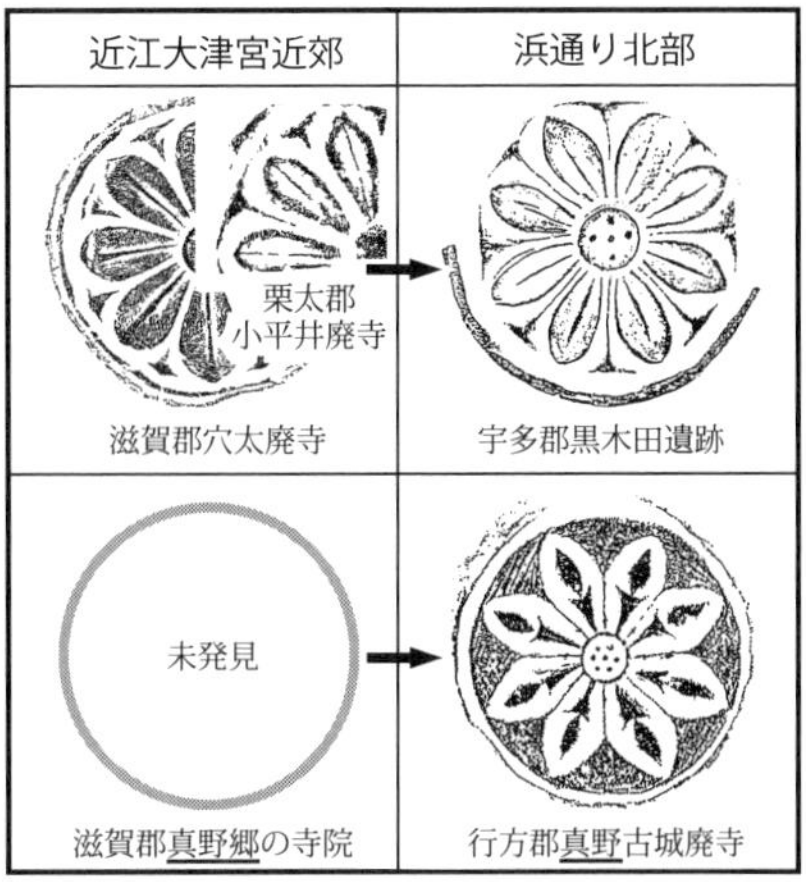

第８図　大津宮近郊と浜通り北部の瓦

な人の移動が証明できるのが、根拠である（第7図）。

当該期は、陸奥中部の囲郭集落形成期に相当することから、製鉄技術導入は後方支援側にとられたその関連政策の一環とみられ、同様な大津宮近郊との系譜関係は、宇多・行方郡に建立された初期寺院の創建瓦モデルにも認められる（第8図）。また大津宮近郊の周囲では、陸奥中部から移配された蝦夷の居住集落（甲賀郡下川原遺跡）が野洲・杣川ルートの分岐点付近に出現し［菅原二〇二四］、白村江の戦いの敗北で亡命した百済人が移配された記録があることから（『日本書紀』A・B）、敗戦を契機に対外国・対蝦夷政策が一体強化され、政権膝元で、関連する人・モノ・情報の動きが交錯したことになる。

A天智四年（六六五）　百済の百姓四百人余を近江国神崎郡に居き、墾田を賜う。

B天智八年（六六九）　（百済の）男女七百人余を近江国蒲生郡に遷し居く。

製鉄技術導入は、こうした視点でも評価する必要があると思われる［菅原二〇一七c］。

画期のはざま　武井・金沢製鉄遺跡群は、第一の画期で確立した生産体制を維持したまま、八世紀前半まで安定した活動を続けた。背後には、一貫した国府との密接な関係が指摘される。

(a)行方郡衙である泉官衙Ⅱ—a期（八世紀初頭）の郡庁院前庭に、郡山Ⅱ期官衙と同じ玉石敷き荘厳が施され、郡衙周辺寺院に郡山廃寺と同一系譜の軒丸瓦、および同一工人製の円面硯が共有された（第6図下段）。

(b)続いて、Ⅱ—b期（八世紀前半）の郡衙周辺寺院に、多賀城創建軒瓦230・231・660（第2図3）と同一系譜の軒瓦セット、多賀城創建鬼板の形態・側視蓮華文の影響を受けた鬼板(第9図)がみられる(4)。

補足すると、(b)の鬼板モデルとなった多賀城創建鬼板は、近江の四寺院と陸奥在来の瓦の要素を融合したもので、製鉄技術導入をめぐる「近江—陸奥国—宇多・行方郡」の関係再現がみられる。

また、遅くとも八世紀初頭までには、亘理郡で近江の技術体系を共有する亘理南部製鉄遺跡群が誕生した。宇多・行方郡からの技術拡散とみられ、ここでとくに注目したいのは、生産現場へ内陸の信夫郡安岐里の男性四名が徴発された事実が、判明していることである(熊の作遺跡第1号木簡)。基本的に、郡司には他郡の人員の徴発権限がないので、この郡境を越えた施策は当時の一次国府＝郡山Ⅱ期官衙の指示によって行われたと見なされる。つまり、製鉄は郡衙が現地実務を担い、国府が統括する経営形態だったことを明確に示す。

第三の画期—生産の変化—　八世紀中葉〜後葉になると、それまで横ばいだった生産量は右肩上がりに変化した(第

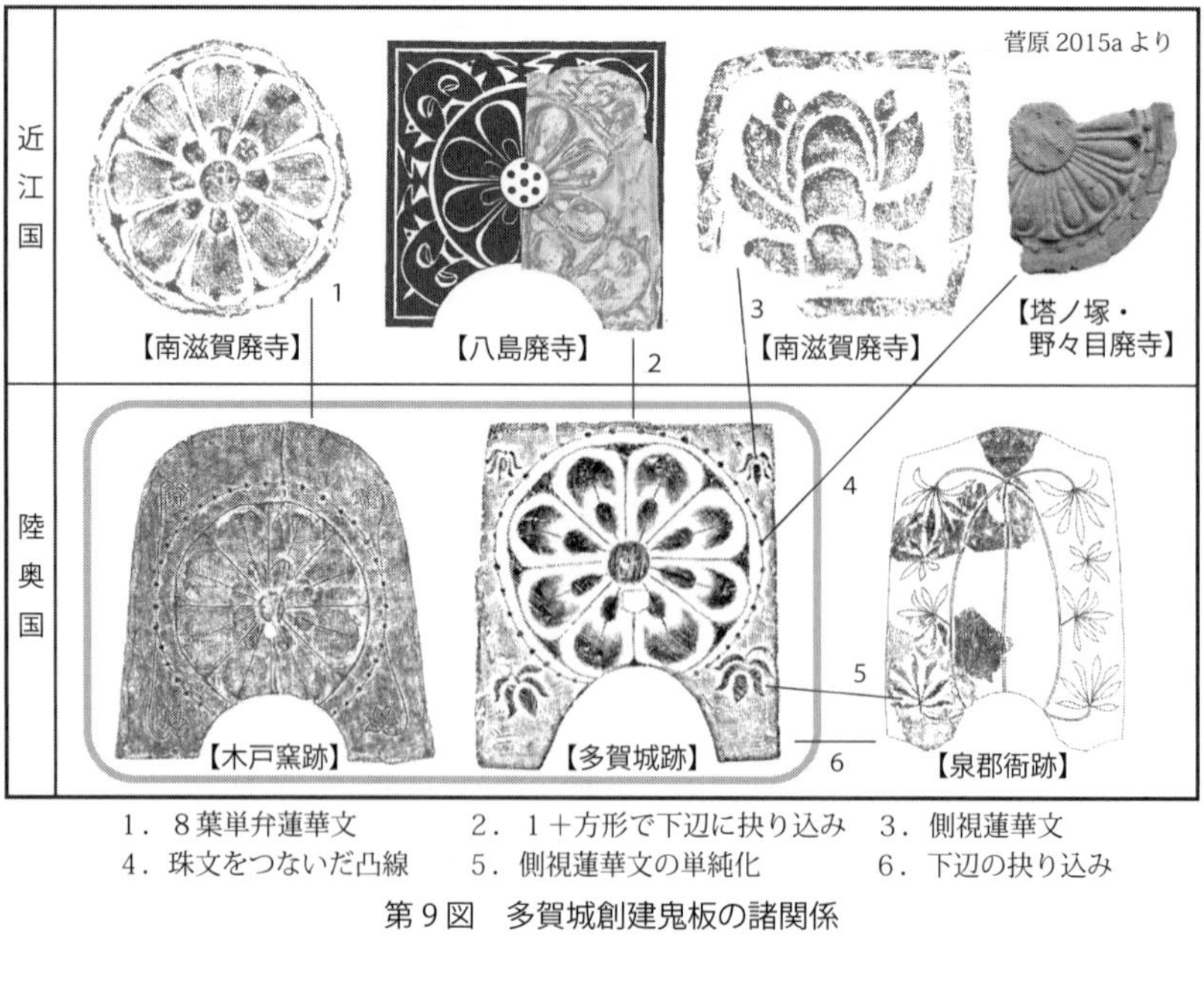

1．8葉単弁蓮華文　2．1＋方形で下辺に抉り込み　3．側視蓮華文
4．珠文をつないだ凸線　5．側視蓮華文の単純化　6．下辺の抉り込み

第9図　多賀城創建鬼板の諸関係

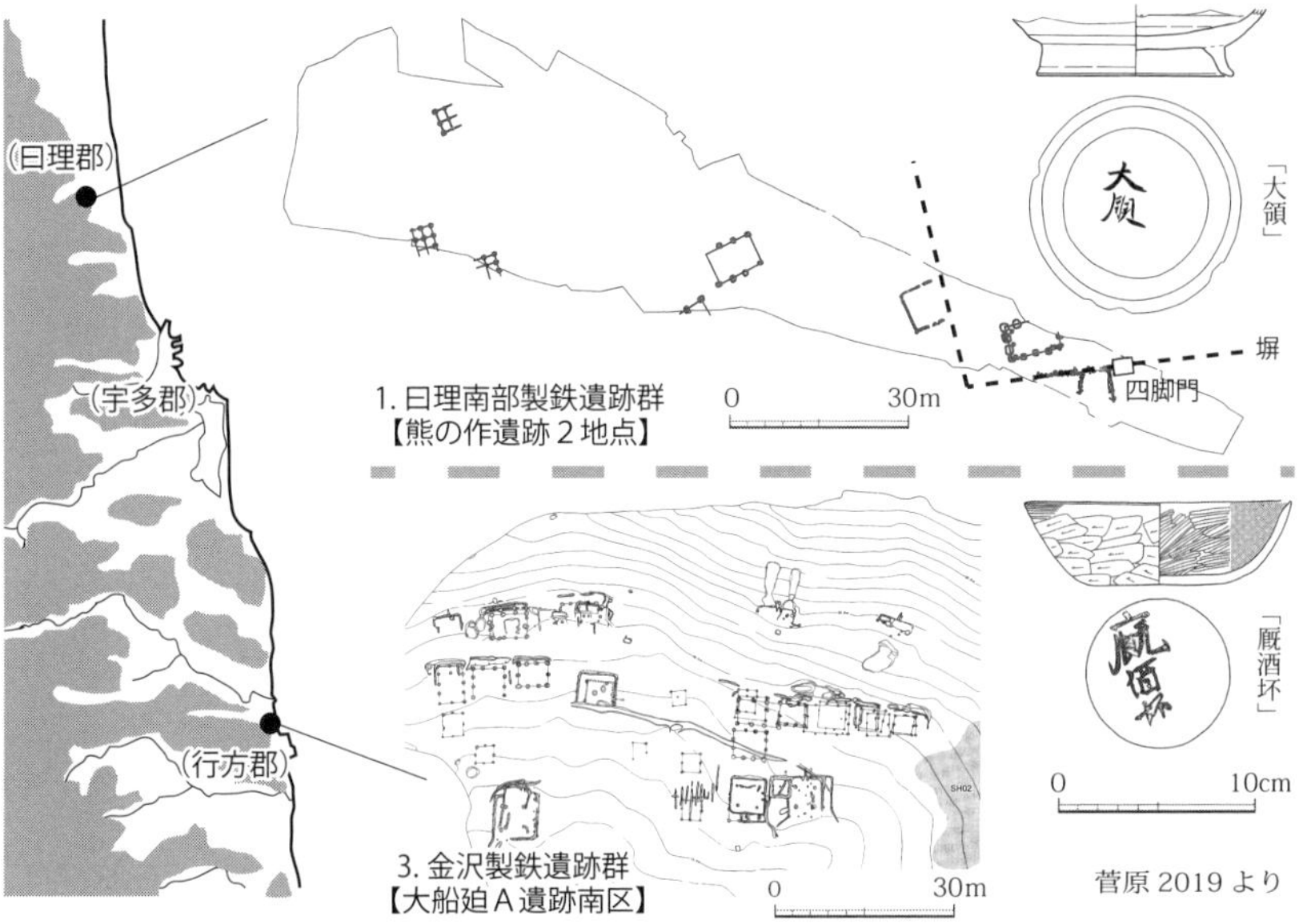

第 11 図　生産地内の建物群

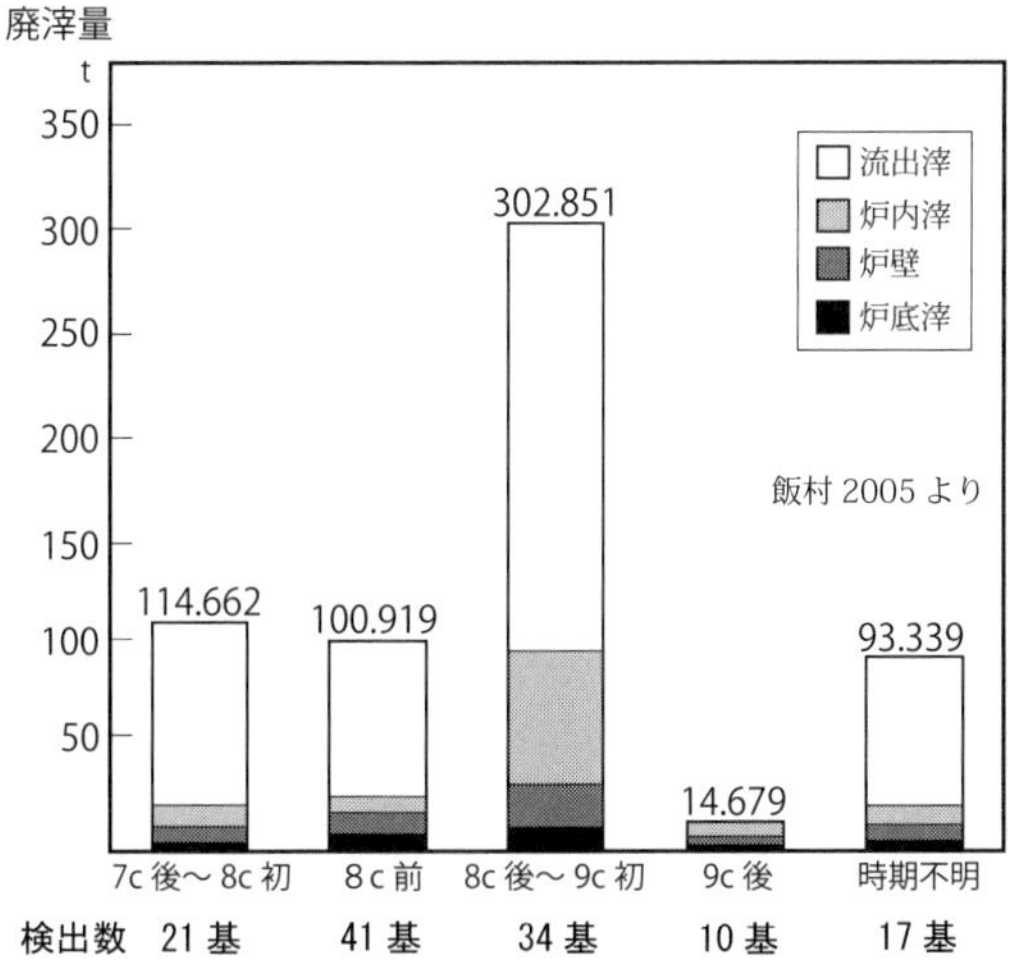

第 10 図　金沢製鉄遺跡群の廃滓量変化

10図）。生産地分布の範囲拡大と、製鉄炉構造の改良による生産効率の飛躍的向上の成果である。

同時に、曰理・行方郡では既存の中核生産地（亘理南部・金沢製鉄遺跡群）内部に官衙機能の唐突な進出が起きる（第11図）。同様な変化は隣国の常陸国でもみられ、それまで通常規模だった鍛冶工房群（鹿の子遺跡群）が国衙

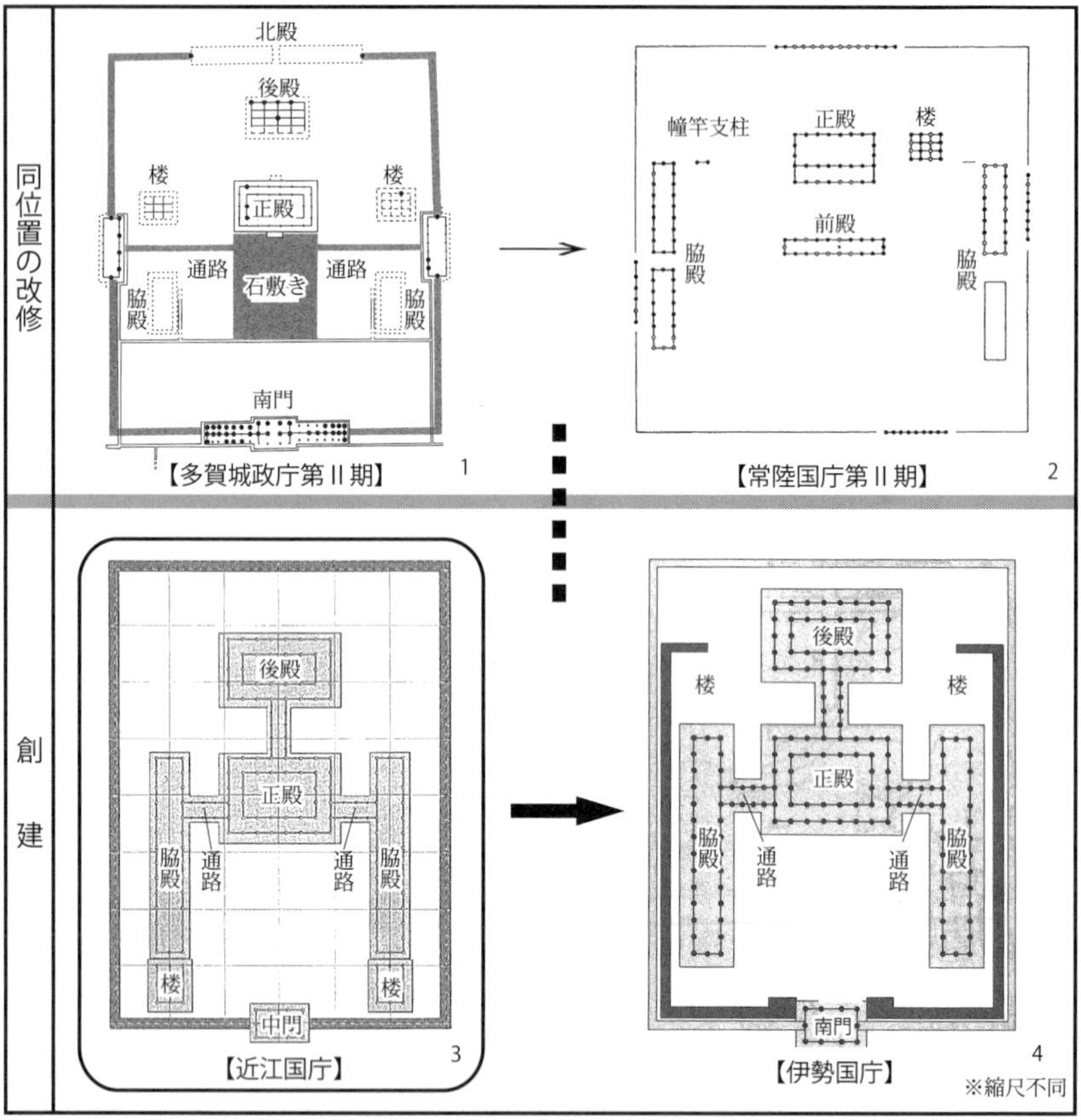

第12図　国庁構造の類似

工房に巨大化して（東西一・五キロ×南北一・二キロ）、内部に官衙ブロックが出現している［小杉山・曾根 二〇一二］。このことから、蝦夷支配を主目的とした鉄器生産が、陸奥国側の鉄素材生産と連動して行われたと考えられる。もともと両国関係は、那珂郡衙正倉の多賀城系瓦（八世紀前半）が象徴するように密接だったが［須田 二〇〇五など］、より強まったことを示す。

　こうした両国の変化の具体的背後には、蝦夷社会に対する強硬な領土拡大を再開し、三十八年戦争の要因を生んだ当時の藤原仲麻呂政権［熊谷 二〇一五］の存在が指摘可能と思われる。四男と腹心が相次いで陸奥・常陸国守に就任し

（A・B）、当時大改修された両国庁構造に、仲麻呂が国守を兼任し、唐風に創建した近江国庁の影響がみられるのは、整合的と言えよう［菅原 二〇一九・二〇二四、吉野 二〇二二］。「外観を唐風に一新した」［古川 二〇二〇］多賀城政庁第Ⅱ期は、新たに追加された後殿、東西脇殿間通路、東・西楼が共通しており、常陸国庁第Ⅱ期は、この多賀城政庁第Ⅱ期と正殿両脇の施設配置がほぼ重なっている(5)（第12図1〜3）。

A四男：藤原朝獦（陸奥国守）…天平宝字元年（七五七）七月八日就任
B腹心：佐伯毛人（常陸国守）…天平宝字二年（七五八）六月十八日就任

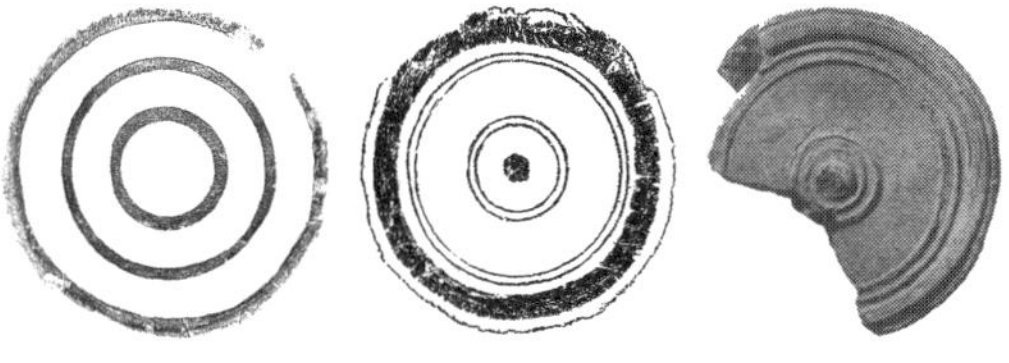
【泉官衙】　【多賀城政庁第Ⅱ期】　【伊勢国庁】

第13図　重圏文軒丸瓦

ちなみに、Bの佐伯毛人は、仲麻呂が近江国守となる天平十七年（七四五）に伊勢国守に就任し、仲麻呂創建の近江国庁と瓜二つの伊勢国庁を創建したが（第12図3・4）、使用軒丸瓦は多賀城政庁第Ⅱ期と同系（重圏文）で、この多賀城のものと瓜二つの軒丸瓦が行方郡衙で確認できる（第13図）。こうした所見にも、同様な背後関係が指摘可能と思われる［菅原 二〇一九・二〇二四］。

小結

製鉄をめぐる三つの画期は、大化前代の前史を含め、蝦夷支配の展開に連動した。また隣接郡とはいえ、八世紀初頭の亘理南部製鉄遺跡群の生産現場へ、郡山Ⅰ期官衙の指示で郡域を越えた人員徴発が行われた事実は、重要と考えられる。これが浜通り北部から多賀城創建瓦窯への製鉄工人派遣の可能性を探る、基本前提である。

2　多賀城創建事業に伴う造瓦負担

次に、造瓦へ視点を移す。多賀城創建事業では、多賀城・多賀城廃寺だけでなく大崎地方の関連城柵官衙・寺院の整備が一体でなされ、同地方で持ち回り的に移動した国府直営瓦窯の製品が広域供給された（第2図）。したがって、郡山Ⅱ期官衙創建事業の生産規模とは、格段の差がみられる。進藤秋輝氏は、多賀城政庁・多賀城廃寺だけでも、以下の必要枚数を試算している［進藤 二〇〇三］。

多賀城政庁…一九万二千枚
多賀城廃寺…二三万枚

それらの瓦の中には、多くの文字瓦がみられ、大崎地方と坂東諸国の経費負担が早くから指摘されていた［高野・進藤ほか 一九七六］。

◎大崎地方…「小田郡丸子部建麻呂」「小田建麻呂」「小田造」「小田」「富田」「富」「新田伊良門」「新田」「上見（加美郡）」
◎坂東諸国…「常（常陸国）」「相（相模国）」「上（上総国）」「下（下総国）」「上毛（上野国）」「下野（下野国）」

一方、陸奥南部の文字瓦は磐城郡の「木」の一種類しかみられず、ほとんど言及されていなかったが、山路直充氏は、従来意味不明とされた「太田」を安積郡領氏族の大田氏と理解し、陸奥国内の経費負担は、「黒川以北、石城国領域（浜通り）、石背国領域（中通り＋会津）のようなブロックに分けて配分した」と積極的見解を示している［山路 二〇一四］。ただし、陸奥南部の記銘率は格段に低く、どう評価するのかは、今後の課題になると思われる。(6)とはいえ、全郡ではなくとも、特定の郡が経費負担を担ったのは疑いない。山路氏の指摘は、重要だと考える。

ところで、小論では経費とは別に瓦工人の派遣負担に注目したい。陸奥南部では、郡衙・郡衙周辺寺院に当該期の多賀城系瓦がみられる白河・行方郡が推測され、とくに行方郡はその可能性が高い。最終段階の軒平瓦660(第2図3下)を模倣した例は、細部文様と特徴的な技法(削出し段顎)の一致が観察され、「様」の配布ではなく、実際に造瓦に参画して、帰郷後に製品を模倣したことが指摘されている[佐川・藤木二〇一七]。

3　製鉄工人は須恵器工人と近しい

では、製鉄工人は多賀城創建瓦窯と、何か接点がないのだろうか。

そこで、まず手掛かりとなるのは、宇多・行方郡から近江へ派遣された工人たちの出自と思われる。具体的には、武井製鉄遺跡群(宇多郡)の設置とともに、一体生産を行った善光寺窯跡群の存在である。前述のように、同窯跡群は大化前後にまたがり継続展開した東北唯一の窯業生産地であり(六世紀末～八世紀前半)、関東地方まで視野を広げても希少な存在となる。したがって、炎をコントロールする技術に卓越した善光寺窯跡群の須恵器工人が、有力な候補として浮かび上がる。既存の窯業生産地近傍で製鉄が開始される類例は、他に石川県小松市南加賀窯跡群などが知られ、技術導入の一つのパターンであったと思われる[望月二〇〇六]。

また、窯業工人と製鉄工人が不可分であったことは、すでにカマド構築材に丸瓦を転用した武井製鉄遺跡群の工房例などから想定されており[飯村二〇〇五]、何より、それは木炭窯の排煙構造から直接窺うことができる。武井・金沢製鉄遺跡群では、横口式木炭窯を導入したのち短期間で窖窯式木炭窯へほぼ全面転換してしまうが、奥壁下端に排

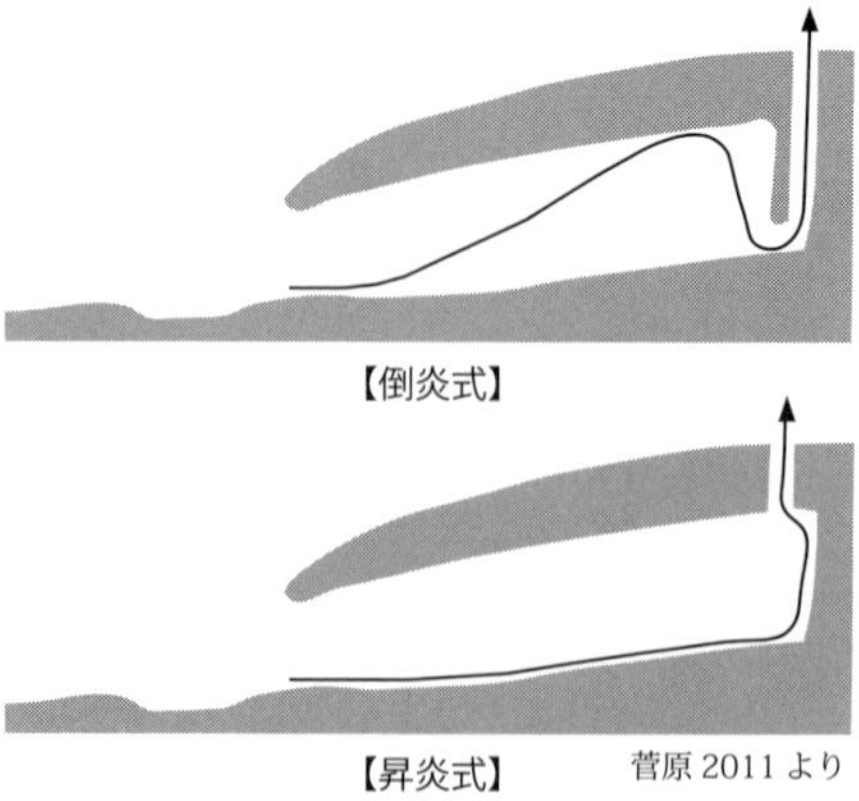

第 14 図　排煙構造

煙口をもつ本来の倒炎式［藤原 二〇二〇］ではなく、奥壁付近に天井をもつ須恵器窯出自の昇炎式を採用してしまう（第14図）。木炭焼成にとって、この現象は炎の流れを左右するだけに重要であり、須恵器工人としての本来の技術基盤で需要に対応した結果と見なされる。

　したがって、近江に派遣されたのは善光寺窯跡群の須恵器工人に特定され、宇多・行方郡に製鉄技術を広める中心的役割を担ったと考えられる。さらにその後も、九世紀後半までは製鉄と須恵器生産が一つの生産地内で地点を分けて共存する例がみられ、一部の工人間の互換性が想定できる。

　一方、多賀城創建瓦窯では、須恵器窯構造の瓦陶兼業窯で須恵質の瓦焼成が行われた。大崎地方の造瓦活動は、先行時期に有段瓦専業窯（土器坂窯跡）を導入しており、あえてそれを放棄した経緯を踏まえると、瓦・須恵器生産の一体性はきわめて強い［菅原 二〇一七a］。

　以上から、遠隔地間の異分野の工人間には、須恵器生産を介した接点が認められた。

4　行方郡の製鉄の位置づけ

　そこで、次は、瓦工人が多賀城創建瓦窯へ派遣されたとみられる行方郡の製鉄に、焦点を絞りたい。同郡の製鉄は、浜通り北部三郡の中でどのような位置づけになるのだろうか。

まず、同一国造域から分割され、近江の技術体系が一体導入された宇多郡と対比すると、郡衙との位置関係に違いがみられた(第1図)。本拠地型の宇多郡では、政治権力と手工業生産の場が棲み分けした古墳時代の地域圏構図が引き継がれ、郡衙は浮田国造墓(高松1号墳)、武井製鉄遺跡群は善光寺遺跡群のそれぞれ近距離に所在する。一方、併行期の突出した有力墳墓が見当たらない非本拠地型の行方郡では、郡衙(泉官衙跡)は金沢製鉄遺跡群の至近距離に整備された。この政治権力と手工業生産の場の密着した関係から、製鉄により特化した行方郡の性格が読み取れ、単発で終わり、その後、別な場所へ移動する金沢製鉄遺跡群の須恵器生産(鳥打沢A遺跡)のあり方は、それに符合するものと言える。

そうすると、行方郡の立郡(評)目的そのものが製鉄コンビナートの設置をにらんでいた可能性が高いと思われる。つまり国宰は、近江と交流のある旧浮田国造の力を利用して製鉄技術を移植し、その本拠地に製鉄コンビナートを置いた一方で、より専業性の高い大規模なコンビナートを伝統的な地域圏構図にとらわれる必要のない非本拠地側で設置したのではなかろうか。こうした見方は、郡山遺跡・多賀城との関係を示す考古学的痕跡が、宇多郡→行方郡に移動する現象と対応する(第6・9・13図)。つまり、行方郡により専業性の高い大規模な製鉄遺跡群が設置されたのを契機に、宇多郡との相対的立場が次第に逆転したと考えられる。

この視点でみると、残る亘理郡は郡衙推定地(熊の作遺跡)の至近距離に亘理南部製鉄遺跡群が設置された点では、行方郡と共通するが、宇多・行方郡からの技術拡散で、生産が開始されたとみられることから、今のところ同列には扱えないと思われる。

以上により、行方郡の製鉄のあり方は、浜通り北部三郡の中で際立った位置づけが与えられる。

5　二つの工人をつなぐ「今」「今来」

これまでの検討を踏まえ、さらに踏み込んでみたい。

(1) 共有される「今」

多賀城創建瓦窯の文字瓦には、「今」の記銘が継続的にみられ(第15図2)、進藤秋輝氏は、「何らかの形で、瓦の製作に関わった集団または人物を表す文字の可能性」を推定した[進藤 一九九四]。それを踏まえ、山路直充氏は以下の指摘を行っている[山路 二〇一四]。

A：多賀城下(山王・市川橋遺跡)から、「今」「行方」「山」の三文字を一個体に刻書した土師器が出土している(同図4)。

B：対応する資料が行方郡側で発見されている。郡衙(泉官衙)から「今」「山マ」(同図5・6)、金沢製鉄遺跡群(大船廹A遺跡南地区)から「今」「金」(同図7・8)の各一文字を刻書した土師器が出土している。

C：このうち、「金」は遺跡の性格(製鉄遺跡)、「山マ」は山部氏を意味する文字と推定される。だとすれば、行方郡の製鉄に関わる氏族に、山部氏が想定できる。

D：したがって、八世紀の「今」の記銘は、行方郡の郡家と製鉄に関わる山部氏を表示したことになる。

補足すると、A・Bの刻書土器は、焼成後針書きの記銘方法と佐波理鋺写しの主要器種(第15図4～7)にも、強い相関関係が認められる。このことから、Aの刻書土器は行方郡からの人の移動に伴い、搬入された可能性がある。

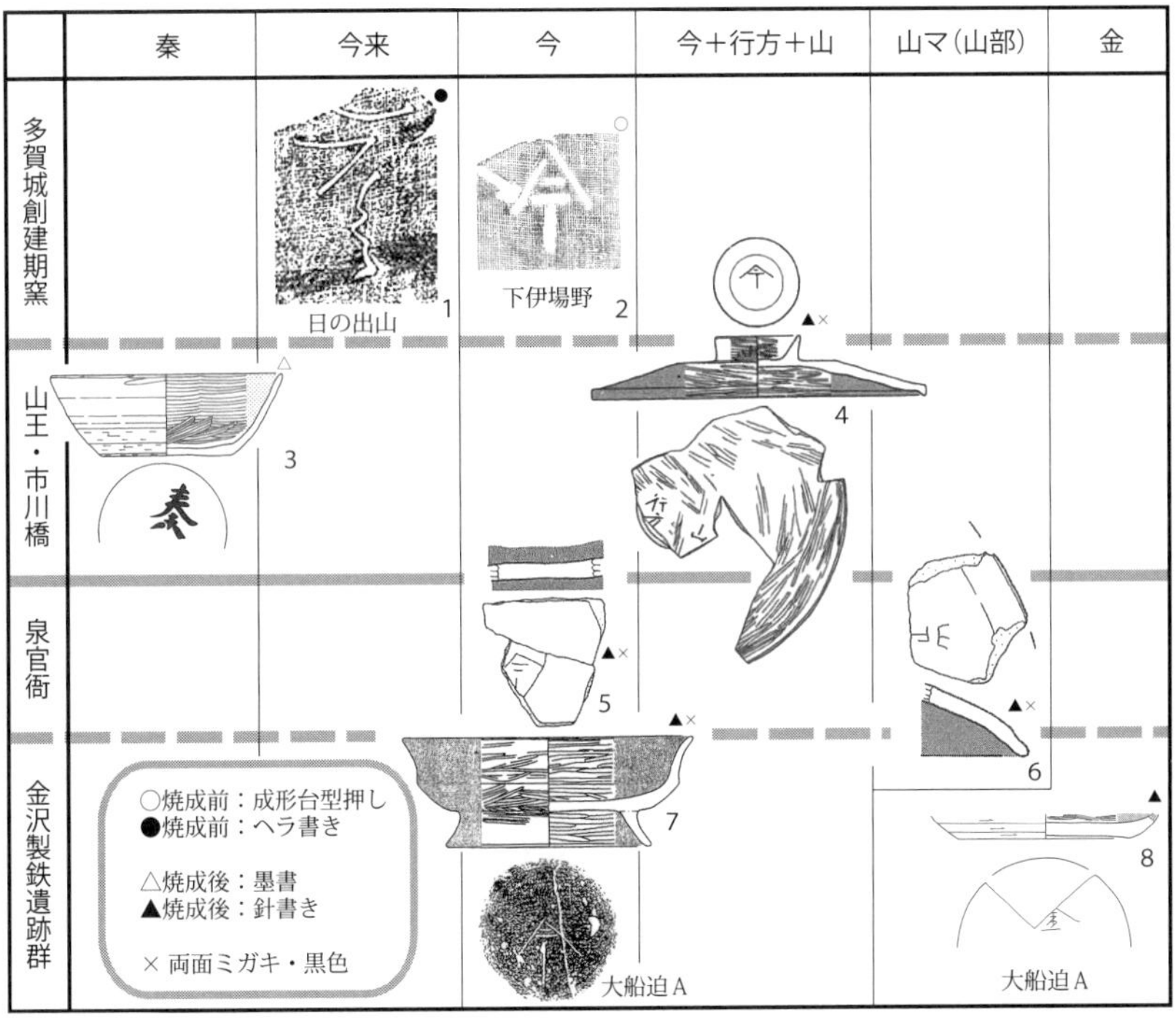

第15図　同一文字の共有

また、Cの製鉄に関わる山部氏の理解は、同氏族の分布が全国有数の鉄生産地（近江や吉備）に集中し〔松尾 二〇〇四、山尾 一九八三〕、行方郡衙の近距離に「山辺」の地名が存在すること、「部」の省略文字の「マ」「ア」の諸事例〔奈良文化財研究所 二〇一四〕から、妥当と判断される。

(2)「今来」と「今」

ところで、Dの「今」の記銘の意味について、山路氏は、行方郡の山部氏を郡領氏族と理解し、多賀城創建事業に伴う陸奥南部の造瓦の経費負担が地域有力者に依存したことを示す根拠になると評価した。これは、多賀城創建瓦に記銘された「木」の文字を、安積郡領氏族の大田氏と理解したことと、対で捉えた結果である。

確かに、傾聴すべき問題提起と思われるが、ここでは、また別な見方を提示したい。山路氏の論文発表後、日の出山窯跡群B地点採集の丸瓦凹面に「今来」のヘラ書き文字が判読され（第15図1）、多賀城創建瓦の「今」は、「今来」の省略であるのが判明した〔宮城県多賀城跡調査研究所 二〇一八〕。そうすると、〃今来才伎〃（『日本書紀』雄略天皇条）でよく知られる渡来系技術者集団を示すとみるのが自然と考えられる。以下の所見が、具体的根拠にあげられる。

(a) 製鉄は高度な渡来系技術であり、武井・金沢製鉄遺跡群の技術故地に比定される近江国栗太郡域は、古墳時代以来の伝統的な渡来人集住地として知られる。

(b) 多賀城創建瓦窯では、百済系単弁蓮華文軒丸瓦（第2図2）、多賀城近郊に配置された多賀城供給目的の須恵器専業窯（硯沢窯跡）では、韓半島系の甑（第16図）が焼成された。このことから、多賀城直属の工人組織に渡来系技術者が加えられたのが推測できる。

(c) 多賀城下では、「今」「行方」「山」の刻書土器が出土した同一河川跡から、「秦」の墨書土器が複数個体出土している（第15図3）。

(d) さらに、会津郡衙周辺遺跡群の同一地点から、「今」の墨書土器・刻書木製椀がまとまって出土し、周囲から、「梓□今来」「秦人」「秦□」の墨書・刻書土器が出土したことは（八世紀後葉〜九世紀、第17図）、「今」→「今来」→秦氏の関係を示し、上記の想定になぞらえることができる。(7)

以上により、行方郡の製鉄と多賀城創建瓦窯では、工人組織に「今」を標識にした渡来系技術者が加えられたと考

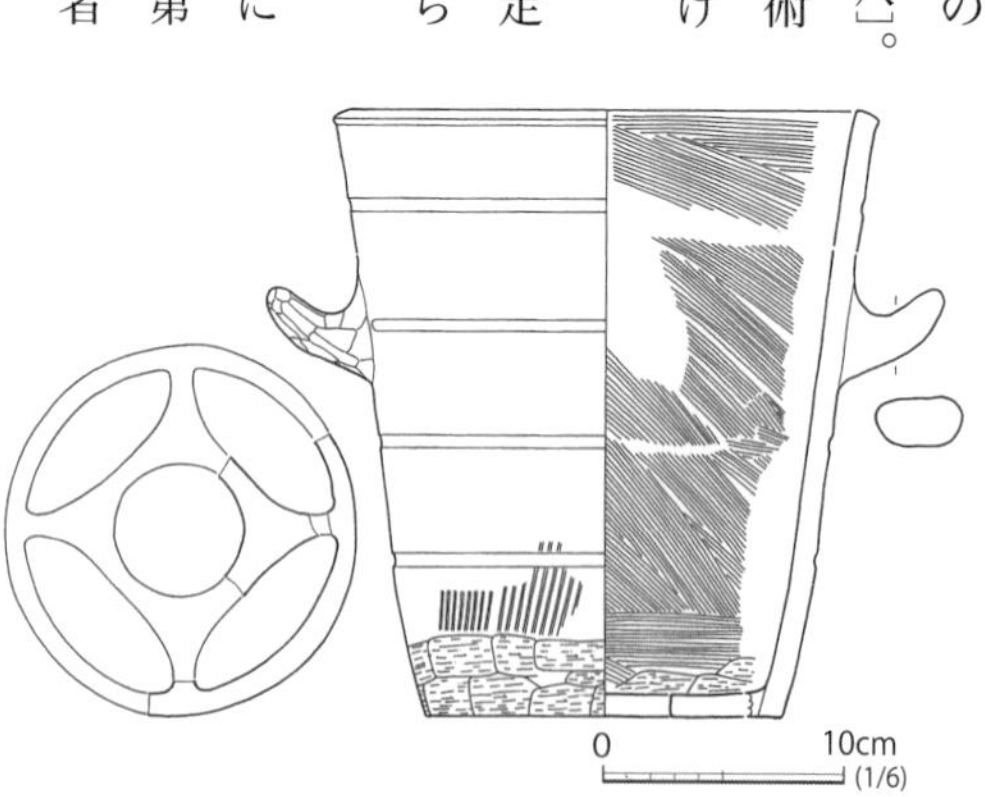
第16図　硯沢窯跡の韓式系甑

えられる。このことは、国府管轄下の共通した生産体制を示唆し、両者間の工人派遣を推測するうえで、肯定材料となる。ただし、前者に関わる刻書・墨書土器の中に、八世紀前半まで遡る個体はまったく見当たらない。佐波理鋺の写しは、八世紀中葉～後葉に出現するもので、その他は八世紀末～九世紀前半、一部は九世紀中葉まで下る。したがって、そのまま直結させるのは困難と思われる。

ところが、画期的発見に遭遇した。

6　大吉山窯跡の木炭生産

二〇二三年二月十八・十九日の両日に、第49回古代城柵官衙遺跡検討会に参加した。その際、宮城県多賀城跡調査研究所の発表に接し、大吉山窯跡ＳＲ３号窯（瓦窯）が木炭窯に転用されている事実を知った。筆者は重要さに驚き、「浜通り北部の製鉄工人が派遣されたのではないか」とコメントしたが、同年七月二十二日の現地説明会で、まぎれもない木炭窯のＳＲ７号窯を実見して、確信に変わった。その後、詳細な報告書〔宮城県多賀城跡調査研究所 二〇二四〕が刊行されたので、これをもとに関連所見を要約する。

Ａ：大吉山窯跡の造瓦は、多賀城創建瓦窯の生産期間の中で、行方郡の瓦工人が派遣されたとみられる最終段階（天平十年頃）の前段階に位置づけられる（第２

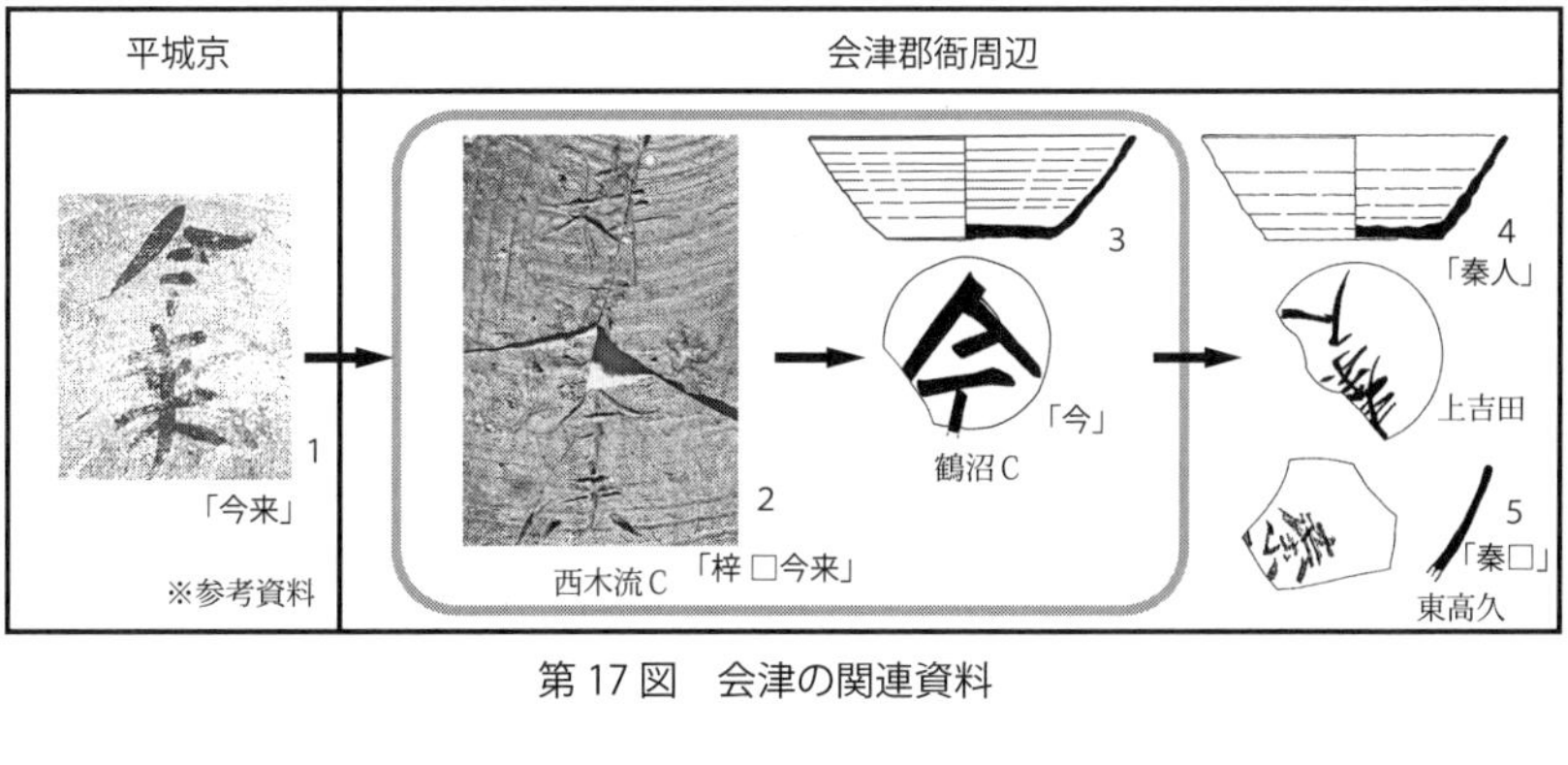

第17図　会津の関連資料

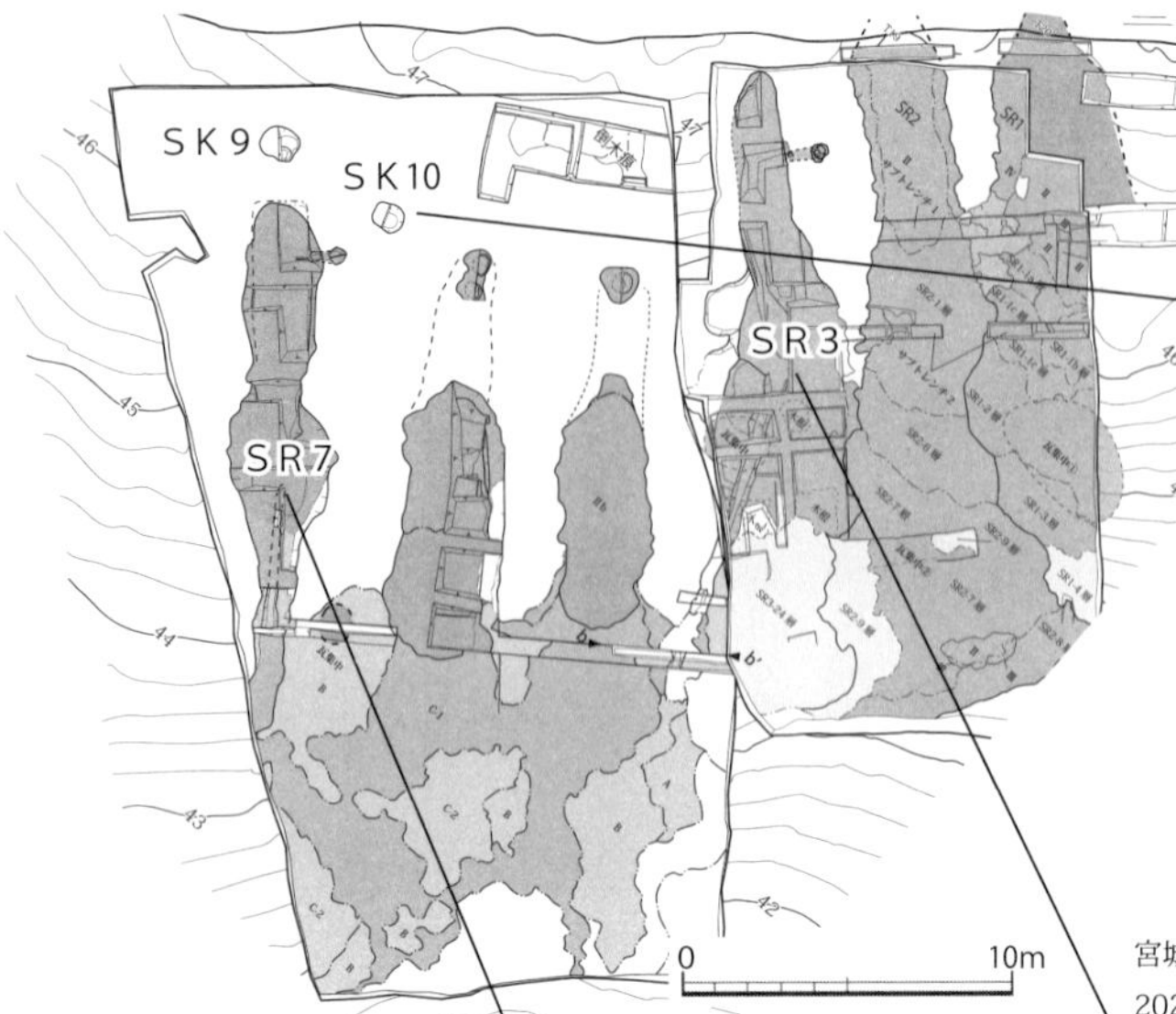

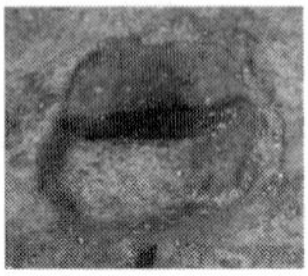

【ＳＫ10 焼成土坑】

宮城県多賀城跡調査研究所
2024 をもとに作成

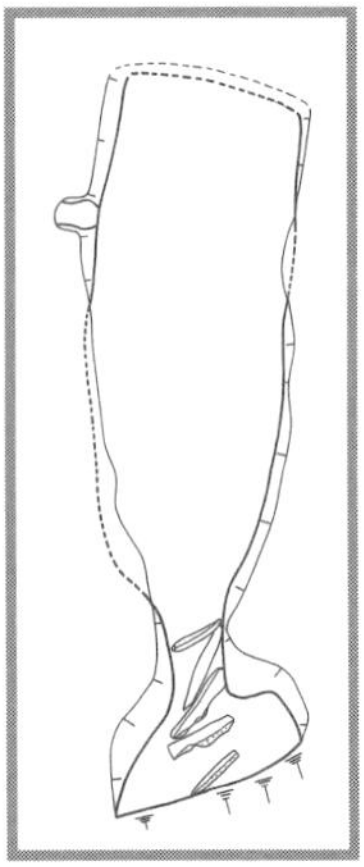

参考：金沢製鉄遺跡群
長瀞ＳＣ30

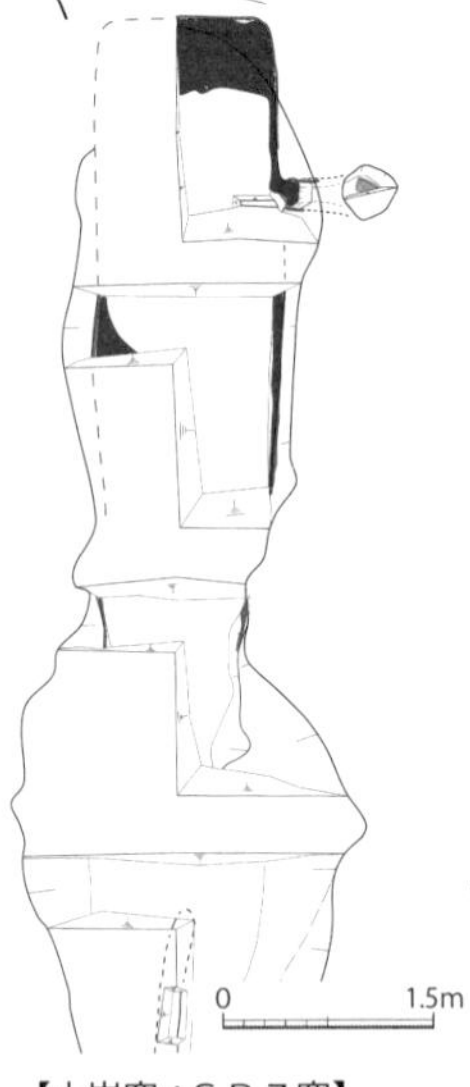

【木炭窯：ＳＲ７窯】

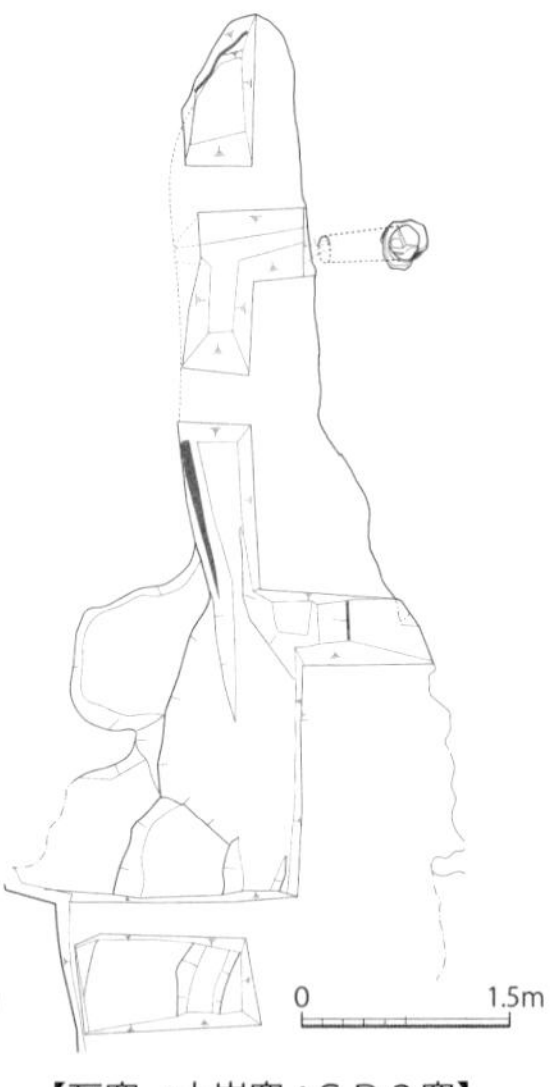

【瓦窯→木炭窯：ＳＲ３窯】

第 18 図　大吉山窯跡

図)。

B：発見された七基の地下式窖窯のうち、SR7号窯は当初からの木炭窯、SR3号窯は瓦窯(須恵器少)の最終操業面が木炭窯に転用されていた。両者は、他の五基と同一斜面上に主軸をほぼ揃え、等間隔で並んでいることから、瓦生産とほぼ同時期に木炭焼成を行ったとみられる(第18図)。

C：奥壁天井付近の排煙口(第14図)は未確認であるが、それらには木炭窯特有の横煙道がある。このうちSR7号窯の平面形は、奥壁両角が角張った羽子板状を呈し、製鉄遺跡にみられる典型的な木炭窯と類似している。

D：また、当該窯の窯尻付近には、木炭焼成土坑二基(SK9・10)が配置され、製鉄遺跡と共通した木炭焼成施設のセットが確認できる。

E：したがって、本窯跡の窯場は瓦を主体に焼成しながら、木炭の焼成に特化した窯・焼成土坑で木炭も生産しており、製鉄工人が関与した可能性がある。

筆者も最後のEの結論は妥当だと考える。ただし、同時期の木炭窯の類例として、多賀城近郊の柏木遺跡例を位置づけているのは再検討の余地があると思われる。これに従うと、木炭生産に関与したのは浜通り北部より距離の近い柏木遺跡の製鉄工人とみるのが自然であり、小論の見通しに抵触してしまう。そこで、次にこの問題を検討したい。

7　柏木遺跡の再評価

柏木遺跡は、多賀城の東四キロに位置し、眼下に太平洋を一望できる低丘陵上に立地する。南向きの谷に面して、コンパクトな製鉄関連施設群(製鉄炉四基・木炭窯三基・鍛冶工房四棟・粘土採掘坑など)が発見され、多賀城創建事業に伴

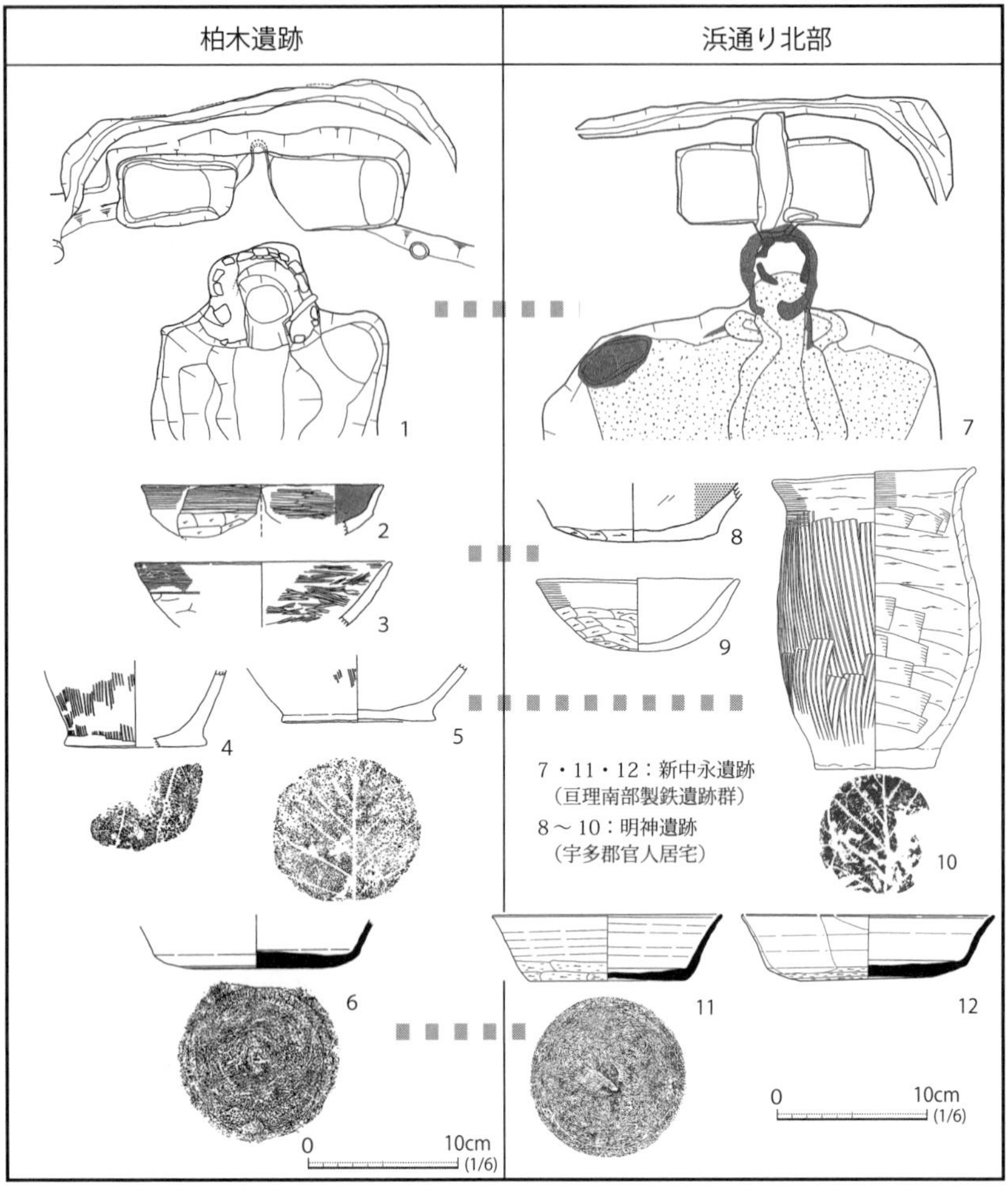

第19図　柏木遺跡と関連資料

い生産活動を展開した、「陸奥国府多賀城直営の製鉄所」と評価されている［多賀城市教委 一九八九］。しかし、製鉄炉は、八世紀中葉～後葉の東日本でいっせいに普及した踏み鞴付き竪型炉［大道 二〇二三］であり、浜通り北部の製鉄炉も例外ではない（第19図1・7）。この齟齬は、かねてから多くの研究者間では周知の事実であったと思われる。

そこで、年代根拠とされた出土土器を実見した。(8) 以下、所見を記す。

出土土器は、天箱二箱分の土師器と須恵器があり、年代推定に使用可能な資料には、次の特徴が認められた。

土師器 すべて非ロクロ土師器である。坏は、有段丸底坏（第19図2）と無段丸底坏（同図3）の二タイプがみられ、後者は内面のくびれが形成されていない。甕は、底部木葉痕のハケ甕（同図4・5）である。

須恵器 坏は、底径が大きく、底部回転ヘラ切り↓全面ヘラケズリ調整（同図6）が施されている。大甕は、口縁部に二段以上の波状文が施され、区画沈線は認められない。

確かに、こうした特徴を備えた土器群は八世紀前半のイメージが強い。しかし、下限を探ってみると、前述の製鉄をめぐる「第三の画期」や城柵・国分寺関連資料などから、八世紀中葉～後葉まで残るのが明らかである。具体的に言うと、土師器坏・甕は、宇多郡の阿武隈高地寄りで新たに出現した製鉄遺跡に伴う官人居宅（同図8～10）や桃生城、須恵器坏は、踏み鞴付き竪型炉出現期の亘理南部製鉄遺跡群（同図11・12）や桃生城・国分寺創建瓦窯などに、類例が認められる。

したがって、製鉄炉構造を勘案すると、柏木遺跡の生産活動は多賀城政庁第Ⅱ期に関連付けられ、仲麻呂政権が後方支援側（浜通り北部＋常陸）で行った鉄素材・鉄器生産拡大の最前線が、多賀城近郊に及んだことを示すものと再評価したい。ただし、単一時期で廃絶し、その後、多賀城近郊の製鉄は春日・大沢窯跡群へ場所を移したが、断続的で小規模な生産に止まった。あくまで製鉄の主体は、後方支援側の浜通り北部に置かれたようである。

小結

以上により、問題は解決した。この結果、大吉山窯跡の木炭生産に関与したのは、浜通り北部から派遣された製鉄工人に特定され、その中でも、行方郡の工人が有力視できる。ただし、これまでの検討成果を踏まえれば、主要目的は膨大な需要が生じた造瓦活動の参画に求めるのが妥当であろう。八世紀前半に目立った増産傾向が認められない製鉄は、このような形で多賀城創建事業に伴う負担の一端を担ったと考えられる。

なお、生産された木炭は多目的用途の燃料に使用できるので、大崎地方に製鉄炉が存在しないことは支障がない。

8　派生する問題

小論では、製鉄をめぐる「第二・第三の画期のはざま」に起きた新たな動きを立証した。最後に、派生する問題に触れ、今後の備えとしたい。

(a)　まず、右の結論を補足すると、先行研究によって多賀城創建瓦窯へ瓦工人の派遣は推測されていたが〔佐川・藤木二〇一七〕、今回、現地の生産遺構で明白な製鉄工人の活動痕跡が確認された意義は大きい。これは、武井・金沢製鉄遺跡群の主要な技術推定故地（近江国瀬田丘陵生産遺跡群）の北東側で、まぎれもない東北からの人の移動痕跡（第7図）が突き止められたことになぞらえることができ〔菅原二〇一一〕、一見雲をつかむような話にも思える遠隔地関係に、現実性を与えたと言える。しかも、派遣されたのが異分野の工人であったのは、重要である。蝦夷支配政策の一環として、国府管轄下で生産活動を行った浜通り北部の製鉄の姿が、鮮明になった。

(b)　またこの結果、工人の派遣は多賀城創建瓦窯の生産期間の最終段階（天平十年頃）と、その前段階の二回にわたり行われたことになる。さらに、郡山廃寺・多賀城政庁第Ⅱ期と瓜二つの瓦が工人派遣の産物だと仮定すれば(第6・13図)、複数時期にまたがる動きとなる。今後の課題としたい。

(c) このようにみると、改めて八世紀中葉～後葉の多賀城下から、「今」「行方」「山」の刻書土器が出土したのは、注目される。行方郡からの人の移動を示すとすれば、多賀城近郊に整備された柏木遺跡の設置・生産活動に関与したとみるのが、自然と思われる。また、城下や城内で行われた鉄製品生産にも、当然、関与したはずである。さらにこの視点で、今回実見した柏木遺跡出土の須恵器坏に、灰を被り、焼き歪んだ破片資料がみられることを、指摘したい。調査区外に須恵器窯の存在が想定され、近江の技術体系の特徴である製鉄と窯業の一体生産が行われた可能性がある。その場合、海岸付近の立地と併せ、技術導入期の様相が持ち込まれたとみることができる。

(d) ただし、こうした行方郡の製鉄を強調する筆者の理解に対し、疑問をもつ向きがあるかもしれない。しかし、大化前代から近江と交流関係をもつ旧浮田国造域内で、あえて本拠地側よりも専業性の高い大規模な製鉄遺跡群が郡衙の至近距離に置かれたこと(第1図)、その後、郡衙・郡衙周辺寺院で郡山Ⅱ期官衙→多賀城と密接な関係を示す考古学的所見が継続展開したのは、看過できない事実と思われる(第6・9・13図)。さらに、郡庁院前庭に施される玉石敷き荘厳の唯一の他国例が、郡レベルを超えた北関東の蝦夷支配政策の拠点官衙＝上野国新田郡衙に認められるのは[小宮二〇一三]、有力な傍証材料になると考えられる。

(e) 一方で、九世紀主体ではあるが、多賀城下で出土する刻書・墨書土器は、曰理・宇多郡が出色であるのが指摘されている[吉野二〇二三]。創建事業に限らず、多賀城を支える陸奥南部の負担は多様であり、それぞれの地域事情に応じた負担がなされたと考えられる。小論では、製鉄というわかりやすい属性を取り上げたが、今後は他についても事実関係を積み重ね、検証していかなければならない。

註

（1）ただし、関東系土師器や初期寺院瓦の分布をみると、境界様相はモザイク状を呈している［菅原二〇二四］。

（2）浜通りは福島県の地域区分名称である。しかし、ここでは便宜上、奥行きの狭い海岸平野が連続する阿武隈川河口以南の宮城県南部（亘理・山元町域）を含めて扱う。また、最近、標葉郡北部でも製鉄遺跡が発見され始めており、今後調査が進めば、連続で捉えられる可能性がある。

（3）近江国高島郡三尾郷域は、継体天皇の父親（彦主人王）が経営した三尾之別業（『日本書紀』）比定地で、天皇の二人の妃を輩出した三尾氏の本拠地（『日本書紀』）でもある。金銅製双魚佩が出土した鴨稲荷山古墳は、この三尾氏の首長墓説が有力視されている。

（4）泉官衙の鬼板は、II―a期に位置づけられている。したがって、多賀城創建鬼板とは年代の齟齬が生じるが、第9図の諸関係が単なる偶然の一致とは考えられず、もし年代観が動かないとすれば、未発見の郡山廃寺の鬼板に側視蓮華文が施文された可能性が想定される。ちなみに、同時期の陸奥国内では、すでに村北窯跡（会津郡）の平瓦に側視蓮華文の施文例があり、傍証材料となる。

（5）伊勢国庁ほどではないが、やはり八世紀中葉に創建された伯耆国庁は、長大な東・西脇殿と東・西楼の配置が近江国庁と一致しており、一部を切り取った形で模倣した可能性がある。ここで注目したいのは、高丘連河内である。佐伯毛人より官位は低いものの、遷都に伴う民衆への宅地班給のため、智努王・仲麻呂らと恭仁京へ派遣された経歴をもち、仲麻呂が政権を握った八年間で従五位上↓正五位下の異例に早い昇進を遂げている。彼は仲麻呂が近江国守になった約一年後に伯耆国守に就任した。こうした事実関係から、近江国庁構造は四男朝獦と二人の腹心を介して、まず伊勢・伯耆国庁に情報が伝播し、次いで、対蝦夷政策の強化を契機に多賀城・常陸国庁へ伝播したと考えられる［菅原二〇二四］。

（6）陸奥国分寺創建事業に伴う造瓦の経費負担を示す文字瓦には、陸奥南部のほぼ全郡が記銘されている［高野・熊谷一九七八］。したがって、多賀城創建事業に伴う経費負担が全郡に及んだのであれば、同様の記銘率になるのが自然と思われる。この問題に関する具体的回答はまだ示されておらず、筆者自身も持ち合わせていない。

（7）当時の会津盆地では、北陸から移民を導入した低地開発が急展開しており、この所見はその中に有力渡来系集団の秦氏が含まれたことを示す。また、開発を契機に成立した大戸窯跡群が、灰釉陶器レベルの品質を保ち、東日本最大級の窯業生産地に発展した背景にもなったと考えられる［菅原二〇一五b］。

（8）資料実見にあたっては、所蔵する多賀城市埋蔵文化財センターのご協力を得た。

引用参考文献

穴沢和光　一九七五「金銅魚佩考―真野古墳出土例を中心として―」『福島考古』第16号　福島県考古学会
荒木　隆　二〇〇〇「陸奥南部の郡衙立地条件と水運」『福島県立博物館紀要』15号
飯村　均　二〇〇五『シリーズ「遺跡を学ぶ」律令国家の対蝦夷政策・相馬の製鉄遺跡群』新泉社
伊東信雄　一九九七「福島市腰浜出土瓦の再吟味―広島県寺町廃寺跡出土瓦との比較について―」『考古論集』慶祝松崎寿和先生六十三歳論文集
今泉隆雄　一九九九「律令国家と蝦夷」『宮城県の歴史』山川出版
今泉隆雄　二〇一七「古代南奥の地域的性格」『古代国家の地方支配と東北』吉川弘文館
大道和人　二〇二三「日本古代製鉄の考古学」『考古学ジャーナル』No.787　ニューサイエンス社
川尻秋生　二〇〇五「郡充制試論」『律令制国家と古代社会』塙書房
熊谷公男　二〇〇〇「養老四年の蝦夷の反乱と多賀城の創建」『国立歴史民俗博物館研究報告』84
熊谷公男　二〇一五「国家支配のはじまりと蝦夷の抵抗」『東北の古代史』③蝦夷と城柵の時代　吉川弘文館
小杉山大輔・曾根敏雄　二〇一一「鹿の子C遺跡について」『官衙・集落と鉄』奈良文化財研究所
小宮俊久　二〇一三「上野国の郡衙の構造と変遷―新田郡衙を中心として―」『東国の考古学』六一書房
佐川正敏・藤木海　二〇一七「東北地方の六二八二―六七二一系軒瓦」『古代瓦研究Ⅶ』奈良文化財研究所
島根県古代文化センター　二〇二〇『たたら製鉄の成立過程』
進藤秋輝　一九九四「考察」『下伊場野窯跡』宮城県多賀城跡調査研究所
進藤秋輝　二〇〇三「多賀城創建期の造瓦活動について」『東北歴史博物館研究紀要』4
眞保昌弘　二〇一四「出土瓦にみる中央集権国家形成期陸奥国支配体制の画期とその側面」『日本考古学』第37号　日本考古学協会
菅原祥夫　二〇一〇「「東北」窯跡研究会編『古代窯業の基礎研究―須恵器窯の技術と系譜―』真陽社

菅原祥夫　二〇一一「宇多・行方郡の鉄生産と近江」『研究紀要２０１０』福島県文化財センター白河館
菅原祥夫　二〇一五ａ「製鉄導入の背景と城柵・国府、近江」『特集東北古代史の再検討　月刊考古学ジャーナル5月号』№669　ニューサイエンス社
菅原祥夫　二〇一五ｂ「古代会津の開発と渡来系集団―「梓　今来」「秦人」をめぐって―」『韓式系土器研究ＸⅣ』韓式系土器研究会
菅原祥夫　二〇一七ａ「陸奥国分寺の創建と造瓦組織の再編」『特集報告：瓦の生産からみた城柵官衙・寺院の造営　第43回古代城柵官衙遺跡検討会―資料集―』
菅原祥夫　二〇一七ｂ「もう一つの製鉄工人系譜―陸奥国信夫郡安岐郷と安芸国―」『福島考古』第58号　福島県考古学会
菅原祥夫　二〇一七ｃ「蝦夷の移配開始とその周辺―天智朝期を中心として―」『平成29年度科学研究費補助金基盤研究Ｃ　研究成果報告書　俘囚・夷俘とよばれたエミシの移配と東国社会』帝京大学文化財研究所
菅原祥夫　二〇一九「藤原仲麻呂政権期の陸奥国と近江国―製鉄・飛雲文をめぐって―」『福島考古』第60号　福島県考古学会
菅原祥夫　二〇二一「陸奥の浮田国造と近江の「浮田」」『福島考古』第63号　福島県考古学会
菅原祥夫　二〇二四『古代国家と東北境界領域の考古学』同成社
須田　勉　二〇〇五「多賀城様式瓦の成立とその意義」『人文学会紀要』37号　国士舘大学文学部人文学会
多賀城市教育委員会　一九八九『柏木遺跡Ⅱ―古代製鉄炉の発掘調査報告―』
高野芳宏・進藤秋輝・熊谷公男・渡辺伸行　一九七六「多賀城の文字瓦（その1）」『研究紀要』Ⅲ　宮城県多賀城跡調査研究所
高野芳宏・熊谷公男　一九七八「多賀城第Ⅱ期の押印文字瓦」『研究紀要』Ⅴ　宮城県多賀城跡調査研究所
高橋透・鈴木貴生　二〇二三「東辺における7世紀の須恵器生産」『「災害と境界の考古学」発表資料集』日本考古学協会二〇二三年宮城大会実行委員会
奈良文化財研究所　二〇一四「古代の省略文字」『奈文研ブログ』
畑中英二・木下義信　二〇〇八「下川原遺跡の再検討」『紀要』第21号　公益財団法人滋賀県文化財保護協会
服部敬史　一九九五「東国における古墳時代須恵器生産の特質」『東国土器研究』第4号　東国土器研究会
菱田哲郎　一九九二「須恵器生産の拡散と工人の動向」『考古学研究』第39巻第3号　考古学研究会
菱田哲郎　二〇〇七『古代日本国家形成の考古学』京都大学学術出版会
藤木　海　二〇〇九「陸奥国行方郡衙周辺寺院の陸奥国府系瓦について―郡衙周辺寺院と定額寺との関連をめぐる試論―」『国士舘考古学』

第5号　国士舘大学考古学会
藤木　海　二〇一四「官営製鉄と地域開発の展開」『古代東国の考古学3　古代の開発と地域の力』高志書院
藤原　学　二〇二〇「炭窯で綴る木炭史」『窯跡研究』第4号　窯跡研究会
古川一明　二〇二〇「多賀城―城柵国府と街並み」『古代史談義【宮都編】』ちくま書房
松尾　光　二〇〇四「山部と山守部」『万葉古代学研究所年報』1巻3号　奈良県万葉文化振興財団
宮城県多賀城跡調査研究所　二〇一八「付章　多賀城関連遺跡発掘調査事業」『宮城県多賀城跡調査研究所年報二〇一七』
宮城県多賀城跡調査研究所　二〇二四『大吉山瓦窯跡Ⅲ』
望月精司　二〇〇六「北陸地方における製鉄の成立と発展」『日本鉄鋼協会　第152回　秋季講演大会社会鉄鋼工学部会』
山尾幸久　一九八三「倭王権による畿内周辺の統合」『日本古代王権形成史論』岩波書店
山路直充　二〇〇五「文字瓦の生産」『文字と古代日本3　流通と文字』吉川弘文館
山路直充　二〇一四「陸奥国への運穀と多賀城の創建」『日本古代の国家と王権・社会』塙書房
吉野　武　二〇二二「多賀城の改修と近江国府」『史聚』駒沢大学院史学会古代史部会
吉野　武　二〇二三「多賀城と陸奥南部の諸郡」『古代学研究所紀要』32　明治大学古代学研究所

「城」表記の成立――多賀城と宮城郡――

吉野　武

はじめに

本稿は、陸奥・出羽・越後（奥羽越）の城柵について史料にみえる「城」「柵」の表記と城柵官衙遺跡の外郭施設の実態を整理検討するとともに、多賀城とそれが所在する宮城郡の「城」の表記を考えるものである。「城」と「柵」の表記については八世紀後半頃の「柵」↓「城」の変化が知られてきたが、外郭施設との対応・検討はなお不十分と思われる。また、多賀城の表記は八世紀前半には「多賀城」が一般的で、宮城郡の成立・郡名も多賀城の創建によるとする見解もある［平川 二〇一二］。本稿は、これらについて一定の知見を得ようとするものである。

1　律令にみえる「城」と「柵」

(1) 律令と城・柵

律令における「城」「柵」の概念については今泉隆雄氏の優れた研究がある。氏は、まず史料上の「城」「柵」の意味として、(A)外郭施設、(B)外郭施設に囲まれた施設全体、(C)城柵に置かれた城司などの機構、の三つをあげて条文を整理、次に律を中心に唐の律令と比較し、継受時の改変と日本の実情に基づく「城」「柵」の使い分けや外郭施設と門の重視、国司の城柵管掌などを指摘した[今泉 二〇一五b]。このうち国司の城柵管掌については、先に「すべての城・柵・塞と呼称する施設に城司を駐在させるのが原則」、国司など「中央派遣官の城司が駐在する施設のみが、城・柵・塞と呼称された」とする城司制[今泉 二〇一五a]との係わりを補足し、その後の城柵研究に大きな影響を与えている。しかし、この点については根拠の問題や[徳田 一九九九]、発掘調査の進展によって郡家をはじめ城柵内の施設本体の多様性が明らかになってきたこと、キ(柵・城)とは施設本体の性格に関わらず防御機能をもつ区画施設を周りにめぐらす施設に着目した呼称で、城司の官司機構を持つのは一部とする熊谷公男氏の批判[熊谷 二〇〇七]などから成立しがたくなっている。筆者も城柵と城司を密着させすぎた今泉説は実態にあわないとみている。一方、「城」「柵」の意味、実状に合わせた律令の継受(表記の使い分け、外郭施設と門の重視)は有効な指摘であり、継承すべきと考える。熊谷氏も城柵には〝施設〟としての城柵と〝機構〟としての城柵の側面をみており、これは今泉氏の(A)・(B)と(C)とに対応する。また、今泉氏の外郭施設に関する知見を深めつつ、唐の鎮・戍制を題材として日本が辺境の律令制度を定める際に独自の選択をしていたとする見解も示されている[吉田 二〇二〇]。

(2) 表記の意味と用例

都城関係の用例を除けば、養老律令に「城」は二〇例、「柵」は二例、ほかに「城柵」が一例みえる(第1表)。「城柵」も含めて「柵」は衛禁律24越垣及城条と賊盗律27盗節刀条に三例みえるのみで、うち二例は本文の「筑紫城」に付す「陸奥越後出羽等柵」の注である。これら「城」「柵」の意味を今泉氏は(A)外郭施設、または(B)城柵の施設

第1表　律令にみえる城・柵（今泉2015bを改変）

用例（小字：注）	条　　文	意味
城	名例律6八虐謀反条3謀叛（疎）	B
城	衛禁律25私度関条（疎）	A
城	擅興律10主将守城条	B
城	軍防令52辺城門条	B
筑紫城、陸奥越後出羽等柵	衛禁律24越垣及城条	A
筑紫城、陸奥越後出羽等柵	賊盗律27盗節刀条	B
城柵	衛禁律24越垣及城条	B
城主	衛禁律24越垣及城条	B
城主	軍防令52辺城門条	B
城戍	衛禁律32縁辺城戍条	B
城戍	衛禁律33烽候不警条	B
城戍	職制律33駅使稽程条	B
城戍	職制律34駅使無故以書寄人条（疎）	B
城隍	賊盗律4謀反条	A
城隍	職員令24兵部省条	A
城隍	職員令69大宰府条	A
城隍	軍防令53城隍条	A
城牧	職員令69大宰府条	B
城牧	職員令70大国条	B
辺城門	軍防令52辺城門条	B
城堡	軍防令65東辺条	A or B

全体であり、（C）の城司は明確にはみられないとする。筆者も同意見で、確実な（A）には衛禁律24の「筑紫城」と「陸奥越後出羽等柵」、賊盗律4、職員令24・69、軍防令53の「城隍」、軍防令65の「城堡」があり、このうち土で作った小規模な遮蔽施設の堡を含む軍防令65は「城と堡」と読めば（A）外郭施設、「城の堡」なら（B）城柵全体となるが、いずれ外郭施設への着目は変わらない。ほかに衛禁律25私度関条の越罪（施設を囲む遮蔽施設を越える罪）の律疏にみえる「城」も垣・籬（柴や竹を編んだカキ）との併記から（A）とみられる。

一方、これら以外は（B）と判断される。例えば「城戍」は烽の不適切な扱いや駅使の遅延で「城戍」に失陥を与えた場合の罰を定めた衛禁律33・職制律33の内容からすれば施設全体であり、外郭施設単体は指さない。擅興律10の「城」も唐律の「凡そ主将、城を守るに賊の攻める所となり、固守せずに棄て去る」という内容からみて同様で、軍防令52の「辺城門」も城の門を意味する。また、衛禁律24の「城柵」は前文の(A)「筑紫城」「陸奥越後出羽等柵」を受けており、賊盗律27の「筑紫城」「陸奥越後出羽等柵」も同じ語句だが、衛禁律の「筑紫城」等が兵庫垣と並記するのに対し「城柵」は兵庫、賊盗律の「筑紫城」等は庫蔵・倉廩との並記なので(B)であり、これらがかかる「城主」や「城」も(B)となる。なお、この「城主」を今泉氏は国司とするが、複数名で構成される城門の開閉と管鑰を職掌とする官人とみるのが妥当である[熊谷 二〇〇七]。また、今泉氏は職員令69・70の「城牧」の「城」に(B)と(C)官司機構を合わせた意味も想定するが、国司等による城司制を城柵に密着させる指向による。基本的には氏自身も律令に(C)は明確にはみられないとしており、ここでは「城」と「牧」を並記した(B)とみておく。以上から、律令の「城」「柵」は(A)外郭施設、または(B)城柵全体を指す。なお、これらには城柵一般を指す場合と地域限定をかける場合があり、後者には「縁辺城戍」といった概念的な場合と「筑紫城」など具体的な地域名を付すものがある。

(3)「城」「柵」表記の特徴

ここでは、さらに今泉氏による日唐律令の比較に導かれつつ「柵」がみえる①衛禁律24越垣及城条、②賊盗律27盗節刀条を中心に表記の特徴などをみておきたい。

まず、両条では「城」を筑紫、「柵」を奥羽越に所在する外郭施設を持つ施設として明確に書き分けている。両地域の外郭施設の実態を踏まえた成文とみられる。

①衛禁律24越垣及城条

凡そ兵庫の垣、及び筑紫の城を越えらば徒一年。陸奥越後出羽等の柵も亦同じ。曹司の垣は杖一百。大宰府の垣も亦同じ。国の垣は杖九十。郡の垣は杖七十。坊市の垣は笞五十。皆謂はく、…（中略）… 此に准じよ。もし、兵庫及び城柵等の門、閉めるべくして忘れ過ちて鍵を下さず、若しくは管鍵を毀ちて開けば各杖六十。あやまちて鍵を下し、及び鑰によらずして開けば笞四十。余の門は …（中略）… 罪に一等を加えよ。もし城主、故無くして開閉せらば越えたる罪と同じ。

❶同唐律対応条文

州・鎮・戍の城、及び武庫の垣を越えらば徒一年。縣城は杖九十。…（後略）…

②賊盗律27盗節刀条

凡そ節刀を盗まば徒三年。宮殿門、庫蔵及び倉廩、筑紫城等の鑰は徒一年。国郡の倉庫、陸奥越後出羽等の柵、及び三関の門鑰も亦同じ。宮城、京城及び官厨の鑰は杖一百。公廨及び国厨等の鑰は杖六十。諸門の鑰は笞五十。

❷同唐律対応条文

州・鎮及び倉・厨・厩・庫・関門等の鑰を盗まば杖一百。縣・戍等諸門の鑰は杖六十。

唐律❶・❷では州・鎮以下諸官司の外郭施設に対する越罪や門・鍵の不正な扱い、鑰の窃盗罪の刑罰を定め、同じ刑罰を科す官司を並記しながら官司名＋外郭施設の種別・門＋罪科と刑罰の順に記す。日本律も概ね同じ構成だが、官司名と外郭施設の種別、刑罰の軽重の異同・改変のため捉えにくい。今泉氏の丁寧な整理によれば、①では唐律❶の州・県の城が日本律の国・郡の垣、②では❷州・県の鑰が諸門の鑰という具合に対応し、刑罰も各々改変して定められている（第2表）。改変は大幅なもので日本の実態に合わせたのが明確であり、特に城柵関係の箇所で目立つ。

城柵は唐の鎮・戍に類する施設で、❶・①では「鎮・戍の城」を「筑紫の城」と「陸奥越後出羽等の柵」とし、官

第２表　日唐律の越罪と鑰盗罪の比較（今泉 2015b を改変）

唐律		対応関係	日本律	
刑罰	施設		施設	刑罰
Ⅰ．徒1年	鎮城、戍城 武庫垣 州城		筑紫城、陸奥越後出羽等柵 兵庫垣	Ⅰ．徒1年
			曹司垣、大宰府垣	Ⅱ．杖100
Ⅱ．杖90	県城		国垣	Ⅲ．杖90
Ⅲ．杖70	官府廨垣 坊・市垣、籬		郡垣	Ⅳ．杖70
			坊・市垣	Ⅴ．笞50

1．越罪（日本衛禁律24）

唐律		対応関係	日本律	
刑罰	施設		施設	刑罰
Ⅰ．徒2年	宮門、殿門			
Ⅱ．徒1年半	皇城門、京城門			
			宮門、殿門 庫蔵、倉廩、国郡倉庫 筑紫城、陸奥越後出羽等柵門 三関門	Ⅰ．徒1年
Ⅲ．杖100	州門 鎮門 倉、庫 厩、厨 関門		皇城門、京城門 官厨	Ⅱ．杖100
Ⅳ．杖60	縣門 戍門 内外百司門 坊・市門		公廨、国厨	Ⅲ．杖60
			関門 内外百司門 坊・市門	Ⅳ．笞50

2．鑰盗罪（日本賊盗律27）

司＋(Ａ)外郭施設の箇所を地域名＋(Ａ)外郭施設として「城」を「城」と「柵」に書き分けている。一方、②では「鎮」「戍」の官司を「筑紫の城」「陸奥越後出羽等の柵」という地域名＋(Ｂ)施設として体裁を合わせている。これらは州県の城を国郡の垣にするといった単純な官司と外郭施設の置き換えではなく、鎮・戍という官司を特定の地域名(＋城・柵)に変えつつ唐律にはみえない「柵」を加えて整えたもので、地域名の使用に注目すれば、州県制に対する国郡制のように官司としての唐の鎮・戍制に対応する

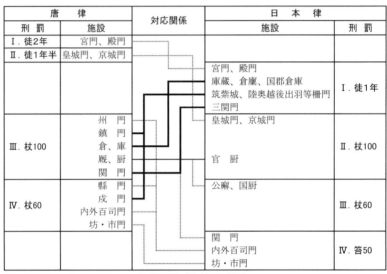

官司制を日本では継承していない［大高 二〇一二］のが明白である。その場合、本来なら鎮・戍制の該当部を削るべきだが、日本では特定の地域に存在し、施設単体では鎮・戍に類する城柵を加える必要があり［吉田 二〇二〇］、地域名を付す形をとりつつ外郭施設の種別による表記にも従って織り込んだとみられる。外郭施設の種別については城が石・土築、垣が築地塀、柵が材木を立て並べた柵木列とする理解［阿部 一九八二］が一般的である。①・②の条文は日本が官司としての鎮・戍制を継承しないなかで筑紫・奥羽越地域に存在する類似の施設を前提に成文され、外郭施設も石・土築なら「城」、柵木列なら「柵」という実態で書き分けた。つまり、奥羽越の城柵は律令制定者の認識では柵木列による外郭施設を持つ柵であった。

ところで、①・②の城柵以外では、例えば国府の垣、郡家の垣といった国郡につき各々一つの外郭施設を持つ施設が想定される。これに対し地域名で記す「筑紫の城」と「陸奥越後出羽等の柵」は各々複数の城柵を包含できる。種々の機構を施設の本質とするのも可能で、国司が管する国府を置く城柵や準国府的な城柵、郡司が管する郡家を置く城柵、集落を本質とする城柵などの各種を含められる。むろん、これは外郭施設という外的な特徴に主眼を置く場合の言い方で、国府型・準国府型・郡家型・集落型の城柵といった類型である。一方、施設の内的本質を第一義とし、外郭施設を伴う特徴を持つ国府等の意味で言うなら、城柵型の国府・準国府・郡家・集落という類型となる。集落型の城柵や城柵型の集落はいわゆる囲郭集落にあたろうが、こうした用語は総体的で統一的、かつ明確簡略に整理・峻別されるのが望ましい。いずれ、①・②の「地域名＋城・柵」による成文は複数かつ多様な本質を持つ城柵の実態を踏まえた改変の可能性がある。同様のことは①の「城主」を「鎮戍等長官」と説明する『唐律疏議』に対し、日本律の疏が「国郡之城主」という曖昧な改変をしていることでも示唆されている［吉田 二〇一九］。

次に、城柵を①・②に織り込んだことは、城柵の防衛上における外郭施設と門の重視を示す。これは越罪等の罪に対する刑罰の重さでも明確である。両条の中で最も重い徒一年の刑罰が定められ、第2表1では大宰府や国郡の垣より一〜三段階重く（量刑上は一〜四等級）、②では諸門扱いの大宰府以下の門（笞五十）より二段階、量刑上は六等級も重かった。これらも唐律継受の際に改変されており、国郡の垣・門に対する刑罰は州県の城・門より一段階（一〜五等級）軽いが、城柵の越罪等は同等、鑰の窃盗罪では二段階（一〜五等級）も重い。そもそも①・②で定める罪は外郭施設と門が持つ防衛・警備上の機能を無視、無効にする行為である。その刑罰を地方官衙において城柵で最も重くしたのは機能の重視にほかならない。

ところで、「柵」は「城」と扱いが同等だが、①・②の条文以外にはみえない。また、三例中二例は「筑紫の城」に付す注にすぎず、影が薄い［今泉二〇一五b］。これは①において「城」「柵」を使い分ける一方で「城主」についは「城」のみで示す点にもみえる。この「城」は「城柵の門」を受けており「柵」を含む。「柵」の規定がない唐律の該当箇所はむろん「城主」であり、省略できれば「柵」は加えなかったとみられる。また、律令に「城」は二〇例あるが、①・②を除けば唐の律令をほぼ改変せず「城」のまま継受している。このため『令集解』職員令兵部省条には「柵」を含むかの問答もみられ、含むとされている。また、衛禁律32縁辺城戍条、軍防令52辺城門条、軍防令65東辺条のように「縁辺」「辺」「東辺」などとの組み合せなら、①・②の条文から「城」に「柵」をみるのも可能である。つまり、律令ではできるだけ「城」の概念に「柵」を含めたが、①・②では省けなかったようである。これは唐律❶が「諸官司＋外郭施設の種別」を記す構造をとるためで、唐の鎮・戍制を継承しなかった日本では同様の表記ができず、実態を反映した「地域名＋外郭施設の種別」の表記に変更せざるを得なかった。②も外郭施設に伴う門の規定なので同様と思われる。要するに「柵」は必要な箇所でのみで表示、さらに三例中二例は注扱いし、あとは「城」の概念に一元化された。重要な施設ではあっても「城」より格下の施設として「柵」をみる意識が律令の制定者にはあり、国家のあり方を対外的にも示すような根本法典ではあまり挙げたくなかったのかもしれない。

2　城柵の表記と外郭施設の実態

(1) 城柵の表記

本節では城柵の表記と外郭施設の実態などをみていきたい。現代では城・柵を「ジョウ・サク」と発音するが、古代ではともに「キ」であった。「キ」は防御を目的とした土塁・石塁・築地・木柵・濠などを外周りに巡らす施設で、転じて外郭施設を持つ施設全体も「キ」と呼ばれた〔熊谷 二〇〇四〕。漢字による表記は『日本書紀』では「城」が多く、大化の改新から八世紀前半の奥羽越では「柵」を主体とする。もとは種別によらず「城」としていたのを実態(柵木列)に則したと思われるが、天平宝字年間頃を境に奥羽でも「城」が多くなり、神護慶雲年間以降は主要な城柵のほとんどが「城」となる。そうした推移は九世紀初頭の蝦夷戦争終結までの文献にみえる城柵名を掲げた第3表のとおりである。これに金石文など(第4表)も含めて少し検討してみたい。

まず、七世紀後半～八世紀前半の表記はほぼ「柵」だが、『日本書紀』持統三年(六八九)正月丙辰条に「城養蝦夷」、『続日本紀』天平九年(七三七)四月戊午条に「城」「城郭」などの例がある。第4表では威奈真人大村墓碑銘に「越後城司」「越後城」「越城」、新潟県八幡林遺跡第2号木簡に「沼垂城」の例がある。このうち持統三年の例は、陸奥国優嗜雲郡の城養蝦夷の子が出家を願い許された記事である。「城養蝦夷」は城で養われていた蝦夷で『日本書紀』斉明元年(六五五)七月己卯条と同四年七月甲申条の「柵養蝦夷」と同じとみられ、「城」「柵」の通用が知られる。天平九年の例は陸奥出羽直路開削時の史料で、藤原麻呂の事業報告が引用する大野東人の報告に「城・城郭」がみえる。

第3表　編年・編纂史料にみえる城柵名(7世紀後半～9世紀初頭)

年　次	柵　名	城　名	内　容
大化 3(647) 是歳	渟足柵		造営、柵戸移配
4(648) 是歳	磐舟柵		設置、柵戸移配
斉明 4(658) 7/4	都岐沙羅柵造		叙位
文武 2(698)12/21	石舟柵		修理
4(700) 2/19	石舟柵		修理
和銅 2(709) 7/1	出羽柵		兵器運送
7(713)10/2	出羽柵戸		移配
養老 1(715) 2/26	出羽柵戸		移配
3(716) 7/9	出羽柵		移配
天平 5(733)12/26	出羽柵		移転
9(737) 1/21	出羽柵		奥羽直路開削計画
4/14	多賀柵、玉造等五柵、玉造柵 新田柵、牡鹿柵、色麻柵		直路開削事業報告
宝字 2(758)10/25		桃生城	造営、柵戸移配
12/8		桃生城、小勝城	造営
3(759) 9/26		桃生城、雄勝城	造営関係の免除
9/27	雄勝柵戸	雄勝桃生二城	移配・兵器貯蔵
4(760) 1/4	桃生柵	雄勝城	造営の賞賜
3/10	雄勝柵		移配
12/22	桃生柵戸		移配
7(763) 9/21	小勝柵戸		移配
景雲 1(767)10/15		伊治城	完成
10/29		伊治城	郡に移行
11/8		雄勝城下俘囚	内属
3(769) 1/30	桃生柵戸		移配
2/17		桃生伊治二城	移民奨励
宝亀 5(774) 7/25		桃生城	海道蝦夷の襲撃
6(775)11/15		桃生城	征討の賞賜
11(780) 2/2		覚鱉城	造営の建議・許可
2/11		覚鱉城	造営の建議・許可
3/22	覚鱉柵	伊治城、多賀城	伊治公呰麻呂の乱
7/22		多賀城	軍士招集
8/23	由理柵	秋田城	移転問題
10/29		多賀玉作等城	防備強化・作戦練成
延暦 7(788) 3/2		多賀城	軍粮運送
3/3		多賀城	軍士招集
8(789) 3/9		多賀城	軍士会同
6/9		玉造塞	軍粮運送の起点
15(796)11/2		伊治城、玉造塞	駅設置
11/21		伊治城	移配
21(802) 1/9		胆沢城	造営
1/11		胆沢城	移配
1/13		雄勝城	米塩運送
4/15		造陸奥国胆沢城使	阿弖流為投降　※1
7/10		造陸奥国胆沢城使	阿弖流為入朝
22(803) 2/12		造志波城所	米塩運送
3/6		造志波城使	田村麻呂辞見
23(804) 1/19	中山柵		軍粮運送
11/22		秋田城	郡に移行
弘仁 2(811) 閏12/11		志波城	移転
4(813)11/17		胆沢徳丹二城	軍粮備蓄
6(815) 8/23		胆沢城、徳丹城、 多賀城、玉造塞	軍制改革　※2

出典)※1『類聚国史』87　※2『類聚三代格』18　他は六国史または『日本紀略』

第4表　古文書・金石文等にみえる城柵名(7世紀後半～9世紀初頭)

年　　代	城柵用例	出典
慶雲 4(707)10 月頃	越後城司、越城	威奈真人大村墓誌(『寧楽遺文』下巻 967 頁)
養老年間 (717~723)	沼垂城	八幡林遺跡第二号木簡(和島村教育委員会『八幡林遺跡』)
宝字 4(760) 3/16	阿支太城	丸部足人解(大日本古文書』巻 25 269 頁)
宝字 6(762)12/ 1	多賀城	多賀城碑(『寧楽遺文』下巻 976 頁)

興味深いことに、麻呂自身の報告は多賀柵など実在の柵を対象にすべて「柵」で表記するが、東人の引用部分では奥羽で新たに造営する城柵を念頭にしつつ「城」の一般論が記されており、「柵」の一元化がみえる。威奈大村は、墓碑によれば持統・文武朝に少納言、侍従、左少弁を経て慶雲二年(七〇五)十一月に「越後城司」となり、同四年四月に「越城」で死去した。大村の「越後城司」は『続日本紀』同三年閏正月庚戌条の越後守任官と同一で、「越後城」「越城」は渟足柵とされる[今泉二〇一五a、熊谷二〇〇七]。また、墓碑は故人を讃え追慕する私的な性格が強く、自由度のある成文が可能であり、文飾が豊かで格調の高い中国風修辞としての「城」の使用が考えられる。なお、渟足柵は八幡林遺跡「沼垂城」木簡に「養老」の年号があり、大化三年の造営から養老年間まで七〇年以上存続し「沼垂城」と書かれることがあった。これも「城」「柵」の通用といえる。

このように、この時期には「城」も散見する。ただ、在地からの申請や在地官人の報告・実務、墓誌など在地性や私的性が顕著であり、政府が主導する城柵造営や柵戸移配などの記事、直路開削に派遣された藤原麻呂の報告が「柵」で一貫するのとは対照的である。また、麻呂は「城」による東人の報告を直してもいない。つまり、政府が城柵を「柵」と規定しても、在地官人など規制の緩やかなレベルでは「城」がしばしば用いられ、容認もされていた。元来は外郭施設を「キ(城)」と発音・表記した背景もあろう。また、東人の報告における「城」の一般論は必要な箇所でのみ「柵」を用い、あとは「城」の概念に含めた律令条文に通じる。従来の慣習と「柵」を格下とみる意識などから、官人には「城」「柵」を区別しつつも「城」に含める意識があり、用いられる場合・場面があったとみられる。

次に、第3表では天平宝字年間を境に「城」が多くなり、「柵」と混用ののち神護景雲三年二月の「桃生伊治二城」以降は主要な城柵がほぼ「城」となる。主要な城柵とは多賀城のほか桃生・玉作・伊治・胆沢・志波・徳丹・秋田・雄勝城で、蝦夷戦争後の軍縮で志波城を移転・小規模化した徳丹城以外は郡名を冠する。また、国府多賀城、鎮守府胆沢城、秋田・雄勝城では国司・鎮官などの派遣が知られる。伊治城も神護景雲元年十一月の史料には「陸奥国に栗原郡を置く。もとこれ伊治城なり」とあり、秋田城でも延暦二十三年十一月の史料に「城を停めて郡となす」とあるのを参考にすれば、これらの「城」「郡」は(C)官司機構を意味し、伊治城にも国司等の派遣が考えられる。つまり、これらは国司など中央官人が一定の統治を行う城柵で、志波城に後続する徳丹城は胆沢城の管轄下に置かれたため異なる名称をとったと思われる。また、玉作城と延暦八年以降にみえる玉造塞には何らかの差異があった可能性がある。なお、以上の城柵の多くは遺跡も特定され、発掘調査が進められている。

一方、この時期には「柵」と記される覚鱉柵、由理柵、中山柵もあるが、いずれも一例のみで遺跡も特定されていない。覚鱉柵には「城」の表記も二例あるが、すべて造営前の記事で実在も不明である。また、これら三柵は郡名を冠さない点で共通する。由理柵は郡以下の地域名を冠し、史料では軍事的要地にあり、国司が専当する秋田城と相互に扶助して守備する柵であった。覚鱉柵・城と中山柵も侵攻目的の造営や軍粮の運送など軍事行動との係わりでみえており、これらは前述の「城」とは異なる軍事拠点型の柵で、外郭施設も柵木列とする見方がある［熊谷二〇〇九］。

ところで、主要な城柵では天平宝字〜神護景雲年間に「城」「柵」の混用がみられる（第3表）。一様に「城」となるのは神護慶雲三年二月以降だが、混用期の「柵」を城柵名単一の表記とその他に分けると、単一表記の「柵」は天平宝字四年三月の「雄勝柵」を最後とし、以後は「〇〇柵戸」の用例となる。つまり、単一表記に限れば同年三月が混用の下限である。一方、柵戸は城柵に付属する民で、その造営前後や建郡・建国に関わる移配記事で多くみえる。

また、大化三年の渟足柵造営時から「柵戸」単一でも使われる熟語で、城柵名とともに使われる時は「○○柵戸」と一体的に記される。しかし、天平宝字年間以降に「城」の表記が現れても柵戸→城戸、○○柵戸→○○城柵戸といった変化はみえず、同二年十月の桃生城造営記事では「陸奥国浮浪人を発して桃生城を造る」とある一方で、「浮宕の徒を貫して柵戸とす」とあり、「桃生城」と「(桃生)柵戸」が併用されている。その後は単一表記に後続して宝亀年間以降に用例がめっきりと減り、延暦十五・二十一年の移配記事は「(前略)越後国等の民九〇〇〇人を陸奥国伊治城に遷し置く」「(前略)下野等の国の浪人四〇〇〇人を陸奥国胆沢城に配す」として「柵戸」は使っていない。こうした推移は「柵戸」の熟語化を踏まえれば単一表記の変化による二次的な変化と捉えられ、「○○柵戸」を除けば「柵」→「城」の変化はより短い期間内で押さえられる。

第3・4表によれば単一表記「柵」最終の天平宝字四年三月十日から六日後の丸部足人の解に「阿支太城」、同六年十二月建碑の多賀城碑に「多賀城」がみえる。この場合「城」への転換は、単純にみれば同四年三月十~十六日だが、この短期間で東大寺司等の雑人層の丸部足人まで転換が周知されたとは考えにくく、なお混用の範囲とみるのが妥当である。対して、多賀城碑は藤原仲麻呂の第四子で陸奥按察使兼鎮守将軍の藤原朝獦が多賀城の創建年代と創建者、自身が行った改修を顕彰して建てた碑である。天平宝字元年に陸奥守となった朝獦は桃生・雄勝城を造営、陸奥出羽間の駅路を整備したうえで多賀城と秋田城を改修、自身が参議に就任する同六年十二月一日の日付で多賀城碑を建てた。この碑には偽作説もあったが、発掘調査による多賀城の変遷との整合性とともに再検証で見直され[平川ほか二〇二四]、現在では偽作とみる論者はほぼいない。多賀城跡出土創建期の木簡も神亀元年末前後の廃棄とみられる[吉野二〇一六]。同年の陸奥国では多賀城の造営を進めつつ海道蝦夷の征討が行われ、征討使が帰還した十一月末から十二月に仙台市郡山遺跡Ⅱ期官衙から国府の移転が指示されたと推測される。多賀城碑にみえる創建年代は施設の完成という流動的で捉えにくい実態ではなく、明確な年次・日付を持つ国府移転の記録を採ったとみるべきである。朝獦はそれを採り、さらに自身が行った改修を示す碑として多賀城碑を建てた。そして偽作説の払拭後、平成十年には国の重要文化財となり、創建一三〇〇年を迎えた令和六年八月二十七日に国宝に昇格した。

ところで、朝獦による建碑の当時、父の仲麻呂政権は後ろ盾の光明皇后は失ってはいたが表面的に大きな問題はなかった。建碑の日付は朝獦に限らず、仲麻呂の次子で参議の任にあった真先が正四位上に叙して大宰帥となり、三・四子の訓儒麻呂と朝獦が揃って参議になった日である。仲麻呂政権がなお全盛を誇る中で多賀城碑は建てられている。この場合、標題に掲げられた「多賀城」は公称といってよい。若干の混用期を経て、この頃には主要な城柵における表記の「柵」→「城」への転換が考えられる。「城」の表記が天平宝字二年十月からみえることにも注目すると、同年八月に仲麻呂が発案した官司名の中国風名称への改定との一連の動き、または影響が想定される。

(2) 外郭施設の実態

養老四年(七二〇)八月、律令の制定に貢献した藤原不比等が死去する。陸奥国では翌月末に起きた蝦夷戦争を経て、同五年の陸奥按察使の出羽国所管(『続日本紀』同五年八月癸巳条)をはじめ支配再建の諸政策が実施され、その一貫として多賀城も創建される。これらの諸政策は富国強兵による陸奥国の軍事的な強化を特徴とし、多賀城でも様々な面でそれがみられる［吉野 二〇一八］。なかでも本稿と関わるのは築地の採用で、多賀城では政庁の外周りと一部を除く外郭施設に築地が用いられた。現時点で奥羽越の城柵の外郭施設に築地が採用されたのは多賀城が最初である。

多賀城より古い城柵は平地や台地の微高地に造られ、外郭施設は柵木列と溝による構成を主体とする。例えば、仙台市郡山官衙遺跡はⅠ期官衙とⅡ期官衙があり、藤原宮のプランと飛鳥の宮に影響を受けたⅡ期官衙［林部 二〇一二］

は多賀城に先立つ陸奥国府とみられるが、外郭施設は柵木列と空閑地を挟んでめぐる溝であり、Ⅰ期官衙も柵木列と溝であった［古代城柵官衙遺跡検討会 二〇二四。以下、発掘調査成果は本書を参照］。ほかに城柵型の官衙・集落には丹取郡家や牡鹿柵・郡家とみられる大崎市名生館官衙遺跡、東松島市赤井遺跡、黒川・柴田郡の官衙と関わる大和町一里塚遺跡、蔵王町十郎田遺跡などがあり、さらに大崎市の南小林遺跡や三輪田・権現山遺跡なども ある。いずれも外郭施設の遮蔽施設は柵木列であり、奥羽越の外郭施設を持つ施設を「柵」と定義した律令を裏付ける。そのうえで多賀城が初めて「城」に相当する築地を備えた。養老律令の編纂後まもなくのことである。

仙台平野東北隅に張出す丘陵端に立地する多賀城は、地形に則して一部に沖積地を取込みつつ九〇〇㍍四方のプランを変形させて造られており［吉野 二〇一八］、計画上は郡山Ⅱ期官衙の四倍の城柵であった。外郭施設は丘陵部の築地と沖積地の柵木列の併用だが、東辺北半では第Ⅰ～Ⅳ期の変遷の中でも最大級の基底幅二・七㍍の築地が造られている。ほぼ同規模の第Ⅱ期外郭南辺は南門等復元検討委員会の検討を経て高さ約五㍍で復元されており、第Ⅰ期東辺築地もそれなりの高さが想定される。また、多賀城は丘陵上の立地や中枢部を外郭施設と政庁を囲む築地で二重に囲む構造などの点で郡山Ⅱ期官衙とは大きく異なり、軍事・防衛力を重視して造営されている。養老四年の蝦夷戦争を踏まえて創始された鎮兵も統括する国府兼鎮守府として創建され、「城」の実態を備えた城柵が出現した。

多賀城と重なりを持ちながら少し遅れて戦地の中心であった大崎地方の城柵の整備も進められた。天平九年（七三七）の陸奥出羽直路開削時には「玉造等五柵」がみえる。五柵は玉造・色麻・新田・牡鹿柵と名称不明の柵で、このうち色麻柵の比定地の一つである加美町城生柵跡と大崎市の推定新田柵跡では創建時から築地による外郭施設が確認できる。また、直路の起点の賀美郡家にあたる加美町東山官衙遺跡も郡家構成の施設を築地で囲む城柵型郡家である［村田 二〇一〇］。これらは史料では「柵」や「郡」と記され、外郭施設の確認も一部に留まるが「柵」表記の多賀城と同じく築地が採用されている。ほかに直路開削前の天平三年に秋田村高清水岡に移転し、のちに秋田城と改称される「出羽柵」でも外郭施設と政庁に築地が用いられた［伊藤 二〇〇六］。秋田城の規模や築地は多賀城より小振りだが、総瓦葺きの築地が全周する外郭施設・政庁の施工・仕様は多賀城を上回る。雄物川河口近くの小高い岡に立地する律令国家最北端の秋田城には北方との交流を意識し、国家の威信を示す仕様での創建が窺える。外観はすでに「城」であり、多賀城での築地の採用以降、奥羽の城柵には「城」の実態が急速に広まった。

天平九年の事業は中途で挫折するが、約二〇年後の天平宝字年間に藤原朝獦が再開し、雄勝・桃生城を造営、多賀城と秋田城が改修される。このうち雄勝城の所在は特定されていないが、石巻市桃生城跡では政庁・外郭施設の概要が明らかになっている。桃生城は比高六〇㍍前後の丘陵に立地し、政庁をほぼ中心に配した内郭、その左右に東・西郭を設けた城柵で、政庁―内郭―外郭による三重構造［村田 二〇〇四］に類する構造を持つ。東郭では住居群が検出されており、柵戸等の居住域を取り込む城柵であった。区画施設は政庁が築地、内郭と東・西郭は沖積地に面した一部を除く大部分が築地や土塁とみられる。

多賀城では、政庁が築地も含めて装飾性を兼備した礎石式総瓦葺きの仕様に改修された。外郭施設に伴う門も移転や建替えを通じて同様の仕様となる。特に南への移転が始められていた南門・南辺には朝獦による門の大規模化と築地の瓦葺き化が加わり、壮麗で威容のある外観に仕上げられた。創建時の南辺は柵木列の箇所も多かったが、改修後はすべて築地となり、低地でも幅一六㍍前後、高さ二㍍前後の盛土基礎の上に多賀城最大の基底幅二・七㍍、高さ推定五㍍の総瓦葺きの築地が造られている。また、創建時の南門・南辺は地形の制約で南正面からの視認性に難があったが、南遷によって全長八七〇㍍に及ぶ全容が視認可能となった。その偉観はもはや「柵」ではない。改修後も東辺などに柵木列は残るが、正面観は多賀城碑にみえる「多賀城」そのものである。一方、秋田城の改修では、外郭施設が非瓦葺きとなるが、部分的な改修の可能性がある。政庁も南半は柵木列という変則的な形態となった。寒冷地のため維持が難しかったのかもしれないが、築地による外郭施設の全周は維持されている。

藤原朝獦の造営・改修では桃生城で築地・土塁の大幅な採用、多賀城外郭南辺の格上げがなされる一方で、秋田城のような築地の非瓦葺き化もみえる。普及した築地の採用をさらに進めつつ柔軟な対処も行い、「城」の実態の一般化を踏まえて次の段階に至ったと考えられる。さらに、神護景雲元年には伊治城が築地と土塁による三重構造の城柵として造られ、延暦二十一・二十二年造営の胆沢・志波城の外郭施設は非瓦葺きだったが、多賀城に次ぐ基底幅二・四㍍の築地が全周したとみられる。一方、蝦夷による宝亀十一年(七八〇)の火災後の多賀城では外郭西辺や外郭東辺南部の沖積地は柵木列、志波城を移転した徳丹城も沖積地は柵木列とし、立地による選択がなされた。なお、この時期に「柵」の表記をとる由理・中山柵などは、前述のとおり「柵」の実態を持っていた可能性がある。

(3) 表記の変遷と多賀城

七世紀後半以降の奥羽越の城柵は、柵木列による外郭施設の実態から「城」とは異なる「柵」として区別・表記され、律令でも区別された。ただ、従来の「城」表記の慣習や「柵」を格下とみる意識から官人層には両者を一元的に「城」で扱う観念があり、しばしば使われる場合があった。そして、天平宝字年間以降は主要な城柵の表記が「城」となる。これは観念に加えて養老四年(七二〇)の蝦夷戦争後における多賀城の創建で外郭施設に築地が採用され、その後の城柵にも急速に広まったことを背景としたと考えられる。また、施設名単一の表記に限れば「城」「柵」の混用は天平宝字二〜四年にみえるのみで、「柵」→「城」への転換には同二年(七五八)の藤原仲麻呂による官司名の中国風名称への改定との関係も想定される。いずれ、以後の主要城柵の表記は基本的に「城」を公称とした。実際、この時期に仲麻呂の子の朝獦が造営・改修した城柵でも、桃生城の外郭施設は大半が築地・土塁、多賀城では外郭南辺が当時の奥羽では最大かつ壮麗な総瓦葺きの築地で仕上げられ、多賀城碑にも「多賀城」と明示された。その後の伊治城や胆沢・志波城の外郭施設も築地・土塁が標準となっている。秋田城の外郭施設に非瓦葺き化、多賀城や徳丹城の沖積地に柵木列もみられるが、立地等の制約に柔軟に対処したもので、城柵全体は築地主体の「城」の実態を備えた。ところで、こうした変遷における節目は多賀城に見出せる。

第一に、外郭施設における築地の採用である。蝦夷戦争後の多賀城創建で築地が採用され、続いて大崎地方の城柵や秋田城で用いられ普及したことが「柵」↓「城」の変化の背景とみられる。多賀城は築地を採用した最初の城柵であり、変化を促す端緒となった。第二に、多賀城には公称の「城」の最古の例として天平宝字六年建碑の多賀城碑がある。これ以前にも「城」はみえるが、律令や天平九年(七三七)の藤原麻呂の報告をみる限り、公称は「柵」と言ってよい。また、「城」への転換には天平宝字二年の藤原仲麻呂による官司名改定との関連が想定されるが、同四年までは混用がみられる。一方、多賀城碑は建碑者の藤原朝獦を顕彰する性格が濃厚とはいえ、碑文自体は標題の「多賀城」に続く本文前半に京や四方の国からの距離で多賀城の位置、後半に創建年代と創建者、改修年代と改修者を記す。基本的には多賀城の位置と由緒を示し、この碑が立つ城柵を「多賀城」と位置づけ、宣言する内容である。父の仲麻呂政権下で陸奥の按察使と守、鎮守将軍の三官を兼ねた朝獦の建碑である以上、公的な碑であるのは疑いない。同二〜四年の桃生・雄勝城の造営段階では「城」「柵」が混用されていたが、多賀城碑の建碑時点で、多賀城は確実に「城」を公称とした。さらに、多賀城碑以降の主要城柵の単一表記がすべて「城」であるのをみれば、それらもすでに「城」を公称とした公算が強く、先の想定にも蓋然性がある。ところで、多賀城は宮城郡に所在するが、この郡名も「城」「柵」の表記・変化と関連して興味深い。古代には「宮木」の表記もみえるからである。

3 「宮城」郡の成立

(1) 「宮城」と「宮木」

「宮城」郡は磐城・宮城二郡の稲穀で賑給を行った『続日本紀』天平神護二年(七六六)十一月己未条に初見する。一方「宮木」は法制史料や六国史にはみえないが、東急本『和名類聚抄』で宮城郡の訓を「美也木」とし『拾介抄』にも「ミヤキ」とみえる。また、延喜五年(九〇五)撰進の『古今和歌集』巻十四恋歌六九四・巻二十東歌一〇九一に「宮木の」「宮城の」両様の枕言葉が伝わり、いずれも仙台市宮城野の地を指す。宮城野は多賀城から南西約一〇㌔の陸奥国分寺周辺に広がる野で、十世紀初め以前から「ミヤキノ」と呼ばれていた。ほかに多賀城南面の市川橋遺跡で「宮木」と墨書した八世紀半ば頃の土師器坏が出土しており(第1図)、「宮木」は宮城郡を指し、その成立が八世紀半ば以前とされている[宮城県教委 二〇〇〇]。

その後、さらに多賀城市の北側に隣接し、須恵器や瓦を多賀城に供給した利府町硯沢窯跡で焼成前に「宮城郡」「宮木」の字を刻む八世紀前半頃の須恵器坏・高台坏・蓋などが共伴し、「宮城」「宮木」の通用がその頃に遡り、郡名に使われていたこと、それ以前の同郡の成立が明確になった[利府町教委 二〇一二]。同郡関係の刻書土器は一二点あり、「宮城郡」「宮木」が各四点、前後は不明だが「宮城」「郡」が各一点、「宮」が二点で、「宮城」「郡」は「宮城郡」と推定される。これらの刻書土器から、平川南氏は同郡の成立に関する見解を修正し、「宮城」「多賀城」の表記についても新たな見解を示す[平川 二〇一二]。

① 「宮城(天皇の居所)」の郡名は古代国家において尋常ではなく、遠の朝廷としての「多賀城」設置に因むのは明

白である。ただ「宮城」を天皇の居所「キュウジョウ」と読むのは避け、別表記の「宮木」で明らかなように「ミヤキ」とした。

②「宮城郡」の成立および郡名は「多賀城」創建を前提として可能である。

③八世紀前半には「多賀柵」ではなく「多賀城」の表記が一般的であった。

一般向けの分かりやすい説明で、筆者も「宮城」郡の成立と郡名は多賀城の創建と関わるとみている。しかし、「宮城」の郡名を尋常ではないとする点、「ミヤキ」の読みの成立などについて多賀城を中心にしすぎた見方には異論がある。

(2) ミヤキ(宮木・宮城)の由来

「宮城」の郡名は全国に一例のみだが、出羽国置賜郡に宮城郷がみえる。同郷は置賜盆地の米沢市北端から川西町東部、南陽市南西部にかけての地域で、南陽市竹原に「宮城」の小字も残る。置賜盆地は先に触れた優嗜雲郡の地で七世紀末には柵が置かれていた。その位置や後の郡家には❶高畠町小郡山、❷米沢市大浦B遺跡、❸南

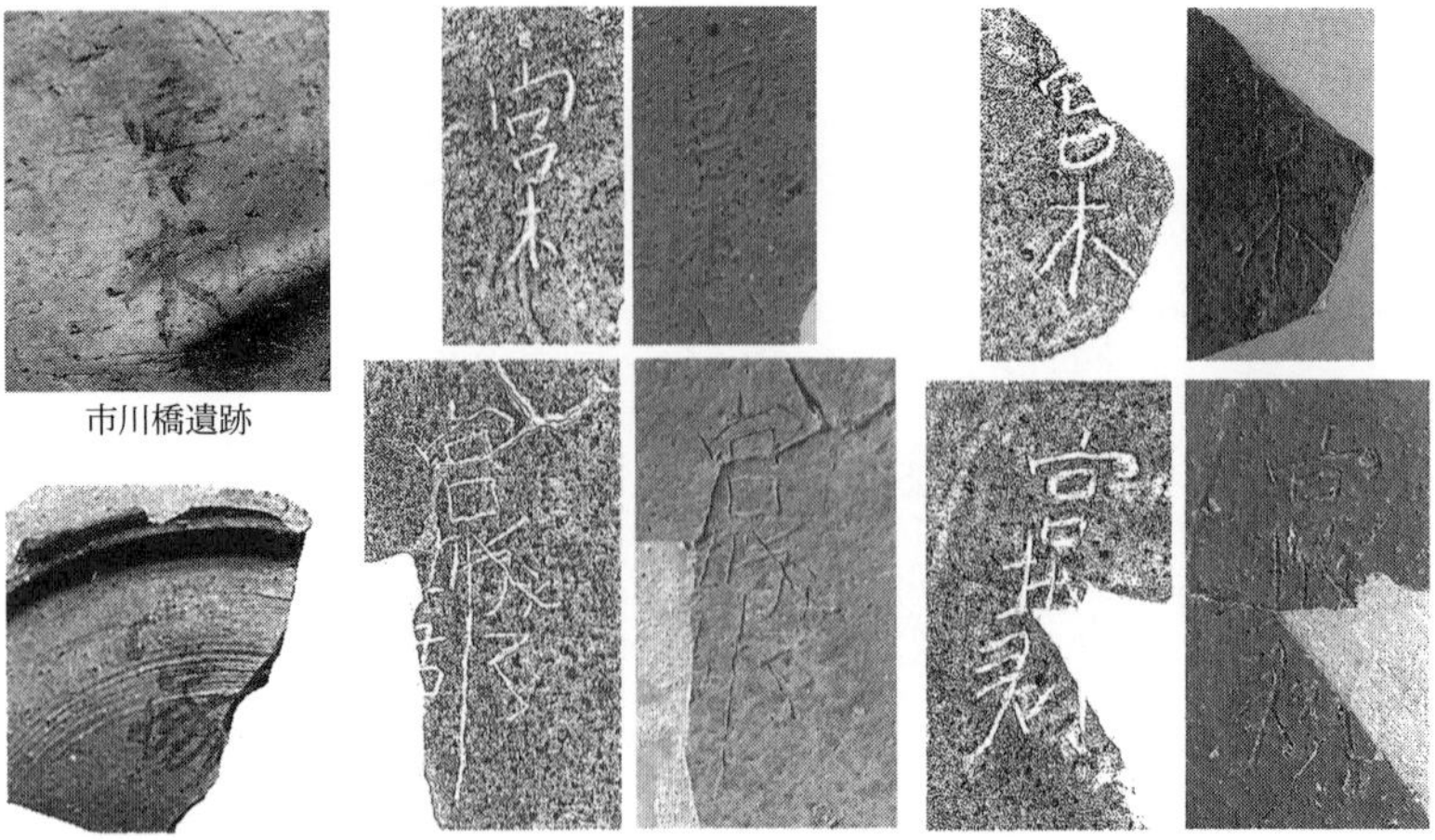

市川橋遺跡

山王遺跡

硯沢窯跡

第１図　宮木・宮城の刻書・墨書土器

陽市郡山、❹川西町道伝遺跡など複数の候補地があり、盆地内での移転が示唆されている［川崎 一九九八］。このうち郡山の地名が残る候補❸では西側に集落遺跡（沢田・西原東遺跡）があり、七世紀後葉～八世紀初頭頃の関東系土師器の出土もみられる［植松ほか 二〇二〇］。また、この地域には宮内条里の存在も推定されており、「宮城」の小字はその西側に隣接した梨郷の地に残る。郡山からは約四キロ西で、時代は降るが大永五年（一五二五）十二月二十四日付伊達植宗安堵状案（『伊達家文書之二』一一四号）には「中野所より買地。下長井之庄の林郷の内、宮城野内…（後略）」とあり「宮城野」とも呼ばれていた。

この郡山―集落（沢田・西原東遺跡）―宮城野のあり方は、多賀城の国府―集落（山王・市川橋遺跡）―宮城野と通じる。この場合、「宮城」の郷名も尋常ではないのだろうか。「宮城・宮木（ミヤキ）」の表記・読みはより広く、官衙・城柵との関係で考えられる可能性がある。奥羽の官衙・城柵の周囲では、意外に「宮（ミヤ）」の表記・読みを含む地名がみられるのである。

例えば、宮城県内では栗原市伊治城跡や蔵王町十郎田・都遺跡がある。築館城生野に所在する伊治城では城外約二・五キロ南西の一段低い地域を「宮野」という。「宮城野」に通じる地名である。十郎田遺跡は蔵王山麓円田盆地の自然堤防に立地する七世紀後半頃の城柵型官衙、都（ミヤコ）遺跡はその七〇〇メートル前後南に位置する七世紀後半～八世紀初頭頃の城柵型集落で、七世紀末以降は官衙または寺院に変遷する。両遺跡は七世紀後半頃には城柵型官衙の南に同様の集落がある構成で、八世紀の多賀城と南西に広がる山王遺跡の様子と類似する。また、都遺跡の「ミヤ」は建物の「ヤ」に尊敬を示す「ミ」を付して高貴な人物の建物を指し、大王家の住まい、大王家関連の施設・官衙の意味に転じた語句で、「コ」はそこら辺りを意味し、「ミヤコ」とは「ミヤ」の周辺を指す。つまり、城柵型官衙の十郎田遺跡が「ミヤ」、都遺跡が「ミヤコ」に営まれた城柵型集落で、これも大きくは「宮城野」に通じる。

ほかに八世紀後半～九世紀中頃の玉造塞とされる城柵に大崎市宮沢遺跡があり、東側には七世紀後半～八世紀初頭頃の柵木列による外郭施設を持つ三輪田・権現山遺跡が隣接する。三輪も「宮」の転化の可能性があろう。また、城柵型集落から丹取・玉造郡家となる同市名生館官衙遺跡の「名生(ミョウ)」は伊治城や城生遺跡の「城生」とも通じるが、『成実記』の大崎葛西一揆の記述には「宮内」とあり、置賜郡家候補❸の宮内条里に通じる。

このように「宮(ミヤ)」を含む地名は宮城県を中心にみられ、十郎田・都遺跡、三輪田・権現山遺跡、名生館官衙遺跡には多賀城創建前の柵木列による外郭施設を持つ城柵があり、置賜郡にも城柵がある点で共通する。とすれば「宮城」の表記も尋常ではないというほどではなく、史料上の「柵」→「城」の変化も踏まえれば、元来は外郭施設を持つ特徴から城柵一般が中央政権支配下の施設という意味で「ミヤキ」と呼ばれ、外郭施設が柵木列の時期は「宮木」、多賀城での築地の採用で「宮城」の表記が使われ始めたとの想定もできる。

また、平川氏は八幡林遺跡「沼垂城」木簡や威奈大村墓碑、硯沢遺跡の刻書土器から八世紀前半には「多賀城」の表記が一般的とするが、これについては当時の法制史料や六国史を切り離した論旨が特徴的である。しかし、「多賀城」が一般的なら何故『続日本紀』の藤原麻呂の報告は「柵」で一貫するのか。文献上の「柵」→「城」の変化と年代的に対応しないのか。「宮木」の表記が「宮城」に後続して現れ、『古今和歌集』の頃まで使われたにも関わらず、その後はみえなくなるのか。平川説では、こうした点をみずに出土文字資料優先で結論が先行するが、総合的にみれば、前述のとおり木簡や墓碑は従来の慣例や「柵」を格下とみる意識から「城」に含める観念が官人層にあるための一部の実態とみたほうがよい。硯沢遺跡の刻書土器にしても、推定を含めて「宮城」が六例と優勢ではあるものの「宮木」も四例あるなら一概に「宮城」が一般的とは言えない。「柵」→「城」の変化と合わせみれば、単に「木」が柵木列という外郭施設による古い表記、「城」が前述の観念による一部の実態、続いて多賀城での築地の採用で実態が備わり始めたことによる新しい表記とみるのが自然である。平川説は「宮城」の郡名を尋常ではないとして多賀城を中心とする思考に偏るとともに、出土文字資料優先の論旨を展開しすぎるように感じる。ところで、奥羽以外も含めて「宮（ミヤ）」の表記・読みを持つ地名と官衙の関係は他にもあると思われる。管見にて本稿では明確にできないが、福岡県行橋市福原長者原遺跡〔行橋市教委 二〇一六〕が多賀城に先立つ郡山Ⅱ期官衙との類似性と合わせて注目される。

　福原長者原遺跡は藤原宮のプランを模した郡山Ⅱ期官衙とよく似ている（第2図）。小規模で外郭の遮蔽施設は外側が板塀とみられる回廊状遺構（藤原宮：掘立柱塀〔土壁〕、郡山：柵木列）、成立も八世紀初め頃だが、空閑地を挟んで遮蔽施設の外側を溝が巡るプランが藤原宮・郡山Ⅱ期官衙と相似形を呈す。所在郡が京都（ミヤコ）郡なのも興味深い。先述のように「コ」は「ミヤ」の周辺を指す。京都郡は藤原宮を模す福原長者原遺跡の周りの郡で、郡名は同遺跡にちなみ、その関係は郡山Ⅱ期官衙に続く多賀城と宮城郡にも通じる。

　一方、郡山Ⅱ期官衙に先立つⅠ期官衙は先の十郎田遺跡とプランが類似する。そのうえで十郎田遺跡が「ミヤ」、都遺跡が「ミヤコ」であるわけだが、こうした関係を主体となる官衙・城柵で示せば第2図中の下に示したとおりである。この場合、十郎田遺跡、福原長者原遺跡、藤原宮、多賀城が「ミヤ」「ミヤキ」なら、構造の共通性や変遷からみて郡山Ⅰ期・Ⅱ期官衙も「ミヤキ」と呼ばれてよい。置賜郡家の候補地や伊治城などに残る「宮城」や「宮」を含む地名も評価すれば、奥羽越の城柵一般が「ミヤキ」という汎称で呼ばれていたと考えられる。もちろん個別には「某ミヤキ」と呼ばれ、施設の本質を示す「某コホリノミヤケ・某グウケ」などとも併称されたろう。また、多賀城に由来する郡名や城柵周辺の地名の残り方からみて、国府が置かれるほどの城柵や他と区別する必要がなければ、単に「ミヤキ」での通用も推測される。「キ」の表記も多賀城創建前は柵木列による外郭施設からみて「城」は一般的

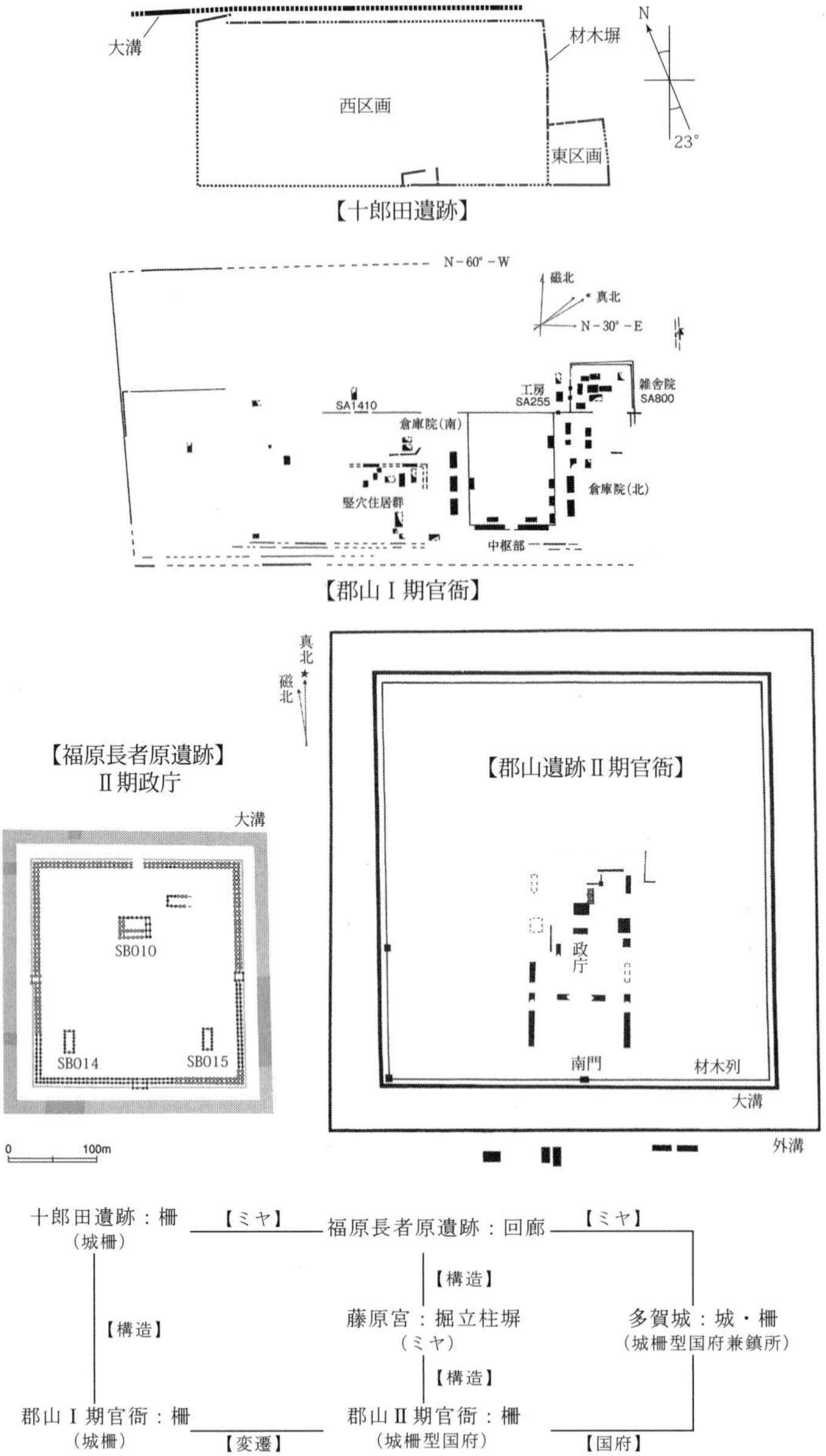

第２図　郡山官衙・十郎田・福原長者原遺跡のプラン

ではない。「宮木」の例から「木」が使われ、「城」は多賀城での築地の採用とその急速な普及で使われ始めたと考える。硯沢遺跡での「宮城」「宮木」の併存も工人層における過渡期の様相を示すと思われる。

(3) 宮城郡の成立

郡名をみるかぎり、宮城郡の成立は多賀城と密接に関わると思われる。これは名取郡以南の郡名が地名や国造名を主体とするのと異なる点でも首肯される。とはいえ、多賀城創建前の大崎地方における丹取郡の建郡からすれば(『続日本紀』和銅六年十二月辛卯条)、同じ頃に南の仙台平野で郡制が未施行だったとは考えがたい。とすれば、当時の宮城郡は別名の郡であった可能性がある。ここで注意されるのが宮城郡宮城郷の存在である。

この郷自体も多賀城創建前にはすでに存在したとみられる。というのは、多賀城は養老四年の蝦夷戦争後の支配再建の中で創建されたが、再建の第一段階として陸奥按察使の出羽国所管、石城・石背国の併合、苅田郡の分置などの地域再編がなされ、多賀城の創建にあたっても多賀・階上郡の権置が行われた［佐々木 二〇一〇］。のちに両郡は真郡となり(『続日本紀』延暦四年四月辛未条)、『和名類聚抄』段階では宮城郡の郷として宮城郷と並記されるが、多賀城創建時の権置を踏まえれば、多賀城とは別の場所に宮城郷の存在が考えられる。権置の史料によると両郡は多賀城を中心に東西に置かれており、多賀城の東側が三キロ前後で海上に至ることからすれば宮城郷は西側の権郡との隣接が考えられ、郷名からみて郡家相当の「ミヤキ」の存在も推定される。実際、多賀城の約五キロ南西の仙台市宮城野区には寺院および宮城郡関連施設の候補地として燕沢遺跡があり［古代城柵官衙遺跡検討会 二〇二四所収「燕沢遺跡」］、多賀城創建前の瓦が出土し、南には宮城野の地が広がる。宮城野は多賀城から南西に一〇キロ程離れるが、燕沢遺跡からは南に五キロ弱で、置賜郡家候補地❸や伊治城と「宮城野・宮野」との間が三キロ前後であるのに近い。元来は後の宮城郡家にあたる「ミヤキ」の野とみるのが自然である。

しかし、この郡では養老四年の反乱後に権郡設置による再編が行われ、従来の「ミヤキ」以外に国府兼鎮守府となる新たな「ミヤキ」として多賀柵が造られた。地域の体制が変わり、郡名も国府兼鎮守府の「ミヤキ」の存在を象徴する変更が考えられる。つまり、置賜・宮城郡の宮城郷は郡家の所在郷を示し、「ミヤキ」郡は新たな国府の所在郡を示す命名と考える。また、その表記は硯沢窯跡の刻書土器からみて「宮城」の可能性が高い。刻書土器には「宮木」と「宮城郡」があり、ともに工人の手による稚拙な文字だが「宮木」の書き方がより素朴で（第1図）、「宮城郡」は工人でも識字率が高い人物の手とみられる。しかし「柵」を「城」に含める観念を持つような階層とはいえず、ただ忠実な表記が考えられる。とすれば、郡名は「宮城郡」であり、「宮木」はそれ以下の工人が従来の柵木列による「ミヤキ」の実態や文字の簡略さから表記したもので、工人層に「宮城」が浸透する様子が窺われる。

なお、城柵名が多賀柵で郡名が宮城郡であることには違和感もあるが、多賀柵にちなむとはいえ郡名は必ずしも施設に強くは縛られない。用字の自由度は高く「柵」を「城」に含める観念や好字による郡郷名の命名（『続日本紀』和銅六年五月甲子条）、築地の採用などを考慮すれば「城」の先んじた使用はありえる。その場合、この郡名は城柵の表記が「柵」→「城」となるうえでも影響を及ぼしたと推定される。城柵は天平九年（七三七）奥羽直路開削時の藤原麻呂の報告では「柵」で一貫し、天平宝字二～四年（七五八～七六〇）段階でも「城」「柵」を混用する。公称として確かな「城」の用例は同六年の多賀城碑だが、上記のことを鑑みれば「宮城」の郡名が先行した可能性はある。いずれ、天平宝字年中には多賀「城」と同じ「宮城」郡を公称とした。

おわりに

本稿では史料上の「城」「柵」について、外郭施設の実態と合わせみて多賀城創建前および天平期までは「柵」と表記されること、多賀城創建による築地の採用と急速な普及で「城」の実態が備わり、天平宝字二～四年の混用を経て同六年の多賀城碑で「城」が公称として確認されること、以後の主要城柵の表記は「城」となることなどをみた。多賀城の創建と多賀城碑は表記の変化をみるうえで重要な節目をなす。また、多賀城にちなむ「宮城」郡の郡名に注目し、城柵一般が元来は「ミヤキ」と呼ばれたこと、宮城郡が多賀城創建時の地域再編であらためて成立し、その際に郡名を「宮城」郡とした可能性を述べた。ほかにも想像の域を出ない稚拙な所見が多いが、多賀城と城柵を考える一助にしたい。

参考文献

阿部義平　一九八二「古代の城柵跡について」『国立歴史民俗博物館研究報告』第一集

伊藤武士　二〇〇六『秋田城跡　最北の古代城柵』同成社

今泉隆雄　二〇一五a「古代東北城柵の城司制」『古代国家の東北辺境支配』吉川弘文館(初出一九九〇年)

今泉隆雄　二〇一五b「律令と東北の城柵」『古代国家の東北辺境支配』吉川弘文館(初出一九九一年)

植松暁彦ほか　二〇二〇「出羽国南半の未発見城柵」第四六回古代城柵官衙遺跡検討会資料集

大高広和　二〇一一「律令継受の時代性―辺境防衛体制からみた―」大津透編『律令制研究入門』名著刊行会

川崎利夫　一九九八「置賜郡衙はどこにあったか―その変遷についての試論」『うきたむ考古』3

熊谷公男　二〇〇四『古代の蝦夷と城柵』歴史文化ライブラリー一七八　吉川弘文館

熊谷公男　二〇〇七「城柵と城司―最近の「玉造等五柵」に関する研究を手がかりとして―」『東北学院大学 東北文化研究所紀要』第三

十九号
熊谷公男　二〇〇九「城柵論の復権」『宮城考古学』第一一号
佐々木茂楨　二〇一〇「古代陸奥国の「名取以南一十四郡」と多賀・階上二郡の権置」『国史談話会雑誌』第五〇号
徳田奈保子　一九九九「陸奥国の鎮守制についての一考察―城司制論をめぐって―」『続日本紀研究』三二二号
林部　均　二〇一一「古代宮都と郡山遺跡・多賀城―古代宮都からみた地方官衙論序説―」『国立歴史民俗博物館研究報告』第一六三集
平川　南ほか　二〇二四『多賀城碑 その謎を解く【第三版】』雄山閣（初版一九八九年）
平川　南　二〇一二『東北「海道」の古代史』岩波書店
村田晃一　二〇〇四「三重構造城柵論―伊治城の基本的な整理を中心として 移民の時代2」『宮城考古学』第六号
村田晃一　二〇一〇「陸奥・出羽における版図の拡大と城柵―宮城県加美町東山官衙遺跡群の調査成果から―」『条里制・古代都市研究』第二五号
吉田　歓　二〇一九「国庁・郡庁と城柵政庁」『古代東北の地域像と城柵』高志書院
吉田　歓　二〇二〇「城柵と唐の辺境支配」『米沢史学』第三六号
吉野　武　二〇一六「多賀城創建木簡の再検討」『歴史』第一二六輯
吉野　武　二〇一八「第Ⅰ期多賀城の特質」『日本歴史』第八三九号
宮城県教委　二〇〇〇『市川橋遺跡の調査』宮城県文化財調査報告書第一八四集
行橋市教委　二〇一六『福原長者原遺跡』行橋市文化財調査報告書第五八集
利府町教委　二〇一一『硯沢窯跡Ⅱ』利府町文化財調査報告書第一三集
古代城柵官衙遺跡検討会五〇周年記念大会実行委員会　二〇二四『古代東北の城柵・官衙遺跡』

あとがき

新しい年を迎えて、ひと通り編集作業を終えることができた。目標としていた多賀城創建一三〇〇年にあたる二〇二四年中の刊行がかなわなかったことは心残りであるが、編者も含めて一一名の専門家から寄稿していただき、多賀城創建についての多方面からの最新の研究成果を集成することができたのは、大変意義深いことである。

私がはじめて多賀城創建についての論文を書いたのは、ちょうど二〇〇〇年のことであった。同じころ故今泉隆雄氏も多賀城についての大作を執筆され、鈴木拓也氏の新しい東北古代史の研究などとも相まって、そのころから多賀城研究の新しい潮流が生まれてきたように思う。

それから四半世紀が経った今日、新たに多くの方々から寄せられた研究成果を拝見すると、かつての新潮流がすっかり定着した面もあるが、その後の調査研究の進展によって修正を要する点が明らかとなったり、新たな視角、論点が提示されていて、多賀城、さらには古代城柵の研究が新たな段階に入ったことを実感することができる。読者の皆さんも、本書から最新の研究動向を読み取っていただければ幸いである。

二〇二五年一月

熊谷 公男

執筆者一覧

熊谷公男　奥付上掲載

吉野　武　奥付上掲載

藤沢　敦（ふじさわ あつし）　一九六一年生まれ、東北大学総合学術博物館教授。［主な著書論文］『倭国の形成と東北』（東北の古代史③、編共著、吉川弘文館）、「倭国北縁における材木塀」（『年報人類学研究』第一二号）、「倭と蝦夷と律令国家」（『史林』九〇巻一号）

永田英明（ながた ひであき）　一九六五年生まれ、東北学院大学文学部教授。［主な著書論文］『古代駅伝馬制度の研究』（吉川弘文館）、「三関の設置―畿内東隣接地域と王権」（吉川真司ほか編『講座畿内の古代学Ⅳ　軍事と対外交渉』雄山閣）、「古代陸奥出羽の穀米と布」（『東北学院大学論集 歴史と文化』五五・五六号）

藤木　海（ふじき かい）　一九七三年生まれ、南相馬市教育委員会文化財課文化財係 主任文化財主事。［主な著書論文］「山寺としての大悲山石仏」（『季刊考古学』第一五六号、雄山閣）、「陸奥国分寺の瓦生産体制と在地社会―文字瓦を中心に―」（須田勉・有吉重蔵編『国分寺造営と在地社会』高志書院）

鈴木拓也（すずき たくや）　一九六五年生まれ、近畿大学文芸学部教授。［主な著書］『古代東北の支配構造』（吉川弘文館）、『戦争の時代史3　蝦夷と東北戦争』（吉川弘文館）、『東北の古代史4　三十八年戦争と蝦夷政策の転換』（編著・吉川弘文館）

吉田　歓（よしだ かん）　一九六五年生まれ、山形県立米沢女子短期大学日本史学科教授。［主な著書論文］『日中古代都城と中世都市平泉』（汲古書院）、「国庁・郡庁と城柵政庁」（熊谷公男編『古代東北の地域像と城柵』高志書院）、「平泉と中世都市」（広瀬和雄編『日本考古学の論点』下、雄山閣）

堀　裕（ほり ゆたか）　一九六九年生まれ、東北大学大学院文学研究科教授。［主な著書論文］『東アジアの王宮・王都と仏教』（共編著・勉誠社）、「平城天皇即位と『仁王経』安居講経―『類聚三代格』巻二・延暦二十五年四月二十五日官符」（『国立歴史民俗博物館研究報告』第二四四集）、「大宰府と秋田城の四天王寺伽藍配置試論―『類聚三代格』巻二・宝亀五年三月三日官符の検討とともに」（本郷真紹監修『日本古代の国家・王権と宗教』法蔵館）

髙橋誠明（たかはし のぶあき）　一九六五年生まれ、大崎市教育委員会文化財課課長。［主な著書論文］「律令国家の成立期における境界地帯と関東との一関係」（『国士舘考古学』第三号）、「古代社会と地域間交流」（『古代社会と地域間交流』六一書房）、「古墳築造周縁域の地域社会の動向」（『古墳と続縄文文化』高志書院）

佐藤敏幸（さとう としゆき）　一九六三年生まれ、東北学院大学博物館業務委託職員学芸員・同大文学部非常勤講師。［主な論文］「東北地方における7～8世紀の東海産須恵器の流通」（『北杜―辻秀人先生還暦記念論集』）、「東北の城柵官衙と土器」（『奈良文化財研究所研究報告』第一五冊）、「東北における古代城柵の造営過程」（『東北学院大学東北文化研究所紀要』第五三号）

菅原祥夫（すがわら　さちお）　一九六三年生まれ、福島県文化財センター白河館学芸員。［主な著書論文］『古代国家と東北境界領域の考古学』（同成社）、「律令国家形成期の移民と集落」（『東北の古代史③　蝦夷と城柵の時代』吉川弘文館）、「列島周縁の比較考古学―十世紀の都城盆地と会津盆地―」（『日本古代考古学論集』同成社）

【編者略歴】
熊谷公男（くまがい きみお）
1949年生まれ、東北学院大学名誉教授。
［主な著書］
『蝦夷の地と古代国家』（山川出版社）、『古代の蝦夷と城柵』（吉川弘文館）、『大王から天皇へ』（講談社学術文庫）、『秋田城と元慶の乱』（高志書院）

吉野　武（よしの たけし）
1966年生まれ、宮城県多賀城跡調査研究所所長。
［主な著書論文］
「多賀城の炎上・復興と征東軍」（『国立歴史民俗博物館研究報告』第232集）、「多賀城創建木簡の再検討」（『歴史』第126輯）、「多賀城の創建と大宰府―創建をめぐる人的構図」（『歴史』137輯）

多賀城創建―歴史的意義を問う―
2025年3月10日第1刷発行

編　者　熊谷公男・吉野　武
発行者　濱　久年
発行所　高志書院
〒101-0051 東京都千代田区神田神保町2-28-201
TEL03(5275)5591　FAX03(5275)5592
振替口座　00140-5-170436
http://www.koshi-s.jp

印刷・製本／亜細亜印刷株式会社
Printed in Japan ISBN978-4-86215-256-5